방거사 어록·시 역주

선어록총서 3

방거사어록·시 역주

龐居士語錄·詩 譯註

강승욱 역주

운주사

역자 서문

『유마경維摩經』 제2, 「방편품方便品」에 다음과 같이 전한다.

"그때 비야리 대성에 장자가 있었는데, 이름이 유마힐維摩詰이었다. 일찍이 헤아릴 수 없이 많은 모든 부처님께 공양을 드렸고, 선근을 깊이 심어 무생법인(無生忍)을 얻었다. 말에 걸림이 없었고, 신통에 자유자재하였으며, 모든 총지總持를 이루었다. 무소외無所畏를 얻었고, 마군과 원수를 항복시켰다. 법문에 깊이 들어가서 지도(智度, 반야바라밀다)를 잘 닦았고 방편을 통달하였으며 큰 원력을 성취하였다. 중생의 마음이 향하는 바를 분명하게 알았고, 또한 모든 근기의 영리함과 둔함을 능히 분별하였으며, 오랫동안 불도를 행하여 마음이 진실하고 맑았으며, 결정적인 대승에 머물렀다. 모든 해야 할 바를 능히 잘 헤아렸고, 부처님과 같은 위의에 머물렀으며, 마음이 바다와 같이 컸으니, 모든 부처님께서 감탄하고 제자들과 제석과 범천과 세주(世主, 천신)가 존경하는 바였다. 사람들을 제도하고자 하였기 때문에 선방편으로 비야리에 살고 있었다.

헤아릴 수 없는 재물로 모든 가난한 사람들을 돕고, 계를 받들어 청정함으로 모든 이지러지고 꺼리는 것들을 감쌌으며, 인조행忍調行으로 모든 성냄과 노여움을 거두었고, 대정진으로 모든 게으름을 거두었으며, 일심선적一心禪寂으로 모든 어지러운 생각들을 거두었으며, 결정적인 지혜로 모든 어리석은 사람들을 거두었다. 비록 백의白衣를 입고 있었지만, 사문沙門의 청정율행을 받들어 지녔고, 비록 속가에 거주하며 살지라도 삼계에 집착하지 않았으며, 처자가 있음을 보이면서도 항상 범행을 닦았고, 권속이 있음을 드러내면서도 항상 멀리 여윔을 좋아했다. 비록 보배 장식을 착용하고 있었지만 상호로써 몸을 장엄하였고, 비록 먹고 마시더라도 선열禪悅로 맛을 삼았으며, 노름하고 바둑 두며 노는 곳에 가더라도 오로지 사람들을 제도하였다. 여러 이도(異道, 외도)를 받아들여도 바른 믿음을 훼손하지 않았으며, 비록 세상 법에 밝았어도 항상 불법을 좋아했고, 모든 사람들이 공경하였으니 공양 가운데 최고였다."

이와 같은 유마거사를 중국에서는 방거사가 바로 '비야(毘耶, 비야리성)의 정명(淨名, 유마)'이라며 칭송한다. 또한 이후 역대 선사들은 거사의 구도문답求道問答(불여만법위려자화不與萬法爲侶者)과 여러 시(게송) 등을 인용, 후학들을 지도하는 본보기로 삼아왔다. 그 일례로 『선요禪要』에서는 다음과 같이 전한다.

어떤 스님이 물었다.
"시방에서 다함께 모여 각자 무위법을 배우네. 여기는 부처를 뽑는 곳, 마음을 비워 급제해서 돌아가네"라고 했는데, 방거사가 이렇게 말한 것에 사람들을 위한 것이 있습니까?"
선사가 말했다.
"있다."
또 말했다.
"필경 어떤 일구가 있습니까?"

선사가 말했다.

"처음부터 물어라."

또 말했다.

"어떤 것이 시방에서 다함께 모인 것입니까?"

선사가 말했다.

"용과 뱀이 섞이고, 범부와 성인이 함께 참여한 것이다."

또 말했다.

"어떤 것이 각자 무위법을 배우는 것입니까?"

선사가 말했다.

"입으로는 부처와 조사를 말하고, 눈으로 하늘과 땅을 건다."

또 말했다.

"어떤 것이 선불장입니까?"

선사가 말했다.

"동서는 십만 리요, 남북은 팔천 리다."

또 말했다.

"어떤 것이 마음을 비워 급제해서 돌아가는 것입니까?"

선사가 말했다.

"행동거지가 옛길에 드날려 초연기悄然機에 떨어지지 않는다."

또 말했다.

"그렇다면 말씀마다 진리를 보이고, 구절마다 마치 강이 바다로 흐르는 것과 같군요."

선사가 말했다.

"너는 어디서 보았는가?"

스님이 "할(喝)!" 하자, 선사가 말했다.

"역시 몽둥이를 휘둘러 달을 치는구먼."

또 말했다.

"이 일은 그만 두고, 서봉(西峰=고봉)께서는 금일 시방에서 다함께 모여 선불장을 열었으니, 필경 어떤 상서로움이 있습니까?"

선사가 말했다.

"산하대지와 삼라만상, 유정과 무정이 모두 부처의 성품이로다."

또 말했다.

"모두 불성이 있거늘, 어째서 학인은 성불하지 못했습니까?"

선사가 말했다.

"네가 만약 성불하면 어떻게 대지를 성불토록 하겠는가?"

또 말했다.

"필경 학인의 허물이 어디에 있습니까?"

선사가 말했다.

"상주의 남쪽이요, 담주의 북쪽이다(湘之南潭之北)."

또 말했다.

"학인의 참회를 받아주시겠습니까?"

선사가 말했다.

"절을 하라!"

스님이 절을 하자, 선사가 말했다.

"사자는 사람을 물고 한나라 개는 흙덩이를 쫓는다."

(그리고는) 선사가 불자를 세우고 대중을 불러 말했다.

"이것이(=여기가) 선불장이고, 마음이 공해 급제해 돌아가는 것이다. 영리한 사람이 만약 여기서 보면 바로 방거사의 안심입명처安心立命處를 볼 것이고, 방거사의 안심입명처를 보았다면 바로 역대 부처와 조사들의 안심입명처를 볼 것이며, 부처와 조사의 안심입명처를 보았다면 바로 자기의 안심입명처를 볼 것이고, 자기의 안심입명처를 보았다면 바로 여기서 주장자를 꺾어버리고 바랑을 높이 걸고 삼조연하 칠척단전(석 자 서까래 아래 칠 척 참선하는 자리)에서 쌀 없는 밥을 씹고 국물 없는 국을 마시며 다리 펴고 잠을 자면서 한가로이 날을 보내도 무방할 것이다. (하지만) 만약 종과 주인을 헤아리지 못하고 콩과 보리를 구분하지 못하면, 부득이 구름을 눌러 허공에 상대인上大人에 관한 책을 한 권 써서 여러분들로 하여금 그것을 본떠 고양이를 그리게 하리라."

거사의 이 시 한 편이 당대의 대선사의 개당법문에 등장함은 물론, 이 시 한 편에 안심입명처가 자리하고 있음을 분명히 하고 있으니, 참으로 놀랍고 대단할 따름이다.

재가보살의 참 증거인이요, 중국의 유마로 불리는 방거사를 통해 독자 모두 안심입명하기를 바라면서, 조심스럽게 한국에서는 처음으로 거사의 시게詩偈 전편과 함께 거사의 어록을 세상에 내놓는다.

눈 밝은 독자의 일침을 바라며, 역자의 허물은 차후 개정으로 답할 것을 약속한다.

불기 2564(2020)년 6월에

삼각산 아래에서 덕우 강승욱 씀.

구성과 해제

본서는 2014년 중화전자불전협회中華電子佛典協會에서 전산화한『만신속장경(卍新續藏經, 이하 속장경이라 칭함)』제69책, 「방거사어록龐居士語錄」을 저본底本으로 삼았다.[1]

저본은 모두 상·중·하 3권으로 이루어졌는데, 이번에 처음으로 3권 모두를 번역하였다(지금까지는 상권만 세상에 알려져 왔다). 중·하 두 권은 시게詩偈(5언과 7언, 그리고 잡구)와 찬문(대혜종고, 장상영 등의 찬문과 염고) 등으로 이루어져 있다.[2]

현존하는 판본 중에는 명나라 숭정崇禎 10년(1637)에 간행된 것(이하 숭정본이라 칭함)이 가장 오래 되었는데, 본서에서는 각 문장마다 숭정본과 대조하여 주註를 달았다. 또한 어록 그 자체로는 숭정본이 현존하는 가장 오래된 것일지라도 어록에 담겨 있는 각각의 개별 내용들은 이보다 역사적으로 앞선 전적典籍들에 다수 산재되어 있어

---

1 저본에서는 절도사節度使 우적于頔이 편집하고, 우바새優婆塞 세등世燈이 중자(重梓, 판각)한 것으로 기록하고 있다.

2 저본의 원제목은 「방거사어록龐居士語錄」이지만, 3권 가운데 2권이 시로 이루어진 점을 감안하여 역자는 본서의 제목을『방거사 어록·시 역주龐居士語錄詩譯註』로 하였음을 밝혀둔다.

각 단락 끝에 하나하나 대조하여 주를 달았다. 숭정본보다 앞선 전적들로 대조한 것은 『경덕전등록(景德傳燈錄, 이하 전등록이라 칭함)』·『조당집祖堂集』·『선문염송집禪門拈頌集』이다.[3]

또한 본서는 이리야 요시타카(入矢義高)의 『방거사어록』(양기봉 역, 1995, 김영사)에 수록되어 있는 것들 가운데 저본에는 없는 것들(상권의 어록 부분)을 발췌하여 번역하였다(상권 말미에 보유라는 이름으로 수록했다. 이는 『염팔방주옥집拈八方珠玉集』·『연등회요聯燈會要』·『선종송고련주통집禪宗頌古聯珠通集』 등에서 발췌하였음을 밝히고 있다).[4]

그리고 부록으로 저본에는 없는 무명자(無名子, 이름을 밝히지 않은 사람)의 「방거사 어록·시·송 서문(龐居士語錄詩頌序)」과 조당집과 전

---

3 졸역 『마조어록 역주』의 구성과 해제 편에 상기 3서書의 중요성에 대해 밝힌 바가 있으니 참조하기 바란다. (졸역, 『마조어록 역주』, pp.7~9, 2019, 운주사)

4 拈八方珠玉集(염팔방주옥집): 송나라 때인 1257년에는 조경祖慶이 3권으로 중편重編하여 간행하였다. 이는 태평혜교太平慧懃·원오극근圜悟克勤·방암종현方菴宗顯·석계심월石溪心月 등 오조법연五祖法演문하의 네 선사가 319칙의 공안에 대하여 각자 핵심을 집어내어 평가한 책이다. 본래 이것은 제목에도 나타나듯이 『선문팔방주옥집禪門八方珠玉集』에 수록된 공안에 염拈의 형식으로 평을 붙인 공안집이지만, 선문팔방주옥집은 현재 전하지 않는다. (한국전통사상총서, 불교편 07-1)

聯燈會要(연등회요): 30권. 송宋의 회옹오명晦翁悟明 엮음. 과거칠불過去七佛에서 서천이십팔조西天二十八祖와 동토육조東土六祖를 거쳐 남악 회양南嶽懷讓 문하 18세, 청원 행사青原行思 문하 13세에 이르는 600여 명의 문답을 모은 저술. 원명은 종문연등회요宗門聯燈會要. (시공 불교사전)

禪宗頌古聯珠通集(선종송고련주통집): 송宋나라 법응法應 책(集)에 원元나라 보회普會의 속집(續集, 법응 집에 잇대어 수집한 문집)으로 이루어진 40권의 공안집.

등록에서 전하는 거사의 이야기 전부를 번역하여 수록하였다.

본 어록(방거사 어록·시의 통칭)은 여타의 선어록들과는 다른 것들이 있다. 특히 거사는 승려가 아니기 때문에 선사들의 어록에 있는 상당법어上堂法語와 대중법문(示衆)이 없다. 상당법어와 대중법문이 없기 때문에 거사의 핵심 사상 체계를 파악하는 것은 쉽지 않다. 그래서일까, 본 어록은 선사들의 어록에 비해 특히 거사의 시(게송)를 상당히 많이 전하고 있다. 전등록 등의 말을 빌리면, 그 수가 300여 수가 된다고 하고, 실제로 본서에 수록된 것만도 대략 150여 수(역자의 분류로는 149수) 정도가 되니, 이는 아마도 거사가 평생 검은 옷이 아닌 흰 옷을 입고 살았기에 그의 불법에 대한 사상 전반, 그리고 그의 마음을 시(게송)로 전하였던 것이 분명한 듯하다.

또한 거사는 출가한 선사가 아니었기 때문에 참학하던 학인들(제자)과의 기연어구機緣語句가 없다. 석두·마조와의 만남을 제외한 어록의 대부분이 당대의 이름난 선사들과의 대화로 이루어져 있다. 여타의 어록들은 주主와 빈賓이 분명하다. 또한 선사들의 감변勘辨을 통해 그간의 노력을 인가印可 받거나, 가일층 정진의 지시指示를 받는 것이 다반사다. 하지만 본 어록에는 그러한 내용이 없다. 주와 빈이 호환하며 서로 법담을 즐길 뿐이다. 오히려 거사의 감변에 당대의 대선사라 불리는 이들의 남모를 하소연이 어딘가 모르게 문자 없이 숨겨져 있는 듯한 느낌을 떨쳐버릴 수가 없다.

역자는 앞서 출간한 『원오심요 역주』와 『마조어록 역주』에서도 밝혔듯이, 본서 역시 번역은 하되 해석하지 않는 것을 원칙으로 삼았다. 왜냐하면 어록을 해석하는 것은 개인의 자유이지만, 그 해석을 문자화한다는 것은 어록 전체를 사구死句로 만들어 버릴 가능성이 농후하기 때문이다. 생각이나 마음을 말로 전하는 것, 그리고 그 말을 또 다시 글로 전한다는 것은 한정에 한정을 더할 뿐이다. 그래서 거사는 물론 역대의 선사들 모두가 어록을 직접 만들지 않았던 것이다. 다만 지금 우리가 볼 수 있는 어록들은 부처의 열반 이후 부처를 보고 싶은 중생들의 간절한 마음에 의해 불상佛像이 만들어졌듯이, 선사들의 제자가 스승에 대한 사모와 존경의 마음으로 그간의 기억과 외움을 간결과 절제의 방법으로 문자라는 형식을 빌려 세상에 나온 것(거사와 우적은 지인관계)임을 명심해야 할 것이다.

선가의 대화에는 일체의 머뭇거림이 없다. 전광석화와 같아야 한다. 그렇지 않으면 방과 할이 사방에서 쏟아져 나온다. 그렇기 때문에 어록은 바로 그대로 단숨에 읽어 내려 가야 한다. 설령 무슨 말인지, 무슨 뜻인지 몰라도 모르는 대로 읽어야 한다. 단숨에 읽어 내려 가면서 알면 아는 대로 "아!" 하면 되고, 모르면 모르는 대로 다 읽고, 그러고 나서 "이게 뭐지?" 하며 참구하면 된다. 그래야 진정한 공부가 될 것이다. 본서가 머뭇거림 없이 바로 읽어 내려 감에 단도직입하는 도움이 되길 바란다.

원문은 원문대로 역자가 인용부호를 붙였고, 번역은 가능한 한 바로 읽어 내려 갈 수 있도록 하려고 노력하였다. 또한 혹시나 하는 마음에 원문 단어의 뜻과 여러 가지 관련된 주註를 상세히 달았으니,

이 역시 읽어 내려 가는 데 길동무가 되길 바란다. 그리고 앞서 말했듯이 거사는 그가 전하고픈 생각과 견해, 사상 전반을 시게를 통해 알리고자 했을 것이라는 나름의 판단에 역자의 가능한 능력 모두를 주註에 담았다. 그리고 거사의 시게를 처음 접하는 이들을 위해 다소 기초적인 것이라도 불교사전의 힘을 빌려 번역, 수록하였다.

이미 세상에 알려진 시(게송)의 제목(어록 편에 실려 있는 것)은 알려진 그대로 따랐으며, 처음으로 한글이라는 새 옷을 입고 세상에 선보이는 것들(중·하 권의 시 149수 가운데 다수)은 역자가 임의로 첫 구句나 혹은 중요 구를 가지고 임의로 정하였음을 밝혀둔다. 또한 장편의 시들 가운데 몇 편은 읽다보면 단편으로 나누어도 되지 않나 싶은 생각이 들기도 하고, 혹은 편집의 오류가 아닌가 하는 생각에 역자 마음대로 고쳐볼까 하는 뜻도 있었지만, 가능한 한 중화전자불전의 편집 그대로를 따랐음을 밝혀둔다. 이 부분에 대해서는 특히 독자 제현의 일침을 기대한다.

세상에서는 거사의 어록을 '선불교의 수준 높은 고전', '해학문학의 명저'라고 한다. 반야공관般若空觀에 입각한 불이不二의 성찰, 마조·석두와의 일문일답을 통한 대오大悟, 그리고 중국 고유의 언어적 특색과 해학 등이 어우러져, 읽으면 읽을수록 새롭고, 읽으면 읽을 때마다 놀라움에 놀라움을 금치 못할 따름이다.

방거사는 누구인가?

중국의 유마로 칭송되는 방거사의 생애와 관련하여 단편적인 몇 가지를 제외하고는 정확하고 자세하게 전하는 것이 없다. 예를 들면, 그가 형주 사람이라는 것, 말년에 양양에서 살았다는 것, 결혼해서 아들과 딸이 있었다는 것, 그리고 딸과 함께 조리를 팔아 생계를 꾸려 나갔다는 정도가 전부이다. 언제 태어났는가 하는 출생의 기록은 물론, 과연 부친은 형양의 태수였는가, 그로 인해 상당한 재산을 소유했던 것인가, 단하와 과거 시험을 치르러 가는 중에 함께 마조를 만났는가 하는 것들은 정확히 단언할 수 있는 것들이 아니다. 이런 까닭에 본 어록에서 전하는 단편적인 몇 가지 자료와, 거사와 인연이 있는 선사들의 또 다른 자료들(사전류 포함)을 종합해서 거사의 전기傳記를 가름해 볼 수 있는 것이 그의 생애에 대한 고찰의 전부일 수밖에 없다.

특히 본 어록이 절도사 우적(于頔, 미상~818)에 의해 최초로 편집되었다는 점에서, 과연 우적은 무슨 이유로 거사에 대한 사실적인 부분에 관해서는 그냥 지나치거나 빼버렸을까 하는 강한 의문이 든다. 왜냐하면 우적은 태수太守 시절 각 지역의 민요 등을 채집하다가 거사의 시에 매료되어 오랜 친구처럼 만나 끊임없이 왕래하였던 인물로 전해지는데, 이는 그가 누구보다 남다르게 자료를 모으고 분석하고 종합할 줄 아는 사람이었음을 보여주는 것이기 때문이다. 이는 아마도 중국인들의 역사에 대한 구체성의 부족, 아니면 편집자가 부정확 또는 생략과 절제라는 고도의 방법으로 거사에 대한 신비로움을 주고자 하였던 의도, 그리고 거사를 유마와 견주고자 하였던 중국인들의 자부심을 포괄하여 거사에 대한 기록들을 정리하였을 것이다.

거사의 생애와 관련한 단편적인 내용들은 본서 안에 모두 수록되어 있다. 그래서 여기서는 앞서 정확히 답을 내리기 쉽지 않은 거사의 생애와 관련한 몇 가지를 여타의 자료들과 함께 헤아려 보고자 한다. 먼저, 거사의 가문과 관련된 것으로 『중국인물사전』에서는 방덕공龐德公이라는 사람에 대한 인물평을 다음과 같이 전한다.

방덕공(龐德公, 생몰연대 미상)은 자字가 자어子魚, 상장尙長이고, 양양(襄陽, 지금의 호북성湖北省) 출신이다. 일찍이 양양 일대에 은거하던 사마휘, 제갈량, 방통, 서서 등의 인재들과 친밀하게 지내며 세상사를 토론했다. 사마휘(司馬徽, 미상~208)는 방덕공보다 열 살 아래였는데, 방덕공을 늘 방공龐公이라고 불렀으며, '방공'이란 호칭이 여기서 나왔다. 방덕공은 제갈량을 와룡臥龍, 방통을 봉추鳳雛, 사마휘를 수경水鏡이라고 불렀다. 제갈량은 그를 매우 존경하여 스승으로 예우했고, 자주 인사하러 왔으며, 방문할 때면 침상 아래에서 절을 했다. 이후 방덕공은 점차 제갈량을 주목하고 그를 중시하기 시작했다. 방통은 원래 방덕공의 시종이었다. 그는 나이가 어렸지만 순박하고 정성스러웠다. 당시 사람들은 그의 재능을 몰랐지만 방덕공은 방통을 중시했고, 나중에는 사마휘에게 그를 추천했다. 사마휘는 방통과 대화를 나눈 후 크게 탄복한 적이 많았다. 형주荊州 자사로 있던 유표(142~208)가 여러 차례 방덕공을 초청했으나 응하지 않자, 유표가 직접 그를 찾아와 물었다.
"당신은 자기 몸 하나는 보전하면서, 어째서 천하는 보전하지 않는 것이오?"
이에 방덕공은 미소 지으며 이렇게 말했다.
"큰 기러기는 높은 나무에 집을 짓고 살지만 저녁이면 그곳이 쉴 곳이 되고, 큰 거북은 깊은 연못 아래에 구멍을 내지만 역시 저녁이면 그곳에서 쉽니다. 사람의 취사선택과 행동거지도 그 사람의 둥지에 한정될 뿐이며 만물도 각자 쉴 곳이 있을 뿐입니다. 따라서 천하는 내가 보전하고 말 것이 아닙니다."
이후 그는 녹문산에 은거하며 약초를 캐면서 생을 마감했다.

이상에서, 방덕공은 양양(형주, 형양) 출신이라는 것, 그를 방공으로 호칭하였다는 것, 그리고 녹문산에 은거하며 생을 마감하였다는 것 등이 거사와 연관해 볼 수 있는 것들이다. 이는 양양 일대가 방 씨 집안의 집성촌이었고, 어록 곳곳에서 방거사를 방공이라고 호칭하였던 것은 당시에 거사를 방덕공의 후손으로 인정한 것이며, 셋째 방덕공과 거사 모두 생의 마감이 녹문산(사)이었던 것은 본래의 고향과 관련한 그 어떤 상징을 나타내는 것이라는 추측을 가능케 한다. 이러한 것들로 미루어 볼 때, 거사의 집안은 형주(형양, 양양)를 떠나서는 말할 수 없으며, 거사의 집안이 한대漢代 이래로 양양 일대의 명문가였다는 것은 분명한 사실로 보인다. 다만 부친이 형양衡陽의 태수였다는 숭정본의 무명자의 서문은 그 사실 여부를 떠나 선대의 은둔의 피와 거사의 불법에 대한 숭고한 뜻이 어우러져 재가의 보살로 상징되는 방거사를 출현케 하였다는 편집자의 큰 그림 속에서는 그다지 필요치 않은 내용이었을 것이다. 또한 우적이 방공이라는 호칭만으로 선대의 은둔과 거사의 무소유의 삶을 하나로 연결해서 거사에 대한 지극한 예를 표한 것이 아닌가 싶다. 선친의 지위와 신분은 거사에게는 동정호에 던져진 그 이상의 어떤 것도 아니었음이 분명하다.

다음으로 거사의 생몰 연도와 관련한 의문과 추측이다. 이는 거사의 출생 연도를 정확히 전하지 않는 것(?~808, 원화 3년)과, 본문에 "당나라 정원貞元 초(785~791, 정원 연간은 785~805년이다)에 석두 선사를 뵙고, 물었다"는 말 등에서 기인한다. 만약 조당집에서 전하고 있는 것처럼, 거사가 단하와 더불어 젊은 시절부터 함께 공부를 했고, 그래서 과거를 함께 보러 가던 중 마조를 친견한 것이 역사적 사실이라면, 지금까지 알려진 단하의 생몰 연대(739~824)를 기준으로 할 때 거사의 출생 연도 또한 739년을 기준으로 약간의 가감을 할 수밖에 없다. 그런데 이와 같이 단하의 생몰 연대로 거사의 나이를 추정해 보면, 첫째 거사가 정원 초에 석두를 만난 나이가 40중후반의 이야기가 된다. 이는 본문에 "번뇌에 눈을 뜨고 진제를 구하는 데 뜻을 두었다. 정원 초에 석두 선사를 뵙고~"라는 말과도 맞지가 않는다(그래서 역자는 본문에 이 내용을 단락을 나누었다). 둘째 본문의 구성과 그간의 여러 주장들을 근거로 거사가 석두를 만나고 나서 마조를 만났다면 이 또한 만남이 785년 이후로 거의 마조의 입멸 연도(788)와 일치하여 결과적으로 너무 늦게 된다(석두 또한 마찬가지다, 석두의 입멸 연도는

790년이다). 더욱이 이렇게 되면 두 사람이 과거를 보러 가던 나이가 너무 많게 된다. 결과적으로 거사가 석두와 마조를 만난 시기에 관해서는 최초 편저자의 실수인지 판각자의 실수인지는 정확하게 단언할 수는 없지만 상당 부분 고려해 보아야 한다(이와 관련하여 본문, '2. 석두와 만나다' 편의 참조를 살펴보기 바란다). 그리고 출생 연도를 단하와 연관하거나 단하와의 관계를 도반으로 규정하는 것 또한 보다 더 명백한 자료가 있어야 할 듯하다(본서에서는 단하와 나눈 이야기를 가장 많이 전한다). 다만 거사의 출생 연도를 전하지 않는 것은 거사가 자신의 죽음을 자유자재로 할 수 있었던 것처럼, 거사 또한 오고감이 없음을 보여주기 위한 편집자의 의도가 숨겨져 있는 것이 아닌가 하는 짐작으로 정리한다.

다음으로 거사가 언제 결혼하였는가 하는 것 역시 정확하게 알 수는 없지만, 아들과 딸이 있었다는 것은 그의 시를 통해서 분명히 알 수 있는데, 다음과 같다.

有男不肯婚　　아들이 있는데 장가가려 하지 않고
有女不肯嫁　　딸이 있어도 시집가려 하지 않는다.
父子自團欒　　부자가 단란하게 지내면서
共說無生話　　함께 무생화를 말하네.[5]

남아 선호의 전통 속에서 거사는 아들을 어떻게 생각했을까? 편집자

---

5 어록 편, '2. 마조와 만나다' 편과 전등록 제8권, '방온 거사' 편(부록 참조)에서는 약간 달리 전하고 있다. '104. 무생화'의 주註를 참조하기 바란다.

는 무슨 이유로 아들에 관한 이야기를 전하지 않았을까? 어록 편에서는 보이지 않지만, 시 편에 아들과 연관된 것으로 보이는 것이 한두 편이 있다. 먼저 아들의 이름이 방대龐大일 것이라는 추정은 다음과 같다.

無有報龐大　　방대(龐大, 아들)에게 갚을 것 없고
空空無處坐　　아무것도 없어 앉을 곳도 없네.
家內空空空　　집안은 텅 비어 아무것도 없고
空空無有貨　　아무것도 없어 재물도 없네.

(시 편, 8. 제불좌 중에서)

또한 아들의 삶을 보여주는 듯한 게송이 있는데, 다음과 같다.

教作羅睺羅　　(아들을) 가르쳐 라후라로 만들었더니
無蹤持戒律　　흔적도 없이 계율만 지키면서
但知入理坐　　단지 이理에 들어가 주저앉을 줄만 아니
日頭骨咄出　　해가 머리를 들고 꾸짖으며 나온다.

(시 편, 52. 입리좌 중에서)

이 두 편의 시를 통해 거사는 자신과 아들을 부처와 라훌라로 대비하려고 했고, 아들이 혼자 살면서 공에 떨어져 있는 안타까움을 보여주고 있다. 이에 반해 딸 영조靈照는 거사와 함께 일생을 보내며 어떤 때는 시봉자로, 어떤 때는 분신처럼, 어떤 때는 도반처럼 지낸 것이 어록 속에 보인다(어록 편, 25, 26 참조할 것). 이는 딸의 이름을 영조라고 한 것에서도 알 수 있듯이, 거사는 딸과 함께한 일상의 삶을 체體와 용用으로 세상에 보여준 것이 아닌가 싶다. 이 추측의 근거로는 무명자의 서문에 거사가 임종할 무렵 영조에게 해가 이른지 늦은지를 보라고 말하기에 앞서, "모두 환화와 같고 실체가 없는 것이다. 너를 따라 인연하는 것이다"고 이야기한 것을 들 수가 있다. 왜냐하면 이 말을 들은 영조는 거사에게 해가 정오임을 알리고 거사보다 먼저 죽게 되는데, 이는 마치 빛이 있으면 그림자가 있는 것처럼, 빛을 거두기 전에 먼저 그림자를 거두는 것으로 영조는 자신과 아버지가 둘이 아님을 보인 것이기 때문이다. 또한 이에 반해, 아들은 두 사람의 죽음을 전해들은 뒤에 스스로 목숨을 거두었다는 무명자의 서문은, 공에 떨어져 홀로 살던 아들보다는 딸 영조가 보다 더 깊게 아버지와 깨달음을 함께하고 있었음을 증명해주는 것으로 이해하기 충분하다.

또한 앞서 말했듯이 편집자 우적은 어록 가운데 단하와 관련된 이야기를 가장 많이 전하고 있다(모두 7편의 이야기를 전한다). 하지만 그럼에도 불구하고 거사와의 출가 전 이야기나(거사와 과거시험을 보러 가던 이야기 또한 조당집 제4권의 '단하' 편에 나올 뿐이다), 함께 마조를 친견하러 가서 거사는 그곳에 남고 단하는 어째서 석두에게 갔는가 등에 대한 구체적인 이야기는 전하지 않는다. 그 이유는 과연 무엇일까? 단하와 함께 과거를 보러 가던 것은 과연 맞는 것일까? 오히려 우적은 이러한 일반의 이야기보다는 재가인과 출가인의 수행 정도, 나아가 거사가 보다 더 뛰어났음을 보여주고자 하였던 의도가 있었던 것이 아닌가 싶다(우적의 평소 성향과도 관련이 있다). 다만 과거를 보러 가던 것의 진위 여부는 차치하고, 거사에게 있어 과거시험이란 거사가 마조와의 문답을 통해서 대오한 다음 곧바로 붓과 벼루를 빌려 심공급제게(心空及第偈, 어록 편, '3. 마조와 만나다' 참조)를 지었다는 말로 그 답이 충분하지 않을까 싶다. 또한 이외에도 시 편에 거사가 깨닫고 깨닫지 못함의 비유를 급제와 낙제라는 표현을 쓰고 있는 것으로 보아, 적어도 거사 또한 그의 삶이 과거 시험과 관련하여 밀접한 관련이 있었음은 분명하다.

거사는 선대로부터 은둔의 피를 이어받고, 집안의 전통과 내력을 따라 유학에 전념하면서도 진리에 대한 새로운 갈구를 남모르게 하고 있었을 것이다. 또한 멀리 떨어지지 않은 곳에 주석하던, 그 시대를 대표하는 두 선사 가운데 한 사람인 석두희천을 만나 불법에 대한 눈이 열렸고, 이후 함께 수학하던 단하와 과거를 보러 가던 중 마조도일과의 일문일답을 통해 대오하였을 것이다. 이후 재가인으로서 출가인보다 더 철저한 수행과 무소유의 실천을 보이면서, 마치 유마가 비야리성에서 문병 온 부처의 뛰어난 제자들에게 가르침을 전하였던 것처럼, 고향 땅에서 당대의 선사들과 법답을 나누고, 다수의 시게로 마음을 전하면서 일생을 보냈을 것이다.

거사의 전기를 정확하게 기술한다는 것은 쉬운 일이 아니다. 다만 지금까지의 이야기가 억측이나 소설이 아니기를 바랄 뿐이다. 이제 본문과 부록의 내용들을 통해 독자 스스로 거사의 전기를 그려보기 바란다.

일러두기

1. 본서는 중화전자불전협회中華電子佛典協會에서 전산화한 『만신속장경』 제69책, 「방거사어록龐居士語錄」을 저본底本으로 삼았다.

2. 『조당집祖堂集』과 『선문염송집禪門拈頌集』은 고려대장경연구소의 전산본을 참고로 하였다.

3. 『경덕전등록景德傳燈錄』은 중화전자불전협회의 전산본을 참고로 하였다.

4. 선문염송집의 고칙 번호는 김월운의 『선문염송·염송설화』를 따랐다.

5. 승정본은 이리야 요시타카(入矢義高)의 『방거사어록』 부록을 참조하였다.

6. 원문(註에서 인용한 원문 포함)의 단락과 방점, 인용부호는 역자가 편집하였다.

7. 제목과 소제목은 역자가 임의로 정하였다.

8. 원문의 한자(어) 설명은 네이버NAVER와 다음DAUM에서 제공하는 한자사전과 중국어사전을 사용하였으며, 漢韓大字典(민중서림)을 참조하였다.

9. 각주에 페이지 표기가 없이 인용도서명만 있는 것은 포털사이트 네이버와 다음에서 제공하는 '지식백과'의 각종 사전을 참조한 것이다.

10. 도서명에 사용하는 꺽쇠(『 』)는 처음 나올 때만 표시하고 뒤에서는 생략하였다.

11. 각주에 출처를 표시하지 않은 것은 역자의 번역이다.

12. 각 시(게송)의 제목은 역자가 임의로 정한 것이다(기존의 시제는 그대로 따랐다).

역자 서문 • 5

구성과 해제 • 11

방거사는 누구인가? • 17

일러두기 • 25

I. 어록語錄 • 33

1. 방거사는… 35
2. 석두石頭와 만나다 37
3. 마조馬祖와 만나다 50
4. 약산藥山과 만나다 59
5. 제봉齊峰과 만나다 69
6. 단하丹霞와 만나다 85
7. 백령百靈과 만나다 103
8. 보제普濟와 만나다 115
9. 장자長髭와 만나다 128
10. 송산松山과 만나다 133
11. 본계本谿와 만나다 147
12. 대매大梅를 만나다 158
13. 부용산 대육 선사와 만나다 161
14. 칙천則川과 만나다 168
15. 낙포洛浦와 만나다 176
16. 석림石林과 만나다 179
17. 앙산仰山과 만나다 187
18. 곡은谷隱과 만나다 190
19. 어떤 스님과 만나다 1 194
20. 어떤 스님과 만나다 2 196
21. 목동과 만나다 198
22. 좌주와 만나다 201
23. 어려움과 쉬움 206
24. 게송 3수 208
25. 영조와 나눈 대화 213
26. 거사의 죽음 217
27. 보유 225

Ⅱ. 시詩 • 231

〈오언五言〉 233
1. 능가보산楞伽寶山 233
2. 동일무생지同一無生智 251
3. 무진장無盡藏 256
4. 손지우손損之又損 258
5. 간심좌看心坐 260
6. 공덕무변功德無邊 270
7. 차시진여사此是眞如寺 274
8. 제불좌諸佛座 275
9. 무상리無相理 277
10. 연사주緣事走 279
11. 누라한嘍羅漢 280
12. 악남자惡男子 282
13. 일보검一寶劒 283
14. 요익타饒益他 285
15. 무심약無心藥 291
16. 공실좌空室坐 298
17. 상조常照 300
18. 청량사淸涼寺 304
19. 무위도無爲道 306
20. 지락보살락智樂菩薩樂 308
21. 곡역변성직曲亦變成直 310
22. 결과역천리結果亦天理 311
23. 미로인迷路人 312
24. 무상경無相經 313
25. 무심시극락無心是極樂 315
26. 속성불速成佛 316
27. 이후비已後非 317
28. 심자지心自知 318
29. 작심사作心師 320
30. 삼계공三界空 321
31. 명상공名相空 323
32. 작불작범부作佛作凡夫 324
33. 불수집不須執 326
34. 진성불眞成佛 327
35. 불긍경不肯耕 328
36. 숙시응지熟始應知 330
37. 귀공歸空 331
38. 동일가同一家 332
39. 전사옹田舍翁 333
40. 간도로看道路 334
41. 보주寶珠 335
42. 전불어傳佛語 336
43. 무생리無生理 338

44. 자가진自家珍 339
45. 일용사日用事 340
46. 입무여入無餘 341
47. 귀동일여歸同一如 342
48. 일권경一卷經 343
49. 부자동택父子同宅 344
50. 제호醍醐 345
51. 신명졸身命卒 347
52. 입리좌入理坐 348
53. 과인책過人策 349
54. 지도智度 350
55. 오공리悟空理 351
56. 원팔圓八 357
57. 생사生死 358
58. 인욕忍辱 359
59. 진희瞋喜 360
60. 식업인識業人 361
61. 무가애無罣礙 363
62. 무소득無所得 364
63. 일등자一等慈 365
64. 심무애心無礙 366
65. 일차一差 368
66. 무심無心 369
67. 이상離相 371
68. 일실一室 372
69. 최상사最上事 373
70. 보주寶珠 374
71. 찰나정刹那靜 375
72. 무구無求 376
73. 성마成魔 379
74. 만법萬法 381
75. 심적心寂 382
76. 붕소鵬巢 383
77. 일단一丹 384
78. 장강長江 385
79. 탐진치貪瞋癡 386
80. 중명리重名利 387
81. 진여眞如 388
82. 혜검慧劒 389
83. 심단적心但寂 391
84. 참괴호심왕慚愧好心王 392
85. 참괴호의근慚愧好意根 394
86. 참괴호설근慚愧好舌根 395
87. 참괴일쌍이慚愧一雙耳 396

88. 참괴일쌍안慚愧一雙眼 397
89. 참괴일구신慚愧一軀身 398
90. 의지依智 401
91. 일년부일년一年復一年 402
92. 화중연火中蓮 405
93. 간방看方 411
94. 단좌端坐 412
95. 금강경金剛經 413
96. 황엽黃葉 414
97. 식법識法 415
98. 무문無問 416
99. 권군勸君 417
100. 낙제落第 418
101. 육적六賊 419
102. 담철한擔鐵漢 420
103. 심공급제心空及第 421
104. 무생화無生話 422
105. 미타불彌陀佛 423
106. 여리수如理修 424
107. 실시희實是稀 425
108. 무신화無薪火 426
109. 견미타見彌陀 427
110. 제법諸法 428
111. 무구無求 430
112. 심청정心淸淨 431

〈칠언七言〉 432

113. 대당삼백육십주 432
114. 초연해탈超然解脫 435
115. 풍진정風塵淨 436
116. 허공무변虛空無邊 437
117. 지개시祗箇是 438
118. 법륜상전法輪常轉 439
119. 막구불莫求佛 440
120. 해의진지解依眞智 441
121. 권주초암權住草庵 442
122. 일체유구一切有求 443
123. 능리상能離相 444
124. 법왕가지法王呵之 445
125. 학무작學無作 446
126. 유정고택有情故宅 447
127. 미식용궁未識龍宮 448
128. 망진妄盡 449
129. 무일물無一物 450

130. 공산좌空山坐 451
131. 동일이同一理 452
132. 견여래見如來 453
133. 세인世人 454
134. 갱무별로更無別路 455
135. 일문무약시一門無鑰匙 456
136. 등거사等居士 457

〈잡구雜句〉 458
137. 행로이行路易 458
138. 행비도行非道 460
139. 일대의一大衣 464
140. 무생국無生國 466
141. 금일무今日無 467
142. 난부난難復難 469
143. 이부이易復易 470
144. 대원경大圓鏡 471
145. 패다엽貝多葉 473
146. 진여일합상眞如一合相 474
147. 주종장중珠從藏中 475
148. 통달허심洞達虛心 476
149. 무아부무인無我復無人 479

〈역대 찬문歷代讚文〉 481
1. 대승상 장천각이 찬탄하다 481
2. 경산 불일 대혜 선사가 찬탄하다 482
3. 불여만법위려자화不與萬法爲侶者話에 대한 선사들의 염고 483
4. 앙산과의 문답에 대한 염고 485

III. 부록 · 487

1. 방거사 어록·시·송 서문 489
2. 조당집에서 전하는 방거사 498
3. 전등록에서 전하는 방거사 507

참고문헌 · 514
역자 후기 · 515
찾아보기 · 521

I. 어록語錄

1. 방거사는…

襄州居士龐蘊 字道玄 衡州衡陽縣人也. 世本儒業 少悟塵勞 志求眞諦.

양주 거사 방온龐蘊은 자字가 도현道玄이고, 형주衡州 형양현 사람이다.[1] 대대로 유학을 본업으로 삼았는데, 젊어서 번뇌에 대해 눈을 뜨고 진제(眞諦, 참된 진리)를 구하는 데 뜻을 두었다.[2]

---

1 양주와 형주 모두 당시 행정구역상 산남동도山南東道에 속한다(양주는 현 호북성, 형주는 호남성에 위치한다. 산남동도의 중심은 양양襄陽이다). 양주는 그의 본적 또는 노년의 거주 지역을 뜻하는 것으로, 형양은 거사의 출생지로 이해하였다.

2 상기 저본은 숭정본과 일치한다.

전등록 제8권 '양주 방온 거사' 편에서는 다음과 같이 전한다.

襄州居士龐蘊者 衡州衡陽縣人也. 字道玄 世以儒爲業 而居士少悟塵勞 志求眞諦. (내용 동일, 번역 생략, 부록을 참조하기 바란다.)

조당집 제15권에서는 거사의 행록과 관련하여 "嗣馬大師 居士生自衡陽(마조의 법을 이었고, 거사는 형양에서 태어났다)"이라고 전한다. 그리고는 바로 이어서 마조와의 문답(不與萬法爲侶者話)을 전한다. 또한 마조와의 문답 다음에 거사에 대한 행록을 다음과 같이 전한다.

"그리고는 이내 1·2년을 머물며 참례하고 받들었다. 마침내 선비의 모습을 바꾸지 않고도 마음은 형상 밖을 노닐고, 인정을 비우고 행하면서도 진리에 부합하며 모든 자취가 세상에서 탁월했으니, 참으로 현학의 유가이면서 재가의 보살이었다. 처음에는 양양襄陽의 동암東巖에 머물다가 뒤에 곽서郭西의 조그마한 집에서 살았다. 오직 딸 하나의 시중을 받으며 대나무 조리를 만들어 매일 딸에게 시장에서 팔도록 하고, 평생 도를 즐겼다(而乃駐泊參承一二載間. 遂不變儒形 心遊像外 曠情而行符眞趣 渾迹而卓越人間 寔玄學之儒流 乃在家之菩薩. 初住襄陽東巖 後居郭西小舍. 唯將一女扶侍 製造竹漉籬 每令女市貨 以遣日給 平生樂道)."
한편 조당집 제4권 '석두화상' 편과 제15권, '방거사' 편 모두 거사와 석두의 만남에 대해 전하는 것이 없다.

2. 석두石頭와 만나다[3]

唐貞元初 謁石頭禪師 乃問"不與萬法爲侶者 是甚麽人" 頭以手 掩其口 豁然有省.

※貞元(정원): 당나라 덕종(德宗, 785~805)의 연호.
※豁然(활연): 눈앞을 가로막은 것이 없이 환하게 터져서 시원스러운 모양.

당나라 정원貞元 초에 석두石頭[4] 선사를 뵙고, 물었다.[5]
"만법과 짝하지 않는 사람은 누구입니까?"[6]

---

3 두 편의 이야기가 전한다.

4 석두희천(石頭希遷, 700~790): 당대唐代의 스님. 혜능 스님에게 출가, 그가 입적하자 청원행사에게 사사하여 그의 법을 이어받음. 742년경 형산衡山에 가서 돌 위에 암자를 짓고 그곳에서 늘 좌선을 하여 석두희천이라 함. 저서로 『참동계參同契』, 『초암가草庵歌』가 있다. (이철교 외, 『선학사전』, p.353, 1995, 불지사)

5 '당나라 정원 초에 석두 선사를 뵈었다'는 말은 역사적인 정확성이 떨어진다. 그 이유에 관해서는 아래 【참조】 ①을 살펴보기 바란다.

6 만법과 짝하지 않는 사람(不與萬法爲侶者)과 관련해 아래 【참조】 ②를 살펴보기 바란다.

석두가 손으로 그의 입을 틀어막자, 활연히 깨달았다(豁然有省).[7]

---

7 상기 저본은 숭정본과 일치한다.

전등록 제8권 '양주 방온 거사' 편에서는 먼저 석두를 만나고, 그 다음 마조를 찾아뵙고 '불여만법위려화不與萬法爲侶者'를 물은 것으로 전한다. 또한 석두와의 만남에 대해서는 "당 정원 초에 석두 화상을 뵙고, 말을 잊은 채 뜻을 알았다. 또 단하 선사와 친구(=도반)가 되었다(唐貞元初 謁石頭和尙 忘言會旨. 復與丹霞禪師爲)"라고만 전하고, 석두와 불여만법위려화를 나눴다는 구체적인 표현은 전하는 것이 없다. 또한 조당집에서도 석두와 문답한 것은 전하지 않고, 마조와 문답한 것만을 전한다. 선문염송집(제5권, N.161)에서도 마조와 문답한 것만을 하나의 고칙으로 전한다.

【참조】

①석두와 만난 것이 정원 초가 아닐 수 있는 이유.

먼저 관련된 연호와 주요 인물의 생몰연대를 도표로 살펴보면 다음과 같다.

1) 관련된 주요 연호

황제	현종	덕종	헌종	의종
연도	742~756	785~805	806~820	860~874
연호	천보天寶	정원貞元	원화元和	함통咸通

2) 관련된 주요 인물의 생몰연대

선사	마조도일	석두희천	방거사	단하천연	약산유엄
연도	709~788	700~790	?~808	739~824	745~828

※연도는 재위 기간이 아니라, 연호 사용 기간이다(선학사전에서 발췌).

정원貞元 초는 정원 연간(785~805, 21년간)의 앞부분, 즉 785~791년을 뜻하는데, 그렇게 되면 석두가 입적(790)하기 5년 전 안의 일이 되고, 또한 거사의 임종(808) 23~17년 전의 일이 된다. 또한 마조의 입적(788)과는 3년 전 안의 일이 된다. 이는 거사가 석두와 마조 둘 가운데 누구를 먼저 만났건 간에 만남 자체가 시기 상 너무 늦게 된다. 또한 본서에서는 거사는 젊어서 먼저 석두를 친견하고 그 뒤에 강서로 가서 마조를 친견한 것으로 기술하고 있고, 조당집(제4권)에서는 거사가 단하와 함께 과거시험을 보러 가다가 마조를 친견한 것으로 기술하고 있는데, 이는 모두 거사의 젊은 시절을 기준으로 하고 있다는 공통점이 있다. 그러므로 정원 초라는 말에는 역사적 연대 서술의 오류가 있어 보인다.

한편, 조당집에서는 석두가 천보天寶 초(742~747)에 형악(衡嶽, 남악 형산)에 암자를 세웠고 이때부터 석두화상으로 세상에 이름이 알려지기 시작하였다고 전하고 있는데, 이는 당시 거사가 아주 가까운 거리에서 석두를 친견할 수 있는 조건을 갖추고 있었으며, 또한 거사의 젊은 시절이었음을 입증할 수 있는 자료가 된다. 이를 근거로 할 때 당시 석두는 43~48세, 마조는 34~39세가 된다. 하지만 이 또한 거사의 출생 연도는 전하는 것이 없어 몇 살에 만났는가를 정확히 입증하기는 어렵다. 또한 거사가 단하와 함께 과거를 보러 가다가 마조를 만났고, 둘의 관계가 도반이었으며, 무엇보다 단하의 출생 연도가 739년이라는 것은 둘의 만남이 정원 초가 아닌 천보 초일 것이라는 추측이나 주장 역시 성립하기 어렵다. 왜냐하면 그렇게 되면 당시 단하의 나이가 너무 어리게 되기 때문이다(4세에서 11세가 된다).

그러므로 정확한 역사적 연대의 표기, 단하와의 관계 등에 관해서는 좀 더 고증이 필요하다. 〔참고로 숙종肅宗의 연호 가운데 건원(乾元, 758~760), 상원(上元, 760~761)이 있다〕

② 만법과 짝하지 않는 사람(不與萬法爲侶者)과 관련하여,

가. 『대반열반경』(大般涅槃經, 36권 본) 제5권에 다음과 같이 전한다.

爾時 迦葉菩薩 復白佛言 "世尊 唯願哀愍 重垂廣說大般涅槃行解脫義" (中略) 又解脫者無有等侶. 有等侶者 如諸國王 有隣國等 眞解脫者 則不如是. 無等侶者 謂轉輪聖王 無能與等 解脫亦爾 無有等侶. 無等侶者 卽眞解脫 眞解脫者 卽是如來 轉法輪王. 是故 如來無有等侶 有等侶者 無有是處.

그때 가섭보살이 다시 부처님께 말씀드렸다.

"세존이시여! 바라옵건대, 가엾이 여기시어 대반열반의 행과 해탈의 뜻을 다시

널리 말씀해주십시오."

(중략) "또 해탈이라는 것은 같은 종류의 짝이 없는 것이다(無有等侶). 같은 종류의 짝이 있다는 것은 마치 여러 나라의 왕들에게는 이웃 나라들이 있는 것과 같지만, 진해탈眞解脫은 이와 같지 않다. 같은 종류의 짝이 없다는 것은 전륜성왕에게는 더불어 대등할 수 있는 것이 없다는 것을 말하는데, 해탈 또한 그와 같아서 같은 종류의 짝이 없는 것이다. 같은 종류의 짝이 없다는 것이 바로 진해탈이고, 진해탈이 바로 전법륜왕의 여래인 것이다. 이런 까닭에 여래는 같은 종류의 짝이 없는 것이고, 같은 종래의 짝이 있다는 것은 옳지 않은 것이다."

나. 대반열반경 제31권에서는 다음과 같이 전한다.

云何於無量義說無量名. 如佛如來 名爲如來 義異名異. 亦名阿羅呵 義異名異 亦名三藐三佛陀 義異名異. 亦名船師 亦名導師 亦名正覺 亦名明行足 亦名大師子王 亦名沙門 亦名婆羅門 亦名寂靜 亦名施主 亦名到彼岸 亦名大醫王 亦名大象王 亦名大龍王 亦名施眼 亦名大力士 亦名大無畏 亦名寶聚 亦名商主 亦名得脫 亦名大丈夫 亦名天人師 亦名大分陀利 亦名獨無等侶 亦名大福田 亦名大智慧海 亦名無相 亦名具足八智. 如是一切義異名異 善男子 是名無量義中說無量名.

어떤 것이 한량없는 뜻에 한량없는 이름을 말한 것인가? 불·여래를 여래라고 이름하니 뜻이 다르고 이름이 다르다. 또한 아라하阿羅呵라 이름하니 뜻과 이름이 다르며, 삼먁삼불타라고 이름하니 뜻이 다르고 이름이 다르다. 또한 뱃사공(船師), 도사導師, 정각正覺, 명행족明行足, 대사자왕大師子王, 사문沙門, 바라문婆羅門, 적정寂靜, 시주施主, 도피안到彼岸, 대의왕大醫王, 대상왕大象王, 대용왕大龍王, 시안施眼, 대역사大力士, 대무외大無畏, 보취寶聚, 상주商主, 득탈得脫, 대장부大丈夫, 천인사天人師, 대분타리大分陀利, 독무등려(獨無等侶, 홀로 짝이 없는－짝하지 않는－분), 대복전大福田, 대지혜해大智慧海, 무상無相, 구족팔지(具足八智, 8지를 구족한 분)라 이름하는데, 이와 같은 일체가 뜻이 다르고 이름이 다른 것이다. 선남자여, 이것을 일러 한량없는 뜻에 한량없는 이름이라고 하는 것이다.

다. 한산寒山의 시에서는 다음과 같이 전한다.

❀

一日石頭問曰 "子見老僧以來 日用事作麽生" 士曰 "若問日用事 卽無開口處" 頭曰 "知子恁麽 方始問子" 士乃呈偈曰 "日用事無別 唯吾自偶諧 頭頭非取捨 處處沒張乖 朱紫誰爲號 丘山絶點埃 神通幷妙用 運水與搬柴" 頭然之曰 "子以緇耶 素耶" 士曰 "願從所慕" 遂不剃染.

※方始(방시): …서야. …서야 비로소. …이 되어서야.

※諧(화할 해): 화하다. 화합하다. 어울리다. 화동하다. 조화되다. 맞다. 고르다. 고르게 하다. 이루다. 농담하다. 농지거리.

※張乖(장괴)=괴장乖張: 어긋나다. 순조롭지 않다. 성질이 삐뚤어지다.

※剃染(체염): 剃髮染衣(체발염의)의 준말. 머리를 깎고 물들인 옷을 입는다

可貴天然物	귀한 천연물이여!
獨立無伴侶	홀로 서 짝이 없네.
覓他不可見	그것을 찾아도 볼 수가 없고
出入無門戶	나고 들어감에 문도 없네.
促之在方寸	줄이면 방촌에 있고
延之一切處	늘리면 일체처에 있네.
你若不信受	그대가 만약 믿고 받아들이지 않는다면
相逢不相遇	만나도 만나지 못하네(만난 것을 알지 못하네).

라. 『조주록趙州錄』에서는 다음과 같이 전한다.

問 "不與萬法爲侶者是什麽人" 師云 "非人"

물었다.
"만법과 짝하지 않는 사람은 어떤 사람입니까?"
스님이 말했다.
"사람이 아니다."

는 뜻으로, 출가하여 승려가 됨을 이르는 말.

하루는 석두가 물었다.

"그대는 노승을 본 이래로 날마다 하는 일(日用事)[8]은 어떤가?"

거사가 말했다.

"날마다 하는 일을 물으시면 입을 열 곳이 없습니다."

석두가 말했다.

"그대가 그렇다는 것을 알기에 그대에게 묻는 것이네."

(그러자) 거사가 이에 게偈를 지어 바쳤다.

日用事無別　　날마다 하는 일 별 다른 것 없어
唯吾自偶諧　　오직 나 스스로 잘 지낼 뿐,
頭頭非取捨　　낱낱이 취하거나 버리지 않으니
處處沒張乖　　곳곳에 어긋나는 것도 없다.

朱紫誰爲號　　붉은색 옷과 자줏빛 옷 누구를 위한 이름인가?[9]
丘山絶點埃　　이 산에는 한 점 티끌도 없다.
神通幷妙用　　신통과 묘용이여!

---

8 일용사日用事와 관련해 아래 【참조】 ①을 살펴보기 바란다.

9 주자朱紫에는 귀관의 복색으로 고위고관의 뜻이 있다. 거사는 재가인이다. 석두가 거사에게 일용사를 묻고, 거사가 이에 답을 한 것이므로 여기서는 황제가 승려에게 하사하는 주의朱衣나 자의紫衣가 아니다. 세간의 명예나 부귀공명 따위는 거사에게 별 의미가 없다는 뜻이다.

運水與搬柴　　물 긷고 나무하는 것이로다.[10]

석두가 그러하다고 하며, 말했다.

“그대는 스님(緇)으로 살 것인가, 거사(素)로 살 것인가?”

거사가 말했다.

“원컨대 사모하는 이를 따를 뿐입니다.”

그리고는 머리를 깎지도 않고 물들인 옷도 입지 않았다.[11]

---

10 신통과 묘용에 대해서는 아래 【참조】 ②를 살펴보기 바란다.
본 게송은 대혜종고가 소경少卿 진계임陳季任에게 보낸 두 번째 답서(『서장書藏』)에서도 인용하고 있다. 아래 【참조】 ③을 살펴보기 바란다.

11 상기 저본은 숭정본과 일치한다.
전등록 제8권, ‘양주 방온 거사’ 편에서는 다음과 같이 전한다.
一日石頭問曰 “子自見老僧已來 日用事作麽生” 對曰 “若問日用事 卽無開口處” 復呈一偈云 “日用事無別 唯吾自偶諧 頭頭非取捨 處處勿張乖 朱紫誰爲號 丘山絶點埃 神通幷妙用 運水及般柴” 石頭然之曰 “子以緇耶素耶” 居士曰 “願從所慕” 遂不剃染. (내용 동일, 번역 생략)
다만 여기서는 방거사의 대답, 즉 “날마다 하는 일을 물으시면 입을 열 곳이 없습니다”고 한 것에 대하여 석두가 “그대가 그렇다는 것을 알기에 그대에게 묻는 것이네(知子恁麽 方始問子)”라고 한 부분이 없이 바로 방거사의 게송을 전하는 차이가 있다(부록, 전등록에서 전하는 방거사 편을 참조하기 바란다).
조당집과 선문염송집에서는 상기의 대화와 게송 모두 전하지 않는다.

【참조】
① 일용사日用事에 대한 대답과 관련해서,
가. 벽암록 제42칙(만남의 순서를 명확히 하고 있다.)
龐居士 參馬祖石頭 兩處有頌. 初見石頭 便問 “不與萬法爲侶 是什麽人” 聲未斷

被石頭掩卻口 有箇省處 作頌道 "日用事無別 唯吾自偶諧 頭頭非取捨 處處沒張乖 朱紫誰爲號 青山絶點埃 神通并妙用 運水及搬柴"

방거사가 마조와 석두를 참례했는데, 두 회상會上에서 지은 송이 있다. 처음 석두를 뵙고 묻기를 "만법과 짝하지 않는 사람은 어떤 사람입니까?"라고 했는데, 이 말이 채 끝나기도 전에 석두에게 입이 틀어 막혔다. (이에) 살핀 바(깨친 바, 省處)가 있어 송頌을 지었다.

"날마다 하는 일 별 다른 것 없어
오직 나 스스로 잘 지낼 뿐,
낱낱이 취하거나 버리지 않으니
곳곳에 어긋나는 것도 없다.

붉은색 옷과 자줏빛 옷 누구를 위한 이름인가?
청산青山에는 한 점 티끌도 없다.
신통과 묘용이여!
물 긷고 나무 하는 것이로다."

後參馬祖 又問 "不與萬法爲侶 是什麽人" 祖云 "待爾一口吸盡西江水 卽向汝道" 士豁然大悟 作頌云 "十方同聚會 箇箇學無爲 此是選佛場 心空及第歸"

후에 마조를 참례하고 또 묻기를 "만법과 짝하지 않는 사람은 어떤 사람입니까?"라고 하자, 마조가 말하기를 "그대가 서강의 물을 한 입에 다 마시면 그대에게 말해 주겠네"라고 했다. (그때) 거사가 활연대오豁然大悟하고, 게송을 지어 말했다.

"시방에서 모두 모여
각각 무위無爲를 배운다.
여기는 부처를 뽑는 곳,
마음을 비워 급제해서 돌아가네."

나. 일용사日用事와 관련한 달마의 말씀(『달마혈맥론達摩血脈論』 중에서)

問曰 "因何不得禮佛菩薩等" 答曰 "天魔波旬阿脩羅示見神通 皆作得菩薩相貌 種種變化 是外道 總不是佛. 佛是自心 莫錯禮拜. 佛是西國語 此土云覺性. 覺者靈覺 應機接物 揚眉瞬目 運手動足 皆是自己靈覺之性. 性卽是心 心卽是佛 佛卽是道 道卽是禪. 禪之一字 非凡聖所測. 又云 見本性爲禪 若不見本性 卽非禪也 假使說得千經萬論 若不見本性 只是凡夫 非是佛法"

물었다.

"어째서 불·보살 등에게 절하지 말라는 것입니까?"

답했다.

"천마天魔인 파순波旬과 아수라阿脩羅가 신통을 드러내 보여 모두 보살의 모습을 짓는데, (이런) 갖가지 변화는 외도이지 모두 부처가 아니다. 부처는 자기의 마음이니, 잘못 예배하지 말라. 부처는 서쪽 나라의 말이고, 이 땅에서는 '각성(覺性, 성품을 깨달은 이)'이라고 한다. 각覺은 신령스런 깨달음(靈覺)으로 근기에 따라 중생을 제접하되, 눈썹을 치켜뜨고 눈을 깜빡이며 손짓을 하고 발을 드는 것이 모두 자기의 신령스런 깨달음의 성품(自己靈覺之性)이다. 성품이 바로 마음이고, 마음이 바로 부처이며, 부처가 바로 도이고, 도가 바로 선이다. 선이라는 이 한 글자는 범부나 성인이 헤아릴 바가 아니다. 또 이르기를 '본래의 성품을 보는 것을 선이라 한다(見本性爲禪)'고 하였으니, 만약 본성을 보지 못한다면 선이 아니다. 가령 천 가지 경과 만 가지 논을 말할지라도 본성을 보지 못했다면 단지 범부일 뿐, 불법이 아니다."

다. 일용사日用事와 관련한 마조의 평상심시도平常心是道

示衆云 "道不用脩 但莫汙染. 何爲汙染. 但有生死心 造作趨向 皆是汙染. 若欲直會其道 平常心是道. 何謂平常心. 無造作 無是非 無取捨 無斷常 無凡無聖. 經云 '非凡夫行 非聖賢行 是菩薩行.' 只如今 行住坐臥 應機接物 盡是道. 道卽是法界 乃至河沙妙用 不出法界. 若不然者 云何言心地法門 云何言無盡燈"

대중에게 말했다.

"도는 닦을 필요가 없으니, 다만 오염되지만 말라! 무엇을 오염이라 하는가? 다만 생사심生死心으로 조작하거나 추향(趨向, 밖을 향해 치달리는 것)하는 바가 있으면 모두가 오염이다. 만약 곧바로 이 도를 알고자 한다면, 평상심이 도다(平常心是道). 무엇을 평상심이라고 하는가? 조작이 없고 시비是非가 없으며, 취사取捨가 없고 단상斷常이 없으며, 범부도 없고 성인도 없는 것이다. 경(經, 유마경)에 이르기를 '범부의 행도 아니고 성현의 행도 아닌 것이 보살의 행이다'고 했다. 다만 지금 행주좌와行住坐臥하고 근기에 따라 중생을 제접하는 것이 모두가 도道다. (또한) 도는 곧 법계이니, 항하의 모래알같이 많은 오묘한 작용까지도 법계를 벗어나지 못한다. 만약 그렇지 않다면 어떻게 심지법문心地法門을 말하고, 어떻게 무진등無盡燈을 말하겠는가! (졸역, 『마조어록 역주』, p.72, 2019, 운주사)

②신통과 묘용에 관해서, 『임제록臨濟錄』에서는 다음과 같이 전한다.

爾道 佛有六通 是不可思議 一切諸天 神仙阿修羅 大力鬼亦有神通 應是佛否. 道流 莫錯. 秖如 阿修羅與天帝釋戰 戰敗領八萬四千眷屬 入藕絲孔中藏 莫是聖否. 如山僧所擧 皆是業通依通. 夫如佛六通者 不然. 入色界不被色惑 入聲界不被聲惑 入香界不被香惑 入味界不被味惑 入觸界不被觸惑 入法界不被法惑. 所以 達六種色聲香味觸法 皆是空相. 不能繫縛 此無依道人 雖是五蘊漏質 便是地行神通. 道流 眞佛無形 眞法無相. 爾秖麽幻化上頭 作模作樣 設求得者 皆是野狐精魅. 並不是眞佛. 是外道見解. 夫如眞學道人 並不取佛 不取菩薩羅漢 不取三界殊勝 逈然獨脫 不與物拘.

그대들은 말하기를 '부처에게는 육신통이 있고, 이는 불가사의하다'고 하는데, (그렇다면) 일체의 모든 하늘·선신·아수라·대력귀(大力鬼, 아주 힘이 센 귀신) 또한 신통이 있으니 (그들도) 마땅히 부처가 아니겠는가? 도류들이여! 잘못 알지 말라. 예를 들어 아수라와 제석천이 전쟁을 해서 전쟁에서 지게 되면 팔만사천의 권속들을 데리고 연뿌리의 실 구멍 속으로 숨는다는데, (그렇다면 그들도) 성인이 아니겠는가? 산승이 거론하는 것도 역시 모두 업통業通이고, 의통依通이다.

무릇 부처의 육신통이라는 것은 그렇지가 않다. 색계色界에 들어가도 색의 미혹(色惑)을 받지 않고, 성계聲界에 들어가도 성의 미혹(聲惑)을 받지 않으며, 향계香界에 들어가도 향의 미혹(香惑)을 받지 않고, 미계味界에 들어가도 미의 미혹(味惑)을 받지 않으며, 촉계觸界에 들어가도 촉의 미혹(觸惑)을 받지 않고, 법계法界에 들어가도 법의 미혹(法惑)을 받지 않는다. 그래서 여섯 가지 색·성·향·미·촉·법 모두가 공상(空相)임을 통달하는 것이다. 얽매일 수 없는 이 무의도인無依道人도 비록 오온五蘊의 샘이 있는 것(漏質, 번뇌로 이루어진 것)이지만, (이는) 바로 땅을 걷는 신통(地行神通)인 것이다.

도류들이여! 참된 부처는 형상이 없고, 참된 법은 상이 없다. (그런데) 그대들은 이렇게 환화로 이루어진 것 위에서 본이나 뜨고 형상이나 만드니, 설사 구해서 얻더라도 모두가 여우고 도깨비들이지, 결코 참된 부처가 아니다. 이것은 외도의 견해인 것이다. 무릇 진정으로 도를 배우는 사람이라면 결코 부처도 취하지 않고 보살도 나한도 취하지 않으며, 삼계의 뛰어남도 취하지 않고 멀리 홀로 벗어나 그 어떤 것에도 구속되지 않는다.

③ 소경少卿 진계임陳季任에게 보낸 답서

示諭 自得山野 向來書之後 每遇鬧中彈避不得處 常自點檢 而未有着力工夫. 只遮彈避不得處便是工夫了也 若更着力點檢 則又却遠矣. 昔魏府老華嚴云 "佛法在日用處 行住坐臥處 喫茶喫飯處 語言相問處 所作所爲處 擧心動念 又却不是也" 正當彈避不得處 切忌起心動念 作點檢想. 祖師云 "分別不生 虛明自照" 又龐居士云 "日用事無別 唯吾自偶諧 頭頭非取捨 處處勿張乖 朱紫誰爲號 丘山絶點埃 神通並妙用 運水及搬柴" 又先聖云 "但有心分別計較 自心見量者實皆是夢" 切記取. 彈避不得時 不得作擬心 不擬心時 一切現成 亦不用理會利 亦不用理會鈍 總不干他利鈍之事 亦不干他靜亂之事 正當彈避不得時 忽然打失布袋 不覺拊掌大笑矣 記取記取.

(편지로) 알리시기를, 저의 저번 편지를 받은 뒤로 매번 시끄러움 속에서 피할 수 없는 곳을 만나면 항상 스스로 점검은 하지만 아직 공부에 진력을 하지는 못하였다고 하셨습니다. 다만 이 피할 수 없는 곳이 바로 공부를 마친 곳이니,

만약 다시 힘을 써 점검한다면 또 다시 멀어질 것입니다.

옛날 위부魏府의 노 화엄老華嚴이 이르기를 "불법은 일용처에 있고, 행주좌와 하는 곳에 있으며, 차 마시고 밥 먹는 곳에 있고, 말하고 묻는 곳에 있으며, 모든 행동에 있으니, 마음을 일으키고 생각을 움직이면 또 다시 옳지 않게 된다"고 하였습니다. 바로 피할 수 없는 곳을 만나면 절대로 마음을 일으키고 생각을 움직여 점검하는 생각을 짓지 마십시오.

조사(3조승찬)가 말했습니다.

"분별이 생기지 않으면 텅 비고 밝아 저절로 비춘다."

또 방거사가 말했습니다.

"날마다 하는 일 별 다른 것 없어
오직 나 스스로 잘 지낼 뿐,
낱낱이 취하거나 버리지 않으니
곳곳에 어긋나는 것도 없다.

붉은색 옷과 자줏빛 옷 누구를 위한 이름인가?
이 산에는 한 점 티끌도 없다.
신통과 묘용이여!
물 긷고 나무 하는 것이로다."

또 선성(先聖, 달마)이 말했습니다.

"다만 마음에 분별·계교하는 것이 있으면 자기 마음에 드러나는 것들은 실로 모두 꿈이다."

부디 기억하십시오. 피하지 못할 때 의심하지 마십시오. 의심하지 않을 때 일체가 (있는 그대로) 드러나 이루어지니, 날카로움 깨닫는 것도 필요 없고, 둔함을 깨닫는 것도 필요가 없습니다. 모두 날카롭고 둔한 일과는 관계가

없고, 고요하고 어지러운 것과도 관계가 없습니다. 바로 피할 수 없을 때 홀연히 포대布袋를 잃으면 자기도 모르게 손뼉을 치며 크게 웃을 것입니다. 기억하고 기억하십시오.

此事若用一毫毛 工夫取證 則如人以手 撮摩虛空 只益自勞耳. 應接時 但應接 要得靜坐 但靜坐. 坐時 不得執着坐底 爲究竟. 今時邪師輩 多以默照靜坐 爲究竟法 疑誤後昆 山野不怕結怨 力詆之 以報佛恩 救末法之弊也.

이 일이 만약 털끝만큼이라도 공부해서 증득하는 것이라면 (이는) 마치 어떤 사람이 손으로 허공을 잡아 문지르는 것과 같으니, 다만 하면 할수록 자신만 힘들 뿐입니다. 제접할 때는 다만 제접할 뿐이고, 고요히 앉고자 하면 다만 고요히 앉을 뿐입니다. 앉을 때는 앉는 것에 집착해서 구경이라고 해서는 안 됩니다. 요즘 삿된 스님들 대부분이 고요히 앉아 말없이 비추는 것으로 구경법을 삼아 후손들을 그르치려고 하는데, 저는 원한 맺는 것을 두려워하지 않고 힘써 꾸짖는 것으로 부처님의 은혜에 보답하고 말법의 폐단을 구하고자 합니다.

3. 마조馬祖와 만나다[12]

居士後之江西 參馬祖大師 問曰 "不與萬法爲侶者 是什麽人" 祖曰 "待汝一口吸盡西江水 卽向汝道" 士於言下 頓領玄旨. 遂呈偈 有心空及第之句. 乃留駐參承二載. 有偈曰 "有男不婚 有女不嫁 大家團圞頭 共說無生話"

※留駐(유주): 주류하다. 주둔하다.

거사가 그 뒤에 강서江西로 가서 마조馬祖[13] 대사를 참례하고 물었다.

"만법과 짝하지 않는 사람은 어떤 사람입니까?"

마조가 말했다.

"그대가 한 입에 서강의 물을 다 마시면 바로 그대에게 말해주겠네."

---

12 세 편의 이야기가 전한다.

13 마조도일(馬祖道一, 709~788): 당대唐代의 스님. 남악의 문하. 성은 마馬씨. 남악회양으로부터 법을 이음. 마조는 강서를 중심으로 교화하였고 호남을 중심으로 교화한 석두희천과 선계의 쌍벽을 이룸. 만년에 석문산 보봉사에 머묾. 문하에 백장회해, 서당지장, 남전보원, 염관제안, 대매법상, 귀종지상, 분주무업 등 130명의 제자를 배출함. 시호는 대적大寂선사. (선학사전, pp.194~195)

거사가 말끝에 단박에 현묘한 이치(玄旨)를 깨달았다.

그리고는 게偈를 지어 받쳤는데, '심공급제(心空及第, 마음을 비워 급제하여 돌아가네)'라는 게송이 있다.[14]

그로부터 2년간 머물면서 참구하며 받들었다. 다음과 같은 게偈가 있다.

有男不婚	아들이 있는데 장가들지 않고,
有女不嫁	딸이 있는데 시집가지 않았다.
大家團圞頭	온 가족이 단란하게 모여서
共說無生話	함께 무생화를 말하네.[15]

14 「심공급제게心空及第偈」는 다음과 같다.

十方同一會	시방에서 다함께 모여
各各學無爲	각각 무위법을 배우네.
此是選佛處	여기는 부처를 뽑는 곳,
心空及第歸	마음을 비워 급제해서 돌아가네.

선문염송집 제8권(N.312)에서는 본 게송만으로 하나의 고칙을 삼아 전한다. 조당집 제15권, '방거사' 편에서는 다음같이 전한다.

因問馬大師 "不與萬法爲侶者 是什摩人" 馬師云 "待居士一口吸盡西江水.我則爲你說" 居士便大悟 便去庫頭 借筆硯造偈曰 "十方同一會 各各學無爲 此是選佛處 心空及第歸" (내용 동일, 번역 부록 참조)

여기서는 거사가 마조의 말에 바로 대오大悟하고, 곧장 고두庫頭에게 가서 붓과 벼루를 빌려 심공급제게를 지은 것으로 전하고 있다.

15 상기 저본은 숭정본과 일치한다. 다만 본서 시 편, '104. 무생화'에서는 5언으로 전하고 있으니 참조하기 바란다.

❀

士一日又問祖曰 "不昧本來人請師高著眼" 祖直下覷. 士曰 "一等沒絃琹 惟師彈得妙" 祖直上覷. 士禮拜 祖歸方丈. 士隨後曰 "適來弄巧成拙"

※隨後(수후): 뒤이어. 바로 뒤에. 그 다음에.

※弄巧成拙(농교성졸): 지나치게 솜씨를 부리다가 도리어 서툴게 됨. 재주 피우려다 일을 망치다.

거사가 하루는 또 마조에게 물었다.

"불매본래인不昧本來人[16]으로서 스님께 청합니다. 눈을 높이 떠서(=

전등록 제8권, '양주 방온 거사' 편에서는 다음과 같이 전한다.

後之江西參問馬祖云 "不與萬法爲侶者是什麼人" 祖云 "待汝一口吸盡西江水卽向汝道" 居士言下 頓領玄要. 乃留駐參承經涉二載. 有偈曰 "有男不婚 有女不嫁 大家團欒頭 共說無生話" 自爾機辯迅捷 諸方嚮之. (내용 동일, 번역 부록 참조)

여기서는 밑줄 친 것처럼 ①'頓領玄旨'를 '頓領玄要'로 기술하고(차이는 없다), ②대오 후 바로 심공급제게를 말했다는 것이 없으며, ③2년간 마조의 처소에 머물며 지은 게송으로 무생화를 소개하고 있으며, ④이로부터 거사의 기지와 변재가 신속하고 민첩한 것이 제방에 알려진 것으로 전하는 차이가 있다. 조당집에서는 상기 무생화를 전하지 않는다.

선문염송집에서는 불여만법위려자화不與萬法爲侶者話(제5권, N.161)와 무생화(제8권, N.311)를 각각 하나의 고칙으로 전한다.

16 본래인은 우리들의 근본, 즉 청정자성을 가리키는 것으로 본래신本來身, 본래면목本來面目과 같은 뜻이다(本來人 指吾人本卽淸淨之自性 與本來身本來面目同義, 『불광대사전佛光大辭典』).

높은 안목으로) 봐주십시오."

마조가 바로 눈을 아래로 깔았다.

거사가 말했다.

"똑같은 몰현금(沒絃栞, 줄 없는 거문고)[17]인데, 오직 스님께서만 묘하게 타시는군요."

마조가 바로 위를 쳐다보았다.

거사가 이내 절을 하자, 마조가 방장실로 돌아갔다.

거사가 뒤따라 들어가서 말했다.

"좀 전엔 지나치게 기교를 부리려다가 도리어 졸렬하게 되고 말았습니다(弄巧成拙)."[18]

---

17 몰현금沒絃琴: 줄이 없는 거문고라는 뜻으로, 선가禪家에서 본래 마음을 비유하는 말, 또는 상식이나 사량분별을 초월한 깨달음을 비유하는 말.

무현금(無絃琴, 현이 없는 거문고): 도연명陶淵明은 음곡音曲도 모르면서 무현금 하나를 마련해두고 항상 어루만지면서 "거문고의 취미만 알면 되지, 어찌 반드시 줄을 튕겨 소리를 내야 하는가"라고 하였다는 고사에 유래한다.

18 상기 저본은 숭정본과 일치한다.

전등록 제6권, '강서 도일 선사' 편에서는 다음과 같이 전한다.

又問祖云 "不昧本來人請師 高著眼" 祖直下覷 士云 "一種沒絃琴 唯師彈得妙" 師直上覷. 士乃作禮 祖歸方丈. 士隨後入 曰 "適來弄巧成拙" (내용 동일, 번역 생략)

여기서는 밑줄 친 것처럼 ①'一等沒絃栞'을 '一種沒絃琴'으로, ②'士隨後'를 '士隨後入'으로 기술하고 있으나, 뜻에는 차이가 없다.

조당집에서는 전하지 않는다.

선문염송집 제5권(N.162)에서는 다음과 같이 전한다.

馬祖因龐居士問 "不昧本來身 請師高著眼" 師直下覷 士云 "一等沒絃琴 唯師彈

❀

士一日 又問祖曰 "如水無筋骨 能勝萬斛舟 此理如何" 祖曰 "這裏無水亦無舟 說什麽筋骨"

※斛(휘 곡): 휘(곡식의 분량을 헤아리는 데 쓰는 그릇의 하나). 말(부피의 단위)들이를 넣을 수 있는 물건 부피의 최댓값. 헤아리다. 재다.

거사가 어느 날 또 마조에게 물었다.

"물은 힘줄도 뼈도 없는데 만 곡을 실은 배를 띄울 수 있으니, 이것은 무슨 도리입니까?"[19]

마조가 말했다.

"여기엔 물도 없고 배도 없는데, 무슨 힘줄이니 뼈니를 말하는가?"[20]

得妙" 師直上覷 士禮拜 師歸方丈 居士隨後云 "適來弄巧成拙." (내용 동일, 번역 생략)

여기서는 밑줄 친 것처럼 '不昧本來人'을 '不昧本來身'으로 전하는 차이가 있지만, 앞의 불광대사전의 설명처럼 본래인과 본래신은 같은 의미를 갖는다.

19 '힘줄도 뼈도 없다(無筋骨)'는 표현과 관련해서는 아래 【참조】를 살펴보기 바란다.

20 상기 저본은 숭정본과 일치한다.
전등록 제8권, 양주 방온 거사' 편에서도 동일하게 전한다.
조당집과 선문염송집에서는 상기의 내용을 전하지 않는다.

【참조】
'힘줄도 뼈도 없다(無筋骨)'는 표현과 관련하여,
가. 대반열반경 제5권, 「4도품四倒品」에 다음과 같이 전한다.
佛告迦葉 "善男子 謂四倒者 於非苦中 生於苦想 名曰顚倒. 非苦者 名爲如來

生苦想者 謂諸如來無常變異. 若說如來是無常者 名大罪苦 若言 '如來捨此苦身入於涅槃 如薪盡火滅' 是名非苦而生苦想 是名顚倒. (中略) 淨不淨想 不淨淨想是名顚倒. 淨者卽是如來常住 非雜食身 非煩惱身 非是肉身 非是筋骨繫縛之身. 若有說言 如來無常 是雜食身 乃至筋骨繫縛之身 法僧解脫是滅盡者 是名顚倒. 不淨淨想 名顚倒者 若有說言 '我此身中無有一法是不淨者, 以無不淨 定當得入淸淨之處 如來所說 修不淨觀 如是之言 是虛妄說' 是名顚倒 是則名爲 第四顚倒.

부처님께서 가섭에게 말씀하셨다.

"선남자여! 네 가지 전도(四倒)라고 하는 것은 괴로움이 아닌 것(非苦)에서 괴롭다는 생각(苦想)을 내는 것을 전도顚倒라고 한다. 괴로움이 아닌 것을 여래如來라고 하고, 괴롭다는 생각을 내는 것을 모든 여래가 무상하고 변이한다고 말하는 것이다. 만약 여래는 무상하다고 말한다면 큰 허물과 괴로움(大罪苦)이라고 하고, 만약 말하기를 '여래가 이 괴로운 몸을 버리고 열반에 들어가는 것이 마치 땔 나무가 다하면 불이 꺼지는 것과 같다'고 하면 이것을 일러 괴로움이 아닌데 괴롭다는 생각을 내는 것이라고 하고, 전도라고 한다.

(전도의 내용 중략) 깨끗한 것에 대해 깨끗하지 않다고 생각하는 것과 깨끗하지 않은 것에 대해 깨끗하다고 생각하는 것, 이것을 일러 전도라고 한다. (여기서) 깨끗하다는 것은 여래는 항상 머물면서, 잡식하는 몸도 아니고 번뇌하는 몸도 아니며, 육신도 아니고 힘줄과 뼈에 매인 몸도 아니라는 것이다. (그런데) 만약 어떤 사람이 말하기를 '여래는 무상해서 잡식을 하는 몸이고, 나아가 힘줄과 뼈에 매인 몸으로 법·승·해탈이 모두 멸한 것'이라고 한다면, 이것을 일러 전도라고 한다.

깨끗하지 않은 것에 대해 깨끗하다고 생각하는 것을 전도라고 하는 것은 어떤 사람이 말하기를 '나의 이 몸에는 한 법도 깨끗하지 않은 것이 없으니, 깨끗하지 않은 것이 없기 때문에 반드시 청정한 곳에 들어감을 얻게 될 것이다. (그런데) 여래는 말하기를 부정관을 닦으라고 하니, 이와 같이 말하는 것은 바로 허망한 말이다'고 하는 것과 같으니, 이것을 전도라고 하고, 이것을 일러 네 번째 전도라고 하는 것이다."

나. 본칙에 대한 남전보원과 어떤 스님의 법거량(전등록 제28권)

曰 "如何是妙會" 師曰 "還欲學老僧語 縱說是老僧說 大德如何" 曰 "某甲若自會 卽不須和尙乞慈悲指示" 師曰 "不可指東指西賺人 爾當哆哆和和時 作麽不來問老僧 今時巧黠始道我不會 圖什麽 爾若此生出頭來 道 '我出家作禪師' 如未出家時 曾作什麽來 且說 看共爾商量" 曰 "恁麽時某甲不知" 師曰 "旣不知 卽今認得可可是耶" 曰 "認得旣不是不認是否" 師曰 "認不認是什麽語話" 曰 "到遮裏某甲轉不會也" 師曰 "爾若不會我更不會" 曰 "某甲是學人卽不會 和尙是善知識合會" 師曰 "遮漢 向爾道不會 誰論善知識 莫巧黠 看他江西老宿在日 有一學士問 如水無筋骨能乘萬斛舟此理如何 老宿云 遮裏無水亦無舟 論什麽筋骨 兄弟 他學士便休去 可不省力 所以數數向道 '佛不會道 我自修行 用知作麽'"

(어떤 스님이) 말했다.

"어떤 것이 오묘하게 아는 것(妙會)입니까?"

남전이 말했다.

"노승의 말을 배우고자 하는 건가? 무슨 말을 하더라도 다 노승의 말이다. 대덕은 어떤가(=묘회에 대해 어떻게 생각하는가)?"

말했다.

"제가 만약 스스로 알 것 같았으면, 화상께 자비로 지시해주실 것을 청하지도 않았을 것입니다."

남전이 말했다.

"동쪽을 가리키고 서쪽을 가리키며 사람을 속여서는 안 된다. 네가 치치화화(哆哆和和, 옹알옹알)할 때는 어째서 노승에게 와서 묻지 않더니 이제 와서야 비로소 교활하게도 내게 모른다고 하느냐, 무슨 의도냐? 네가 만약 이생(此生, 금생)에 와서 말하기를 '나는 출가해서 선사가 되었다'고 한다면, 출가하기 전에는 일찍이 무엇이었더냐? 자 말해보라! 너와 함께 따져보자."

말했다.

"이럴 때 저는 모르겠습니다."

남전이 말했다.

"모른다고 하니, 바로 지금은 안다는 것이냐, 아는 거냐?"
말했다.
"아는 것이 아니라고 한다면 모른다는 것이 아닙니까?"
남전이 말했다.
"안다느니 모른다느니 하는 말은 무슨 말인가?"
말했다.
"여기에 이르러서는 저는 더욱이 모르겠습니다."
남전이 말했다.
"네가 모르면 나도 모른다."
말했다.
"저야 학인이라 모른다지만, 화상께서는 선지식이시니 마땅히 아실 것입니다."
남전이 말했다.
"이 친구야! (나는) 네가 모르는 것에 대해 말했지, 누가 선지식이니 아니니를 따졌더냐? 교활하게 굴지 말라! 저 강서에 노숙(江西老宿, 마조도일)이 계실 때, 어떤 학사(學士, 방거사)가 묻기를 '물은 힘줄도 뼈도 없는데 만 곡을 실은 배를 띄울 수 있으니, 이것은 무슨 도리입니까?'라고 하자, 노숙이 말하기를 '여기엔 물도 없고 배도 없는데, 무슨 힘줄이니 뼈니를 말하는가?'라고 하였다. 형제들이여, (그러자) 저 학사가 바로 쉬었으니, 어찌 힘을 던 것이 아니겠느냐! 그래서 누차 말하기를 '부처도 도를 모른다. 나 스스로 수행해야지 아는 게 무슨 필요가 있겠는가?'라고 하였던 것이다."
〔참고로 남전이 거사를 '어떤 학사(一學士)'라고 한 것으로 미루어 볼 때, 남전과 거사는 같은 마조의 제자이면서 당시까지도(江西老宿在日, 마조 생존 시) 만난 적이 없었던 것 같다.〕

다. 『노자老子』 제78장에 다음과 같이 전하니 참조하기 바란다.

天下莫柔弱於水 而攻堅强者 莫之能勝 以其無以易之 弱之勝强 柔之勝剛 天下莫不知 莫能行 是以聖人云 受國之垢 是謂社稷主 受國之不祥 是謂天下王 正言若反.

천하에 부드럽고 약하기로는 물보다 더한 것이 없으나, 굳고 강한 것을 공격하는 데는 이것을 이길 수 있는 것은 없으니, 물과 바꿀 것이 없기 때문이다. 약한 것이 강한 것을 이기고 부드러운 것이 굳센 것을 이긴다는 것을 천하에 모르는 사람이 없으면서도 실행할 수 있는 사람은 없다. 이런 까닭에 성인이 말하기를 '나라의 욕된 일을 떠맡는 이를 사직의 주인이라 하고, 나라의 상서롭지 못한 것을 떠맡는 이를 천하의 제왕이라 한다'고 하였다. 올바른 말은 반대되는 것 같다. (남회근 저, 설순남 옮김, 『노자타설 下』, p.587, 2013, 부키)

4. 약산藥山과 만나다[21]

居士到藥山禪師. 山問曰 "一乘中還著得這箇事麽" 士曰 "某甲祇管日求升合 不知還著得麽" 山曰 "道居士不見石頭得麽" 士曰 "拈一放一未爲好手" 山曰 "老僧住持事繁" 士珍重便出. 山曰 "拈一放一 的是好手" 士曰 "好箇一乘問宗 今日失却也" 山曰 "是是"

※著(나타날 저, 붙을 착): 나타나다. 나타내다. 분명하다. 드러나다. 분명해지다. 두드러지다. 그리다. 짓다. 저술하다. 쌓다. 두다. 비축하다. 세우다. 확립하다. 이루다. 이루어지다. 생각하다. 정하다. 알다. 알리다. 보충하다(저). / 붙다. (옷을) 입다. (머리에) 쓰다. (신을) 신다. 다다르다. 시작하다(착).

※升合(승합): 일승일합一升一合. 최소한의 수량을 비유.

거사가 약산藥山[22] 선사에게 갔다.

약산이 물었다.

---

21 두 편의 이야기가 전한다.

22 약산유엄(藥山惟儼, 745~828): 당대唐代의 스님. 청원의 문하. 약산은 주석 산명. 17세에 출가 29세에 구족계를 받음. 석두희천 문하에서 대오하고 그의 법을 이음. 석두스님을 13년간 시봉하였음. (선학사전 p.444)

"일승一乘 가운데에도 이 일(這箇事)을 붙일 수 있습니까?"[23]

거사가 말했다.

"저는 다만 매일 (쌀) 한두 홉을 구하는 데 신경을 쓸 뿐, (이 일을) 붙일 수 있는지 없는지는 알지 못합니다."

약산이 말했다.

"(그렇다면) 거사는 석두를 보지 못했다는 것입니까?"

거사가 말했다.

"하나를 들고 하나를 놓아버리는 것은 좋은 솜씨가 못됩니다."[24]

약산이 말했다.

"노승이 주지 일이 바빠서…."

(그러자) 거사가 인사를 하고 바로 나갔다.

약산이 말했다.

"하나를 들고 하나를 놓아버리는 것도 분명 좋은 솜씨지요."

거사가 말했다.

"정말 일승의 종지를 잘도 묻는군요. 오늘은 (제가) 잘못했네요."

약산이 말했다.

"(예!) 그렇죠, 그렇죠."[25]

---

23 일승一乘과 이 일(這箇事)에 관해서는 아래 【참조】 ①을 살펴보기 바란다.

24 염일방일拈一放一과 관련해서는 아래 【참조】 ②를 살펴보기 바란다.

25 상기 저본은 숭정본과 일치한다.
전등록과 조당집, 선문염송집 모두 전하지 않는다.

【참조】

①일승一乘과 이 일(這箇事)에 관해서,

가. 『묘법연화경妙法蓮華經(이하 법화경)』 제1권, 「방편품方便品」에 다음과 같이 게송으로 전한다.

十方佛土中　　시방의 불토佛土에는
唯有一乘法　　오직 일승법一乘法만 있을 뿐,
無二亦無三　　둘(성문과 연각)도 없고, 셋(성문, 연각, 보살)도 없거니와
除佛方便說　　부처님께서 방편으로 설하신 것은 제외하나니,
但以假名字　　(이는) 다만 빌린 이름과 글자로
引導於衆生　　중생을 인도하려는 것이라네.

說佛智慧故　　부처님의 지혜를 설하려는 까닭에
諸佛出於世　　모든 부처님께서 세상에 나오셨으니,
唯此一事實　　(이는) 오직 이 하나의 일(此一事)만이 진실할 뿐.
餘二則非眞　　다른 둘은 진실이 아니다.
終不以小乘　　결코 소승으로는
濟度於衆生　　중생을 제도하지 못하느니라.

이외에도 법화경 「방편품」에 일승과 일불승에 관한 말씀을 많이 전하고 있으니 참조하기 바란다.

나. 일승一乘과 일심一心과 관련해 황벽의 『완릉록宛陵錄』에 다음과 같이 전한다.
問 "心旣本來是佛 還修六度萬行否" 師云 "悟在於心 非關六度萬行. 六度萬行盡是化門接物度生邊事. 設使菩提眞如實際解脫法身 直至十地四果聖位 盡是度門 非關佛心. 心卽是佛 所以一切諸度門中 佛心第一. 但無生死煩惱等心 卽不用菩提等法. 所以道 '佛說一切法 度我一切心 我無一切心 何用一切法' 從佛至祖並不論別事 唯論一心 亦云一乘. 所以 十方諦求 更無餘乘 此衆無枝葉 唯有諸貞實 所以此意難信. 達摩來此土 至梁魏二國 秖有可大師一人 密信自心 言下便會卽心是佛. 身心俱無 是名大道 大道本來平等 所以深信含生同一眞性 心性不異 卽性卽心 心不異性 名之爲祖 所以云 認得心性時 可說不思議"

(상공 배휴裴休가 황벽에게) 물었다.

"마음이 본래 부처인데도, (여전히) 6도 만행六度萬行을 닦아야 합니까?"

황벽이 말했다.

"깨달음은 마음에 있는 것이지, 6도만행과는 관계없다. 6도 만행은 모두 교화의 방편문(化門)으로 중생을 제접해 제도하는 쪽의 일이다. 설사 보리·진여·실제·해탈·법신 그리고 10지·4과의 성위에 이르기 까지도 모두 제도 방편의 문(度門)이지, 부처의 마음과는 관계없다. 마음이 부처이니(心卽是佛), 그렇기 때문에 일체의 모두 제도 방편의문 가운데 부처의 마음이 제일인 것이다. 다만 생사·번뇌 등의 마음이 없으면 보리와 같은 법도 필요가 없는 것이다. 그래서 이르기를 '부처가 설한 일체법은 나의 모든 마음을 제도하는 것인데, 내겐 일체의 마음이 없거늘, 어찌 일체법이 필요하겠는가'라고 하였던 것이다.

부처로부터 조사에 이르기까지 모두 다른 일(別事)은 논하지 않고, 오직 일심一心만을 논하였을 뿐이며, 또한 일승一乘을 말하였을 뿐이다. 그렇기 때문에 시방을 살피고 찾아봐도 결코 다른 승(餘乘)이 없고, 이 대중에는 가지와 잎이 없는 것이다. 오직 모두 곧은 열매만이 있을 뿐이기 때문에 이 뜻을 믿기가 어려운 것이다. 달마가 이 땅에 와서 양梁나라와 위魏나라 두 나라에 이르렀지만, 대사大師 한 사람만이 자기의 마음을 은밀히 믿고, 말끝에 마음이 곧 부처임(卽心是佛)을 바로 깨달았다. 몸과 마음 둘이 없는 것을 대도大道라고 이름한다. 대도는 본래 평등하기 때문에, 일체중생의 동일한 참된 성품(同一眞性)임을 깊이 믿어야 한다. 마음과 성품(心性)이 다르지 않으므로 성품이 마음인 것이다. 마음이 성품과 다르지 않은 것을 조사(祖)라고 한다. 그래서 이르기를 '마음과 성품을 알았을 때 부사의하다고 말할 수 있는 것이다'고 하였던 것이다."

② 염일방일拈一放一과 관련해서,

가. 대반열반경 제23권에서는 다음과 같이 전한다.

諸佛菩薩 永破貪結. 是故說言 心得解脫. 一切衆生 從因緣故 生於貪結 從因緣故 心得解脫. 善男子 譬如雪山懸峻之處 人與獼猴 俱不能行 或復有處 獼猴能行 人不能行 或復有處 人與獼猴 二俱能行. 善男子 人與獼猴 能行處者 如諸獵師

純以黐膠 置之案上 用捕獼猴. 獼猴癡故 往手觸之. 觸已粘手 欲脫手故 以脚蹋之 脚復隨著 欲脫脚故 以口齧之 口復粘著. 如是五處 悉無得脫 於是獵師 以杖貫之 負還歸家.

모든 부처님들과 보살들은 영원히 탐욕의 번뇌(貪結)을 깨뜨렸다. 이런 까닭에 마음에 해탈을 얻었다고 말하는 것이다. (하지만) 일체중생은 인연으로 말미암기 때문에 탐욕의 번뇌를 일으키는 것이니, 인연으로 말미암아 마음에 해탈을 얻는 것이다. 선남자여, 비유하면 설산의 험준한 곳은 사람과 원숭이가 모두 갈 수가 없고, 혹은 또 어떤 곳은 원숭이는 갈 수 있어도 사람은 가지 못하고, 혹은 또 어떤 곳은 사람과 원숭이 둘 모두 갈 수 있는 것과 같다. 선남자여, 사람과 원숭이 모두 갈 수 있다는 것은 예를 들면 모든 사냥꾼들이 깨끗한 나무판 위에 끈끈이를 배치해서 원숭이를 잡는 것과 같다. 원숭이는 어리석기 때문에 언제나 손으로 만진다. 만지면 달라붙고, 손을 떼려고 발로 밟으면 발이 이어서 붙고, 발을 떼려고 입으로 씹으면 입이 또 달라붙는다. 이와 같이 다섯 군데 모두 벗어나지 못하면 이에 엽사가 몽둥이에 꿰어서 짊어지고 집으로 돌아간다.

나. 대반열반경 제27권에서는 다음과 같이 전한다(여덟 가지 비유 가운데 세 번째 비유).

云何現喩. 如經中說 衆生心性 猶若獼猴 獼猴之性 捨一取一. 衆生心性 亦復如是 取著色聲香味觸法 無暫住時 是名現喩.

어떤 것을 현유(現喩, 현재의 비유)라고 하는가? 경에서 말한 것처럼 중생의 심성은 마치 원숭이와 같으니, 원숭이의 성품은 하나를 버리고 하나를 갖는다. 중생의 심성 또한 이와 같아서 색·성·향·미·촉·법을 취착해 잠시도 머무는 때가 없다. 이것을 현유라고 이름한다.

다. 염일방일拈一放一과 관련한 사마광의 고사

하나를 쥐고 있는 상태에서 또 하나를 쥐려고 하면 이미 손에 쥐고 있는 것까지

❀

居士因辭藥山 山命十禪客相送. 至門首 士乃指空中雪曰 "好雪 片片不落別處" 有全禪客曰 "落在甚處" 士遂與一掌 全曰 "也不得草草" 士曰 "恁麽稱禪客 閻羅老子 未放你在" 全曰 "居士 作麽生" 士又掌曰 "眼見如盲 口說如瘂"

※相送(상송): 배웅하다. 전송하다.

※草草(초초): 간략하게. 대강대강. 허둥지둥. 적당히. 걱정하는 모양. 불안한 모양. 바쁜 모양.

거사가 약산에게 하직인사를 하자, 약산이 열 명의 선객들에게 배웅할 것을 명했다. 산문 앞(門首)[26]에 이르자, 거사가 허공에서 (내리는) 눈을 가리키며 말했다.

"눈이 잘도 오는군, 송이송이 다른 곳에 떨어지지 않는구나!"

모두 잃게 된다는 고사이다. 염일방일의 고사는 중국 송나라 때 정치가였던 사마광의 어린 시절에 있었던 일 때문에 전해진 것이다. 어느 날 큰 물독에 어린아이가 빠졌는데 이 아이를 구출하기 위해서 주변의 어른들은 사다리와 밧줄을 가져왔지만 여의치 않아 그 아이는 허우적거리며 죽을 지경이 되었다. 이때 사마광이 돌멩이를 가져와 장독을 깨트려서 아이를 구해냈다. 고귀한 생명을 구하기 위해서는 장독쯤은 깨트려 버려도 되는 작은 것에 불과하다는 생각을 한 것이다. 큰 것을 얻기 위해서는 작은 것을 버리는 지혜가 필요하다는 교훈을 준다. (두산백과)

26 산문山門=삼문三門: 일주문一柱門과 사천왕四天王을 모신 천왕문天王門과 둘이 아닌 절대의 경지를 상징하는 불이문(不二門, 해탈문이라고도 함)을 말하는데, 여기서 말하는 산문 앞은 일주문 앞까지를 뜻하는 것으로 이해하였다.

전全 선객이 말했다.

"(그럼) 어디에 떨어집니까?"

(그러자) 거사가 손바닥으로 한 대 후려갈겼다.

전 선객이 말했다.

"경솔하게 굴지 마세요."

거사가 말했다.

"이러면서도 선객이라 불리다니, 염라 노인네가 그대들을 그냥 놔두지 않을 거야."

전 선객이 말했다.

"거사는 어떻습니까?"

거사가 또 손바닥으로 후려갈기고, 말했다.

"눈으로 보면서도 장님과 같고(眼見如盲), 입으로 말하면서도 벙어리와 같구먼(口說如瘂)."[27]

---

27 상기 저본은 숭정본과 일치한다.
전등록과 조당집에서는 전하지 않는다.
선문염송집 제8권(N.307)에서는 다음과 같이 전한다.
龐蘊居士 辭藥山 山命十人禪客相送. 至門首 士乃指空中雪 云 "好雪 片片不落別處" 時有全禪客云 "落在甚麼處" 士打一掌 全云 "居士 也不得草草" 士云 "汝與麼稱禪客 閻老子 未放汝在" 全云 "居士 作麼生" 士又打一掌云 "眼見如盲 口說如啞" (내용 동일, 번역 생략)

【참조】

본 '호설화好雪話'에 대한 『벽암록』 42칙, 원오의 수시와 착어, 설두의 송과 이에 대한 원오의 착어를 살펴보면 다음과 같다.

〔수시〕

單提獨弄 帶水拖泥 敲唱俱行 銀山鐵壁. 擬議則髑髏前見鬼 尋思則黑山下打坐. 明明杲日麗天 颯颯淸風匝地. 且道 古人還有訛處麽. 試擧看.

스스로 문제를 제기하고 혼자서 해결하니 물을 몸에 두르고 진흙을 끄는 격이요, 질문과 대답을 함께 행하니 마치 은산철벽銀山鐵壁과 같다. 머뭇거리면 해골 앞에서 귀신을 볼 것이요, 생각을 내면 캄캄한 산 아래 주저앉을 것이다.
"밝고 밝은 해가 하늘에서 빛나고,
쌀쌀한 맑은 바람이 대지에 두루하다."
자, 말해 보라! 고인이 잘못한 점이 있는가? 시험 삼아 거론해 보라.

〔본칙과 착어〕

擧, 龐居士辭藥山 (這老漢作怪也) 山命十人禪客相送 至門首 (也不輕他 是什麽境界也 須是識端倪底衲僧始得) 居士指空中雪云 "好雪 片片不落別處" (無風起浪 指頭有眼 這老漢言中有響) 時有全禪客云 "落在什麽處" (中也 相隨來也 果然上鉤來) 士打一掌 (著 果然 勾賊破家) 全云 "居士 也不得草草" (棺木裏瞠眼) 士云 "汝恁麽稱禪客 閻老子未放汝在" (第二杓惡水潑了 何止閻老子 山僧這裏也不放過) 全云 "居士作麽生" (麤心不改 又是要喫棒 這僧從頭到尾不著便) 士又打一掌 (果然 雪上加霜 喫棒了呈款) 云 "眼見如盲 口說如啞" (更有斷和句又與他讀判語) 雪竇別云 "初問處但握雪團便打" (是則是 賊過後張弓 也漏逗不少 雖然如是 要見箭鋒相拄 爭奈落在鬼窟裏了也)

방거사가 약산에게 하직 인사를 했다.
〔이 노인네가 괴상한 일을 하려 한다.〕
(그러자) 약산이 열 명의 선객禪客에게 전송을 명해서, 산문에 이르렀다.
〔경솔하게 굴면 안 된다. 이 무슨 경계인가? 모름지기 일의 실마리를 아는 납승이라야 한다.〕
거사가 허공에서 내리는 눈을 가리키면서 말했다.
"눈이 잘도 오는군, 송이송이 다른 곳에 떨어지지 않는구나!"

〔바람도 없는데 파도가 이는 격이다. 손가락 끝에 눈이 있다. 이 노인네의 말 속에는 울림이 있다.〕

그때 전 선객이 말했다.

"어디에 떨어집니까?"

〔맞았다(걸려들었다). 서로 따라왔다. 과연 낚싯바늘을 물었다.〕

방거사가 손바닥으로 한 대 후려갈겼다.

〔착(著, 잘 쳤다). 과연! 도적을 끌어들여 집안을 박살내버렸다.〕

전 선객이 말했다.

"거사님! 너무 경솔하게 굴지 마세요."

〔관 속에서 눈을 부릅뜨고 있다.〕

방거사가 말했다.

"그대들이 이러면서도 선객이라 칭한다면 염라대왕이 그냥 놔주지 않을 거야."

〔두 번째 바가지로 구정물을 끼얹는군. 어찌 염라대왕뿐이겠는가. 산승도 여기서는 놔 줄 수 없다.〕

전 선객이 말했다.

"거사는 어떻습니까?"

〔거친 마음을 고치지 않는군(여전히 실수를 하고 있다). 또 한 방망이 얻어맞고 싶은가? 이 스님은 머리에서 꼬리까지 빗나가고 있다.〕

방거사가 또 한 대 후려갈겼다.

〔과연, 설상가상이군. 방망이를 얻어맞고서야 자백을 하는군.〕

방거사가 말했다.

"눈으로 보면서도 장님과 같고, 입으로 말하면서도 벙어리와 같구먼."

〔다시 화해하는 구절(斷和句)이 있었군. 다시 그에게 판결문을 읽어주고 있다.〕

설두가 따로 말했다.

"처음에 물었을 때 눈을 뭉쳐서 즉시 쳤어야 했다."

〔옳기는 옳지만 도적이 지난 후 활시위를 매는 격이다. 낭패가 적지 않다. 비록 그렇지만 화살 끝이 서로 맞닿은 곳을 보고자 하는가. 귀신 굴속에 떨어진 것을 어찌 하겠는가?〕

〔송頌과 착어著語〕

雪團打 雪團打 (爭奈落在第二機 不勞拈出 頭上漫漫脚下漫漫) 龐老機關沒可把 (往往有人不知 只恐不恁麽) 天上人間不自知 (是什麽消息 雪竇還知麽) 眼裏耳裏絶瀟灑 (箭鋒相拄 眼見如盲 口說如啞) 瀟灑絶 (作麽生 向什麽處 見龐老與雪竇) 碧眼胡僧難辨別 (達磨出來 向爾道什麽 打云 闍黎道什麽 一坑理卻)

눈덩이로 쳐라, 눈덩이로 쳐!
〔제 2기(第二流)에 떨어진 것을 어찌 하겠는가? 힘들여 거론할 것도 없다. 머리위에도 아득하고 발밑에도 아득하다.〕
방龐 노장의 기관機關은 알 수가 없네.
〔왕왕 어떤 사람이 모르고 있다. 이렇지 않을까 염려된다.〕
천상인간天上人間도 알지 못하니
〔이것이 무슨 소식인가. 설두雪竇는 알겠는가?〕
눈(眼) 속에도 귀(耳) 속에도 깨끗하고 깨끗하다.
〔화살 끝이 서로 맞았다. 눈으로 봐도 장님과 같고, 입으로 말해도 벙어리와 같다.〕
맑고 깨끗함이여!
〔어떤가? 어느 곳을 향해서 방거사와 설두를 보겠는가?〕
달마라도 변별하기 어렵다.
〔달마가 나와서 그대에게 뭐라 말했는가? 선상을 후려치고 말했다.
"스님 뭐라고 말하는가? 한 구덩이에다 묻어버려라."〕

5. 제봉齊峰과 만나다[28]

居士到齊峰. 纔入院 峰曰 "箇俗人 頻頻入院 討箇什麼" 士乃回顧兩邊曰 "誰恁麽道 誰恁麽道" 峰便喝. 士曰 "在這裏" 峰曰 "莫是當陽道麽" 士曰 "背後底 聻" 峰回首曰 "看看" 士曰 "草賊大敗 草賊大敗"

※頻頻(빈빈): 빈번히. 자주.

※聻(부적 적, 가리키는 이): 부적符籍. 가리키는 모양. 어조사. 귀신이 죽어서 또다시 귀신으로 된 것.

※草賊(초적): 좀도둑. 남의 곡식 단을 훔쳐 가는 도둑(=草寇, 산적, 비적).

거사가 제봉齊峰[29]에게 갔다. 절에 막 들어서자마자, 제봉이 말했다.

"일개 속인이 뻔질나게 절에 들어와 뭘 찾는 거야?"

거사가 양쪽을 돌아보며 말했다.

"누가 이렇게 말하는 거야, 누가 이렇게 말하는 거야?"

---

28 네 편의 이야기가 전한다.

29 제봉(齊峰, 생몰연대 미상): 제봉과 관련한 상세한 전기는 전하는 것이 없다. 전등록 제8권에서는 회양 선사의 제2세(마조의 법손)라고 소개하면서 방거사와의 기연어구 두 가지를 전할 뿐이다(조당집에서는 전하는 것이 전혀 없다).

제봉이 바로 "할(喝)!" 했다.[30]

거사가 말했다.

"여기 있었구먼."

제봉이 말했다.

"(혹시) 바로 앞에 있는 것을 말하는 거 아냐?"

거사가 말했다.

"(그럼) 뒤에 있는 것은?"[31]

제봉이 고개를 돌리며 말했다.

"(자) 봐라, 봐!"

거사가 말했다.

"초적이 대패로다, 초적이 대패했어."[32]

---

30 할(喝)!과 관련해서는 아래 【잠조】 ①을 참고하기 바란다.

31 '뒤에 있는 것은(背後底 聻)?'과 관련해서는 아래 【참조】 ②를 참고하기 바란다. 역자는 '聻'를 의문을 강조하는 조사로 이해하였다.

32 상기 저본은 숭정본과 일치한다.

전등록 제8권, '제봉 화상' 편에서는 다음과 같이 전한다.

一日 龐居士入院 師云 "俗人頻頻入僧院 討箇什麽" 居士迴顧兩邊云 "誰恁道誰恁道" 師乃咄之. 居士云 "在遮裏" 師云 "莫是當陽道麽" 居士云 "背後底" 師迴首云 "看看" 居士云 "草賊敗草賊敗" 師無語. (내용 동일, 번역 생략)

여기서는 밑줄 친 것처럼 ①'할!' 대신 '쯧쯧 하며 혀를 찼다(咄之)'고 하고, ②'(그럼) 뒤에 있는 것은?'에서 '이聻'가 없다. ③'선사가 말이 없었다(師無語)'는 표현이 추가되었다.

선문염송집과 조당집에서는 전하지 않는다.

'초적대패草賊大敗'와 관련해서는 아래 【참조】 ③을 참고하기 바란다.

【참조】

①'할(喝)!'과 관련해서, 선가에서 '할(喝)!'로 학인을 제접하는 것은 마조로부터 시작되었다. 그 예는 다음과 같다. (전등록 제6권, 선문염송집 제6권 등에 수록되어 있다. 아래 내용은 졸역, 마조어록 역주, pp.221~222에 수록되어 있는 것이다.)

百丈再參馬祖 祖豎起拂子. 師云 "卽此用 離此用" 祖挂拂子於舊處. 師良久 祖云 "你已後開兩片皮 將何爲人" 師遂取拂子豎起 祖云 "卽此用 離此用"師亦挂拂子於舊處. 祖便喝. 師直得三日耳聾.(後黃蘗到百丈 一日辭欲禮拜馬祖去. 丈云 "馬祖已遷化也" 蘗云 "未審馬祖有何言句" 丈遂擧再參因緣云 "我當時被馬祖一喝直得三日耳聾" 黃蘗聞擧不覺吐舌 丈云 "子已後莫承嗣馬祖否" 蘗云 "不然 今日因師擧得見馬祖大機之用 且不識馬祖 若嗣馬祖 已後喪我兒孫")

백장이 마조를 두 번째 참례하자(再參), 마조가 불자拂子를 세웠다.

선사(백장)가 말했다.

"이것이 용입니까, 용을 떠난 것입니까(卽此用 離此用)?"

마조가 불자를 원래 자리에 걸어두었다.

선사가 양구良久하자, 마조가 말했다.

"너는 이후에 두 입술을 나불거리며 뭘 가지고 사람을 위할 것인가?"

선사가 즉시 불자를 손에 쥐고 세웠다.

마조가 말했다.

"이것이 용인가, 용을 떠난 것인가?"

선사가 불자를 원래 자리에 걸어두었다.

마조가 바로 "할(喝)!" 했다.

(이로부터) 선사가 3일 동안 귀가 먹었다(三日耳聾).

〔후에 황벽黃蘗이 백장에 이르렀는데, 하루는 하직 인사를 하며 마조에게 인사드리러 간다고 하자, 백장이 말했다.

"마조께서는 이미 천화遷化하셨다."

황벽이 말했다.

"마조께서 무슨 말씀이 있으셨는지 잘 모르겠습니다."

백장이 두 번째 참례했던 인연을 거론해 주고는, 말했다.

"나는 당시에 마조의 일할一喝에 3일 동안 귀가 먹었다."

황벽이 거론한 것을 듣고, 자기도 모르게 혀를 내밀었다.

백장이 말했다.

"그대는 이후 마조의 법을 잇는 것이 아니겠는가?"

황벽이 말했다.

"그렇지 않습니다. 선사께서 거론해 주신 것으로 인해 마조의 대기대용을 보았지만, 마조를 모릅니다. 만약 마조를 잇는다면 이후 저의 자손을 잃을 것입니다."〕

②'뒤에 있는 것은(背後底 聻)?'과 관련해서, '전등록 제7권, '동사 여회 선사' 편에 다음과 같이 전한다.

師問南泉 "近離什麽處來" 云 "江西" 師云 "將得馬師眞來否" 泉云 "只遮是" 師云 "背後底 聻" 無對(長慶代云 "太似不知" 保福云 "幾不到和尙此間" 雲居錫云 "此二尊者盡扶背後 只如南泉休去 爲當扶面前扶背後")

선사(동사여회)가 남전에게 물었다.

"어디서 오는가?"

남전이 말했다.

"강서에서 옵니다."

선사가 말했다.

"마 대사의 진영은 가지고 왔는가?"

남전이 말했다.

"다만 이것뿐입니다(只遮是)."

선사가 말했다.

"뒤에 있는 것은(背後底 聻)?"

(남전이) 대답이 없었다.

〔장경長慶이 대신 말했다.

"아주 모르는 것 같구나."

보복保福이 말했다.

"화상의 여기에 거의 오지 못할 뻔했다."

운거 석雲居錫이 말했다.

"이 두 존자가 모두 등 뒤를 잡았다. 그렇다면 남전이 쉰 것(休去)은 마땅히 눈앞을 잡은 것인가, 등 뒤를 잡은 것인가?"]

③'초적대패草賊大敗'와 관련해서,

가. 임제록에서는 다음과 같이 전한다.

上堂 有僧出禮拜 師便喝. 僧云 "老和尙莫探頭好" 師云 "爾道 落在什麽處" 僧便喝. 又有僧問 "如何是佛法大意" 師便喝 僧禮拜. 師云 "爾道 好喝也無" 僧云 "草賊大敗" 師云 "過在什麽處" 僧云 "再犯不容" 師便喝.

(임제가) 상당하자, 어떤 스님이 나와 절을 했다.

(그러자) 임제가 바로 "할(喝)!" 했다.

그 스님이 말했다.

"노화상께서는 (사람을=저를) 떠보지 마십시오."

임제가 말했다.

"그대는 말해 보라! 어디에 떨어져 있는가(=네 경지가 어떤지)?"

그 스님이 바로 "할(喝)!" 했다.

또 어떤 스님이 말했다.

"어떤 것이 불법의 대의입니까?"

임제가 바로 "할!" 하자, 그 스님이 절을 했다.

임제가 말했다.

"그대는 말해 보라! 좋은 할(喝)인가?"

그 스님이 말했다.

"초적이 대패했습니다(草賊大敗)."

임제가 말했다.

"허물이 어디에 있는가?"

그 스님이 말했다,

"거듭 범하는 것은 용납하지 않겠습니다."

❀

峰一日 與居士並行次 士乃前行一步曰 "我强如師一步" 峰曰 "無背向

임제가 바로 "할!" 했다.

나. 「운문록」 하권에서는 다음과 같이 전한다〔선문염송집 제24권(N.1064)에서도 동일하게 전한다〕.

問新到 "爾是甚處人" 僧云 "新羅人" 師云 "將什麽過海" 僧云 "草賊大敗" 師云 "爾爲什麽在我手裏" 僧云 "恰是" 師云 "勃跳" 無對 代前語云 "常得此便" 又云 "一任勃跳"

새로 온 스님(新到)에게 물었다.
"그대는 어디 사람인가?"
스님이 말했다.
"신라 사람입니다."
운문이 말했다.
"무엇으로 바다를 건넜는가?"
스님이 말했다.
"초적이 대패했습니다(草賊大敗)."
운문이 말했다.
"그대는 어째서 내 손안에 있는가?"
스님이 말했다.
"정말 그렇군요(恰是)."
운문이 말했다.
"날뛰는군(勃跳)."
(스님이) 대답이 없자, 앞의 말을 대신해서 말했다.
"일찍이 이런 소식(便)을 얻었군."
또 말했다.
"마음대로 날뛰어라."

老翁要爭先在" 士曰 "苦中苦 未是此一句" 峰曰 "怕翁不甘" 士曰 "老翁若不堪 齊峰堪作箇什麽" 峰曰 "若有棒在手 打不解倦" 士便行一摑曰 "不多好" 峰始拈棒 被居士把住曰 "這賊今日一場敗闕" 峰笑曰 "是我拙是公巧" 士乃撫掌曰 "平交 平交"

※强如(강여)=强似(강사): (…보다) 낫다. (…을) 초과(상회)하다.

※倦(게으를 권): 피곤하다. 싫증나다. 진저리가 나다. 게으르다. 진력나다.

※摑(칠 괵): 치다. 후려갈기다. 잡다.

※平交(평교): 나이가 서로 비슷한 벗. 비슷비슷한 기량.

제봉이 하루는 거사와 함께 나란히 가고 있었는데, 거사가 이내 한 걸음 앞서 가며 말했다.

"내가 스님보다 한 걸음 앞섰지."

제봉이 말했다.

"(본래) 앞뒤가 없거늘, 이 노인네가 앞을 다투려 하네."[33]

---

33 전등록 제9권, '위산 영우 선사' 편에 다음과 같이 전한다.

師上堂示衆云 "夫道人之心 質直無僞 無背無面 無詐妄心行. 一切時中 視聽尋常更無委曲 亦不閉眼塞耳 但情不附物卽得. 從上諸聖 只是說濁邊過患 若無如許多惡覺情是想習之事 譬如秋水澄渟 淸淨無爲 澹泞無礙 喚他作道人 亦名無事之人"

(위산영우) 선사가 상당하여 대중에게 말했다.

"무릇 도인의 마음은 질박하고 정직하며 거짓이 없으며 등짐도 없고 향함도 없으며 거짓되거나 허망한 마음 씀씀이(心行, 마음 작용)도 없다. 일체시중에 보고 듣는 일상에 결코 왜곡이 없고, 눈을 감거나 귀를 막지도 않으며, 다만 마음에 경계를 붙이지 않는다. 예로부터 모든 성인들은 다만 혼탁한 쪽의 거사가 말했다.

"고통 중에 아주 고통스럽더라도, 이 일구(此一句, 이 한마디)가 아니야."

제봉이 말했다.

"이 노인네가 달갑게 여기지 않으니, 걱정이군."

거사가 말했다.

"이 늙은이가 감당해 내지 못하면 제봉은 어떻게 감당해 내겠나?"

제봉이 말했다.

"방망이가 손안에 있으면 아무리 쳐도 싫증이 나지 않을 텐데…."

(그러자) 거사가 한 대 후려갈기고 말했다.

"참으로 좋지 않나?"

제봉이 막 방망이를 들려고 하는데, 거사에게 (멱살을) 잡혔다.

거사가 말했다.

"이 도적이 오늘 한바탕 낭패를 봤구먼."

제봉이 웃으며 말했다.

"내가 졸렬한 거야, 당신(公, 거사)이 솜씨가 좋은 거야?"

거사가 손뼉을 치며 말했다.

"비겼네, 비겼어!"[34]

허물과 재앙을 말하였을 뿐이니, 만약 이와 같이 많은 잘못된 깨달음이나 정견, 생각의 습기가 없어 마치 가을 물이 맑게 고여 청정하여 함이 없고, 맑고 맑아 장애가 없으면, 그를 도인道人이라 부르고 일 없는 사람(無事之人)이라고도 부른다." (밑줄 친 부분의 '是'는 '見'으로 해석하였다.)

34 상기 저본은 숭정본과 일치한다.

❀

居士一日 又問峰曰 "此去峰頂有幾里" 峰曰 "是什麽處去來" 士曰 "可畏峻硬 不得問著" 峰曰 "是多少" 士曰 "一二三" 峰曰 "四五六" 士曰 "何不道七" 峰曰 "纔道七 便有八" 士曰 "住得也" 峰曰 "一任添取" 士喝便出 峰隨後亦喝.

※可畏(가외): 두려워할 만함. / 무섭다. 두렵다. 경외하게 하다.

거사가 하루는 또 제봉에게 말했다.

"여기서 봉우리 정상까지는 몇 리나 되지?"

제봉이 말했다.

"(여기가 정상인데=제봉인데) 어디를 갔다 온 거야?"

거사가 말했다.

"무섭도록 험악하니, (뭐라고) 물어볼 수가 없구먼."

제봉이 말했다.

"얼마나 되지?"

거사가 말했다.

"1, 2, 3"

(그러자) 제봉이 말했다.

"4, 5, 6"

거사가 말했다.

"어째서 7은 말하지 않는가?"

전등록과 조당집 그리고 선문염송집 모두 전하지 않는다.

제봉이 말했다.

"7을 말하면 바로 8이 있다고 할 테니까."

거사가 말했다.

"됐네(그만)."

제봉이 말했다.

"마음대로 보태보시지."

거사가 "할(喝)!" 하고 바로 나갔다.

제봉이 바로 뒤이어 역시 "할!"을 했다.[35]

❀

居士一日又問 "不得堂堂道" 峰曰 "還我恁麽時 龐公主人翁來" 士曰 "少神作麽" 峰曰 "好箇問訊 問不著人" 士曰 "好來好來"

※不得(부득): (… 해서는) 안 된다. 할 수가 없다.

---

35 상기 저본은 숭정본과 일치한다.

진등록 제8권, '제봉 화상' 편에서는 나음과 같이 전한다.

居士又問 "此去峯頂有幾里" 師云 "什麽處去來" 居士云 "可畏峻硬 不得問著" 師云 "是多少" 居士云 "一二三" 師云 "四五六" 居士云 "何不道七" 師云 "纔道七便有八" 居士云 "得也 得也" 師云 "一任添取" 居士乃咄之而去 師隨後咄之.
(내용 동일, 번역 생략)

여기서는 밑줄 친 것처럼 ①'住得也'가 '得也 得也'로 기술하고 있고(뜻에는 차이가 없다), ②마지막에 서로 '할!'을 한 것이 여기서는 꾸짖는 것으로 전하는 차이가 있다.

조당집과 선문염송집에서는 전하지 않는다.

※堂堂(당당): 용모나 태도가 훌륭하다. 떳떳하다. 당당하다. 지기志氣와 기백氣魄이 있다. 진용陣容이 훌륭하다. 역량이 뛰어나다. 튼튼하다.

※少神(소신)=少精无神(소정무신): 기력이 없다. 의기소침하다.

※不著(불착): 할 수 없다. … 하지 못하다(동사 뒤에 붙어 목적을 이루지 못함을 나타내는 보어로 쓰임). … 하지 마라(동사 뒤에 붙어 동작이 대상에 미치는 것을 허용할 수 없다는 뜻을 나타냄).

거사가 하루는 또 물었다(=말했다).

"('이것은 어떤 것이다'고) 당당하게 말하면 안 된다."[36]

제봉이 말했다.

"그럴 때 방공의 주인공을 내게 돌려주게나."[37]

거사가 말했다.

"기력이 없는데, 어떻게 하겠나?"

제봉이 말했다.

"좋은 질문이라도 (다른) 사람들에겐 묻지 말게나."

거사가 말했다.

"(그래, 그럼 내게) 해보라구, 해봐!"[38]

---

36 당당함과 관련한 것은 아래 【참조】 ①을 살펴보기 바란다.

37 주인공과 관련하여 아래 【참조】 ②를 살펴보기 바란다.

38 저본 전체가 숭정본과 일치한다.
전등록과 조당집, 그리고 선문염송집 모두 전하지 않는다.

【참조】

① 당당함(堂堂)과 관련하여,

가. 유마경 제3, 제자품에 다음과 같이 전한다.

佛告大目犍連 "汝行詣維摩詰問疾" 目連白佛言 "世尊 我不堪任詣彼問疾. 所以者何 憶念我昔入毘耶離大城 於里巷中 爲諸居士說法. 時維摩詰來謂我言 '唯大目連 爲白衣居士說法 不當如仁者所說. 夫說法者 當如法說. 法無衆生 離衆生垢故 法無有我 離我垢故 法無壽命 離生死故 法無有人 前後際斷故 法常寂然滅諸相故 法離於相 無所緣故 法無名字 言語斷故 法無有說 離覺觀故 法無形相如虛空故 法無戲論 畢竟空故 法無我所 離我所故 法無分別 離諸識故 法無有比無相待故 法不屬因 不在緣故 法同法性 入諸法故 法隨於如 無所隨故 法住實際諸邊不動故 法無動搖 不依六塵故 法無去來 常不住故. 法順空 隨無相 應無作法離好醜 法無增損 法無生滅 法無所歸 法過眼耳鼻舌身心 法無高下 法常住不動 法離一切觀行. 唯 大目連 法相如是 豈可說乎. 夫說法者 無說無示 其聽法者無聞無得. 譬如幻士 爲幻人說法. 當建是意 而爲說法. 當了衆生根有利鈍 善於知見無所罣礙 以大悲心讚于大乘 念報佛恩不斷三寶 然後說法' 維摩詰說是法時 八百居士發阿耨多羅三藐三菩提心 我無此辯. 是故不任詣彼問疾"

부처님께서 목건련目犍連에게 말씀하셨다.

"그대가 유마힐의 문병을 가라!"

목련目連이 부처님께 말씀드렸다.

"세존이시여! 저는 그에게 문병 가는 것을 감당할 수 없습니다. 왜냐하면 제가 지난날 비야리 대성에 들어가 마을 거리에서 여러 거사들을 위해 설법을 하던 것이 기억났기 때문입니다. 그때 유마힐이 와서 제게 말하기를 다음과 같이 하였습니다.

'바라건대, 대목련(大目連)이여! 백의거사白衣居士를 위해 설법하는 것은 그대처럼 말해서는 안 됩니다. 무릇 설법이라는 것은 여법如法하게 말해야 하는 것입니다. 법에는 중생이 없으니 중생의 때(衆生垢)를 여의었기 때문이고, 법에는 아我가 없으니 아의 때(我垢)가 없기 때문이며, 법에는 수명壽命이 없으니 생사를 여의었기 때문이고, 법에는 인人이 없으니 전제前際와 후제後際가 끊어졌기 때문입니다. 법은 항상 고요하니 모든 상(諸相)을 여의었기 때문이고, 법은 상을 여의었으니 인연되는 것(所緣)이 없기 때문이며, 법에는 이름(名字)이 없으니 언어가 끊어졌기 때문이고, 법에는 설함(有說)이 없으니 각관(覺觀, 의식)

을 여의었기 때문이며, 법에는 형상이 없으니 마치 허공과 같기 때문이고, 법에는 희론戲論이 없으니 필경공畢竟空이기 때문이며, 법에는 내 것(我所)이 없으니 내 것을 여의었기 때문이고, 법에는 분별分別이 없으니 모든 앎(諸識)을 여의었기 때문이며, 법에는 비교(比)할 것이 없으니 상대가 없기 때문이고, 법은 인因에 속하는 것이 아니니 연緣에 있지 않기 때문이며, 법은 법성法性과 같으니 모든 법에 들어가기 때문이고, 법은 여如를 따르니 따르는 것(所隨)이 없기 때문이며, 법은 실제實際에 머무니 제변(諸邊)이 움직이지 않기 때문이고, 법에는 동요動搖가 없으니 6진六塵을 의지하지 않기 때문이며, 법에는 오고 감(去來)이 없으니 항상 머물지 않기 때문입니다. 법은 공空을 따르고 무상無相을 따르며 마땅히 지음이 없으며, 법은 아름다움과 추함(好醜)을 여의었고, 법에는 더함과 덜함(增損)이 없으며, 법에는 생멸生滅이 없고, 법에는 돌아갈 곳(所歸)이 없으며, 법은 안이비설신심眼耳鼻舌身心을 넘어섰고, 법에는 높고 낮음이 없으며, 법은 항상 움직이지 않고, 법은 일체의 관행觀行을 여읜 것입니다. 바라건대, 대목련이여! 법상法相이 이와 같은데 어찌 설할 수 있겠습니까? 무릇 법을 설한다는 것은 설하는 것도 없고 보일 것도 없는 것이며(無說無示), 법을 듣는 것은 들을 것도 없고 얻을 것도 없는 것입니다(無聞無得). 비유하면 환술사(幻士)가 환인幻人을 위해 법을 설하는 것과 같은 것입니다. (그러므로) 이런 뜻을 세워서 법을 설해야 하는 것입니다. 중생의 근기에는 영리함과 둔함이 있다는 것을 알아야 하고, 지견知見이 훌륭해서 걸리는 것이 없어야 하며, 대비심으로 대승을 찬탄하고, 부처님의 은혜에 보답할 것을 생각하며, 삼보三寶가 끊어지지 않도록 해야, 그런 다음 법을 설할 수 있는 것입니다.'
유마힐이 이렇게 법을 설했을 때 800의 거사들이 아뇩다라삼먁삼보리심을 일으켰는데, 저에게는 이러한 변재가 없습니다. 이런 까닭에 병문안 가는 것을 맡을 수가 없습니다."

나. 마조어록에 다음과 같이 전한다.

汾州無業禪師參祖. 祖覩其狀貌瓌偉 語音如鐘 乃曰 "巍巍佛堂 其中無佛" 業禮跪而問曰 "三乘文學 粗窮其旨 常聞禪門 卽心是佛 實未能了" 祖曰 "只未了底

心卽是 更無別物" 業又問 "如何是祖師西來密傳心印" 祖曰 "大德正鬧在 且去別時來" 業纔出 祖召曰 "大德" 業迴首. 祖云 "是什麽" 業便領悟禮拜. 祖云 "這鈍漢禮拜作麽"

분주무업汾州無業 선사가 마조를 참례했다.
마조가 그의 용모가 훤칠하고 말하는 음성이 종소리와 같은 것을 보고, 말했다.
"불당은 높고 당당한데, 그 안에 부처가 없구나(巍巍佛堂 其中無佛)!"
무업이 절을 하고는 무릎을 꿇고 물었다.
"삼승의 가르침은 대강이나마 그 뜻을 궁구했습니다. 그러나 늘 듣자하니, 선문禪門에서는 '마음이 부처다(卽心是佛)'고 하는데, (이에 대해서는) 정말로 알지 못합니다."
마조가 말했다.
"다만 알지 못하는 그 마음(未了底心)이 바로 그것이지, 결코 그 외에 다른 것은 없다."
무업이 또 물었다.
"어떤 것이 조사가 서쪽에서 와서 은밀히 전한 심인心印입니까?"
"대덕이 정말로 시끄럽게 하는구나! 일단 갔다가 다른 날 오라."
무업이 나가는데, 마조가 불렀다.
"대덕!"
무업이 고개를 돌리자(迴首), 마조가 말했다.
"이것이 무엇인가(是什麽)?"
무업이 깨닫고 절을 하자, 마조가 말했다.
"이 둔한 사람아, 절은 해서 뭐해!" (졸역, 마조어록 역주 pp.129~132)

다. 외외당당巍巍堂堂과 관련해 경덕전등록 제28권, '제방광어 12인 견록諸方廣語一十二人見錄 분주 대달 무업 국사의 말씀(汾州大達無業國師語)' 편에 다음과 같이 전한다.

(중략) 祖師觀此土衆生有大乘根性 唯傳心印指示迷情. 得之者卽不揀凡之與聖愚之與智. 且多虛不如少實 大丈夫兒 如今直下便休歇去 頓息萬緣 越生死流

逈出常格. 靈光獨照 物累不拘 巍巍堂堂三界獨步. 何必身長丈六紫磨金輝 項佩圓光 廣長舌相. 若以色見我 是行邪道 設有眷屬莊嚴 不求自得. 山河大地 不礙眼光. 得大總持 一聞千悟 都不希求一餐之直.

조사(보리달마)가 이 땅의 중생들에게 대승의 근기가 있음을 관하고는 오직 심인心印만을 전하여 미혹한 유정에게 가리켜 보였다. (그러므로) 얻는 자는 바로 범부와 성인, 어리석음과 지혜로움을 분별하지 않게 된다. 또한 많은 허물은 진실이 없는 것만 못하니, 대장부는 지금 바로 그 자리에서 바로 쉬어서, 단박에 만 가지 인연을 쉬고 생사의 흐름을 뛰어넘어, 일상적인 격식으로부터 멀리 벗어나야 한다.
신령스러운 광명이 홀로 비춰 물루(物累, 몸을 얽매는 세상의 온갖 괴로운 일)에도 구속되지 않고, 외외당당하게 삼계를 홀로 걷는데, 어째서 신장이 6척이고, 자마금紫磨金으로 빛나며, 목에 둥근 빛을 두르고, 혀가 넓고 길어야 할 필요가 있겠는가! 만약 색으로 나를 본다면 이것은 삿된 도를 행하는 것이니, 설사 권속의 장엄이 있더라도 스스로 얻음을 구하지 말라(設有眷屬莊嚴 不求自得)! 산하대지는 안광을 방해하지 않으니, 대총지를 얻어 하나를 듣고 천을 깨닫게 되면 한 끼의 값어치도 전혀 바라지 않게 된다.

② 주인공과 관련하여 『무문관無門關』 제12칙에서는 다음과 같이 전한다.
〔本則〕
瑞巖彦和尚 每日自喚 "主人公" 復自應 "諾" 乃云 "惺惺著 喏 他時異日 莫受人瞞 喏喏"

서암(瑞巖, 서암사언) 화상은 매일 스스로 부르기를 "주인공아!" 하고, 다시 스스로 대답하기를 "예!" 하였다.
그리고는 (이어서) 말했다.
"정신 차려라!"
"예!"
"훗날 다른 사람들에게 속지 말라."

"예. 예!"

〔評唱〕

無門曰 瑞巖老子 自買自賣 弄出許多神頭鬼面 何故 聻. 一箇喚底 一箇應底 一箇惺惺底 一箇不受人瞞底 認著 依前還不是 若也傚他 總是野狐見解

무문이 말했다.

"서암 노인네가 스스로 사고 스스로 팔면서 꽤나 많은 꼴불견을 연출해 내고 있다. 어째서 그런가? 하나는 부르는 놈, 하나는 대답하는 놈, 하나는 정신 차리라는 놈, 하나는 다른 사람에게 속지 말라는 놈인데, (이것을) 인정하면 여전히 옳지 못하다. 만약 그와 닮게 한다면 모두 여우의 견해일 뿐이다."

〔頌〕

頌曰 "學道之人不識眞 只爲從前認識神 無量劫來生死本 癡人喚作本來人"

송으로 말했다.

"도를 배우는 사람이 참됨을 알지 못하는 것은
단지 예전처럼 (참된 것을) 식신이라 여기기 때문이다.
무량겁 이래 생사의 근본을 어리석은 사람들은
본래인本來人이라 부르고 있다."

6. 단하丹霞와 만나다[39]

丹霞天然禪師一日來訪居士. 纔到門首 見女子靈照携一菜籃. 霞問曰 "居士在否" 照放下菜籃 斂手而立. 霞又問 "居士在否" 照提籃便行 霞遂去 須臾居士歸 照乃擧前話. 士曰 "丹霞在麽" 照曰 "去也" 士曰 "赤土塗牛嬭"

※斂手(염수): 하던 일에서 손을 뗌. 또는 아예 손을 대지 아니함. 두 손을 마주 잡고 공손히 서 있음.

※嬭(젖 내): 젖. 유모乳母. 어머니. 낮잠. 기르다. 양육하다. (젖을) 먹이다. / 우내牛嬭=우유牛乳. / 우내牛嬭=우내시牛嬭柹: 감나무의 열매 모양이 마치 소젖꼭지를 닮음을 비유.

단하천연[40] 선사가 하루는 거사를 찾아왔다. 막 문 앞에 이르자, 거사의 딸, 영조靈照가 나물바구니를 들고 있는 것을 보았다.

---

39 일곱 편이 전한다.

40 단하천연(丹霞天然, 739~824): 당대唐代의 스님. 청원 문하. 마조도일을 친견하고 석두희천 문하에서 3년 동안 참학함. 후에 남양의 단하산에 주석함. 시호는 지통智通 선사. (선학사전, pp.123~124)

단하가 물었다.

"거사는 계시는가?"

영조가 나물바구니를 내려놓고, 두 손을 마주잡고 섰다.

단하가 또 물었다.

"거사는 계시는가?"

영조가 바구니를 들고 가버렸다.

단하도 가버렸다.

잠시 뒤 거사가 돌아오자. 영조가 앞의 일을 말씀드렸다.

(그러자) 거사가 말했다.

"단하스님은 (어디) 계시니?"

영조가 말했다.

"가셨어요."

거사가 말했다.

"붉은 흙에 우유를 발랐구나(赤土塗牛嬭, 쓸데없는 짓을 했다)."[41]

---

41 상기 저본은 승정본과 일치한다.

선문염송집 제8권(N.313)에서는 다음과 같이 전한다.

龐居士一日不在 丹霞來訪 見靈照洗菜次 問 "居士在否" 照放下菜籃 斂手而立 又問 "居士在否" 照提籃便行 霞便迴 士從外歸 照擧似前話 士云 "丹霞在麽" 照云 "去也" 士云 "赤土塗牛嬭"(一本云 "這冤家子喪我門風") (내용 동일, 번역 생략)

여기서는 ①단하가 찾아왔을 때, 영조는 나물을 씻고 있었다(洗菜次)로, ②다른 책에서 전하는 말도 함께 전하는데, 방거사가 영조로부터 이야기를 듣고서 "赤土塗牛嬭"가 아닌 "이 원수가 우리 집안의 가풍을 망쳤구나(這冤家子喪我門風)"라고 전한다.

❀

霞隨後入見居士. 士見來 不起亦不言. 霞乃竪起拂子 士竪起槌子. 霞曰 "只恁麽 更別有" 士曰 "這回見師 不似於前" 霞曰 "不妨減人聲價" 士曰 "比來拆你一下" 霞曰 "恁麽則瘂却天然口也" 士曰 "你瘂繇本分 累我亦瘂" 霞便擲下拂子而去. 士召曰 "然闍黎 然闍黎" 霞不顧. 士曰 "不惟患瘂 更兼患聾"

※聲價(성가): 명성. 평판. 위신.

※比來(비래): 근래. 요새. 최근. / 멀지 않은 요즘.

※拆(터질 탁): 터지다. 갈라지다. 부수다. 분해하다. 포개다.

※繇(역사요, 말미암을 유, 점사 주): 역사役事. 노래. 어조사(=於). 고요(皐陶: 중국 고대의 전설상의 인물). 무성하다. 우거지다. 흔들리다. 멀다. 말미암다. 지나다.

단하가 (얼마) 뒤에 (다시) 거사를 만나러 왔다.

거사가 (단하가) 오는 것을 보고, 일어나지도 않고 말하지도 않았다.

(그러자) 단하가 이내 불자拂子를 세웠다.[42]

전등록 제14권, '등주 단하 천연 선사' 편에서는 앞부분, 즉 단하와 영조의 이야기 부분만 전하지, 방거사가 돌아와 영조와 나눈 이야기는 전하지 않는다. 또한 여기서는 아래 밑줄 친 것처럼 ①영조가 나물을 캐고 있었던 것으로 전하고, ②단하의 거듭 된 물음에 영조가 바구니를 들고 간 것으로 끝을 맺는 차이점이 있다.〔師訪龐居士 見女子取菜次 師云 "居士在否" 女子放下籃子 斂手而立 師又云 "居士在否" 女子便提籃子去.〕(번역 생략, 내용 동일)

조당집에서는 전하지 않는다.

42 불자拂子를 세우는 것과 관련해서는 아래 【참조】를 살펴보기 바란다.

거사가 (바로) 나무망치(추자槌子)를 세웠다.[43]

단하가 말했다.

"단지 이것뿐인가, (아니면) 또 다른 것이 있는가?"

거사가 말했다.

"이번에 스님을 보니, 전과 같지 않구먼."

단하가 말했다.

"사람의 위신을 깎아내리는 것이 대단하더구먼."

거사가 말했다.

"아까는 그대를 한번 부숴버렸었지."

단하가 말했다.

"그렇다면, 천연의 입은 벙어리가 되었겠구먼."

거사가 말했다.

"그대가 벙어리인 것은 본래 그런 것이지만, 나까지도 벙어리를 만들어버리다니."

(그러자) 단하가 바로 불자를 던져버리고 가버렸다.

거사가 부르며 말했다.

"천연 스님, 천연 스님!"

스님이 돌아보지도 않았다.

(그러자) 거사가 말했다.

"벙어리뿐만 아니라, 귀머거리까지 되었구먼!"[44]

---

43 여기서는 추자槌子를 백추(白槌, 선림에서 대중에게 알리려고 치는 것)로 해석할 이유가 없다. 추자는 각종 용기를 두드리는 공구다(敲擊器物的工具).

44 상기 저본은 숭정본과 일치한다.

선문염송집 제8권(N. 314)에서는 아래와 같이 전한다.

龐居士一日 見丹霞來 遂不語亦不起 霞提起拂子 士便提起槌子 霞云 "祇恁麽別更有在" 士云 "此回見子 不似於前" 霞云 "不妨減人聲價" 士云 "此來折挫汝一上" 霞云 "伊麽則啞却天然口也" 士云 "你口啞却本分 猶累我啞却" 霞擲下拂子便出 士召云 "然闍梨 然闍梨" 霞不顧 士云 "不唯患啞 兼乃患聾" (내용 동일, 번역 생략)

다만 여기서는 밑줄 친 것처럼 '일하一下'를 '일상(一上, 단숨에, 단번에)'으로 전하는데, 뜻에는 차이가 없다. 또한 '猶'자를 덧붙여 강조하고 있다.
전등록과 조당집에서는 전하지 않는다.

【참조】
'불자拂子를 세우는 것과 관련해서 마조어록에서는 다음과 같이 전한다.

師問百丈 "汝以何法示人" 百丈豎起拂子對 師云 "只這个爲 當別更有百" 丈拋下拂子. 僧拈問石門 "一語之中 便占馬大師兩意 請和尙道" 石門拈起拂子云 "尋常抑不得已"

마조가 백장에게 물었다.
"그대는 어떤 법으로 사람들에게 보이겠는가?"
백장이 불자를 세우는 것으로 대답했다.
마조가 말했다.
"다만 이것뿐인가? 달리 또 있는가?"
백장이 불자를 던져버렸다.
어떤 스님이 이것을 들어 석문石門에게 물었다.
"한마디 말로 마 대사의 두 가지 뜻을 헤아려 볼 수 있도록 화상께서 말씀해 주십시오."
석문이 불자를 세우고 말했다.
"대수롭지 않지만, (이것도) 부득이해서 하는 것이다."

❀

丹霞一日又訪居士 至門首相見. 霞乃問 "居士在否" 士曰 "饑不擇食" 霞曰 "龐老在否" 士曰 "蒼天蒼天" 便入宅去. 霞曰 "蒼天蒼天" 便回.

※饑不擇食(기불택식): 중국 속담. 배고픈 놈이 찬 밥 더운 밥 가릴 여유가 없다. 다급할 때는 이것저것 가릴 여유가 없다.

단하가 하루는 또 거사를 찾아와서, 문 앞에 이르러 만났다.

단하가 이내 물었다.

"거사는 계시는가?"

거사가 말했다.

"배고픈 판에 찬 밥 더운 밥 가릴 여유가 없지."

단하가 말했다.

"방 노인은 계시는가?"

거사가 말했다.

"아이고, 아이고(蒼天蒼天)!"[45]

그리고는 바로 집으로 들어가버렸다.

단하가 말했다.

"아이고, 아이고!"

그리고는 바로 돌아갔다.[46]

---

45 창천창천蒼天蒼天: 몹시 낙담했을 때는 내는 소리. "아이고, 아이고!" (석지현 저, 『벽암록 속어낱말사전』 p.26, 2007, 민족사) 이와 관련해서는 아래 【참조】를 살펴보기 바란다.

❀

霞一日問居士"昨日相見 何似今日" 士曰"如法擧昨日事來 作箇宗眼" 霞曰"秖如宗眼 還著得龐公麽" 士曰"我在你眼裏" 霞曰"某甲眼窄 何處安身" 士曰"是眼何窄 是身何安" 霞休去. 士曰"更道取一句 便得此語圓" 霞亦不對. 士曰"就中這一句 無人道得"

---

46 상기 저본은 숭정본과 일치한다.
전등록과 조당집, 그리고 선문염송집에서는 전하지 않는다.

【참조】

창천창천蒼天蒼天과 관련해서 전등록 제27권, '천태습득天台拾得' 편에 다음과 같이 전한다.

一日掃地 寺主問 "汝名拾得 豐干拾得汝歸 汝畢竟姓箇什麽 在何處住" 拾得放下掃箒 叉手而立. 寺主罔測. 寒山搥胸云 "蒼天蒼天"拾得却問 "汝作什麽" 曰 "豈不見道 東家人死 西家助哀" 二人作舞哭笑而出.

(천태 습득이) 하루는 마당을 쓸고 있는데 사주(寺主, 주지)가 물었다.
"네 이름은 습득이다. 풍간이 너를 주워 돌아왔는데, 너는 필경 성이 무엇이며, 어디에 살았는가?"
습득이 빗자루를 내려놓고 차수하고 섰다.
(그러자) 사주가 망연해했다.
(이에) 한산寒山이 가슴을 치며 말했다.
"아이고, 아이고(蒼天蒼天)!"
습득이 물었다.
"너는 어떤가(어떻게 생각하는가)?"
한산이 말했다.
"어찌 보지 못했는가! 동쪽 집 사람이 죽었는데, 서쪽 집 사람이 슬퍼한다고 한 것을."
(그리고는) 두 사람이 춤을 추면서 웃다가 울다가 나가버렸다.

※就中(취중): (특별히) 그 가운데. 그중에서도 (특히).

단하가 하루는 거사에게 물었다.

"어제의 만남은 오늘과 비교하면 어떤가?"

거사가 말했다.

"여법하게 어제의 일[47]을 거론하려면 종안[48]을 갖춰야지."

단하가 말했다.

"그렇다면 방공께선 종안이 있으신가?"

거사가 말했다.

"나는 그대의 눈 속에 있네."

단하가 말했다.

"내 눈이 좁은데, 어디에다 몸을 두겠는가?"

거사가 말했다.

"눈이 어째서 좁나? (그렇다면) 몸은 어디에 두나?"

단하가 쉬었다(休去).[49]

---

47 작일사(昨日事, 어제의 일)와 관련해 아래 【참조】를 살펴보기 바란다.

48 종안宗眼은 정법안正法眼이다. 한 종파가 갖추고 있는 대표성의 관점을 가리킨다. 또한 종지의 오묘한 뜻을 꿰뚫어 아는 밝은 눈(안목)을 가리킨다(宗眼卽正法眼指某一宗派所具有的代表性觀點 又指透徹了解宗旨奧義之明眼, 불광대사전).

49 석상경저石霜慶諸 의 7거七去 가운데 하나인 휴거休去와 혼돈해서는 안 된다. 여기서는 말을 더 이상 하지 않았다는 의미가 강하다(바로 이어지는 거사의 말에 단하가 또 대답하지 않았다는 말이 그 의미를 입증한다).

참고로 석상경저의 7거七去는 ①쉬어라(休去), ②또 쉬어라(歇去), ③입술에 곰팡이가 피도록 하라(直教唇皮上醭生去), ④한 가닥 흰 명주실처럼 하라(一條白練

거사가 말했다.

"다시 일구一句를 말해보게나, 그래야 바로 이 말이 원만해지지."

단하가 또 대답하지 않았다.

거사가 말했다.

"이 가운데 이 일구는 어느 누구도 말할 수가 없는 것이지."[50]

去), ⑤한 생각이 만년이 되게 하라(一念萬年去), ⑥차고 싸늘하게 하라(冷湫湫地去), ⑦옛 사당의 향로처럼 하라(古廟裏香爐去)이다.

50 상기 저본은 숭정본과 일치한다.
전등록과 조당집, 그리고 선문염송집에서는 전하지 않는다.

【참조】

작일사(昨日事, 어제 일)와 관련해서 『백장록』에서는 다음과 같이 전한다.

次日 馬祖陞堂 衆纔集 師出卷却席 祖便下座 師隨至方丈 祖曰 "我適來未曾說話 汝爲甚便卷却席" 師曰 "昨日被和尙搊得鼻頭痛" 祖曰 "汝昨日向甚處留心" 師曰 "鼻頭今日又不痛也" 祖曰 "汝深明昨日事" 師作禮而退.(一本 作馬祖云 "你什麽處去來" "昨日偶有出入 不及參隨" 馬祖喝一喝 師便出去)

다음날(코가 비틀린 다음날), 마조가 법당에 오르고(陞堂) 대중이 모이자, 선사가 나와 자리(席)를 말아버렸다.

마조가 바로 자리에서 내려오자, 선사가 따라서 방장실에 이르렀다.

(그러자) 마조가 말했다.

"내가 좀 전에 말도 하지 않았는데, 너는 어째서 바로 자리를 말아버렸느냐?"

선사가 말했다.

"어제는 화상께서 코를 잡아 비틀어 아팠습니다."

마조가 말했다.

"너는 어제 어디에다 마음을 두었었는가?"

선사가 말했다.

"코가 오늘은 아프지 않습니다."

❀

居士一日 向丹霞前叉手立少時 却出去. 霞不顧 士却來坐. 霞却向士前叉手立少時 便入方丈. 士曰 "汝入我出 未有事在" 霞曰 "這老翁出出入入 有甚了期" 士曰 "却無些子慈悲心" 霞曰 "引得這漢到這田地" 士曰 "把什麽引" 霞乃拈起士幞頭曰 "却似一箇老師僧" 士却將幞頭安霞頭上曰 "一似少年俗人" 霞應喏三聲 士曰 "猶有昔時氣息在" 霞乃抛下幞頭曰 "大似一箇烏紗巾" 士乃應喏三聲. 霞曰 "昔時氣息爭忘得" 士彈指三下曰 "動天動地"

※出出入入(출출입입): 끊임없이 들락날락하다.

※烏紗巾(오사건): 계급이 있는 관리가 정무의식 또는 손님을 맞을 때 쓰는 모자.

거사가 하루는 단하 앞에서 잠시 차수叉手하고 서 있다가 나가버렸다. 단하가 돌아보지도 않자, 거사가 다시 와서 자리에 앉았다. (그러자 이번에는) 단하가 반대로 거사 앞에서 잠시 차수하고 서 있다가,

---

마조가 말했다.

"너는 어제 일(昨日事)을 깊이 밝혔구나!"

선사가 절을 하고 물러갔다(作禮而退).

〔어떤 본(本, 선문염송집에서 전하는 것과 같다)에서는 다음과 같이 기술하고 있다.

마조가 말했다.

"너는 어디를 갔다 왔느냐"

"어제는 우연히 (일이 있어) 밖에 나갔다 들어오느라 모시지 못했습니다."

마조가 "할(喝)!"을 한 번 하자, 선사가 바로 나가버렸다.〕

곧장 방장실로 들어가버렸다.

거사가 말했다.

"그대는 들어오고 나는 나가고,[51] (여기에 무슨) 일이 있는 게 아니네."

단하가 말했다.

"이 노인네야! 끊임없이 들락날락해서 언제 마칠 건가?"

거사가 말했다.

"조금의 자비심도 없구먼."

단하가 말했다.

"(내가 또) 이 사람을 이런 지경까지 끌어들였구먼."

거사가 말했다.

"(끌어들이긴) 뭘 끌어들여?"

단하가 이내 거사의 복두(幞頭, 두건)를 잡아 올리며 말했다.

"도리어 일개 늙은 중 같구먼."

(그러자) 거사가 복두를 단하의 머리에 씌우고 말했다.

"일개 나이 어린 속인 같구먼."

(그러자) 단하가 세 번, "예, 예, 예!" 했다.

거사가 말했다.

"아직 소싯적 기백(氣息)이 남아 있군."

단하가 복두를 집어던지며 말했다.

"마치 오사건(烏紗巾, 관모)과 같구먼."

(그러자) 거사가 세 번, "예, 예, 예!" 했다.

---

51 승정본에서는 '汝入我出(그대는 들어오고 나는 나간다)'을 '我入汝出(나는 들어오고 그대는 나간다)'로 전하는 차이가 있다.

단하가 말했다.

"소싯적 기백을 어찌 잊었겠는가!"

거사가 세 번 손가락을 튕기며(彈指三下)[52] 말했다.

"하늘을 뒤흔들고 땅을 뒤흔드는구먼."[53]

---

52 탄지彈指: 범어 acchatā의 의역. 엄지손가락과 집게손가락의 끝을 세게 마찰시켜 소리를 내는 것. 혹은 엄지와 중지로 식지를 누르거나 식지를 밖으로 빠르게 눌러 소리를 내는 것. 인도에서는 탄지에 네 가지 뜻이 있다. 첫째는 환희 공경하는 표시로, 법화경 권제6, 「신력품神力品」에 실려 있으니, "모든 부처님들께서 기침과 함께 손가락을 튕기니, 소리가 시방에 전해지면서 대지 전체가 여섯 가지로 진동하였다"고 한다. 둘째는 주의하라고 경계하여 알리는 표시로, 『신역 화엄경』 제79권에 실려 있으니, "선재동자가 미륵보살의 누각에 이르렀을 때, (선재가 미륵보살에게 누각 안에 들어가고 싶다고 하자) 손가락을 튕겨 소리를 내니 문이 열렸고, (선재에게) 들어가라고 하였다. (선재가 기뻐서 들어가자 문이 바로 닫혔다.)"고 한다. 셋째는 허락을 표시하는 것으로 『증일아함경』 권28에 실려 있으니, "두 용왕이 세존께 저들 우바새들을 바로잡는 것을 허락해 줄 것을 청하자, 세존이 손가락을 튕겨 승낙하였다"고 한다. 넷째는 시간의 단위로 손가락을 튕겨 지극히 짧은 잠깐의 시간을 나타내는데, 일탄지(一彈指, 손가락을 한 번 퉁기는 정도의 몹시 짧은 시간) 또는 일탄지경一彈指頃이라고 한다(梵語 acchatā 之意譯. 卽拇指與食指之指頭强力摩擦 彈出聲音. 或以拇指與中指壓覆食指 復以食指向外急彈. 於印度, 彈指有四義. 一表示虔敬歡喜 據法華經卷六神力品載 諸佛之謦欬聲與彈指 聲普傳至十方 大地皆起六種振動. 二表示警告 據新譯華嚴經卷七十九載 善財童子至彌勒菩薩之樓閣前 彈指出聲, 門卽開啓令其入內. 三表示許諾 據增一阿含經卷二十八載 有二龍王請世尊准許彼等爲優婆塞, 世尊彈指允之. 四時間單位 彈指所需之極短暫時間, 稱爲一彈指或一彈指頃. 불광대사전).

53 전등록과 조당집, 그리고 선문염송집에서는 전하지 않는다.
땅이 흔들리는 것과 관련하여 대반열반경 제2권에서는 다음과 같이 전한다.
純陀去已 未久之頃 是時此地 六種震動 乃至梵世 亦復如是. 地動有二 或有地動

❀

丹霞一日 見居士來 便作走勢. 士曰 "猶是抛身勢 怎生是嚬呻勢" 霞便坐. 士乃回前 以拄杖劃地作七字 霞於下面 書箇一字. 士曰 "因七見一 見一忘七" 霞曰 "這裏著語" 士乃哭三聲而去.

※嚬呻(빈신): 얼굴을 찡그리고 끙끙거림. / 嚬(찡그릴 빈). 呻(읊조릴 신).

단하가 하루는 거사가 오는 것을 보고, 달아나는 자세(走勢)를 취했다.

或大地動. 小動者 名爲地動 大動者 名大地動 有小聲者 名曰地動 有大聲者 名大地動 獨地動者 名曰地動 山林河海 一切動者 名大地動 一向動者 名曰地動 周迴旋轉 名大地動. 動名地動 動時能令衆生心動 名大地動 菩薩初從兜率天下閻浮提時 名大地動 從初生出家 成阿耨多羅三藐三菩提 轉於法輪及般涅槃 名大地動. 今日如來將入涅槃 是故 此地如是大動.

순타純陀가 가고 나서 오래지 않았는데, 이 때 이 땅이 여섯 가지로 진동을 하였으며, 나아가 범천의 세계까지도 이와 같았다. 땅이 진동하는 것(地動)에는 두 가지가 있는데, 어떤 것은 지동地動이라고 하고 어떤 것은 대지동大地動이라고 한다. 작은 진동을 지동이라고 하고 큰 지동을 대지동이라고 하며, 작게 소리 나는 것을 지동이라 하고 크게 소리 나는 것을 대지동이라 하며, 땅만 진동하는 것을 지동이라고 하고 산과 숲 강과 바다 모두가 진동하는 것을 대지동이라고 하며, 한쪽으로 진동하는 것을 지동이라고 하고 두루 도는 것을 대지동이라고 한다. 진동만 하는 것을 지동이라고 하고 진동할 때 중생의 마음까지도 진동하게 하는 것을 대지동이라고 하고, 보살이 도솔천에서 염부제에 내려올 때를 대지동이라고 하며, 처음에 나서 출가를 하고 아뇩다라삼먁삼보리를 이루며 법륜을 굴리고 열반에 이르는 것을 대지동이라고 한다. 오늘 여래께서 열반에 드시려고 하니, 이런 까닭에 이 땅이 이와 같이 크게 진동하는 것이다.

거사가 말했다.

"(그건) 오히려 몸을 던지는 자세(拋身勢)다. 어떤 것이 포효하는 자세(嚬呻勢)[54]인가?"

(그러자) 단하가 바로 자리에 앉았다.

거사가 이내 (단하) 앞으로 돌아와 주장자로 땅에 7(七) 자字를 쓰자, 단하가 아래쪽에 1(一) 자를 썼다.[55]

거사가 말했다.

"7로 인하여 1을 보고, 1을 보고 7을 잊는다."

단하가 말했다.

"여기에 착어를 해보시지."

거사가 세 번 울음소리를 내고, 가버렸다.[56]

---

54 사자빈신삼매獅子頻迅三昧: 『화엄경』「입법계품」에서 부처가 선정에 드는 것을 사자의 기운에 빗대어 표현한 것이다. 지면상 경문 전체를 실지 못하고, 내용을 정리하면 다음과 같다.

실라벌국 서다 숲 급고독원에 있는 장엄한 누각에 500의 보살과 500의 수도자, 그리고 많은 천왕들이 모였다. 그중에 십대제자들도 있었는데 회중의 상수는 보현과 문수보살이었다. 이때 보살들은 석가여래의 사자빈신삼매로 인해 석가여래의 청정법을 즐기고 있었는데, 십대제자들은 아직 석가여래의 가르침을 알기 이전 성문聲聞의 단계에 있었기 때문에 환희하지 못했다. 그러자 부처님은 모든 회중들로 하여금 이러한 삼매에 안주케 하고자 두 눈썹 사이에 있는 백호로부터 보조삼세법계문普照三世法界門의 광명을 발하여 시방일체세계의 불토를 비춰주게 된다.

55 7과 1에 관해서는 아래 【참조】를 참고하기 바란다.

56 상기 저본과 숭정본이 달리 전한다(다른 부분은 밑줄로 표시하였다).

丹霞一日見居士來 便作走勢 士曰 "猶是拋身勢 怎麼生是嚬呻勢" 霞便坐. 士向

前 以拄杖劃箇七字 於下劃箇一字 曰 "因七見一 見一忘七" 霞便起 士曰 "更坐少時 猶有第二句在" 霞曰 "向這裏著語得麼" 士遂哭三聲而出去.

밑줄 친 것처럼 숭정본에서는 ①'怎生'을 '怎麽生'으로(뜻은 같다), ②'士乃回前'을 '士向前'으로(뜻은 같다), ③'劃地作七字'을 '劃箇七字'로(땅이 빠져 있다), ④'霞於下面 書箇一字'를 '於下劃箇一字'로(거사가 7자를 쓰고 그 아래 1자를 더한 것으로) ⑤저본에는 '霞便起(단하가 곧장 일어났다)'라는 표현이 없고, ⑥저본에는 '更坐少時 猶有第二句在(다시 잠깐 앉게나, 아직 제2구가 있네)'라는 표현이 없으며, ⑦'這裏著語'를 '向這裏著語得麽'로(권유를 의문으로), ⑧'士乃哭三聲而去'를 '士遂哭三聲而出去'로(뜻은 같다) 전하는 차이가 있다.

[숭정본의 번역, 저본과 다른 것은 밑줄을 쳤다.]
단하가 하루는 거사가 오는 것을 보고, 달리는 자세(走勢)를 취했다.
거사가 말했다.
"오히려 몸을 던지는 자세(抛身勢)로다. 어떤 것이 포효하는 자세(嚬呻勢)인가?"
(그러자) 단하가 바로 자리에 앉았다.
거사가 앞에다가 주장자로 7 자字를 쓰고, 아래쪽에 1 자를 쓰고, 말했다.
"7로 인하여 1을 보고, 1을 보고 7을 잊는다."
(그러자) 단하가 바로 일어났다.
거사가 말했다.
"다시 잠시 앉게나, 아직 제2구가 있네."
단하가 말했다.
"여기에 착어를 해보시지."
거사가 즉시 세 번 울음소리를 내고, 가버렸다

전등록과 조당집, 그리고 선문염송집에서는 전하지 않는다.

【참조】
7과 1에 관해서,

❀

居士一日與丹霞行次 見一泓水. 士以手指曰 "便與麽 也還辨不出" 霞曰 "灼然是辨不出" 士乃戽水 潑霞二掬. 霞曰 "莫與麽 莫與麽" 士曰 "須與麽 須與麽" 霞却戽水 潑士三掬 曰 "正與麽時 堪作什麽" 士曰 "無外物" 霞曰 "得便宜者少" 士曰 "誰是落便宜者"

※泓(물 깊을 홍): 물이 넓고 깊은 모양. 맑은 모양. 웅덩이. 소沼, 못, 호수.
※掬(움킬 국): 움키다. (두 손으로) 움켜쥐다. 손바닥. 움큼(용량의 단위).
※便宜(편의): (값이) 싸다. 헐하다. 달콤하다. 적절하다. 공짜. 이익.

거사가 하루는 단하와 길을 가다가 물이 깊고 맑은 웅덩이 하나를 보았다. 거사가 손으로 가리키며 말했다.

"이렇다면 힘을 써도 나올 수가 없겠군."[57]

가. 조주록에 하나와 일곱과 관련해 다음과 같이 전한다.
問 "萬法歸一 一歸何所" 師云 "我在青州 作一領布衫 重七斤"

물었다.
"만법은 하나로 돌아가는데, (그) 하나는 어디로 돌아갑니까?"
조주가 말했다.
"내가 청주에 있을 때 한 벌의 베적삼을 만들었는데, 무게가 일곱 근이었다."

나. 화엄의 一卽多 多卽一의 의미
「법성게法性偈」에 "一中一切多中一 一卽一切多卽一 一微塵中含十方 一切塵中亦如是"라는 말이 있다. 7을 일체 또는 시방의 뜻으로 해석할 수 있다.

57 불학대사전에서는 '여마與麽'를 속어로 사물을 가리키는 말(俗語 指物之辭也)이라고 정의하고 있다. 또한 불광대사전에서는 선림의 용어로, 원래는 송대의 속어이

단하가 말했다.

"분명히 (여기서는) 힘을 써도 나올 수가 없다."[58]

(그러자) 거사가 (두레박으로) 물을 떠서 단하에게 두 번 끼얹었다.

단하가 말했다.

"이러지 말게나, 이러지 마!"

거사가 말했다.

"이렇게 해야지, 이렇게 해야 해!"

(그러자) 단하가 (두레박으로) 물을 떠서 거사에게 세 번 끼얹으며 말했다.

며, 또한 임몰恁麽·이몰異沒·이마伊麽·습마潛麽라고도 한다. 현재 말하고 있는 사물의 상태와 이미 실제로 드러난 상태를 가리키는 말로, 뜻은 저마(這麽, 이러한 이와 같은, 이렇게)·여차(如此, 이와 같이)이다. 무문관 제23칙에서는 "선도 생각하지 않고 악도 생각하지 않는 바로 이럴 때 어떤 것이 명 상좌의 본래면목인가(벽암록 제5칙, 제42칙에서도 말한다)?"라고 하고 있다〔禪林用語 原爲宋代之俗語 又作恁麽異沒伊麽潛麽. 指現在所述說事物之狀態與已實現之狀態 意卽這麽如此. 無門關 第二十三 "不思善不思惡 正與麽時 那箇是明上座本來面目"(碧巖錄第五則, 第四十二則), 불광대사전〕.

숭정본에서는 '便與麽 也還辨不出', 즉 '판辦'을 '변辨'으로 전하는 차이가 있다. '辦'과 '辨'의 차이는 다음과 같다. 두 글자가 유사하게 사용될 때는 '분별, 구별, 판별'의 의미를 가질 때인데, 여기서는 문맥 상 분별 등의 뜻이 아니다.

辦(힘들일 판): 힘들이다. 힘쓰다. 힘써 일하다. 갖추다. 준비하다. 주관하다. 판별하다.

辨(분별할 변, 갖출 판, 두루 편, 깎아내릴 폄): 분별하다. 구분하다. 나누다. 밝히다. 명백하다. 따지다. 쟁론하다. 변론하다. 총명하다. 지혜롭다. 다스리다. 바로잡다(이하 판, 편, 폄 등으로 읽을 때의 뜻은 생략한다).

58 상기 註와 마찬가지다.

"바로 이러할 땐, 어떻게 하겠는가?"

거사가 말했다.

"이밖에 다른 것이 없네."

단하가 말했다.

"(그렇다면) 이득 본 사람이 없겠구먼."

거사가 말했다.

"손해 본 사람이 누군가?"[59]

---

59 전등록과 조당집, 그리고 선문염송집에서는 전하지 않는다.

7. 백령百靈과 만나다[60]

百靈和尙 一日 與居士 路次相逢. 靈問曰 "昔日居士 南嶽得力句 還曾擧向人也無" 士曰 "曾擧來" 靈曰 "擧向什麽人" 士以手自指曰 "龐公" 靈曰 "直是妙德空生 也讚嘆不及" 士却問 "阿師得力句 是誰得知" 師戴笠子便行. 士曰 "善爲道路" 靈更不回首.

백령 화상[61]이 하루는 거사와 길에서 만났다.

백령이 물었다.

"지난날 거사는 남악득력구(南嶽得力句, 남악에서 힘을 얻은 일구)[62]를 다른 사람에게 거론(擧向, 제시)[63]한 적이 있습니까?"

거사가 말했다.

---

60 네 편이 전한다.

61 백령(百靈, 생몰연대 미상): 전등록 제8권에 마조도일의 제자로 전하는 것 외에 자세한 사항은 전하지 않는다.

62 남악에 주석하던 석두희천으로부터 힘을 얻은 일구로 해석하였다.

63 거향擧向: 선림 용어. 조사 어록의 공안을 제시하거나 앞장서서 부르짖는 것을 가리키며, 거시擧示·거창擧唱·거사擧似 등과 모두 뜻이 같다(禪林用語 指提示、唱道祖錄公案 他如擧示擧唱擧似等 皆同此意, 불광대사전).

"거론한 적이 있습니다."

백령이 말했다.

"누구에게 거론했습니까?"

거사가 손으로 자신을 가리키며 말했다.

"이 방공이오."

백령이 말했다.

"설사 묘덕(妙德, 문수)이나 공생(空生, 수보리)이 (거사를) 찬탄하더라도 미치지 못할 것이오."

거사가 물었다.

"(우리) 스님의 득력구는 누가 압니까?"

백령이 삿갓을 쓰고,[64] 바로 가버렸다.

거사가 말했다.

"잘 가십시오(=부디 길 조심하시오)."

백령이 다시 고개를 돌리지 않았다.[65]

---

64 삿갓의 의미와 관련하여 아래 【참조】를 참고하기 바란다.

65 상기 저본은 송정본과 일치한다.

전등록 제8권, '백령 화상' 편에서는 다음과 같이 전한다.

一日與龐居士路次相逢 師問云 "昔日 居士南嶽得意句 還曾擧向人未" 居士云 "曾擧來" 師云 "擧向什麽人" 居士以手自指云 "龐翁" 師云 "直是妙德空生 也歎居士不及" 居士却問 "師得力句是誰知" 師便戴笠子而去 居士云 "善爲道路" 師一去更不迴首. (내용 동일, 번역 생략)

여기서는 ① 방공龐公을 방옹龐翁으로, ② 갱불회수(更不迴首, 다시 고개를 돌리지 않았다)를 사일거갱불회수(師一去更不迴首, 스님이 한 번 떠나간 뒤로 다시 고개를 돌리지 않았다)로 표현하고 있다.

선문염송집 제8권(N.308)에서는 다음과 같이 전한다.

龐居士因百靈問 "南嶽得力底句 還曾擧似人否" 士云 "亦曾擧似人" 靈云 "擧似阿誰" 士自點胸云 "龐公" 靈云 "直是妙德空生 也讚歎不及" 士卻問 "阿師得力底句 還曾擧似人否" 靈云 "亦曾擧似人" 士云 "擧似阿誰" 靈戴笠子便行. 士云 "善爲道路" 靈一去 更不迴首. (내용 동일, 번역 생략)

다만 여기서는 ①두 사람이 길에서 만났다는 표현이 없고, ②자신을 가리키며 했다는 말을 자신의 가슴을 두드리며(士自點胸)라고 전하는 표현의 차이가 있으며, ③전등록과 마찬가지로 사일거갱불회수(師一去更不迴首, 스님이 한 번 떠나간 뒤로 다시 고개를 돌리지 않았다)로 표현하고 있다.
조당집에서는 전하지 않는다.

【참조】
삿갓이 갖는 의미에 관해서,
가. 경덕전등록 제9권, '황벽희운 선사' 편에 다음과 같이 전한다.

後遊天台逢一僧. 與之言笑如舊相識 熟視之目光射人. 乃偕行屬 澗水暴漲 乃捐笠植杖而止. 其僧率師同渡 師曰 "兄要渡自渡" 彼卽褰衣躡波 若履平地. 迴顧云 "渡來渡來" 師曰 "咄 遮自了漢 吾早知 當斫汝脛" 其僧曰歎 "眞大乘法器我所不及" 言訖不見.

뒤에 천태산을 유람하다가 한 스님을 만났다. 그와 웃고 즐기면서 이야기하는 것이 오래전부터 서로 아는 사이 같았고, 자세히 살펴보니 눈의 광채가 사람을 쏘듯 빛이 났다. 무리들과 함께 가다가 계곡물이 갑자기 넘쳤는데, 삿갓을 벗고 지팡이를 세우고는 멈춰 섰다. 그 스님이 선사(황벽희운)를 인솔해서 함께 건너려고 하자, 선사가 말했다.
"사형! 건너려면 자신이나 건너시오."
그 스님이 옷을 걷고 물살을 건너는데, 마치 평지를 밟는 것 같았다. (그 스님이) 돌아보면서 말했다.
"건너오시오, 건너와."

선사가 말했다.
"쯧쯧, 이 혼자서만 깨치려는 놈아! 내가 일찍 알았더라면 네 놈의 정강이를 베어버렸을 터인데."
그 스님이 찬탄하며 말했다.
"참으로 대승의 법기라서 내가 미치지 못할 바로구나."
말을 마치자 보이질 않았다.

나. 경덕전등록 제11권, '무주 금화산 구지 화상' 편에 다음과 같이 전한다.

婺州金華山俱胝和尙初住庵. 有尼名實際到庵 戴笠子執錫繞師三匝云 "道得卽拈下笠子" 三問 師皆無對. 尼便去 師曰 "日勢稍晩且留一宿" 尼曰 "道得卽宿" 師又無對 尼去後歎曰 "我雖處丈夫之形 而無丈夫之氣" 擬棄庵往諸方參尋 其夜山神告曰 "不須離此山 將有大菩薩來爲和尙說法也" 果旬日天龍和尙到庵. 師乃迎禮具陳前事 天龍竪一指而示之 師當下大悟. 自此凡有參學僧到 師唯擧一指無別提唱.

무주 금화산 구지 화상은 처음에 암자에 살고 있었다. 실제라고 불리는 비구니가 암자에 왔는데, 삿갓을 쓰고 석장을 집고는 스님 주위를 세 번 돌고 말하기를 "제대로 말하면 삿갓을 벗겠습니다"고 했다.
(이렇게) 세 번을 물었지만, 화상이 모두 대답을 하지 못했다.
비구니가 바로 가려고 하자, 화상이 말했다.
"해가 이미 저물었으니, 하룻밤 묵어 가시오."
비구니가 말했다.
"제대로 말하면 묵겠습니다."
화상이 또 대답을 못했다.
비구니가 떠난 후에 화상이 탄식하며 말했다.
"나는 비록 대장부의 형체를 갖추었지만, 대장부의 기개가 없구나!"
그리고는 암자를 버리고 제방을 참례하려고 했다.
그날 밤 산신이 나타나 말하기를 "이 산을 떠나지 마시오. 오래지 않아 큰 보살이 와서 화상께 설법을 해주실 것이오."라고 했는데, 과연 열흘 뒤 천룡天龍

❀

靈一日問居士 "道得道不得 俱未免 汝且道 未免箇什麽" 士以目瞬之. 靈曰 "奇特 更無此也" 士曰 "師錯許人" 靈曰 "誰不恁麽 誰不恁麽" 士珍重而去.

백령이 하루는 거사에게 물었다.

"말을 해도 말을 하지 않아도 모두 면하지 못합니다.[66] 그대는 말해보시오, 면하지 못한다는 것이 무엇입니까?"

거사가 눈을 깜빡거렸다.[67]

백령이 말했다.

"대단하십니다, 여기에 더 이상 비교될 만한 것은 없을 것입니다."

거사가 말했다.

"스님은 사람을 잘못 보셨습니다."

백령이 말했다.

"누군들 그렇게 하지 않겠습니까, 누군들 그렇게 하지 않겠습니까?"

화상이 암자에 왔다.

화상이 맞이해서 절을 하고 앞의 일을 모두 말하자, 천룡이 한 손가락을 세워 보였는데, 화상이 바로 그 자리에서 깨달았다.

이로부터 배우는 스님이 오면 스님은 오직 한 손가락만을 세울 뿐, 따로 법을 제창하는 일이 없었다.

66 말을 해도 말을 하지 않아도 모두 면하지 못한다(道得道不得 俱未免)는 것과 관련해 아래 【참조】를 참고하기 바란다.

67 눈을 깜빡거림(瞬之)에 관해서는 '석두와 만나다' 편에서 소개한 달마혈맥론을 참고하기 바란다.

거사가 “안녕히 계십시오” 인사를 하고, 가버렸다.[68]

68 상기 저본은 숭정본과 일치한다.
전등록, 조당집, 그리고 선문염송집에서는 전하지 않는다.
珍重(진중): 자중자애를 권하는 말이다. 승사략(僧史略= 대송승사략大宋僧史略, 송나라 찬녕 저)에서 말하기를 “떠날 때 하직 인사하며 진중珍重이라고 말하는 것은 무엇인가? 이는 곧 서로가 만나 생각과 뜻이 통해 진중할 것을 부탁하는 말이고, ‘선가보중(善加保重, 더욱더 몸을 아끼어 잘 가짐)·청가자애(請加自愛, 더욱더 몸조심함)·호장식(好將息, 몸조리를 잘함)·의보석(宜保惜, 마땅히 보호하고 아낌)이라고 말하는 것과 같다”고 하였다. 석씨요람釋氏要 중에 말하기를 “부처를 뵙고 물러나려 할 때 진중이라고 말하는데, 이는 속어로 안치安置라고 하는 것과 같고, 진중이라고 말하는 것은 선가보중할 것을 분부하는 말이다”고 하였다(勸自重自愛之詞也. 僧史略曰 “臨去辭曰珍重者何 此則相見旣畢情意已通 囑曰珍重猶言善加保重 請加自愛 好將息 宜保惜 同也” 釋氏要覽中曰 “釋氏相見將退 皀口云珍重 如此方俗云安置也 言珍重卽是囑云善加保重也”, 불학대사전).

【참조】
말을 해도 말을 하지 않아도 모두 면하지 못한다(道得道不得 俱未免)는 것과 관련해서,
가. 대반열반경 제26권에서는 다음과 같이 전한다.
師子吼菩薩言 “世尊 若了因無者 云何得名 有乳有酪” “善男子 世間答難 凡有三種 一者轉答 如先所說 ‘何故名戒 以不悔故 乃至爲得大涅槃故’ 二者默然答 如 ‘有梵志來問我言 我是常耶 我時默然’ 三者疑答 如此經中 ‘若了因有二 乳中何故不得有二’ 善男子 我今轉答 如世人言 有乳酪者 以定得故 是故得名 有乳有酪 佛性亦爾 有衆生 有佛性 以當見故”
사자후보살이 말했다.
“세존이시여! 만약 요인了因이 없다면 어떻게 젖이 있으면 타락이 있다고 이름할 수 있겠습니까?”
“선남자여, 세간에는 답하는 데 어려운 것이 무릇 세 가지가 있다. 첫째는

전답(轉答, 한층 더 대답하는 것)이니, 앞서 말한 것처럼 '어째서 계라고 이름하는가? 뉘우치지 않기 때문이다. 내지 대열반을 얻기 위하기 때문이다'고 하는 것과 같다. 둘째는 묵연답(默然答, 침묵으로 답하는 것)이니, 예를 들면 '어떤 범지가 내게 묻기를 「나는 항상합니까?」라고 하자, 나는 그때 침묵하였다'고 한 것과 같다. 셋째는 의답(疑答, 의심에 답하는 것)이니, 이 경에서처럼 '만약 요인에 두 가지가 있다면 젖에는 어째서 두 가지가 있지 않는 것입니까?'라고 하는 것과 같다. 선남자여, 나는 지금 전답을 하는 것이니, 세상 사람들이 젖과 타락이 있다고 말하는 것은 결정코 얻을 수가 있기 때문이다. 이런 까닭에 젖이 있으면 타락이 있는 것이니, 불성 또한 그러해서 중생이 있으면 불성이 있는 것이다. (이는) 마땅히 볼 수 있기 때문이다."

나. 유마경 「관중생품」에 다음과 같이 전한다.

舍利弗言 "天止此室 其已久如" 答曰 "我止此室 如耆年解脫" 舍利弗言 "止此久耶" 天曰 "耆年解脫 亦何如久" 舍利弗默然不答 天曰 "如何耆舊 大智而默" 答曰 "解脫者無所言說 故吾於是不知所云" 天曰 "言說文字 皆解脫相. 所以者何 解脫者 不內不外 不在兩間 文字亦不內不外 不在兩間. 是故 舍利弗 無離文字說解脫也. 所以者何 一切諸法是解脫相."

사리불이 말했다.
"천녀여! 이 방에 머문 지 얼마나 되었습니까?"
답했다.
"제가 이 방에 머문 것이 마치 나이 육십이 넘어 해탈한 것과 같습니다."
사리불이 말했다.
"여기에 머문 것이 오래되었습니까?"
천녀가 말했다.
"육십이 넘어 해탈한 것 또한 얼마나 오래되었습니까?"
사리불이 침묵하고 답이 없자, 천녀가 말했다.
"얼마나 나이 든 것이 오래되었기에 대지大智께서는 침묵하는 것입니까?"
답했다.

❀

靈一日在方丈內坐 士入來. 靈把住曰 “今人道 古人道 居士作麽生道” 士打靈一掌. 靈曰 “不得不道” 士曰 “道卽有過” 靈曰 “還我一掌來” 士近前曰 “試下手看” 靈便珍重.

백령이 하루는 방장실 안에 앉아 있는데, 거사가 들어왔다.

백령이 (멱살을) 잡고 말했다.

“지금 사람도 말했고 옛사람도 말했는데, 거사는 어떻게 말하겠습

“해탈이라는 것은 언설할 수 없는 것이기 때문에 내가 이것에 대해 말할 바를 모르는 것이오.”

천녀가 말했다.

“언설과 문자는 모두 해탈의 상입니다(言說文字 皆解脫相). 왜냐하면 해탈이라는 것은 안도 아니고, 밖도 아니며, 양쪽 사이에 있는 것도 아니며, 문자 또한 안도 아니고, 밖도 아니며, 양쪽 사이에 있는 것도 아닙니다. 이런 까닭에 사리불이여! 문자를 여의고 해탈을 말할 수 없습니다. 왜냐하면 일체제법이 해탈의 상이기 때문입니다.”

다. 『금강경』 21. 비설소설분非說所說分에 다음과 같이 전한다.

須菩提 汝勿謂如來作是念 我當有所說法. 莫作是念 何以故 若人言如來有所說法 卽爲謗佛 不能解我所說故. 須菩提 說法者 無法可說 是名說法.

수보리야! 너는 여래가 이런 생각을 하기를, 내겐 마땅히 설한 법이 있다'고 말해서는 안 된다. 이런 생각을 하지 말아야 하니, 왜냐하면 만약 어떤 사람이 여래가 설한 법이 있다고 말한다면 (그것은) 곧 부처를 비방하는 것이고, 내가 설한 것을 이해하지 못하는 것이기 때문이다. 수보리야! 법을 설한다는 것은 설할 수 있는 (그 어떤) 법이 없는 것이고, 이것을 법을 설한다(說法)고 이름하는 것이다.

니까?"

거사가 백령을 손바닥으로 한 대 후려갈겼다.

백령이 말했다.

"말하지 않으면 안 됩니다."

거사가 말했다.

"말하면 허물이 있게 됩니다."[69]

백령이 말했다.

"내게 한 대 후려갈긴 것을 돌려주시오."

거사가 가까이 다가와서 말했다.

"(어디) 시험 삼아 손을 써보시지요(=한 번 쳐보시죠)."

백령이 바로 "안녕히 계시오" 하고 인사를 했다.[70]

---

69 말하면 허물이 있게 된다는 것과 관련해서는 아래 【참조】를 참고하기 바란다.

70 상기 저본은 송정본과 일치한다.
전등록, 조당집, 그리고 선문염송집에서는 전하지 않는다.

【참조】

'말하면 허물이 있게 된다'는 말과 관련해서, 유마경 관중생품에 다음과 같이 전한다.

舍利弗言 "不復以離婬怒癡爲解脫乎" 天曰 "佛爲增上慢人 說離婬怒癡爲解脫耳. 若無增上慢者 佛說婬怒癡性 卽是解脫" 舍利弗言 "善哉 善哉 天女 汝何所得以何爲證 辯乃如是" 天曰 "我無得無證 故辯如是. 所以者何 若有得有證者 卽於佛法爲增上慢"

사리불이 말했다.

"다시 음婬·노怒·치癡를 여의는 것을 해탈이라고 하지 않습니까?"

천녀가 말했다.

❀

居士一日問百靈曰 "是這箇眼目 免得人口麽" 靈曰 "作麽免得" 士曰 "情知 情知" 靈曰 "棒不打無事人" 士轉身曰 "打打" 靈方拈棒起 士把住曰 "與我免看" 靈無對.

※作麽(작마): 作麽生(작마생)이 표준어. (조기백화) 어째서. 왜. 무엇하러.
※情知(정지): 확실하게 알다(=明知).

거사가 하루는 백령에게 물었다.
"이런 안목이면 사람들 입에 오르내리는 것을 면할 수 있겠습니까?"
백령이 말했다.
"어찌 면할 수 있겠소!"
거사가 말했다.
"확실히 알아야죠, 확실히 알아야 해요."
백령이 말했다.

"부처님께서는 증상만增上慢 있는 사람을 위해 음·노·치를 여의어야 해탈하게 된다고 말씀하셨습니다. 만약 증상만이 없는 사람이라면 부처님께서는 '음·노·치의 성품이 바로 해탈이다'고 말씀하실 것입니다."
사리불이 말했다.
"훌륭하고 훌륭합니다. 천녀여! 그대는 무엇을 얻었고, 무엇을 증득한 것이기에 이와 같이 말하는 것입니까?"
천녀가 말했다.
"제겐 얻을 것도 없고 증득할 것도 없습니다. 그렇기 때문에 이와 같이 말하는 것입니다. 왜냐하면 얻을 것이 있고 증득할 것이 있으면 바로 불법에 증상만이 있는 것이기 때문입니다.

"(이) 방망이는 일없는 사람(無事人)[71]을 치지 않습니다."[72]

거사가 몸을 돌리며 말했다.

"(자) 쳐봐, 쳐봐!"

백령이 방망이를 들고 일어서자, 거사가 (멱살을) 잡고 말했다.

"내게 면할 수 있는 걸 보여줘야죠!"

백령이 대답이 없었다.[73]

---

71 무사인無事人의 뜻은 아래 【참조】를 참고하기 바란다.

72 방(棒)과 관련해 불학대사전에서는 다음과 같이 설명한다.
일방(一棒): 선종 조사가 방망이를 들어 올려 제자를 지도하여 깨우치게 하는 것이다(禪宗祖師 提撕弟子 振棒而警醒之).
하방(下棒): 선종의 스님이 주장자를 잡아 학인을 치는 것을 하방이라고 한다(禪宗之師 執柱杖打學人 謂之下棒).

73 상기 저본은 숭정본과 일치한다.
전등록, 조당집, 그리고 선문염송집에서는 전하지 않는다.

【참조】

무사인無事人과 관련해서,

가. 영가현각의 『증도가』에 다음과 같이 전한다.

君不見　　　　　그대는 보지 못하였는가!
絶學無爲閒道人　절학무위絶學無爲의 한가한 도인(閒道人)은
不除妄想不求眞　망상도 없애지 않고, 참됨도 구하지 않는다는 것을.

나. 반산보적의 법문 가운데 다음과 같이 전한다.

師上堂示衆曰 "心若無事 萬象不生 意絶玄機 纖塵何立. 道本無體 因道而立名 道本無名 因名而得號. 若言卽心卽佛 今時未入玄微 若言非心非佛 猶是指蹤之極則. (이하 생략)

선사가 상당上堂하여 대중에게 말했다.

"마음에 만약 일이 없으면 만 가지 모습이 나지 않을 것이고, 생각(意, 마음)이 현기玄機를 끊으면 가는 티끌(번뇌)이 어찌 서겠는가. 도는 본래 체가 없지만 도를 인하여 이름이 세워지는 것이고, 도는 본래 이름이 없지만 이름으로 인하여 호칭을 얻는 것이다. 만약 '마음이 곧 부처다(卽心卽佛)'고 말한다면 지금 현미(玄微, 도리의 미묘함)에 들지 못한 것이고, 만약 '마음도 아니고, 부처도 아니다(非心非佛)'고 말한다면 이는 다만 자취를 가리키는 극칙일 뿐이다.

다. 『임제록』에 다음과 같이 전한다.

師示衆云 "道流 佛法無用功處 秖是平常無事 屙屎送尿 著衣喫飯 困來卽臥 愚人笑我 智乃知焉. 古人云 '向外作工夫 總是癡頑漢' 爾且隨處作主 立處皆眞 境來回換不得 縱有從來習氣 五無間業 自爲解脫大海.

선사(師, 임제의현)가 대중에게 말했다.

"도류여! 불법에는 애쓸 곳이 없다. 다만 평상무사平常無事할 뿐이니, 똥 싸고 오줌 누며, 옷 입고 밥 먹으며, 피곤하면 눕는다. 어리석은 사람은 나를 비웃겠지만, 지혜로운 사람은 알 것이다. 고인古人이 이르기를 '밖을 향해서 공부하는 사람은 모두가 어리석고 미련한 사람이다'라고 했다. 그러므로 그대들은 무엇보다 수처작주 입처개진(隨處作主 立處皆眞, 가는 곳마다 주인이 되고, 서 있는 곳마다 모두 참됨)하게 되면 어떤 경계가 와도 되돌리거나 바꿀 수가 없을 것이고, 설사 예로부터의 습기와 오무간업이 있을지라도 자연히 해탈의 큰 바다가 될 것이다."

8. 보제普濟와 만나다[74]

居士一日見大同普濟禪師 拈起手中笊籬曰 "大同師 大同師" 濟不應 士曰 "石頭一宗 到師處 冰消瓦解" 濟曰 "不得龐翁擧 灼然如此" 士拋下笊籬曰 "寧知不直一文錢" 濟曰 "雖不直一文錢 欠他又爭得" 士作舞而去. 濟提起笊籬曰 "居士" 士回首 濟作舞而去. 士撫掌曰 "歸去來 歸去來"

※冰消瓦解(빙소와해): 얼음이 녹고, 기와가 깨어지다. (계획이나 조직 따위가) 산산이 흩어지다(무너지다. 와해되다). (오해나 의혹·고통 따위가) 사라지다(해소되다).

※不直一文(불치일문)=不直一錢(불치일전): 경멸의 말. 털끝만큼도 가치가 없다. 무능 또는 품격의 비하를 비유한다(鄙視之詞 犹言毫无价值 比喻无能或品格卑下).

거사가 하루는 대동보제大同普濟[75] 선사를 보자, 손에 있던 조리를

---

74 네 편이 전한다.

75 대동보제大同普濟: 자세한 사항은 알 수 없으나, 『인명규범검색人名規範檢索』에 의하면 스님을 대동제大同濟 또는 동제同濟 선사라 부르고, 석두희천의 법사法嗣

(번쩍) 들어올리고 말했다.

"대동 스님, 대동 스님!"

보제가 대답(=반응)을 하지 않았다.

(그러자) 거사가 말했다.

"석두 일종(石頭一宗, 석두 스님의 종지)이 스님에 이르러서야 얼음 녹듯 기왓장 깨지듯 하는군요(冰消瓦解)."[76]

보제가 말했다.

"방옹이 거론하지 않아도, 이와 같이 뚜렷합니다."

거사가 조리를 던져버리고, 말했다.

"(이것이) 어찌 한 푼의 값어치도 없다는 것을 알겠습니까!"

보제가 말했다.

"비록 한 푼의 값어치도 없을지라도 그것 없이 어찌 얻겠습니까!"

거사가 춤을 추며 가버렸다.

보제가 조리를 들고, 말했다.

"거사님!"

거사가 고개를 돌리자, 보제가 춤을 추며 가버렸다.

거사가 박수를 치며 말했다.

"돌아가리라, 돌아가!"[77]

로 전한다(전등록에 전하는 마조의 제자 대동광징과 혼동해서는 안 된다). 조당집·전등록·선문염송 모두 전하는 기록이 없다.

76 빙소와해冰消瓦解와 관련해서는 【참조】 ①을, 석두 일종(석두의 종지)과 관련해서는 아래 【참조】 ②의 석두희천의 『참동계參同契』를 살펴보기 바란다.

77 상기 저본 전체가 숭정본과 일치한다.

전등록과 조당집, 그리고 선문염송집에서는 전하지 않는다.

【참조】

①'빙소와해冰消瓦解'와 관련해서,

가. 마조어록에서는 다음과 같이 전한다.

因參馬祖 祖問曰 "見說座主大講得經論是否" 亮云 "不敢" 祖云 "將什麽講"亮云 "將心講" 祖云 "心如工伎兒 意如和伎者 爭解講得經" 亮抗聲云 "心旣講不得 虛空莫講得麽" 祖云 "却是虛空講得" 亮不肯便出將下階 祖召云 "座主" 亮迴首 豁然大悟禮拜 祖云 "遮鈍根阿師禮拜作麽" 亮歸寺告聽衆云 "某甲所講經論 謂無人及得 今日被馬大師一問 平生功夫氷釋而已" 乃隱西山 更無消息.

(양좌주亮座主가) 마조를 참례하자, 마조가 말했다.

"듣자하니 좌주가 경론을 아주 잘 강의한다고 하던데, 그런가?"

양좌주가 말했다.

"부끄럽습니다."

마조가 말했다.

"무엇을 가지고 강의하는가?"

양좌주가 말했다.

"마음으로 강의합니다."

마조가 말했다.

"마음(心)은 공기(工伎, 주연배우)와 같고, 의식(意)은 화기(和伎, 조연배우)와 같은데, 어떻게 경을 강의한단 말인가?"

양좌주가 대드는 소리로 말했다.

"마음이 강의하지 못한다면, 허공이 강의할 수 있다는 말입니까?"

마조가 말했다.

"도리어 허공은 강의할 수 있지."

양좌주가 수긍하지 않고 나가서 막 계단을 내려가는데, 마조가 "좌주!" 하고 불렀다.

좌주가 고개를 돌리자, 활연히 깨닫고는 바로 절을 했다.

마조가 말했다.

"이 둔한 스님아, 절은 해서 뭐해!"

양좌주가 절로 돌아가 대중들에게 말했다.

"나의 경론에 대한 강의는 그 어느 누구도 따라오지 못한다고 생각했는데, 오늘 마 대사의 질문을 하나 받고는 평생 공부한 것이 얼음 녹듯 기왓장 깨지듯 했다(氷消瓦解)."

그리고는 곧바로 서산西山으로 들어가 다시는 소식이 없었다.

나. 한산寒山의 시에 다음과 같이 전한다.

多少般數人　　많은 사람들이
百計求名利　　온갖 계략으로 명리를 구한다.
心貪覓榮華　　탐내는 마음으로 영화를 찾으며
經營圖富貴　　계획을 세워 일을 해 가면서 부귀를 도모한다.
心未片時歇　　마음은 잠시도 쉬지 못하니
奔突如煙氣　　굴뚝에서 쏟아져 나오는 연기와 같다.
家眷寔團圓　　가족은 진실로 화합해
一呼百諾至　　한 번 부름에 백 가지 답이 이른다.
不過七十年　　70년을 넘기지 못하고
氷消瓦解置　　얼음 녹듯 기와 깨지듯 한다.
死了萬事休　　죽으면 만사를 쉬거늘
誰人承后嗣　　누가 뒤를 이으리오.
水浸泥彈丸　　물에 진흙 탄환을 담고서야
方知無意智　　의지(意智, 뜻과 지혜)가 없다는 것을 알리라.

② 석두희천의 참동계參同契

竺土大仙心　　천축의 큰 선인(부처)의 마음을
東西密相付　　동서로 은밀하게 서로 부촉하였으니
人根有利鈍　　사람의 근기에는 영리함과 둔함이 있어도

道無南北祖	도에는 남북의 조사가 없네.
靈源明皎潔	신령스런 근원은 밝기가 마치 달처럼 밝고도 맑아
枝派暗流注	여러 가지로 나뉘어 암암리에 흘러들어갔네.
執事元是迷	사事에 집착하는 것은 원래 미혹한 것이요,
契理亦非悟	이理에 계합하는 것 또한 깨달음(悟)이 아니네.
門門一切境	(6근) 문마다 일체의 경계는
迴互不迴互	회호하기도 하고 회호하지 않기도 하고
迴而更相涉	회호하면 서로 교섭하지만
不爾依位住	그렇지 않으면 자리를 의지해 머무네.
色本殊質象	색色은 본래 본질과 모습이 다르고
聲元異樂苦	소리는 원래 즐거움이나 괴로움과는 다르네.
暗合上中言	어둠은 상·중·(하)의 말에 합하고
明明清濁句	밝음은 청구清句와 탁구濁句를 밝힌다.
四大性自復	4대의 성품이 그 자체로 돌아옴은
如子得其母	마치 자식이 어미의 품으로 돌아가는 것과 같다.
火熱風動搖	불은 뜨겁고 바람은 움직이며
水濕地堅固	물은 습하고 땅은 단단하네.
眼色耳音聲	눈으로 색을 보고, 귀로 소리를 들으며
鼻香舌鹹醋	코는 냄새를 맡고, 혀는 맛을 본다.
然依一一法	그러나 낱낱의 법은
依根葉分布	뿌리를 의지해 잎으로 널리 퍼지는 것과 같다.
本末須歸宗	근본과 지말은 모름지기 근본으로 돌아가야 하니

❀

濟一日 問居士 "是箇言語 今古少人避得唇舌 只如翁避得麽" 士應喏 濟再擧前話 士曰 "什麽處去來" 濟又擧前話 士曰 "什麽處去來" 濟曰 "非但如今 古人亦有此語句" 士作舞而去 濟曰 "這風顚漢 自過敎誰

尊卑用其語	존귀하거나 비천하다는 말을 쓴다.
當明中有暗	밝음 가운데 어둠이 있으나
勿以暗相遇	어둠으로 보지 말고,
當暗中有明	어둠 가운데 밝음이 있으나
勿以明相覩	밝음으로 보지 말라.
明暗各相對	밝음과 어둠이 각기 서로 상대하는 것은
比如前後步	예를 들면 앞뒤 걸음과 같다.
萬物自有功	만물에는 스스로 공능이 있으니
當言用及處	마땅히 쓰임이 미치는 곳을 말해야 한다.
事存函蓋合	사事로는 상자와 뚜껑이 맞는 것 같아야 하고
理應箭鋒拄	이理는 화살 끝과 화살 끝이 서로 버티는 것 같아야 한다.
承言須會宗	말을 따라서 모름지기 종지를 알아야지
勿自立規矩	스스로 법규를 세우지 말라.
觸目不會道	눈에 닿는데도 도를 알지 못하면서
運足焉知路	어찌 발을 옮겨 길을 알겠는가.
進步非近遠	점점 나아가도 원근이 없는 것인데
迷隔山河固	미혹하면 산과 강처럼 굳게 막힌다.
謹白參玄人	삼가 현묘함을 참구하는 이(參玄人)에게 말하노니
光陰莫虛度	세월을 헛되이 보내지 말라.

點檢"

※風顚漢(풍전한): 미치광이.

보제가 하루는 거사에게 물었다.

"이 말이라는 것을 예나 지금이나 입술과 혀를 피할 수 있는 사람이 거의 없는데, 그렇다면 옹(翁, 거사)께선 피할 수 있겠습니까?"[78]

거사가 "예!" 하고 대답했다.[79]

보제가 다시 앞의 이야기를 거론하자, 거사가 말했다.

"어디 갔다 왔습니까?"

보제가 또 앞의 이야기를 거론하자, 거사가 말했다.

"어디 갔다 왔습니까?"

보제가 말했다.

"지금뿐만 아니라 옛 사람에게도 역시 이런 말씀(語句)[80]이 있었죠."

---

78 숭정본에는 '순설(脣舌, 입술과 혀=말)'이 빠져 있다. 앞서 '7. 백령과 만나다' 편의 "이런 안목이면 사람들의 입을 면할 수 있겠습니까(是這箇眼目 免得人口麽)?"와 같이 사람들의 입, 즉 말이라는 뜻이다.

79 喏(인사하는 소리 야, 응낙하는 소리 낙): (감탄사, 방언) 자. 저봐. 거봐. 여보시오(눈앞에 있는 것 따위를 가리켜 상대방 주의를 환기시키는 데 쓰임). (감탄사, 문어) 예(인사할 때 공손히 대답하는 소리로, 소설·희곡에 잘 쓰이는 말). / 문어 예(윗사람의 부름에 대답하는 소리). 옛날, 윗사람에게 인사를 드릴 때 경의를 나타내는 소리. 역자는 피할 수 있는가, 없는가에 대한 피할 수 있다는 긍정의 답으로 이해하지 않았다.

80 숭정본에서는 '어구語句'를 '어語'로만 전한다.

(그러자) 거사가 춤을 추며 가버렸다.

(이에) 보제가 말했다.

"이 미치광이야! 자기 허물을 누구더러 점검하라고 하는 거야."[81]

❀

普濟一日訪居士. 士曰"憶在母胎時 有一則語 擧似阿師 切不得作道理主持" 濟曰"猶是隔生也" 士曰"向道不得作道理" 濟曰"驚人之句爭得不怕" 士曰"如師見解 可謂驚人" 濟曰"不作道理 却成作道理" 士曰"不但隔一生兩生" 濟曰"粥飯底僧 一任點檢" 士彈指三下.

※主持(주지): 주관하다. 책임지고 집행하다. 주재하다. 주장하다. 옹호하다. 절의 주지를 맡다(=住持).

※隔生(격생)=隔生則忘(격생즉망): 사람이 이 세상에 태어날 때에는 그 전생 일을 모두 잊어버리는 것과 같이 범부나 수행이 얕은 사람이 다음 생을 받을 때에도 역시 과거 생의 일을 모두 잊어버리고 기억하지 못한다는 말. (불교용어사전)

※爭得(쟁득): (조기백화) 어떻게.

하루는 보제가 거사를 찾아갔다.

거사가 말했다.

"어머니 태 속에 있을 때의 일칙어一則語를 기억하고 있습니다. (그것을) 우리 스님께 말씀드릴 터이니, 부디 이치를 따져 주장하지는 마십시오."

---

81 전등록과 조당집, 그리고 선문염송집에서는 전하지 않는다.

보제가 말했다.

"아직도 전생의 일을 기억하지 못하는 것(隔生, 隔生則忘)이 있군요(=아직도 다른 생이 있군요)."[82]

거사가 말했다.

"좀 전에 이치로 따지지 말라고 했잖소!"

보제가 말했다.

"사람을 놀라게 하는 말이라면 어떻게 두려워하지 않겠습니까?"

거사가 말했다.

"스님과 같은 견해라면 사람을 놀라게 한다고 할 만하겠네요."

보제가 말했다.

"도리를 짓지 않는 것이 도리어 도리를 짓는 것입니다."

거사가 말했다.

"다만 한두 생의 전생 일을 기억하지 못하는 것(=한두 생이 있는

---

82 격생隔生과 관련하여 조주록에서는 다음과 같이 전한다.

問 "如何是本來身" 師云 "自從識得老僧後 只者漢更不別" 云 "與麽卽與和尙隔生去也" 師云 "非但今生 千生萬生亦不識老僧"

물었다.

"어떤 것이 본래의 몸입니까?"

조주가 말했다.

"노승을 알고 난 다음부터는 다만 이 사람은 또 다른 사람이 아닐 뿐이다."

말했다.

"그렇다면 화상은 다음 생이 있는 것입니다."

조주가 말했다.

"단지 금생뿐만 아니라 천생 만생에도 노승을 알지 못한다."

것)이 아닐 것입니다."

보제가 말했다.

"죽이나 해치우는 중이니(粥飯底僧), 마음대로 점검해보세요."

(그러자) 거사가 손가락을 세 번 튕겼다(彈指三下).[83]

---

83 상기 저본은 숭정본과 일치한다.

전등록과 조당집, 그리고 선문염송집에서는 전하지 않는다.

탄지삼하彈指三下와 관련해서 『대불정수능엄경大佛頂萬行首楞嚴經』 제5권에 다음과 같이 전한다(탄지의 사전적 의미는 '단하와 만나다' 편의 註13을 참고하기 바란다).

(중략) 爾時 世尊欲重宣此義 而說偈言 "眞性有爲空 緣生故如幻 無爲無起滅 不實如空花 言妄顯諸眞 妄眞同二妄 猶非眞非眞 云何見所見 中間無實性 是故若交蘆 結解同所因 聖凡無二路 汝觀交中性 空有二俱非 迷晦卽無明 發明便解脫 解結因次第 六解一亦亡 根選擇圓通 入流成正覺 陀那微細識 習氣成暴流 眞非眞恐迷 我常不開演 自心取自心 非幻成幻法 不取無非幻 非幻尙不生 幻法云何立 是名妙蓮華 金剛王寶覺 如幻三摩提 彈指超無學 此阿毘達磨 十方薄伽梵 一路涅槃門"

(중략) 그때 세존께서 거듭 이 뜻을 펴시고자 게송으로 말씀하셨다.

眞性有爲空　유위의 참된 성품(眞性)은 공한데
緣生故如幻　연생(緣生, 인연으로 생겨나는 것) 때문에 환幻과 같다.
無爲無起滅　무위이고, 무기멸無起滅이니
不實如空花　실답지 않은 것이 마치 허공 꽃과 같다.

言妄顯諸眞　허망한 것으로 말을 해서 모든 진실을 드러내면
妄眞同二妄　허망과 진실은 함께 두 개의 허망이 되고
猶非眞非眞　도리어 진실도 진실 아닌 것도 아니게 되는데
云何見所見　어떻게 보는 것(見)과 보이는 것(所見)이겠는가.

中間無實性	중간에는 진실한 성품(實性)이 없으니
是故若交蘆	이런 까닭에 마치 마주 대한 갈대와 같다.
結解同所因	맺고 푸는 것 함께 원인이 되니
聖凡無二路	성인과 범부에게 두 길이 없다.
汝觀交中性	그대는 관하라. 마주하는 성품(交中性)은
空有二俱非	공空과 유有 둘 모두 아니다.
迷晦卽無明	미혹하고 어리석으면 곧 무명이고,
發明便解脫	열어서 밝히면 바로 해탈이다.
解結因次第	차례대로 맺은 것을 풀어
六解一亦亡	여섯을 풀면 하나 또한 없어지니
根選擇圓通	근(根, 6근)을 선택해 원만하게 통하면
入流成正覺	흐름에 들어가 정각을 이루리라.
陀那微細識	아타나(陀那, 阿陀那) 미세식微細識은
習氣成暴流	습기習氣가 폭류를 이루니,
眞非眞恐迷	참되고 참되지 않음에 미혹함을 염려해서
我常不開演	나는 늘 말하지 않는 것이다.
自心取自心	자기 마음(自心)에서 자기 마음을 취하면
非幻成幻法	환이 아닌 것(非幻)이 환법(幻法)이 되니
不取無非幻	취하지 않으면 환이 아닌 것(非幻)도 없고
非幻尙不生	환이 아닌 것(非幻)은 오히려 생겨나지도 않는데
幻法云何立	환법(幻法)이 어떻게 성립되겠는가?
是名妙蓮華	이것을 일러 묘련화妙蓮華·
金剛王寶覺	금강왕보각金剛王寶覺·

❀

居士一日去看普濟. 濟見居士來 便掩却門曰 "多知老翁 莫與相見" 士曰 "獨坐獨語 過在阿誰" 濟便開門 纔出被士把住. 曰 "師多知 我多知" 濟曰 "多知且置 閉門開門 卷之與舒 相較幾許" 士曰 "祇此一問 氣急殺人" 濟嘿然. 士曰 "弄巧成拙"

※相較(상교): 비교하다.

※氣急(기급): 조급히 굴다. 성급해하다. 안달하다. 헐떡이다. 숨이 가빠지다.

거사가 하루는 보제를 보러 갔다.

보제가 거사가 오는 것을 보자, 바로 문을 닫아버리고 말했다.

"아는 것이 많은(=잘난) 노인네여! 만나지 맙시다."

거사가 말했다.

"홀로 앉아 혼자 떠드는데, (그) 허물이 누구에게 있겠습니까?"

보제가 바로 문을 열고 나오는데, 거사에게 멱살을 잡혔다.

거사가 말했다.

"스님이 많이 압니까, 내가 많이 압니까?"

보제가 말했다.

如幻三摩提　　여환삼매(如幻三摩提)라고 한다.

彈指超無學　　탄지(彈指, 손가락을 튕김) 일하에
此阿毘達磨　　이 아비달마의 무학(無學, 아라한)을 뛰어넘으니
十方薄伽梵　　시방 바가범(薄伽梵, 부처)으로 가는
一路涅槃門　　한 길 열반문이로다.

"많이 아는 것은 놔두고, (거사와 내가) 문을 열고 문을 닫고, 말고 펴고 하는 것[84]을 비교하면 얼마쯤 되겠습니까?"

거사가 말했다.

"다만 (스님의) 이 물음 하나가 사람을 몹시 숨 막히게 만드는군요."

보제가 침묵했다(嘿然).

(그러자) 거사가 말했다.

"좀 전엔 기교를 부리려다가 오히려 졸렬하게 되었습니다."[85]

---

84 권서(卷舒, 말고 폄)는 선림에서 선사(師家)가 학인을 상대해서 이끌어 주는 두 가지 기법이다. 권卷은 뜻이 수(收, 거둠)이고, 파주把住와 같은 뜻이며, 타파부정打破否定의 교화방법에 속한다. 서(舒, 폄)는 뜻이 방(放, 놓음)이고, 방행放行과 같은 뜻이며, 섭수긍정攝受肯定으로 교화하는 방법에 속한다. 선사는 학인의 근기에 따라서 같지 않은 교법을 베풀어 거두기도 하고 놓아주기도 하며 주고 뺏음에 자재하며 뛰어나고 민활하게 운용한다. 만약 선사가 파주와 방행 두 가지 기법을 동시에 운용해서 학인을 제접하면 이를 권서제창卷舒齊唱이라고 한다(禪林中 師家接引學人的兩種機法. 卷 意卽收 與把住同義. 屬於打破否定之接化方法. 舒意卽放 與放行同義 屬於攝受肯定之接化方法. 師家依學人之根器 施設不同之教法 或收或放 予奪自在 靈活運用. 若師家同時運用把住與放行兩種機法來接引學人, 則稱卷舒齊唱, 불광대사전).

85 상기 저본은 숭정본과 일치한다.
전등록과 조당집, 그리고 선문염송집에서는 전하지 않는다.

9. 장자長髭와 만나다

居士到長髭禪師. 值上堂 大衆集定 士便出云 "各請自檢好" 髭便示衆 士却於禪床右立. 時有僧問 "不觸主人公 請師答話" 髭云 "識龐公麽" 僧云 "不識" 士便搊住其僧云 "苦哉苦哉" 僧無對 士托開 髭少間却問士云 "適來這僧還喫棒否" 士云 "待伊甘始得" 髭云 "居士只見錐頭利 不見鑿頭方" 士云 "恁麽說話 某甲卽得 外人聞之 要且不好" 髭云 "不好箇甚麽" 士云 "阿師只見鑿頭方 不見錐頭利"

※搊(탈 추): (악기를 손가락으로) 타다. 동여매다. 붙들어 매다.
※鑿(뚫을 착, 구멍 조, 새길 촉): 뚫다. 파다. 깎다. 끌. 정. 구멍.

거사가 장자長髭[86] 선사에게 갔다. (그때) 마침 상당할 때여서 대중들이 모여 입정을 하고 있었는데, 거사가 바로 나와 말했다.

"청컨대, 각자 스스로 점검하기 바랍니다."[87]

---

86 장자(長髭, 생몰연대 미상): 자세한 사항은 알 수 없으나, 인명규범검색에 의하면 장자광長髭曠으로 불리며 석두희천의 법을 이은 것으로 전한다. 장자 화상이 석두로부터 인가 받은 것과 관련해서는 아래 【참조】를 살펴보기 바란다.

장자가 곧 시중示衆을 하자, 거사가 다시 선상 우측에 섰다.

그때 어떤 스님이 물었다.

"주인공을 건드리지 말고, 청컨대 선사께서는 답을 해주십시오."

장자가 말했다.

"(이) 방공을 아는가?"

스님이 말했다.

"모릅니다."

(그러자) 거사가 바로 그 스님의 (멱살을) 잡고 말했다.

"괴롭구나, 괴로워."

스님이 대답이 없자, 거사가 밀쳐버렸다.

장자가 잠시 뒤에 거사에게 물었다.

"좀 전에 이 스님이 방망이를 맞은 것입니까?"

거사가 말했다.

"그가 달갑게 여기면(=허물을 인정하면) 됩니다."

장자가 말했다.

"거사는 단지 송곳 끝이 날카로운 것만 보았지, 정 끝이 모난 것은

---

87 이 장면은 마치 다음의 장면을 연상케 한다.

世尊一日陞座 大衆集定 文殊白槌云 "諦觀法王法 法王法如是" 世尊 便下座.

하루는 세존께서 법좌에 오르셨다.

(그때) 대중들이 모여 입정을 하고 있었는데, 문수가 백추를 치고 말했다.

"법왕법을 자세히 관하라, 법왕법은 이와 같다."

(그러자) 세존께서 바로 자리에서 내려오셨다. (선문염송집 제1권, N.6)

보지 못하는군요."[88]

거사가 말했다.

"이런 말은 저야 괜찮습니다만, 다른 사람이 들으면 좋아하지 않을 텐데요."

장자가 말했다.

"좋아하지 않을 게 뭡니까?"

---

88 조당집 제20권, '미米 화상' 편에서는 다음과 같이 전한다.

有老宿屈師齋 師來不排座位 老宿在一邊坐. 師便展座具 礼拜老宿. 老宿便起師便坐. 老宿都不作聲 乃展席地上而坐. 到夜間 告衆日 "他家若在佛法中 用心三日, 便合見 若不見則不知" 師到三日后 來云 "前日著賊" 僧問鏡清 "米和尙回意如何" 云 "只見錐頭利 不見鑿頭平"

어떤 노숙(老宿, 노장)이 스님(미 화상)을 공양에 와 줄 것을 청하였다. (그런데) 스님이 왔는데, 앉을 자리도 만들어 놓지 않고 노숙이 한쪽에 앉았다. (그러자) 스님이 바로 좌복을 펴고 노숙에게 절을 했다. 노숙이 바로 자리에서 일어나자, 스님이 곧장 자리에 앉았나. (그러자) 노숙이 아무런 소리도 못하고 땅바닥에다 자리를 펴고 앉았다.

밤이 되자, (노숙이) 대중에게 말했다.

"그에게 만약 불법이 있다면 3일 동안 마음을 쓰면 바로 보게 될 것이고, 만약 보지 못한다면 알지 못하게 될 것이다."

3일 후가 되자 스님이 와서 말했다.

"전날 도적을 맞았다."

(이에 대해) 어떤 스님이 경청鏡清에게 물었다.

"미 화상이 돌아온 뜻이 무엇입니까?"

경청이 말했다.

"단지 송곳 끝이 예리한 것만 보고 정 끝이 평평한 것은 보지 못했다."

거사가 말했다.

"우리 스님은 단지 정 끝이 모난 것만 보았지, 송곳 끝이 날카로운 것은 보지 못하는군요."[89]

---

89 상기 저본은 숭정본과 일치한다.
전등록과 조당집, 그리고 선문염송집에서는 전하지 않는다.

【참조】

장자가 석두희천으로부터 인가 받은 이야기는 조당집 제5권, '장자화상' 편에 다음과 같이 전한다(선문염송집 제9권 N.347과 전등록 제14권 '담주 유현 장자광 선사' 편 내용과 동일하다).

師初禮石頭 密領玄旨 次往曹溪禮塔 卻迴石頭 石頭問 "從何處來" 對曰 "從嶺南來" 石頭云 "大庾嶺頭一鋪功德 還成就也無" 對曰 "諸事已備 只欠點眼在" 石頭曰 "莫要點眼不" 對曰 "便請點眼" 石頭蹻起脚示之 師便連禮十數 拜不止 石頭云 "這漢見什摩道理 但知禮拜" 師又不止. 石頭進前 把住云 "你見何道理 但知禮拜" 師曰 "如爐爐上一點雪" 石頭云 "如是如是"

(장자) 선사가 처음 석두를 참례하고 현묘한 뜻을 은밀히 깨닫고, 다음에 조계로 가서 (육조의) 탑에 절을 하고 다시 석두로 돌아왔다.

석두가 물었다.

"어디서 오는가?"

선사가 대답했다.

"영남에서 옵니다."

석두가 말했다.

"대유령 꼭대기에서 한바탕 펼친 공덕을 성취하였는가?"

선사가 대답했다.

"모든 일이 이미 다 갖추어져 있는데, 다만 점안點眼이 없을 뿐입니다."

석두가 말했다.

"점안이 필요한가?"

선사가 대답했다.

"바로 점안을 청합니다."

석두가 발돋움해 보이자, 선사가 바로 계속해서 절을 하면서 멈추지를 않았다.

석두가 말했다.

"이 사람이 무슨 도리를 보았기에 다만 절만 할 줄 아는 것인가?"

선사가 또 멈추지를 않자, 석두가 앞으로 가서 멱살을 잡고 말했다.

"너는 무슨 도리를 보았기에 다만 절만 할 줄 아는 것이냐?

선사가 말했다.

"마치 화로 위에 한 점 눈과 같습니다."

석두가 말했다.

"그렇지, 그렇지."

10. 송산松山과 만나다[90]

居士同松山和尙 喫茶次 士擧槖子曰 "人人盡有分 爲什麽道不得" 山曰 "祇爲人人盡有 所以道不得" 士曰 "阿兄爲什麽却道得" 山曰 "不可無言也" 士曰 "灼然灼然" 山便喫茶 士曰 "阿兄喫茶 爲什麽不揖客" 山曰 "誰" 士曰 "龐公" 山曰 "何須更揖" 後丹霞聞 乃曰 "若不是松山 幾被箇老翁惑亂一生" 士聞之 乃令人傳語霞曰 "何不會取 未擧槖子時"

※槖(전대 탁): 전대(纏帶: 주머니의 한 가지). 풀무(불을 피울 때에 바람을 일으키는 기구). 절구질하는 소리. 橐(탁)의 속자俗字. / 여기서는 托(탁, 받침)의 음가를 빌린 것으로 해석하였다(托子: 찻잔의 받침).

※灼然(작연): 빛이 밝은 모양. 명백한 모양. 뚜렷하다.

※何須(하수)=何必(하필): 구태여 …할 필요가 있는가. …할 필요가 없다.

거사가 송산松山[91] 화상과 함께 차를 마시다가 차받침(槖子, 托子)을

---

90 다섯 편의 이야기가 전한다.

91 송산(松山, 생몰연대 미상): 전등록 제8권에 마조도일의 제자로 전한다. 하지만 자세한 전기는 알 수 없다. 조당집과 선문염송집에서는 방거사와 나눈 법담이 전하지 않는다.

들고 말했다.

"사람마다 모두 몫(分, 역할, 또는 인연)이 있거늘, 어째서 말하지 못하는 것입니까?"[92]

송산이 말했다.

"사람마다 모두 (몫이) 있기 때문에 그래서 말하지 못하는 것이네."

거사가 말했다.

"(그런데) 우리 사형은 어째서 말하는 것입니까?"

송산이 말했다.

"(그렇다고) 말이 없어서는 안 되지(不可無言也)."[93]

거사가 말했다.

---

92 조당집 제18권 '앙산' 편에 다음과 같이 전한다.

師見景岑上座在中庭向日次 師從邊過云 "人人盡有這个事 只是道不得 "云 "恰似請汝道 "師云 "作摩生道" 岑上座便攔胸与一踏. 師倒起來云 "師叔用使直下是大虫相似"

앙산이 경잠(景岑, 장사경잠) 상좌가 뜰에서 볕을 쬐고 있는 것을 보다가, 옆을 지나며서 말했다.

"사람마다 이 일(這个事)이 있거늘, 다만 말하지 못할 뿐입니다."

경잠이 말했다.

"마치 네게 말해줄 것을 청하는 것 같구먼."

앙산이 말했다.

"어떻게 말씀하시겠습니까?"

경잠 상좌가 가슴팍을 눌러 한 번 발로 밟아버렸다.

앙산이 넘어졌다 일어나며 말했다.

"사숙께서 행하신 것이 바로 호랑이와 같으십니다."

93 숭정본에서는 '不可無言也'를 '不可無言去也'로 전한다.

"분명합니다, 분명해요."

송산이 바로 차를 마셨다.

(그러자) 거사가 말했다.

"사형은 차를 마시면서 어째서 손님에게 인사도 하지 않습니까?"

송산이 말했다.

"(손님) 누구?"

거사가 말했다.

"(이) 방옹이요."

송산이 말했다.

"(다시) 또 인사할 필요가 (뭐가) 있겠는가!"

나중에 단하(丹霞, 단하천연)가 (이 이야기를) 듣고, 말했다.

"만약 송산이 아니었더라면 하마터면 이 늙은이에게 일생을 미혹되어 어지럽게 되었을 것이다."[94]

거사가 듣고, 사람을 시켜 말을 전했다.

"어째서 차받침을 들기 전은 모르는 것인가!"[95]

---

94 숭정본에서는 '惑亂一生'을 '作亂一上(단번에 어지럽게 되다)'으로 전한다. 역자는 이 문장을 숭정본처럼 "만약 송산이 아니었더라면 하마터면 이 늙은이한테 단박에 어지럽게 되었을 것이야(若不是松山 幾被箇老翁 作亂一上)"로 이해했다.

95 전등록 제8권, '송산 화상' 편에서는 다음과 같이 전한다.

一日命龐居士喫茶 居士擧起托子云 "人人盡有分 因什麽道不得" 師云 "只爲人人盡有 所以道不得" 居士云 "阿兄爲什麽却道得" 師云 "不可無言也" 居士云 "灼然灼然" 師便喫茶 居士云 "阿兄喫茶何不揖客" 師云 "誰" 居士云 "龐翁" 師云 "何須更揖" 後丹霞聞擧乃云 "若不是松山 幾被箇老翁作亂一上" 居士聞之 乃令

❀

居士一日與松山 看耕牛次 士指牛曰 "是伊時中更安樂 只是未知有" 山曰 "若非龐公 又爭識伊" 士曰 "阿師道 渠未知有箇什麽" 山曰 "未見石頭 不妨道不得" 士曰 "見後作麽生" 山撫掌三下.

거사가 하루는 송산과 함께 밭가는 소를 보다가, 소를 가리키며 말했다.

"저 놈은 하루 종일 계속해서 안락한데, 다만 있다는 것을 알지 못할 뿐이네요."[96]

송산이 말했다.

"만약 방공이 아니라면 어찌 저 놈을 알 수 있겠는가?"

거사가 말했다.

"우리 스님께서 (한 번) 말씀해보세요, 저놈이 뭐가 있다는 것을 알지 못하는 것입니까?"

송산이 말했다.

"석두를 보지 않았으니까 말하지 않아도 괜찮네."

거사가 말했다.

"(그럼) 본 다음에는 어떻습니까?"

人傳語丹霞云 "何不會取 擧起托子時" (내용 동일, 번역 생략)

여기서는 밑줄 친 것처럼 ①차받침(槖子)을 '托子'로 전한다. ②상기 저본처럼 '不可無言也'로 전한다. ③'惑亂一生'을 '作亂一上(단번에 어지럽게 되다)'으로 전한다. ④何不會取 擧起托子時로 전하는데, '未'자가 누락된 것 같다.

조당집과 선문염송집에서는 전하지 않는다.

96 '지유知有'와 관련해서는 아래 【참조】를 살펴보기 바란다.

송산이 손뼉을 세 번 쳤다.[97]

97 상기 저본은 숭정본과 일치한다.
전등록과 조당집, 그리고 선문염송집에서는 전하지 않는다.

【참조】
지유知有와 관련해서,
가. 능엄경 제10권에 다음과 같이 전한다.
理則頓悟 乘悟併銷 事非頓除 因次第盡. 我已示汝 劫波巾結 何所不明 再此詢問. 汝應將此 妄想根元 心得開通 傳示將來 末法之中 諸修行者 令識虛妄 深厭自生 知有涅槃 不戀三界.
이理로는 바로 단박에 깨닫는 것이어서, 깨달으면 모두 없어지겠지만, 사事는 단박에 없어지는 것이 아니고 순서로 인해 없어지는 것이다. 내가 이미 그대에게 겁파건의 매듭을 보였거늘, 어째서 밝지 못하고 거듭 이것을 묻는 것인가? 너는 마땅히 장차 이 망상의 근원으로 마음을 열고 통해서 장래 말법 가운데 모든 수행자에게 전하고 보여서 허망을 알고 매우 싫어함을 스스로 내게 하며, 열반이 있다는 것을 알고 삼계를 사모하지 않도록 하라."

나. 남전보원의 말을 다음과 같이 전한다.
豈不見 渠每每垂示 "三世諸佛不知有 狸奴白牯却知有" 直饒得渾脫 狸奴白牯去也 未合向裏存坐在. 要須恁麽恁麽更恁麽 撒手向那邊去始得.
어찌 보지 못했습니까! 그(왕 노사)가 번번이 대중에게 이르기(垂示)를 "삼세제불도 있음을 모르는데, 이노백우(고양이와 흰 소)가 도리어 있음을 안다"고 한 것을! 설사 완전히 벗어난 고양이와 흰 암소가 되더라도, 그 속에 주저앉아 지키고 있어서는 안 됩니다. 모름지기 이렇고 이러며 다시 이렇다 하더라도, 저쪽을 향해서 손을 놓아야 하는 것입니다." (졸역, 원오심요 역주, p.783)

❀

居士一日到松山 見山携杖子 便曰 “手中是箇什麽” 山曰 “老僧年邁闕伊一步不得” 士曰 “雖然如是 壯力猶存” 山便打 士曰 “放却手中杖子致將一問來” 山拋下杖子 士曰 “這老漢 前言不付後語” 山便喝 士曰 “蒼天中更有怨苦”

※ 年邁(연매): 연로하다. 나이가 많다.

거사가 하루는 송산에게 갔는데, 송산이 주장자를 지니고 있는 것을 보고 바로 물었다.

“손에 있는 것이 뭡니까?”

송산이 말했다.

“노승이 나이가 많아서 이것이 없으면 한 걸음도 걷지 못한다네.”

거사가 말했다.

“비록 그렇기는 하지만, 아직도 건장한 힘이 남아 있는걸요.”

송산이 바로 쳤다.

거사가 말했다.

“손에 있는 주장자를 놓아버리고, 한 번 물어보시지요.”

송산이 주장자를 던져버렸다.

거사가 말했다.

“이 노장이 앞말이 뒷말을 따르지 못하는구먼.”

송산이 바로 “할!” 했다.

거사가 말했다.

"푸른 하늘에 또 원망과 괴로움이 있구나."[98]

❀

居士一日與松山行次 見僧擇菜 山曰 "黃葉卽去 青葉卽留" 士曰 "不落黃葉 又作麽生" 山曰 "道取" 士曰 "不爲賓主 大難" 山曰 "只爲强作主宰" 士曰 "誰不恁麽" 山曰 "不是不是" 士曰 "青黃不留處 就中難道" 山曰 "也解恁麽去" 士珍重大衆 山曰 "大衆放你落機處" 士便行.[99]

※主宰(주재): 주장하여 맡음 또는, 그 사람. / 주재하다. 지배하다. 좌지우지하다. 주재자. 지배자. (사람이나 사물을) 좌우하는 힘.

거사가 하루는 송산과 함께 길을 가다가, 스님들이 나물을 다듬고 있는 것을 보았다.[100]

---

98 상기 저본은 숭정본과 일치한다.
전등록과 조당집, 그리고 선문염송집에서는 전하지 않는다.

99 본칙은 숭정본과 상당 부분 표현에서 차이가 난다. 먼저 본문에서는 저본대로 번역을 하였고, 각 문장마다 차이가 나는 것은 각각에 註를 달아 표시, 역자의 의견을 기술하였다. 또한 아래 【참조】 ①에 숭정본 전문과 번역을 수록해 그 차이를 밑줄로 표시하였다.

100 나물을 다듬는다(擇菜)는 것은 나물을 채취해서 다듬는다는 뜻이 아니라, 채마밭에서 자라고 있는 나물들 가운데 신선한 것과 그렇지 못한 것을 선별하는 작업으로 이해하였다.
본 이야기와 관련해 전등록 제9권 '홍주 황벽 희운 선사' 편에 다음과 같이 전한다.
師在南泉時 普請擇菜 南泉問 "什麽處去" 曰 "擇菜去" 南泉曰 "將什麽擇" 師擧起

송산이 말했다.

"누런 잎은 떼어 내고 푸른 잎은 놔둬라."

거사가 말했다.

"누런 잎을 떼어 내지 않으면 어떻습니까?"[101]

송산이 말했다.

"(그럼 어떻게 해야 하는지, 거사가 한 번) 말해봐!"[102]

刀子 南泉曰 "大家擇菜去"

황벽이 남전에 있을 때 대중울력으로 나물을 고르고 있었다.

남전이 물었다.

"어디 가는가?"

황벽이 말했다.

"나물을 고르러 갑니다."

남전이 말했다.

"뭘 가지고 고르는가?"

황벽이 작은 칼을 들었다(들어 보였다).

남전이 말했다.

"많은 사람들이 나물을 고르러 가는구먼."

101 숭정본에서는 '不落黃靑(누런 것과 푸른 것에 매이지 않는다)'으로 전하고 있다. 이는 곧 누렇지도 않고 푸르지도 않은 것은 어떻게 해야 하는가? 라는 물음이다. 누런 것과 푸른 것은 분별을 뜻하고, 누렇지도 않고 푸르지도 않은 것은 분별할 수 없는 것을 뜻하는데, 누런 잎을 떼어 내지 않는다는 말이나 누런 것과 푸른 것에 매이지 않는다는 말은 결국 문맥 상 분별하지 않는다는 같은 뜻을 내포하고 있다.

불락不落과 관련해서는 아래 【참조】 ②를 살펴보기 바란다.

102 숭정본에서는 '道取好'로 되어 있는데, 내용 상 별 차이는 없다. 이에 대해 이리야 요시다까는 道取만으로는 명령투가 되지만, 好가 붙으면 권장하는 말투가 된다고 말하고 있다. (양기봉 역, 방거사어록, p.148)

거사가 말했다.

"(서로) 빈주賓主가 되지 못하면 대단히 어렵지요."[103]

송산이 말했다.

"어거지로 주재하려고 하는구먼."[104]

거사가 말했다.

"누군들 이렇지 않겠습니까!"[105]

송산이 말했다.

"아니야, 아니야."[106]

거사가 말했다.

"푸른 것과 노란 것에 머물지 않는 곳, 그곳은 (정말) 말하기 어렵습니다."[107]

송산이 말했다.[108]

"역시 이런 식이로구먼."[109]

---

103 숭정본에서는 '不爲賓主 大難'을 '互爲賓主 也大難(서로 빈주가 되는 것이야말로 대단히 어렵다)'으로 전하는데, 내용에는 차이가 없다. 빈주賓主에 관해서는 아래 【참조】③을 살펴보기 바란다.

104 숭정본에서는 '只爲强作主宰'를 '却來此間 强作主宰(도리어 여기서도 어거지로 주재하려 하는가?)'로 전하고 있다(각래却來: 도리어, 거꾸로, 사실인즉, 그 실상은, 기실).

105 숭정본에서는 '誰不恁麽'를 '誰不與麽'로 전하는데, 뜻은 같다.

106 숭정본에서는 '不是不是'를 '是是(그렇지, 그렇지=맞아, 맞아)'로 전한다.

107 숭정본에서는 '靑黃不留處 就中難道'를 '不落靑黃 就中難道(누런 것과 푸른 것에 매이지 않는 그곳은 말하기 어렵습니다)'로 전하는데, 앞의 註11을 따르는 것이 맞다.

108 숭정본에서는 '山曰'을 '山笑曰(송산이 웃으며 말했다)'로 전한다.

거사가 대중에게 (안녕히 계십시오 하고) 간다는 인사를 하자, 송산이 말했다.

"대중은 그대가 실기한 것을 용서한다."

(그러자) 거사가 바로 가버렸다.[110] [111]

---

109 숭정본에서는 '也解恁麽去'를 '也解恁麽道(역시 이렇게 말을 하는구먼)'로 전하는데, 내용엔 차이가 없다.

110 숭정본에서는 '士便行(거사가 바로 가버렸다)'이 없이 이야기가 끝나는 것으로 전한다.

111 전등록과 조당집, 그리고 선문염송집에서는 전하지 않는다.

【참조】

①숭정본 전문

居士一日與松山行次 見僧擇菜 山曰 "黃葉卽去 靑葉卽留" 士曰 "不落黃靑 又作麽生" 山曰 "道取好" 士曰 "互爲賓主也 大難" 山曰 "却來此間 强作主宰" 士曰 "誰不恁麽" 山曰 "是是" 士曰 "不落靑黃 就中難道" 山笑曰 "也解恁麽道" 士珍重大衆 山曰 "大衆放你落機處"

거사가 하루는 송산과 함께 길을 가다가, 스님들이 나물을 다듬고 있는 것을 보았다.

송산이 말했다.

"누런 잎은 떼어 버리고 푸른 잎은 놔둬라."

거사가 말했다.

"누런 것과 푸른 것에 떨어지지 않으려면 어떻게 해야 합니까?"

송산이 말했다.

"(거사가 한 번) 말해봐!"

거사가 말했다.

"서로 빈주가 되는 것이야말로 대단히 어렵지요."

송산이 말했다.

"도리어 여기서도 어거지로 주재하려고 하는구먼."
거사가 말했다.
"누군들 이렇게 하지 않겠습니까?"
송산이 말했다.
"그렇지, 그렇지."
거사가 말했다.
"푸른 것과 노란 것에 떨어지지 않는, 그곳은 (정말) 말하기 어렵습니다."
송산이 웃으며 말했다.
"역시 이런 말도 할 줄 아는구먼."
거사가 대중에게 (안녕히 계십시오) 인사를 하자, 송산이 말했다.
"대중은 그대가 실기한 것을 용서한다."
거사가 바로 가버렸다.

② 불락不落과 관련해서, 무문관 제2칙, 백장야호百丈野狐 본칙에 다음과 같이 전한다.

百丈和尙 凡參次有一老人 常隨衆聽法 衆人退老人亦退 忽一日不退 師遂問 "面前立者 復是何人" 老人云 "諾某甲非人也 於過去迦葉佛時 曾住此山 因學人問 大修行底人 還落因果也無 某甲對云 不落因果 五百生墮野狐身 今請和尙代一轉語 貴脫野狐" 遂問 "大修行底人還落因果也無" 師云 "不昧因果" 老人於言下大悟 作禮云 "某甲已脫野狐身 住在山後 敢告和尙 乞依亡僧事例" (중략)

백장(百丈懷海) 화상이 설법할 때마다 한 노인이 항상 대중을 따라서 설법을 들었다. 대중이 물러가면 노인도 역시 물러갔는데, 돌연 하루는 물러가지 않았다.
백장이 마침내 물었다.
"앞에 서 있는 사람은 또 누구냐?"
노인이 말했다.
"예, 저는 사람이 아닙니다. 과거 가섭불 시대에 이 산의 주지였습니다. (그때) 어떤 학인이 묻기를 '대수행인도 인과因果에 떨어집니까?'라고 물었는데, (그

❀

一日松山與居士話次 山驀拈起案上尺子云 "還見這箇麽" 士曰 "見" 山曰 "見箇什麽" 士曰 "松山松山" 山曰 "不得不道" 士曰 "爭得" 山乃抛下尺

때) 제가 '인과에 떨어지지 않는다(不落因果)'고 대답해서, 오백 생을 여우의 몸을 받게 되었습니다. 지금 화상께 청합니다. 제 대신 일전어一轉語를 하시어 여우의 몸을 벗어나게 해 주십시오."

그리고는 바로 물었다.

"대수행인도 인과에 떨어집니까?"

화상이 말했다.

"인과에 어둡지 않다(不昧因果)."

노인이 그 말에 바로 깨닫고, (감사의) 절을 하고 말했다.

"제가 이미 여우의 몸을 벗어났으나, (그 몸이) 지금 산 뒤에 있습니다. 감히 화상께 말씀드리오니, 죽은 스님(亡僧)의 사례에 따라 (장례를 치러) 주십시오."

(중략)

③ 빈주賓主에 관해서, 임제록에서는 다음과 같이 전한다.

是日兩堂首座相見 同時下喝. 僧問師 "還有賓主也無" 師云 "賓主歷然" 師云 "大衆 要會臨濟賓主句 問取堂中二首座" 便下座.

이 날 양당(兩堂, 동당과 서당)의 수좌가 서로 만나, 동시에 "할!" 했다.

어떤 스님이 임제에게 물었다.

"(동시에 할을 한 것에도) 손님과 주인이 있습니까?"

임제가 말했다.

"손님과 주인이 분명하다."

임제가 말했다.

"대중들이여, 임제의 빈주구(臨濟賓主句)를 알고자 하는가? 당중의 두 수좌에게 물어라!"

그리고는 바로 법좌에서 내려왔다.

子 士曰 "有頭無尾得人憎" 山曰 "不是 翁今日還道不及" 士曰 "不及箇什麽" 山曰 "有頭無尾" 士曰 "强中得弱卽有 弱中得强卽無" 山抱住居士曰 "這個老子 就中無話處"

하루는 송산과 거사가 이야기를 나누다가 송산이 갑자기 책상 위에서 자(尺子)를 집어 들고 말했다.

"이것을 보는가?"[112]

거사가 말했다.

"봅니다."

송산이 말했다.

"뭐가 보이는데?"

거사가 말했다.

"송산이요, 송산!"[113]

송산이 말했다.

"(그렇게) 말하지 않으면 안 되나?"[114]

거사가 말했다.

"(그럼) 어떻게 합니까(=어찌 그렇게 말하지 않을 수 있겠습니까)?"[115]

(그러자) 송산이 자를 던져버렸다.

---

112 숭정본에서는 '居士 還見麽(거사! 보는가?)'로 전한다.

113 숭정본에서는 '松山(송산이요)'이라고 한 번만 말하는 것으로 전한다.

114 숭정본에서는 '不得道著(말하면 안 된다)'으로 전한다. 역자는 '不得不道'를 문맥 상 반문형으로 번역했으며, 이는 숭정본과도 뜻이 일치한다.

115 숭정본에서는 '爭得不道(어떻게 말하지 않을 수 있겠습니까?)'로 전한다.

거사가 말했다.

"머리만 있고 꼬리가 없으면 사람들의 미움을 받습니다."

송산이 말했다.

"아니야. (이) 노인네가 오늘은 말이 미치지 못하는구먼."

거사가 말했다.

"미치지 못한다고요! 뭐가요?"[116]

송산이 말했다.

"머리는 있는데 꼬리가 없는 것 (말이야)."[117]

거사가 말했다.

"강한 것 속에는 약한 것이 있어도, 약한 것 속에는 강한 것이 없습니다."

송산이 거사를 끌어안고, 말했다.[118]

"이 노인네야! 거기에는 말할 것이 없어."[119]

---

116 숭정본에서는 '不及什麼處'로 전한다.

117 숭정본에서는 '有頭無尾處'로 전한다. 내용에는 차이가 없다.

118 숭정본에서는 '把住(꽉 잡다)'로 전한다.

119 전등록과 조당집, 그리고 선문염송집에서는 전하지 않는다.

11. 본계本谿와 만나다[120]

居士問本谿和尚 "丹霞打侍者 意在何所" 谿曰 "大老翁見人長短在" 士曰 "爲我與師同參 方敢借問" 谿曰 "若恁麽 從頭擧來 共你商量" 士曰 "大老翁不可共你說人是非" 谿曰 "念翁年老" 士曰 "罪過罪過"

※借問(차문): 남에게 모르는 것을 물음. 상대자가 없이 허청대고(확실한 계획 없이 마구) 가정하여 물음.

거사가 본계本谿[121] 화상에게 물었다.

"단하가 시자를 후려갈긴 뜻이 어디에 있는가?"[122]

본계가 말했다.

"대노옹大老翁쯤이나 되는 사람이 남의 장단점이나 보다니!"

---

120 두 편의 이야기가 전한다.

121 본계(本谿, 생몰연대 미상): 마조도일의 법사法嗣로 자세한 전기는 알 수 없다. 선문염송집과 조당집에서는 전하는 내용이나 기연어구가 없다. 전등록 제8권, '본계 화상' 편에서는 방거사와의 기연어구 1편(본서 두 편 중 전편)만을 전한다.

122 단하가 직접 시자를 때렸다는 근거는 찾기가 어렵다. 관련한 것은 아래 【참조】 ①을 살펴보기 바란다.

거사가 말했다.

“나와 스님은 동참(同參, 도반) 사이여서 그저 한 번 물어보려고 한 것뿐인데….”

본계가 말했다.

“그렇다면 처음부터 거론해보게나. 함께 따져보세.”

거사가 말했다.

“대노옹 정도 되는 사람이 함께 남의 잘잘못을 말해서는 안 되지.”[123]

본계가 말했다.

“늙은이 나이도 생각해줘야지.”

거사가 말했다.

“잘못했네, 잘못했어.”[124]

---

123 숭정본에서는 ‘大老翁不可說人是非’로 ‘共你(함께)’를 빼고 전한다.
다른 사람의 시비를 말해서는 안 된다는 것과 관련해서는 아래 【참조】 ②를 살펴보기 바란다.

124 전등록 제8권에서는 다음과 같이 전한다(조당집, 선문염송집에서는 전하지 않는다).
龐居士問云 “丹霞打侍者 意在何所” 師云 “大老翁見人長短在” 居上云 “爲我與師同參了 方敢借問” 師云 “若恁麽 從頭擧來. 共爾商量” 居士云 “大老翁不可共爾說人是非” 師云 “念翁老年” 居士云 “罪過罪過” (내용 동일, 번역 생략, 밑줄 친 것처럼 전체가 숭정본과 동일하다.)

【참조】

①단하가 시자를 후려갈긴 것(丹霞打侍者意)과 관련해서, 조당집 제4권, ‘단하화상’ 편에 다음과 같이 전한다.

至洛京 參忠國師 初見侍者便問 “和尙還在也無” 對曰 “在 只是不看客” 師曰

"大深遠生" 侍者曰 "佛眼覰不見" 師曰 "龍生龍子 鳳生鳳子" 侍者擧似國師 國師便打侍者.

(단하선사가) 낙경(洛京, 낙양)에 이르러 충 국사를 참례하는데, 먼저 시자를 보고 물었다.
"화상께선 계시는가?"
시자가 대답했다.
"계시긴 한데, 객을 만나지는 않으십니다."
단하가 말했다.
"아주 대단하시구먼."
시자가 말했다.
"부처의 눈으로 봐도 보이질 않습니다."
단하가 말했다.
"용은 용 새끼를 낳고 봉황은 봉황 새끼를 낳는 법이다."
시자가 앞의 일을 국사에게 전하자, 국사가 바로 시자를 후려갈겼다.

또한 전등록 제14권, '등주 단하천연 선사' 편에서는 상기 조당집의 내용에 덧붙여 전하기를, "국사가 시자를 20방을 쳐서 쫓아냈는데, 후에 이 소식을 단하가 듣고 말하기를 '남양 국사라는 이름이 헛되지 않았구나!'라고 하였다"고 한다.

②다른 사람의 시비(허물)를 말하지 않는다는 것과 관련해서,
가. 무상송無相頌에 다음과 같이 전한다(육조단경 제1, 오법전의悟法傳衣 편).
說通及心通 설통과 심통이여(설법에도 통달하고 마음에도 통달함이여)!
如日處虛空 마치 해가 허공에 있는 것처럼
唯傳見性法 오직 견성법만을 전하며
出世破邪宗 세상에 나와 삿된 종지를 부숴버리네.

法卽無頓漸 법에는 돈과 점이 없지만

迷悟有遲疾　미혹과 깨침에는 더딤과 빠름이 있으니
只此見性門　다만 이 견성의 문을
愚人不可悉　어리석은 사람은 깨달을 수가 없다.

說卽雖萬般　설하는 것은 비록 만 가지일지라도
合理還歸一　이치로 합하면 하나로 돌아가니
煩惱闇宅中　번뇌의 어두운 집에서
常須生慧日　항상 모름지기 혜일(慧日, 부처의 지혜)을 내야 한다.

邪來煩惱至　삿됨이 오면 번뇌가 이르고
正來煩惱除　바름이 오면 번뇌가 없어지니
邪正俱不用　삿됨과 바름을 모두 쓰지 않아야
清淨至無餘　청정해서 남음이 없음에 이르게 된다.

菩提本自性　보리의 본래 자성에
起心卽是妄　마음이 일어나는 것이 곧 허망이니
淨心在妄中　청정한 마음이 허망 속에 있으면
但正無三障　다만 바르면 세 가지 장애가 없게 된다.

世人若修道　세상 사람들이 만약 도를 닦으면
一切盡不妨　일체가 모두 꺼릴 것이 없으니
常自見己過　항상 스스로 자기의 허물을 보면
與道卽相當　도와 함께 하는 것이 같게 된다.

色類自有道　색류(色類, 형상이 있는 것들)에도 본래 도가 있어
各不相妨惱　각기 서로 방해하거나 괴롭히지 않는데
離道別覓道　(어리석은 사람은) 도를 떠나 따로 도를 찾으니
終身不見道　끝내 도를 보지 못한다.

波波度一生　　바삐 뛰어다니며 일생을 보내다가
到頭還自懊　　마침내 스스로를 원통해 하니
欲得見眞道　　참된 도를 보고자 하면
行正卽是道　　바름을 행하는 것이 바로 도다.

自若無道心　　자신에게 만약 도의 마음이 없으면
闇行不見道　　어둠 속을 가며 도를 보지 못하게 되니
若眞修道人　　만약 참되게 도를 닦는 사람이라면
不見世間過　　세간의 허물을 보지 말라.

若見他人非　　만약 다른 사람의 잘못을 보면
自非却是左　　자기의 잘못이 되어 도리어 그르게 되니
他非我不非　　남은 잘못하고 나는 잘못하지 않았다고 하면
我非自有過　　스스로에게 잘못이 있어 저절로 허물이 있게 된다.

但自却非心　　다만 스스로 그릇된 마음을 버리고
打除煩惱破　　번뇌를 쳐 부숴버리며
憎愛不關心　　증애에 관심을 두지 않으면
長伸兩脚臥　　길게 두 다리를 펴고 눕게 된다.

欲擬化他人　　남을 교화하고자 하면
自須有方便　　자신에게 모름지기 방편이 있어야 하고,
勿令彼有疑　　그에게 의심이 있지 않도록 하면
卽是自性現　　곧 자성이 드러나게 된다.

佛法在世間　　불법은 세간에 있어
不離世間覺　　세간의 깨달음을 떠나지 않으니
離世覓菩提　　세간을 떠나 보리를 찾는 것은

❀

本谿一日 見居士來 乃目視多時. 士乃將杖子畫一圓相 谿便近前以脚踏. 士曰 "是什麽 是什麽" 谿却於居士前 畫一圓相 士亦以脚踏 谿曰 "來時有 去時無" 士抱拄杖而立 谿曰 "來時有 去時無" 士曰 "幸自圓成 徒勞目視" 谿拍手曰 "奇特 一無所得" 士拈杖子點點而去 谿曰 "看路看路" 士曰 "是什麽 是什麽"

恰如求兎角　　흡사 토끼 뿔을 구하는 것과 같다.

正見名出世　　바른 견해를 세상에서 벗어남이라고 하고
邪見是世間　　삿된 견해를 세간이라 하니,
邪正盡打却　　삿됨과 바름 모두 쳐서 없애면
菩提性宛然　　보리의 성품은 완연하리라.

此頌是頓敎　　이 송이 돈교요
亦名大法船　　또한 대법선이라 이름하나니,
迷聞經累劫　　어리석음으로 들으면 누겁을 지내겠지만
悟則刹那間　　깨달으면 찰나간이라네.

나. 임제록에 다음과 같이 전한다.

"道流 莫取次被諸方老師印破面門 道我解禪解道. 辯似懸河 皆是造地獄業. 若是眞正學道人 不求世間過. 切急要求眞正見解. 若達眞正見解圓明 方始了畢"

"도류들이여! 경솔하게 제방의 노사들 바로 앞에서 '인가를 받았다'고도, '나는 선을 알고 도를 알았다'고도 말하지 말라. 말이 청산유수 같아도 모두가 지옥업을 짓는 것이다. 진정으로 도를 배우는 사람이라면 세간의 허물을 구하지 않는다. 부디 서둘러 참되고 바른 견해를 구하기 바란다. 만일 참되고 바른 견해를 통달하여 원만하고 밝으면 비로소 일을 마쳤다고 할 수 있을 것이다."

본계가 하루는 거사가 오는 것을 보고, 이내 오랫동안 (뚫어지게) 쳐다보았다. (그러자) 거사가 이내 지팡이로 원상圓相[125] 하나를 그렸는데, 본계가 바로 가까이 다가가서 발로 밟아버렸다.

거사가 말했다.

"이게 뭔가, 이게 뭔가?"[126]

(그러자, 이번에는) 본계가 도리어 거사 앞에다 원상 하나를 그렸다.

거사 역시 발로 밟아버렸다.

본계가 말했다.

"올 때는 있어도 갈 때는 없네."[127]

(그러자) 거사가 지팡이를 끌어안고 섰다.[128]

본계가 말했다.

"올 때는 있어도, 갈 때는 없네."[129]

거사가 말했다.

---

125 圓相(원상): 선문에서 깨달음을 대조하기 위해서 원상을 나타내는 것이고, 원상을 가지고 상량하는 것은 혜충 국사로부터 시작되었다(在禪門爲悟之對照而出之圓相也 有圓相之商量者 自慧忠國師始, 불학대사전).

원상과 관련한 선사들의 예는 아래 【참조】 ①을 살펴보기 바란다.

126 숭정본에서는 '是什麽 是什麽(이게 뭔가, 이게 뭔가?)'를 '與麽 不與麽(그런가, 그렇지 않은가?)'로 전한다. 여마與麽 불여마不與麽와 관련해서는 【참조】 ②를 살펴보기 바란다.

역자는 문맥상 '是什麽 是什麽'로 이해하였다.

127 숭정본에서는 '來時有 去時無'를 '與麽 不與麽(그런가, 그렇지 않은가?)'로 전한다.

128 숭정본에서는 '抛下(던져버리다)'로 전한다.

129 숭정본에서는 '來時有 去時無'를 '來時有杖 去時無'로 전한다.

"다행히도 (공안이) 원만하게 이루어졌구먼. (하지만) 오랫동안 쳐다본 것은 헛수고였네."

본계가 박수를 치며 말했다.

"기특하다, 하나도 얻은 것이 없구먼."

거사가 지팡이를 들고 땅을 (콕콕) 찍으며 갔다.[130]

본계가 말했다.

"살펴 가게나, 살펴 가!"

거사가 말했다.

"이건 뭐지, 이건 뭐야?"[131] [132]

---

130 숭정본에서는 '士拈杖子點點而去'를 '士拈杖子而去'로 전한다.

131 숭정본에서는 거사가 말한 '是什麽 是什麽'가 없이 앞의 '살펴 가게나, 살펴 가!'로 본 이야기를 마치고 있다.

132 숭정본에서는 다음과 같이 전한다. (밑줄 친 부분이 저본과 다른 부분들이다.)

本谿一日見居士來 乃目視多時. 士乃將杖子畫一圓相 谿便近前以脚踏 士曰 "與麽 不與麽" 谿却於居士前 畫一圓相 士亦以脚踏 谿曰 "與麽 不與麽" 士抛下拄杖而立 谿曰 "來時有杖 去時無" 士曰 "幸自圓成 徒勞目視" 谿拍手曰 "奇特一無所得" 士拈杖子而去 谿曰 "看路看路"

본계가 하루는 거사가 오는 것을 보고, 이내 오랫동안 쳐다보았다. (그러자) 거사가 이내 주장자로 일원상을 그렸는데, 본계가 가까이 가서 발로 밟아버렸다.

거사가 말했다.

"그런가, 그렇지 않은가?"

본계가 거사 앞에서 물러나 일원상을 그렸다.

(그러자) 거사도 역시 발로 밟아버렸다.

본계가 말했다.

"그런가, 그렇지 않은가?"

거사가 주장자를 던져버리고 섰다.
본계가 말했다.
"올 때는 주장자가 있어도, 갈 때는 (주장자가) 없네."
거사가 말했다.
"다행히도 공안이 원만하게 이루어졌구먼. (하지만) 오랫동안 쳐다본 것은 헛수고였네."
본계가 박수를 치며 말했다.
"기특하다, 하나도 얻은 것이 없구먼."
거사가 주장자를 들고 갔다.
본계가 말했다.
"살펴 가게나, 살펴 가!"

전등록과 조당집, 그리고 선문염송집에서는 전하지 않는다.

【참조】
①일원상의 몇 가지 예
가. 충국사의 원상

師見僧來 以手作圓相 相中書曰字 僧無對.

충국사가 어떤 스님이 오는 것을 보고 손으로 원상을 그렸다. 그리고 원상 안에 일曰 자를 썼다.
스님이 대답이 없었다. (전등록 제5권, '서경 광택사 혜충 선사' 편)

나. 마조의 일원상

祖令僧馳書 與徑山欽和尙. 書中畫一圓相 徑山纔開見 索筆於中著一點. 後有僧 擧似忠國師 國師云 "欽師猶被馬師惑"

마조가 한 스님을 시켜 경산 흠(徑山欽, 경산도흠) 화상에게 편지를 전하게 했다. 편지에는 일원상一圓相이 그려져 있었는데, 경산이 열어 보자마자 붓을 찾아 (원상) 가운데다 점 하나를 찍었다.
뒤에 어떤 스님이 충 국사에게 앞의 일을 전하자, 국사가 말했다.
"흠 스님이 도리어 마조에게 현혹 당했구나!" (졸역, 마조어록 역주, p.170)

馬祖因見僧參 畫一圓相 云 "入也打 不入也打" 僧便入 師便打 僧云 "和尙打某甲不得" 師靠卻拄杖休去.

마조가 어떤 스님이 참례하러 오는 것을 보자, 원상圓相 하나를 그리고 말했다.
"들어가도 치고 들어가지 않아도 치겠다(入也打 不入也打)."
스님이 바로 들어가자, 마조가 바로 쳤다.
스님이 말했다.
"화상께서는 저를 치지 못하셨습니다."
마조가 주장자에 기대 쉬었다. (전게서, p.205)

다. 남전의 일원상

師與歸宗麻谷同去 參禮南陽國師 師先於路上畫一圓相云 "道得卽去" 歸宗便於圓相中坐 麻谷作女人拜 師云 "恁麽卽不去也" 歸宗云 "是什麽心行" 師乃相喚迴不去禮國師(玄覺云 "只如 南泉恁麽道 是肯底語不肯語" 雲居錫云 "比來去禮拜國師 南泉爲什麽却相喚迴 且道古人意作麽生")

선사가 귀종歸宗과 마곡麻谷과 함께 남양南陽 국사를 참례하러 가다가, 선사가 먼저 길에다가 원상 하나를 그리고, 말했다.
"(제대로) 말하면 가겠다."
귀종은 곧장 원상 가운데 앉고, 마곡은 여인배女人拜를 했다.
선사가 말했다.
"그렇다면 가지 않겠다."
귀종이 말했다.
"이게 무슨 심보(心行)야?
(그러자) 선사가 불러들여 국사에게 참례하러 가지 않았다.

〔현각玄覺이 말했다.
"남전이 이렇게 말한 것이 긍정한 말인가, 긍정하지 않은 말인가?"
운거 석雲居錫이 말했다.
"아까는 국사에게 참례하러 갔는데, 남전은 어째서 불러들인 것인가? 자, 말해 보라! 고인古人의 뜻이 무엇인가?"〕 (전게서, pp.474~475)

②여마與麼 불여마不與麼와 관련해서, 조주록에 다음과 같이 전한다.

問 "與麼來底人 師還接也無" 師云 "接" 云 "不與麼來底人 師還接也無" 師云 "接" 云 "與麼來 從師接 不與麼來 師如何接" 師云 "止止 不須說 我法妙難思"

물었다.
"이렇게 온 사람을 스님께서는 제접하십니까?"
스님이 말했다.
"제접한다."
말했다.
"이렇게 오지 않은 사람도 스님께서는 제접하십니까?"
스님이 말했다.
"제접한다."
말했다.
"이렇게 온 사람이 스님으로부터 제접을 받는다면, 이렇게 오지 않은 사람을 스님께서는 어떻게 제접하십니까?"
스님이 말했다.
"그만둬라, 그만둬! 말할 필요가 없다. 나의 법은 생각하기가 오묘하고 어렵다."

12. 대매大梅를 만나다

居士 訪大梅禪師 纔相見便問 "久嚮大梅 未審梅子熟也未" 梅曰 "熟也 你向什麽處下口" 士曰 "百雜碎" 梅伸子曰 "還我核子來" 士便去.

※下口(하구): (음식에) 입을 대다. 먹다. 반찬. 부식.

※밑줄 친 부분의 '子'는 '手'의 誤字다.

거사가 대매大梅[133] 선사를 찾아가, 보자마자 바로 물었다.

"오랫동안 대매의 명성을 들어왔는데, 매실이 익었는지 잘 모르겠습니다."[134]

---

133 대매법상(大梅法常, 752~839): 당대唐代의 남악의 문하. 대매는 주석 산명. 속성은 정鄭씨. 양양(襄陽, 호북성) 출신. 형주 옥천사에서 출가. 경론에 통한 후, 마조도일 회하에서 돈오발명하고, 대매산에서 30년간 은거함. (선학사전, pp.136~137) '매자숙야화梅子熟也話'는 아래 【참조】를 살펴보기 바란다.

134 향嚮과 향響

嚮(향할 향): 향하다. 나아가다. 길잡다. 바라보다. 대하다. 대접을 받다. 누리다. 권하다. 흠향하다. 메아리치다. 제사를 지내다. 방향. 북향北向한 창窓. 메아리. 지난번.

響(울릴 향): 울리다. 메아리치다. (소리가) 마주치다. (소리가) 진동하다.

대매가 말했다.

"익었지. (그런데) 그대는 어디에다 입을 대었나?"[135]

거사가 말했다.

"산산조각 내버렸습니다(百雜碎)."[136]

대매가 손을 내밀며 말했다.

"(그렇다면) 내게 씨를 돌려주게나."

(그러자) 거사가 바로 가버렸다.[137]

향하다. 쏠리다. 울림. 음향. 메아리. 명성. 소리. 가락. 악기. 대답. 응답. 여파. 소식. 전갈.

135 숭정본에서는 '熟也(익었다)'라는 표현이 없다.

136 '백百'과 '잡雜' 둘 다 모두라는 뜻이 있다. 불학사전에서는 백잡쇄百雜碎를 '사물을 세밀하게 부숴버리는 것(細碎其物也)'으로 정의하고 있다.

137 숭정본에서는 '士便去(거사가 바로 가버렸다)'를 기술하지 않고, 씨를 돌려달라는 대매의 말로 본 이야기를 종결한다(숭정본과 선문염송집에서 전하는 것이 같다). 선문염송집 제8권(N. 268)에서는 다음과 같이 전한다.

大梅因龐居士問 "久嚮大梅 未審梅子熟也未" 師云 "你向什處下口" 士云 "百雜碎" 師云 "還我核子來" (내용 동일, 번역 생략)

여기서는 ① 거사의 물음에 익었다는 답이 없고, ② 매매가 '梅伸手曰(손을 내밀며 말했다)'하였다는 말이 없으며, ③ 士便去(거사가 바로 가버렸다)'가 없다. 한편, 전등록과 조당집에서는 전하지 않는다.

【참조】

'매자숙야화梅子熟也話'는 마조어록에 다음과 같이 전한다.

大梅山 法常禪師 初參祖問 "如何是佛" 祖云 "卽心是佛" 常卽大悟. 後居大梅山 祖聞師住山 乃令一僧到問. 云 "和尚見馬師 得箇什麽 便住此山" 常云 "馬師向我道 '卽心是佛' 我便向這裏住" 僧云 "馬師近日佛法又別" 常云 "作麽生別" 僧云

"近日又道 非心非佛 " 常云 "這老漢惑亂人 未有了日. 任汝非心非佛 我只管卽心卽佛" 其僧回擧似祖 祖云 "梅子熟也"

대매산大梅山 법상法常 선사가 처음 마조를 참례하고, 물었다.

"어떤 것이 부처입니까?"

마조가 말했다.

"마음이 부처다(卽心是佛)."

법상이 바로 크게 깨달았다.

후에 대매산에 살았는데, 마조가 법상이 대매산에서 머물고 있다는 소문을 듣고 한 스님에게 찾아가 묻도록 했다.

"화상께서는 마 대사를 뵙고 무엇을 얻으셨기에 바로 이 산에 머무는 것입니까?"

법상이 말했다.

"마 대사가 내게 이르기를 '마음이 부처다(卽心是佛)'고 해서, 나는 바로 여기에 머물고 있네."

스님이 말했다.

"마 대사께서는 요즘 불법이 달라지셨습니다."

법상이 말했다.

"어떻게 달라졌는가?"

스님이 말했다.

"요즘엔 '마음도 아니고 부처도 아니다(非心非佛)'고 하십니다."

법상이 말했다.

"이 노인네가 사람을 미혹하고 어지럽게 하는 것이 끝날 날이 없구나! 설사 그는 '마음도 아니고 부처도 아니다'고 하더라도, 나는 다만 마음이 부처일 뿐이다(卽心是佛)."

그 스님이 돌아와 마조에게 앞의 일을 전하자, 마조가 말했다.

"매실이 익었구나(梅子熟也)!" (졸역, 마조어록 역주, pp.123~128에 상세하게 기술하였으니 참조 바란다.)

13. 부용산 대육大毓 선사와 만나다[138]

居士 到芙蓉山大毓禪師處 毓行食與居士. 士擬接 毓縮手曰 "生心受施 淨名早訶 去此一機 居士還甘否" 士曰 "當時善現 豈不作家" 毓曰 "非關他事" 士曰 "食到口邊 被他奪却" 毓乃下食 士曰 "不消一句子"

※毓(기를 육): 기르다. 어리다. 주로 인명人名에 쓰임. '育'의 이체자.
※行食(행식): 놀고먹다. 문어 잡담과 산보로 소화시키다. 술이나 가무로 음식을 권하다.
※縮手(축수): 손을 움츠리다. 손을 떼다.

거사가 부용산芙蓉山 대육大毓[139] 선사의 처소에 가자, 대육이 방거사에

---

138 두 편의 이야기가 전한다.

139 대육(大毓 또는 太毓 747~826): 전등록 제7권, '비릉 부용산 태육 선사' 편에 다음과 같이 전한다(아래 전등록에서 전하는 것으로 대육 선사의 전기를 대신한다). 毘陵芙蓉山太毓禪師者 金陵人也 姓范氏. 年十二禮牛頭山第六世忠禪師落髮 二十三於京兆安國寺受具. 後遇大寂 密傳祖意 唐元和十三年 止毘陵義興芙蓉山. (중략) 寶曆中歸齊雲入滅 壽八十 臘五十八 大和二年 追諡大寶禪師楞伽之塔.

게 음식을 차려냈다.

거사가 받으려고 하자, 선사가 손을 거두며 말했다.

"(어떤) 마음을 내어 보시 받는 것을 정명(淨名, 유마거사)이 일찍이 꾸짖었거늘,[140] (내가 여기서) 이 일기一機를 져버린다면(=유마가 꾸짖어 훈계한 요점을 무시하고 거사에게 공양한다면) 거사는 달게 받겠소?"

거사가 말했다.

"당시에 선현(善現, 수보리)이 어찌 작가가 아니었겠습니까?"[141]

선사가 말했다.

"그 사람 일과는 관계가 없소."

거사가 말했다.

비릉 부용산 태육 선사는 금릉金陵 사람으로 성은 범范씨다. 12세에 우두산牛頭山 제6세 충 선사忠禪師에게 절을 하고 머리를 깎았으며, 23세에 경조京兆 안국사安國寺에서 구족계를 받았다. 뒤에 대적大寂을 만나 조사의 뜻을 은밀히 전해 받았다. 당唐 원화元和 13년에 비릉毘陵의 의흥義興 부용산芙蓉山에 머물렀다.

(중략, 거사와의 두 편의 기연어구) 보력(寶曆, 당 경종의 연호) 연간(825~827)에 제운齊雲으로 돌아가 입멸했다. 세수 80세이고, 법랍 58세였다. 대화大和 2년 대보선사大寶禪師라는 시호와 능가楞伽라는 탑호가 내려졌다. (졸역, 마조어록 역주, pp.407~408)

140 보시와 관련한 유마경의 말씀은 아래 【참조】를 살펴보기 바란다.

141 불학대사전(정복보)과 불광대사전에서는 작가를 다음과 같이 정의한다. "선종의 대단한 기용이 있는 사람을 칭한다(禪宗大有機用者之稱, 불학대사전)." "원 뜻은 시문을 짓는 사람. 선을 하는 사람 역시 시문으로 선지를 거양하는데, 스님이 만약 진실의를 체득하면 능히 선교방편으로 중생을 제도할 수 있기 때문에 역시 작가라 칭한다(原意指善作詩文者 禪者亦以詩文擧揚禪旨 爲師者若體得眞實義 能善巧度衆者 亦稱爲作家, 불광대사전)."

"입까지 닿은 음식을 다른 사람에게 빼앗기는구나(食到口邊 被他奪却)."[142]

(그러자) 선사가 이내 음식을 내놓았다.

거사가 말했다.

"(말은) 한마디도 (할) 필요 없다."[143]

---

142 숭정본에서는 '被他奪却'을 '被人奪却'으로 전하는데, 뜻에는 차이가 없다(他, 人 모두 我의 상대 개념이다).

143 전등록 제7권 '부용산 태육 선사' 편에 다음과 같이 동일하게 전한다.

一日因行食與龐居士 居士接食次 師云 "生心受施 淨名早訶 去此一機 居士還甘否" 居士云 "當時善現 豈不作家" 師云 "非關他事" 居士云 "食到口邊 被他奪却" 師乃下食 居士云 "不消一句" (내용 동일, 번역 생략)

선문염송집 제8권(N.282)에서도 본 이야기를 전하고 있는데, 다만 여기서는 거사와의 대화가 대육 선사가 아닌, 진주 금우 선사로 전하는 차이가 있다.

金牛行食次 問龐居士 "生心受食 淨名早訶 去此二途 居士還甘否" 士云 "當時善現 豈不作家" 師云 "豈干他事" 士云 "食到口邊 被人奪却" 師便行食 士云 "不消一句子"

밑줄 친 것처럼 ①'진주금우鎭州金牛'와 이야기를 나눈 것으로, ②보시를 '食(식사, 공양)'으로, ③'去此一機'를 '去此二途'로, ④'非關他事'를 '豈干他事'로, ⑤'被他奪却'을 '被人奪却'으로 ⑥'下食'을 '行食'으로 전하는 차이가 있다(내용은 별 차이가 없다).

본 이야기에 대한 원오극근의 염송은 아래 【참조】 ②를 살펴보기 바란다(원오 또한 본 이야기를 대육이 아닌 금우의 이야기로 전한다).

조당집에서는 전하지 않는다.

【참조】

보시와 관련해서 유마경 제자품에 다음과 같이 전한다.

佛告須菩提 "汝行詣維摩詰問疾" 須菩提白佛言 "世尊 我不堪任詣彼問疾. 所以者何 憶念我昔 入其舍從乞食. 時維摩詰取我鉢 盛滿飯 謂我言 '唯 須菩提 若能於食等者 諸法亦等 諸法等者 於食亦等 如是行乞 乃可取食. 若須菩提 不斷婬怒癡 亦不與俱 不壞於身 而隨一相 不滅癡愛 起於明脫 以五逆相而得解脫 亦不解不縛 不見四諦 非不見諦 非得果 非不得果 非凡夫 非離凡夫法 非聖人 非不聖人 雖成就一切法 而離諸法相 乃可取食.

부처님께서 수보리에게 말씀하셨다.

"그대가 유마힐의 병문안을 가라!"

수보리가 부처님께 말씀드렸다.

"세존이시여! 저는 그에게 문병 가는 것을 감당할 수 없습니다. 왜냐하면 제가 지난날 그의 집에 가서 걸식을 했던 것이 기억났기 때문입니다. 그때 유마힐이 저의 발우를 취해서 음식을 가득 채우고는 저에게 다음과 같이 말했습니다.

'바라건대, 수보리여! 만약 음식에 대해 평등할 수 있으면 제법에도 평등할 것이고, 제법에 평등하면 음식에도 평등할 것이니, 이와 같이 탁발(乞)을 해야 음식을 얻을 수 있을 것입니다. 만약 수보리여! 음란(婬, 또는 탐냄)·노여움(怒, 또는 성냄)·어리석음(癡)을 끊지 않고도 함께 하지 않는다면, 이 몸을 부수지 않고도 일상一相을 따른다면, 어리석음과 애욕(癡愛)을 없애지 않고도 지혜와 해탈(明脫)을 일으킨다면, 5역상五逆相으로도 해탈을 얻는다면, 또한 풀린 것도 아니고 묶인 것도 아니라면, 4제四諦를 보지 않았지만 4제를 보지 않은 것도 아니라면, 과果를 얻은 것도 아니지만 과를 얻지 않은 것도 아니라면, 범부는 아니지만 범부의 법을 여읜 것도 아니라면, 성인은 아니지만 성인이 아닌 것도 아니라면, 비록 일체법을 성취했을지라도 제법의 상을 여의었다면, 음식을 취할 수 있는 것입니다.

若須菩提 不見佛 不聞法 彼外道六師 富蘭那迦葉 末伽梨拘賖梨子 刪闍夜毘羅胝子 阿耆多翅舍欽婆羅 迦羅鳩馱迦旃延 尼犍陀若提子等 是汝之師 因其出家

彼師所墮 汝亦隨墮 乃可取食.

만약 수보리여! 부처님을 뵙지 못하고 법을 듣지도 못하였지만, 저 6사외도(外道六師) – 부란나가섭(푸라나카샤파)·말가리구사라자(막칼라 고살리푸트라)·산사야비라지자(산자야 바이라띠푸뜨라)·아지다시사흠바라(아지타 케사캄발라)·가라구타가전연(카구타 카차야나)·니건타약제자(니간타 쟈띠뿌뜨라) – 등이 그대의 스승이 되고, 그로 인해 출가를 해서 그 스승이 떨어진 곳에 그대 또한 따라서 떨어진다면, 음식을 취할 수 있는 것입니다.

若須菩提 入諸邪見 不到彼岸 住於八難 不得無難 同於煩惱 離淸淨法 汝得無諍三昧 一切衆生亦得是定 其施汝者 不名福田 供養汝者 墮三惡道 爲與衆魔共一手作諸勞侶 汝與衆魔 及諸塵勞 等無有異 於一切衆生而有怨心 謗諸佛 毁於法 不入衆數 終不得滅度 汝若如是 乃可取食'

만약 수보리여! 모든 사견邪見에 들어가도 피안彼岸에 이르지 않는다면, 팔난八難에 머물면서도 어려움이 없음을 얻지 않는다면, 번뇌를 함께 하면서도 청정법을 여의면, 그대가 무쟁삼매無諍三昧를 얻고 일체중생 또한 이런 정定을 얻는다면, 그대에게 베푼 사람이 복전福田이라고 부르지 않으면, 그대에게 공양한 사람이 3악도三惡道에 떨어진다면, 모든 마라와 함께 손을 잡고 여러 수고로움(勞)을 함께 하며 짝이 된다면, 그대와 마라 그리고 모든 번뇌(塵勞)가 평등하고 다름이 없으면, 일체중생에게 원망하는 마음이 있으면, 제불을 비방하고 법을 훼손하며 승가(衆數)에 들지 않고 끝내 멸도滅度를 얻지 않는다면, 그대가 만약 이와 같다면 음식을 취할 수 있는 것입니다.'

時我 世尊 聞此語茫然 不識是何言 不知以何答 便置鉢欲出其舍. 維摩詰言 '唯 須菩提 取鉢勿懼. 於意云何. 如來所作化人 若以是事詰 寧有懼不' 我言 '不也' 維摩詰言 '一切諸法 如幻化相 汝今不應有所懼也. 所以者何 一切言說不離是相 至於智者 不著文字 故無所懼. 何以故 文字性離 無有文字 是則解脫 解脫相者 則諸法也' 維摩詰說是法時 二百天子 得法眼淨 故我不任詣彼問疾"

❀

士又問毓曰 "馬大師著實爲人處 還分付吾師否" 毓曰 "某甲尙未見他 作麽生知他著實處" 士曰 "祇此見知 也無討處" 毓曰 "居士也不得 一向 言說" 士曰 "一向言說 師又失宗. 若作兩向三向 師還開得口否" 毓曰 "直是開口不得 可謂實也" 士撫掌而出.

거사가 또 선사에게 물었다.

"마 대사가 참으로 사람을 위한 곳을 우리 스님에게도 주셨습니까?"

선사가 말했다.

"나는 그를 보지 못했거늘, 어떻게 그 착실처를 알 수 있겠습니까?"

거사가 말했다.

"다만 이와 같은 견지야말로 (어디서도) 찾을 곳이 없습니다."

선사가 말했다.

그때 저는 세존이시여! 이 말을 듣고서 망연하였습니다. 이것이 무슨 말인지 알지도 못하고, 어떻게 답해야 할지 몰라서 바로 발우를 두고 그 집을 나왔습니다. 유마힐이 말하기를 '바라건대, 수보리여! 발우를 드시오, 두려워하지 마시오. 어떻게 생각합니까? 여래께서 만든 화인化人이 만일 이와 같은 일로 꾸짖는다면 어찌 두려움이 있겠습니까?'라고 해서, 제가 말하기를 '그렇지 않습니다(不也)'고 했습니다. 그러자 유마힐이 말하기를 '일체제법은 환화의 상과 같으니, 그대가 지금 두려워해야 할 것은 없습니다. 왜냐하면 일체의 언설은 상을 여의지 않고, 지혜에 이른 사람은 문자에 집착하지 않기 때문에 두려울 것이 없습니다. 왜냐하면 문자는 성품을 여의었기 때문입니다. 문자가 없으면 곧 해탈하게 되고, 해탈의 상이라는 것이 제법이기 때문입니다'고 하였습니다. 유마힐이 이렇게 법을 설할 때 200의 천자가 법안정法眼淨을 얻었습니다. 그래서 저는 그의 병문안 가는 것을 맡을 수가 없습니다."

"거사야말로 한결같이 말만 하지 마시오."[144]

거사가 말했다.

"내가 한결같이 말을 한다면 스님도 종지(宗)를 잃어버릴 텐데요. 만약 내가 두 번 세 번 말하면 스님은 입을 열 수 있겠습니까?"

선사가 말했다.

"바로 입을 열 수 없는 곳, 이것이 가히 착실처라고 할 수 있습니다."

거사가 손뼉을 치며 나갔다.[145]

---

144 일향一向: 생각(마음)이 한 곳을 향함. 다른 생각이 없음. 산란한 마음이 없음(意向於一處 無餘念 無散亂之心也, 불학사전). 일반적인 뜻은 한결같이, 꾸준히. (한자사전) / 근간, 근래, 최근(주로 '這'와 함께 쓰임). 지난 한때. (이전부터 오늘까지) 줄곧. 내내. 종래. 본래. 원래. (중국어사전)

145 상기 저본은 숭정본과 일치한다.

전등록 제 7권 '부용산 태육 선사' 편에서는 아래와 같이 전한다.

居士又問師 "馬大師著實爲人處 還分付吾師否" 師云 "某甲尙未見他 作麽知他著實處" 居士云 "只此見知 也無討處" 師云 "居士也不得一向言說" 居士云 "一向言說 師又失宗 若作兩向三向 師還開得口否" 師云 "直似開口不得 可謂實也" 居士撫掌而出. (내용 동일, 번역 생략)

밑줄 친 것처럼 ①作麽생을 作麽로 전하고(뜻은 같다), ②直是를 直似로 전한다.

역자는 졸역, 마조어록 역주, p.408에서 "설사 입을 연다고 해도 입을 열 수 없는 곳, 그것이 가히 착실처라고 할 수 있습니다"라고 번역하였다.

조당집과 선문염송집에서는 전하지 않는다.

14. 칙천則川과 만나다[146]

居士相看則川和尙次 川曰 "還記得見石頭時道理否" 士曰 "猶得阿師重擧在" 川曰 "情知久參事慢" 士曰 "阿師老耄 不啻龐公" 川曰 "二彼同時 又爭幾許" 士曰 "龐公鮮健 且勝阿師" 川曰 "不是勝我 祇欠汝箇幞頭" 士拈下幞頭曰 "恰與師相似" 川大笑而已.

※相看(상간): (서로) 보다. 주시하다. …로 대우하다.

※老耄(노모): 80세 이상의 노인. 노망하다. 망령 들다.

※不啻(불시): 다만 …뿐만 아니다. …와 같다. 啻(뿐 시): 뿐. 다만.

※幾許(기허): 얼마. 약간. 얼마간. 다소. (문어) 얼마나.

※鮮(고울 선): 적다. 드물다. 다하다.

거사가 칙천則川[147] 화상을 만났을 때, 칙천이 말했다.

"석두石頭를 (처음) 친견했을 때의 도리를 기억하시오?"[148]

---

146 세 편의 이야기가 전한다.

147 칙천(則川, 생몰연대 미상): 전등록 제8권에 마조도일의 제자로 전하며, 자세한 전기는 알 수 없다. 전등록 제8권 '칙천 화상' 편에 방거사와의 기연어구 두 가지를 전한다.

거사가 말했다.

"여전히 우리 스님께서 또다시 (이런 말씀을) 거론하시네요."[149]

칙천이 말했다.

"참선을 오래 하다 보니 만사가 흐리멍덩해지고 느슨해지는 것을 분명히 알겠어요."

거사가 말했다.

"우리 스님도 늙은이 타령을 하시니, 이 방옹만 그런 게 아니군요."[150]

칙천이 말했다.

"둘 다 같은 세대이면서, 또 뭘 얼마나 다투려는 거요?"

거사가 말했다.

"(이) 방공의 건강이 스님보다는 나을걸요."

칙천이 말했다.

"나보다 나은 게 아니고, 다만 당신의 복두幞頭가 내겐 없을 뿐이오."

거사가 복두를 집어서 벗어버리고 말했다.

"자, (이제) 스님과 똑같아졌죠!"

칙천이 크게 웃을 뿐이었다.[151]

---

148 숭정본에서는 '還記得見石頭時道理否'를 '還記得初見石頭時道理否'로 전한다.

149 "똑같이 봐놓고 이런 이야기를 또 하네"라고 이해해도 큰 차이는 없다.

150 숭정본에서는 '阿師'를 '則川'으로 전한다. '阿師'가 더 친밀감이 있다.

151 전등록 제8권, '칙천 화상' 편에서는 다음과 같이 전한다.

龐居士看師 師云 "還記得初見石頭時道理否" 居士云 "猶得阿師重擧在" 師云 "情知久參事慢" 居士云 "阿師老耄不啻龐翁" 師云 "二彼同時 又爭幾許" 居士云 "龐翁鮮健 且勝阿師" 師云 "不是勝我 只是欠爾一箇幞頭" 居士云 "恰與師相似" 師大笑而已. (내용 동일, 번역 생략)

❀

一日則川摘茶次 士曰 "法界不容身 師還見我否" 川曰 "不是老僧 洎答公話" 士曰 "有問有答 蓋是尋常" 川乃摘茶不聽 士曰 "莫怪適來容易借問" 川亦不顧. 士喝 曰 "這無禮儀老漢 待我一一擧向明眼人" 川乃抛却茶籃 便歸方丈.

※待(기다릴 대): (방언, 조기백화) …하려고 하다.

하루는 칙천이 (차밭에 들어가) 찻잎을 따고 있는데, 거사가 말했다.

"법계는 몸을 용납하지 않는데, 스님은 저를 보십니까?"[152]

칙천이 말했다.

"노승이 아니었더라면 (많은 이들이) 당신 말에 하마터면 답할 뻔 했을 것이요."

거사가 말했다.

"물어보면 대답하는 것이 통례지요."

그러나 칙천은 찻잎만 딸 뿐, 들은 척도 하지 않았다.

거사가 말했다.

"좀 전엔 별 생각 없이 아무렇게나 물었던 것이니 괴이하게 여기지 마십시오."

다만 여기서는 밑줄 친 것처럼 ①'相看'을 '看'으로, ②'還記得見'을 '還記得初見'으로, ③'衹欠汝箇幞頭'를 '只是欠爾一箇幞頭'로 기술하고 있다.

조당집과 선문염송집에서는 전하지 않는다.

152 법계法界·법신法身과 관련한 경전의 말씀은 아래 【참조】를 살펴보기 바란다.

그러나 칙천이 또 쳐다보지도 않았다.

(그러자) 거사가 "할(喝)!" 하고 말했다.

"이런 무례한 늙은이 같으니라고! 내가 하나하나 들어서 눈 밝은 이와 따져볼 거야."

이에 칙천이 차 바구니를 내동댕이치고, 방장실로 들어가버렸다.[153]

---

153 상기 저본은 숭정본과 일치한다.

전등록 제8권, '칙천 화상' 편에서는 다음과 같이 전한다.

師入茶園內摘茶次 龐居士云 "法界不容身 師還見我否" 師云 "不是老師 怕答公話" 居士云 "有問有答 蓋是尋常" 師乃摘茶不聽 居士云 "莫怪適來容易借問" 師亦不顧 居士喝云 "遮無禮儀老漢 待我一一擧向明眼人在" 師乃拋却茶籃子便入方丈. (내용 동일, 번역 생략)

밑줄 친 것처럼 ①老僧을 老師로, ②待我一一擧向明眼人을 待我一一擧向明眼人去在로, ③便歸方丈을 便入方丈으로 전한다.

또한 선문염송집 제 8권(N.286)에서는 다음과 같이 전한다.

則川和尙一日摘茶次 龐居士問 "法界不容身 師還見我麽" 師云 "若不是老僧洎與龐公荅話" 士云 "有問有荅 蓋是尋常" 師不管 士云 "適來莫怪容易借問" 師亦不管 士喝云 "者無禮儀漢 待我一一擧向明眼人去在" 師乃提茶籃便歸. (번역 생략)

밑줄 친 것처럼 ①'不聽'과 '不顧'를 모두 '不管'으로, ②'待我一一擧向明眼人'을 '待我一一擧向明眼人去在'로, ③차 바구니를 내동댕이치고 간 것을 차 바구니를 들고 가버린 것으로' 전한다(師乃提茶籃便歸).

조당집에서는 전하지 않는다.

【참조】

법계法界·법신法身과 관련한 경전의 말씀.

가. 화엄경 제6권, 「여래현상품如來現相品」에서는 다음과 같이 전한다.

❀

川一日在方丈內坐 士見曰 "只知端坐方丈 不覺僧到參" 時川垂下一足. 士便出 三兩步却回. 川却收足 士曰 "可謂自由自在" 川曰 "爭奈主人何" 士曰 "阿師只知有主 不知有客" 川喚侍者點茶 士乃作舞而出.

法身充滿於法界　법신은 법계에 충만하여
普現一切衆生前　널리 일체 중생 앞에 드러나
隨緣赴感未不周　인연 따라 감응해서 두루하지 않음이 없으며
而恒處此菩提座　항상 이 보리좌에 계시네.

나. 금강경 제26, 「법신비상분法身非相分」의 말씀

"須菩提 於意云何. 可以三十二相觀如來不" 須菩提言 "如是如是. 以三十二相觀如來" 佛言 "須菩提 若以三十二相觀如來者 轉輪聖王 則是如來" 須菩提白佛言 "世尊 如我解佛所說義 不應以三十二相觀如來" 爾時 世尊而說偈言 "若以色見我 以音聲求我 是人行邪道 不能見如來"

"수보리여, 어떻게 생각하느냐? 32상으로 여래를 관할 수 있겠느냐?"
수보리가 말했다.
"그렇습니다, 그렇습니다. 32상으로 여래를 관할 수 있습니다."
부처님께서 말씀하셨다.
"수보리여, 32상으로 여래를 관할 수 있다면 전륜성왕이 바로 여래이니라."
수보리가 부처님께 말씀드렸다.
"세존이시여! 부처님께서 말씀하신 뜻을 제가 이해하기로는 32상으로 여래를 관하는 것은 마땅하지 않습니다."
그때 세존께서 게송으로 말씀하셨다.

若以色見我　색으로 나를 보거나
以音聲求我　음성으로 나를 구하면
是人行邪道　이 사람은 삿된 도를 행하는 것이니
不能見如來　여래를 볼 수가 없느니라.

※點茶(점다): 차를 끓이는 법의 한 가지. 마른 찻잎을 그릇에 담고 끓는 물을 부어 우림.

칙천이 하루는 방장실 안에 앉아 있는데, 거사가 보고 말했다.[154]

"단지 방장실에 단정히 앉아 있는 것만 알 뿐, 스님이 와서 참례하는 것도 모르는군요."[155]

그때 칙천이 한 발을 내려놓았다.

거사가 바로 나가 두세 걸음 걷다가 다시 돌아왔다.

(그러자) 칙천이 발을 거뒀다.[156]

거사가 말했다.

"가히 자유자자재하다 할 만하군요."

칙천이 말했다.

"(내가) 주인인데 어쩌겠소?"[157]

거사가 말했다.

"우리 스님이 단지 주인이 있다는 것만 알 뿐, 손님이 있다는 것은 모르는군요."

칙천이 시자를 불러 차를 따르라고 하자, 거사가 춤을 추며 나가버

154 숭정본에서는 '士見曰'을 '士來見曰'로 전한다(뜻에는 차이가 없다).

155 무기공無記空에 떨어진 것을 고목선枯木禪이라고 한다. 이와 관련한 대표적인 이야기로는 '파자소암화婆子燒庵話'가 있는데, 아래 【참조】 ①을 살펴보기 바란다.

156 (발을) 내리고(垂下) 거두는 것(收足)에 관해서는 아래 【참조】 ②를 살펴보기 바란다.

157 숭정본에서는 '爭奈主人何'를 '我是主(내가 주인이다)'로 전한다.

렸다.[158]

158 선문염송집 제8권(N.287)에서는 다음과 같이 전한다.

則川一日在方丈內坐 龐居士入來云 "秖知端居丈室 不覺僧來參時" 師垂下一足 士出三步卻入 師卻收足 士云 "得恁麽自由自在" 師云 "爭祭我是主人何" 士云 "你秖知有主 不知有客" 師云 "侍者點茶" 士作舞而出. (내용 동일, 번역 생략)

밑줄 친 것처럼 ①'得恁麽自由自在(이런 자유자재를 얻으셨군요)'로 ②'爭祭我是主人何(祭는 奈의 誤字, 내가 주인인 것을 어찌 하겠는가)'로 ③'阿師(우리 스님)'를 '你(너)'로 전한다.

전등록과 조당집에서는 전하지 않는다.

【참조】

①선문염송 제30권(N.1463)에 파자소암화婆子燒庵話를 다음과 같이 전한다.

昔有婆子 供養一庵主 經二十年 常令女子 送飯給侍. 一日令女子抱定云 "正伊麽如何" 庵主云 "枯木倚寒嵓 三冬無暖氣" 女子歸擧似婆 婆云 "我二十年 只供養得箇俗漢" 遂發起燒却庵.

지난날 어떤 노파가 한 암주에게 공양을 하면서 20년을 보냈는데, 늘 딸을 시켜 밥을 보내고 시중을 하도록 했다. 하루는 딸더러 (암주를) 꽉 끌어안고 말하도록 했다.

"바로 이럴 때는 어떻습니까?"

암주가 말했다.

"마른 나무가 찬 바위에 기대니 삼동에 따뜻한 기운이 없다."

딸이 돌아와서 노파에게 앞의 일을 전했다.

노파가 말했다.

"내가 20년을 단지 저 속인에게 공양하다니…."

그리고는 마침내 암자를 태워버렸다.

②(발을) 내리고(垂下) 거두는 것(收足)과 관련해 조주록에 다음과 같이 전한다.

問 "如何得不被諸境惑" 師垂一足 僧便出鞋 師收起足 僧無語.

(어떤 스님이) 물었다.

"어떤 것이 모든 경계에 미혹되지 않는 것입니까?"

조주가 한쪽 발을 내렸다(내려뜨렸다).

스님이 바로 신을 내밀었다.

(그러자) 스님이 발을 거두었다.

그 스님이 말이 없었다.

15. 낙포洛浦와 만나다

居士到洛浦禪師 拜起曰 "仲夏毒熱 孟冬薄寒" 浦曰 "莫錯" 士曰 "龐公年老" 浦曰 "何不寒時道寒 熱時道熱" 士曰 "患聾作麽" 浦曰 "放汝二十棒" 士曰 "瘂却我口 塞却汝眼"

※仲夏(중하): 한여름. 음력 5월을 달리 부르는 말.

※毒熱(독열): (햇볕이) 매우 뜨겁다.

※孟冬(맹동): 초겨울. 음력 10월을 달리 부르는 말.

※薄寒(박한): 가난하다. 빈한하다(살림이 가난해서 집안이 쓸쓸하다).

※患(근심 환): 근심. 걱정. 병. 질병. 재앙. 근심하다. 걱정하다. 염려하다. 미워하다. 앓다. 병에 걸리다.

※聾(귀먹을 농): 귀먹다. 캄캄하다. 어리석다. 무지하다. 우매하다.

거사가 낙포洛浦[159] 선사에게 가서 절을 하고 일어나 말했다.[160]

---

159 낙포(洛浦, 생몰연대 미상): 알려진 전기가 없다. 협산선회의 제자인 낙보원안(洛浦元安, 834~898)과 혼동해서는 안 된다. 방거사(?~808)와 시대가 맞지 않는다.

160 숭정본에서는 '拜'를 '禮拜'로 전한다(차이는 없다).

"한여름은 매우 뜨겁고, 초겨울은 으스스하게 춥네요."[161]

낙포가 말했다.

"착각하지 마시오."

거사가 말했다.

"(이) 방공이 나이가 많아서…."

낙포가 말했다.

"어째서 추울 때는 춥다 말하고, 더울 때는 덥다 말하지 않습니까?"[162]

거사가 말했다.

"귀가 먹었는데 어쩌겠습니까?"

낙포가 말했다.

"그대에게 20방을 쳐야겠습니다."

거사가 말했다.

"내 입은 벙어리가 되었고, 그대의 눈은 막혀버렸습니다."[163]

---

161 본편은 시 편, '86. 참괴호설근慚愧好舌根'과 함께 읽기를 바란다.
음력 4월은 맹하孟夏, 음력 6월은 계하季夏, 음력 11월은 중동仲冬, 음력 12월은 만동晩冬이라고 한다.

162 추울 때는 춥고 더울 때는 덥다고 말하는 것과 관련해서는 아래 【참조】를 살펴보기 바란다.

163 선문염송집 제8권(N.318)에서는 다음과 같이 전한다.

龐居士見洛浦禮拜起云 "仲夏毒熱 孟冬薄寒" 浦云 "莫錯" 士云 "龐公年老" 浦云 "何不寒時道寒 熱時道熱" 士云 "患聾作麼" 浦云 "放你三十棒" 士云 "啞卻我口 塞卻你眼" (내용 동일, 번역 생략)

밑줄 친 것처럼 ①'拜'를 '禮拜(숭정본과 동일하다)'로, ②'20방'을 '30방'으로 전하는 차이가 있다.

전등록과 조당집에서는 전하지 않는다.

【참조】

추울 때는 춥고 더울 때는 덥다와 관련해서, 조주록에 다음과 같이 전한다.

問 "如何是正修行路" 師云 "解修行卽得 若不解修行 卽參差落 佗因果裏" 又云 "我教你道 若有問時 但向伊道 '趙州來' 忽問 '趙州說什麽法' 但向伊道 '寒卽言寒 熱卽言熱' 若更問道 '不問者箇事' 但云 '問什麽事' 若再問 '趙州說什麽法' 便向伊道 '和尙來時不教傳語 上座 若要知趙州事 但自去問取'"

(어떤 스님이) 물었다.
"어떤 것이 바른 수행의 길입니까?"
조주가 말했다.
"수행을 할 줄 알면 바로 얻게 되지만, 수행을 할 줄 모른다면 저 인과에 들쭉날쭉 떨어지게 된다."
또 말했다.
"내가 그대들에게 말하는 것에 대해 가르쳐주겠다. 만약 어떤 사람이 물으면 다만 그에게 말하기를 '조주에서 왔습니다(趙州來)'고 하라. 또 홀연히 묻기를 '조주가 무슨 법을 말하는가?'라고 하면, 다만 그에게 말하기를 '추우면 춥다고 말하고, 더우면 덥다고 말한다'고 하라. 만약 다시 묻기를 '물은 것은 그것이 아니다'고 하면, 다만 말하기를 '무슨 일을 물으셨습니까?'라고 하라. 그리고 만약 다시 묻기를 '조주가 어떤 법을 말하는가?'라고 하면 바로 그에게 말하기를 '화상께서 올 때 전할 말을 가르쳐주지 않으셨습니다. 상좌가 만약 조주의 일을 알고자 한다면 다만 스스로 가서 물으십시오'라고 하라."

16. 석림石林과 만나다[164]

石林和尙 見居士來 乃竪起拂子曰 "不落丹霞機 試道一句子" 士奪却拂子 却自竪起拳 林曰 "正是丹霞機" 士曰 "與我不落看" 林曰 "丹霞患瘂 龐公患聾" 士曰 "恰是" 林無語 士曰 "向道偶爾"

※偶爾(우이): 간혹. 이따금. 때때로. 우연히 발생한. 우발적인.

석림石林[165] 화상이 거사가 오는 것을 보고는, 불자를 세우고 말했다.

"단하기(丹霞機, 단하와 나누던 방법)[166]에 떨어지지 말고, 시험 삼아 일구를 말해보시오."

(그러자) 거사가 불자를 빼앗아버리고는, 도리어 스스로 주먹을 세웠다.

---

164 세 편의 이야기가 전한다.

165 석림(石林, 생몰연대 미상): 마조도일의 제자로, 상세하게 알려진 전기는 없다. 다만 전등록 제8권, '석림 화상' 편에 방거사와의 기연어구 두 편이 전해진다.

166 단하기丹霞機와 관련해서는 '단하와 만나다' 편의 두 번째 이야기를 참조하기 바란다.

석림이 말했다.

“(그것이) 바로 단하기입니다.”

거사가 말했다.

“(그럼, 스님이) 내게 (단하기에) 떨어지지 않는 것을 보여주시오.”

석림이 말했다.

“단하는 벙어리이고, 방공은 귀머거리입니다.”[167]

거사가 말했다.

“그런 것 같네요.”

석림이 말이 없자, 거사가 말했다.

“좀 전에 말한 것은 무심히 한 번 해본 것입니다.”[168]

---

167 벙어리와 귀머거리, 그리고 소경과 관련해서는 아래 【참조】를 살펴보기 바란다.

168 숭정본에는 거사의 마지막 말 ‘向道偶爾’에 ‘林亦無語(석림이 또한 말이 없었다)’는 표현을 덧붙이고 있다(아래 전등록도 함께 참조하기 바란다).

전등록 제8권에서는 다음과 같이 전한다.

一日龐居士來 師乃竪起拂子云 “不落丹霞機試道一句” 居士奪却拂子了 却自竪起拳. 師云 “正是丹霞機” 居士云 “與我不落看” 師云 “丹霞患啞 龐翁患聾” 居士云 “恰是也 恰是也” 師無語 居士云 “向道偶爾恁麽” 師亦無語. (내용 동일, 번역 생략)

여기서는 밑줄 친 것처럼 ①그런 것 같다(恰是也)는 표현을 반복해서 쓰고 있고, ②‘恁麽’가 첨가되어 있고, ③마지막에 거사가 “좀 전에 말한 것은 무심히 한 번 해본 것입니다”는 말에 선사가 말이 없었다는 표현이 덧붙여 있는 차이점이 있다.

선문염송집 제8권(N.315)에서는 다음과 같이 전한다.

龐居士一日 看石林 林見來 竪起拂子云 “不落丹霞機 汝試道一句來” 士奪卻拂子 卻竪起拳頭 林云 “正是丹霞機” 士云 “汝與我道不落看” 林云 “丹霞患瘂

龐公患聾"士云 "恰是" (내용 동일, 번역 생략)

여기서는 석림이 "단하는 벙어리이고, 방공은 귀머거리입니다"라고 말하자 방거사가 "그런 것 같다(恰是)"고 말하는 것으로 끝을 내고 있다.
조당집에서는 전하지 않는다.

【참조】
벙어리와 귀머거리, 그리고 소경과 관련해서 벽암록 제88칙에서는 「삼종병인화三種病人話」를 다음과 같이 전한다(지면 관계상 수시와 본칙, 그리고 본칙에 대한 착어만 소개한다).
〔垂示〕
門庭施設 且恁麽 破二作三 入理深談 也須是七穿八穴. 當機敲點 擊碎金鎖玄關 據令而行 直得掃蹤滅跡. 且道 誵訛在什麽處 具頂門眼者請 試舉看.

집안(門庭, 선문)에서 (학인에게) 베푸는 것(방편시설方便施設)은 이렇게 둘을 쪼개 셋으로 만들 수 있어야 하며, 불법의 이치에 맞는 심오한 이야기는 일곱 번 뚫고 여덟 번 뚫어야 한다(=철저하게 들어내어야 한다). (또한) 당면한 문제를 지적할 때는 쇠사슬과 문빗장을 부숴버리고 올바른 법령法令에 따라 행해야 모든 종적을 없애게 된다. 자, 말해보라! 난해한 곳이 어디에 있는가? 정수리에 안목이 있는 사람들에게 청하노니, 시험 삼아 거론해보라!
〔本則〕
舉, 玄沙示衆云 "諸方老宿 盡道接物利生 (隨分開箇鋪席 隨家豐儉) 忽遇三種病人來 作麽生接 (打草只要蛇驚 山僧直得目瞪口呿 管取倒退三千里) 患盲者拈槌竪拂 他又不見 (端的瞎 是則接物利生 未必不見在) 患聾者 語言三昧 他又不聞 (端的聾 是則接物利生 未必聾在 是那箇未聞在) 患啞者教伊說 又說不得 (端的啞 是則接物利生 未必啞在 是那箇未說在) 且作麽生接 若接此人不得 佛法無靈驗" (誠哉是言 山僧拱手歸降 已接了也 便打)

현사(玄沙師備, 835~908)가 대중에게 말했다.
"제방의 노장들은 모두 말하기를 '중생을 제접해 이롭게 한다'고 하는데,

❀

林一日問居士 "某甲有箇借問 居士莫惜言語" 士曰 "便請擧來" 林曰 "元來惜言語" 士曰 "這箇問訊 不覺落他便宜" 林乃掩耳 士曰 "作家作家"

※借問(차문): (글에서) 남에게 모르는 것을 물음.

석림이 하루는 거사에게 물었다.

〔각자가 형편에 맞게 점포를 차렸다. 집에 따라 풍요롭기도 하고 검소하기도 하다.〕

홀연히 세 가지 병病을 가진 사람이 찾아온다면 어떻게 제도할 것인가?

〔막대기로 풀을 치는 것은 단지 뱀을 놀리게 하려는 깃이다. 산승도 눈이 둥그레지고 입이 벌어질 수밖에 없다. 반드시 삼천리 밖으로 꺼꾸러질 것이다.〕

장님에게는 추槌를 잡고 불자를 세우더라도 보지 못할 것이요,

〔분명히 눈먼 놈이다. 이것이 모든 중생에 이로운 것이다. 그렇다고 반드시 보지 못하는 것은 아니다.〕

귀머거리는 아무리 많은 말을 하더라도 듣지 못할 것이요,

〔분명히 귀머거리다. 이것이 모든 중생에 이로운 것이다. 그렇다고 반드시 듣지 못하는 것은 아니다. 무엇을 듣지 못한단 말인가.〕

벙어리에게는 말을 시키더라도 또한 말을 하지 못할 것이다.

〔분명히 벙어리다. 이것이 모든 중생에 이로운 것이다. 그렇다고 반드시 말을 못하는 것은 아니다. 무엇을 말하지 못한다는 것인가?〕

그렇다면 어떻게 제도해야 하는가? 만약 이런 사람을 제도하지 못한다면 불법에 영험이 없는 것이다."

〔간절하다 이 말씀이여! 산승도 두 손을 모아 항복합니다. 이미 제도했다. 선상을 쳤다.〕

"내게 물어볼 것이 하나 있는데, 거사는 말을 아끼지 마시오."[169]

거사가 말했다.

"바로 거론해보시죠."

석림이 말했다.

"원래 말을 아끼는군요."

거사가 말했다.

"이 질문에서는 나도 모르게 그대에게 말려들었네요(=그대의 노림수에 걸려들었네요)."

석림이 이내 귀를 막았다.

"거사가 말했다.

"작가로다, 작가야!"[170]

---

169 숭정본에서는 '言語'를 '言句'로 전한다.

"내게 물어볼 것이 하나 있는데, 거사는 말을 아끼지 마시오"라는 말에 담긴 뜻은 아래 【참조】를 살펴보기 바란다.

170 전등록 제8권에서는 다음과 같이 전한다.

又一日師 問居士云 "某甲有箇借問 居士莫惜言句" 居士云 "便請擧來" 師云 "元來惜言句" 居士云 "遮箇問訊不覺落他便宜" 師乃掩耳而已 居士云 "作家作家" (내용 동일, 번역 생략)

여기서는 ①'言語'가 '言句'로 ②'掩耳'가 '掩耳而已'로 전하는데, 뜻에 차이는 없다.

【참조】

"내게 물어볼 것이 하나 있는데, 거사는 말을 아끼지 마시오"와 관련해서 무문관 제32칙에 다음과 같이 전한다.

〔本則〕

世尊因外道問 “不問有言 不問無言” 世尊據座. 外道贊歎云 “世尊大慈大悲 開我迷雲 令我得入” 乃具禮而去. 阿難尋問佛 “外道有何所證 贊歎而去” 世尊云 “如世良馬 見鞭影而行”

세존께 외도가 물었다.

“유언有言으로도 묻지 않고, 무언無言으로도 묻지 않습니다.”

세존께서 (가만히) 앉아 계셨다(世尊據座).

외도가 찬탄하며 말했다.

“세존께서는 대자대비하셔서 제게 미혹의 구름을 열어 저를 (깨달음에) 들어가도록 하셨습니다.”

그리고는 예를 갖춰 절을 하고 갔다.

아난이 부처님께 물었다.

“외도가 무엇을 깨달았기에, 찬탄하고 간 것입니까?”

세존께서 말씀하셨다.

“세상의 훌륭한 말은 채찍 그림자만 봐도 간다.”

〔評唱〕

無門曰 “阿難乃佛弟子 宛不如外道見解. 且道 外道與佛弟子 相去多少”

무문이 말했다.

“아난은 부처의 제자였으면서도 완연히 외도의 견해만 못했다. 자, 말해보라! 외도와 부처의 제자가 서로 얼마나 떨어져 있는가?”

〔頌〕

頌曰 “劍刃上行 氷稜上走 不涉階梯 懸崖撒手”

송으로 말했다.

劍刃上行　　칼날 위를 가고

氷稜上走　　얼음 모서리 위를 달린다.

不涉階梯　　계단이나 사다리를 밟지 않고

懸崖撒手　　벼랑에서 손을 놓는다.

❀

林一日 自下茶與居士 士纔接茶 林乃抽身退後曰 "何似生" 士曰 "有口道不得" 林曰 "須是恁麽始得" 士拂袖而去 曰 "也太無端" 林曰 "識得龐翁也" 士却回 林曰 "也太無端" 士無語 林曰 "也解無語去"

※自下(자하)=자하거행(自下擧行): 윗사람의 승낙이나 결재 없이 전례를 따라 스스로 일을 처리함.

※抽身(추신): 몸을 빼다.

※無端(무단): 이유 없이. 까닭 없이. 실없이. (문어) 끝이 없다. / 동의어 무단(無斷, 미리 연락을 하거나 승낙을 받거나 하지 않고 함부로 행동하는 일).

석림이 하루는 스스로 차를 따라 거사에게 주었다. 거사가 차를 받아들려 하자, 석림이 몸을 빼고 뒤로 물러서서(抽身退後)[171] 말했다.

"어떻습니까?"

거사가 말했다.

"입이 있어도 말을 할 수가 없네요."

석림이 말했다.

"모름지기 그래야죠."

거사가 소매를 떨치고 가면서 말했다.[172]

---

171 이리야요시다카(入矢義高)는 '추신퇴후抽身退後'가 『연등회요』 권5와 『염팔방주옥집』 권중에 '축수縮手'로 되어 있는 것을 근거로 들면서 본 이야기를 '부용산 대육선사를 만나다' 편과 같이 유마거사와 수보리의 보시에 관한 것으로 해석·설명하고 있다. (이리야요시다카 저, 양기봉 역, 방거사어록, pp.204~208)

172 숭정본에서는 '士拂袖而去 曰'을 '士拂袖而出 曰'로 전한다(뜻은 같다).

“몹시 실없구먼(뜬금없구먼, 생각지도 못한 것을 보이는구먼).”

석림이 말했다.

“방옹을 알았다.”[173]

거사가 다시 돌아왔다.

석림이 말했다.

“몹시 실없구먼.”

거사가 말이 없었다.

석림이 말했다.

“역시 말 없는 것(無語)을 아는구먼.”[174]

173 숭정본에서는 ‘識得龐翁也’를 ‘識得龐翁了也’로 전한다.

174 숭정본에서는 ‘也解無語去(역시 말 없는 것을 아는구먼)’를 ‘你也解無語去(당신도 역시 말 없는 것을 아는구먼)’로 전한다.

전등록과 조당집, 그리고 선문염송집에서는 전하지 않는다.

17. 앙산仰山과 만나다

居士訪仰山禪師問 "久響仰山到來 爲甚麽却覆" 山竪起拂子. 士曰 "恰是" 山曰 "是仰 是覆" 士乃打露柱曰 "雖然無人 也要露柱證明" 山擲拂子曰 "若到諸方 一任擧似"

※仰(우러를 앙): 머리를 쳐들다(젖히다). 우러러보다. 경모하다. 앙모하다.
※覆(덮을 부, 다시 복): 덮다. 씌우다. 덮어 가리다. 뒤집(히)다. 엎어지다. 전복되다. 다시. 도리어.
※一任(일임): 내버려 두다. (자유에) 맡기다. 방임하다. 한 차례. 한 임기.
※擧似(거사): 선림 용어로 비슷하거나 같은 것을 보이는 것. 말로 고칙을 제시하는 것을 말하기도 하고, 혹은 사물을 사람에게 보이는 것(禪林用語 似猶示 謂以言語提示古則 或以物示人, 불광대사전).

거사가 앙산仰山[175] 선사를 찾아가 물었다.

"오래도록 앙산을 흠모했는데, 와보니 어째서 덮어버렸습니까?"[176]

---

175 앙산(仰山, 생몰연대 미상): 전기를 알 수 없다. 위산영우의 제자 앙산혜적(仰山慧寂, 807~883)과 혼돈해서는 안 된다. 방거사의 입멸연도는 808년이다. 선문염송집 제14권(N.575)에서는 본 이야기를 앙산 혜적 편에 싣고 있다.

앙산이 불자를 세웠다.

거사가 말했다.

"그런 것 같네요."

앙산이 말했다.

"쳐든 것입니까, 덮은 것입니까?"

거사가 이내 노주露柱[177]를 치며 말했다.

"비록 사람이 없기는 해도 반드시 노주는 증명할 것입니다."

앙산이 불자를 던져버리고 말했다.

"제방에 가면 마음대로 이 일(앞에서 나눴던 이야기)을 거론해보시오."[178]

---

176 숭정본에서는 '響(울릴 향)'을 '嚮(향할 향)'으로 전한다. 두 글자가 상당 부분 같은 의미를 갖고 있다. 두 글자에 관해서는 '12. 대매를 만나다' 편의 註를 참조하기 바란다.

177 노주露柱와 관련해서 아래 【참조】를 살펴보기 바란다.

178 본서의 역대의 찬문 편, '4. 앙산과의 문답에 대한 염고'를 참조하기 바란다.
전등록과 조당집에서는 전하지 않는다.
선문염송집에서는 다음과 같이 전한다.
仰山因龐居士問 "久響仰山到來爲甚麽却覆" 師竪起拂子. 居士云 "恰是" 師云 "是仰 是覆" 居士拍露柱一下云 "雖無人見 露柱與我證明" 師擲下拂 子云 "一任擧似諸方" (내용 동일, 번역 생략)

【참조】

'노주露柱'에 관해서,

가. 불학대사전(정복보)

(物名) 立於堂外正面二本之柱也. 碧巖八十三則曰 雲門示衆云 "古佛與露柱相

交 是第幾機" 自代云 "南山起雲 北山下雨"

(사물의 명칭) 집 밖의 정면에 세운 두 그루의 기둥으로, 벽암록 83칙에서는 다음과 같이 전한다.

운문이 대중에게 했다.

"고불과 노주가 사귀는데 이것은 몇 번째 기인가?"

운문 자신이 대신 말했다.

"남산에 구름이 이니, 북산에 비가 내린다."

나. 불광대사전

露在外面之柱. 指法堂或佛殿外正面之圓柱. 與瓦礫牆壁燈籠等俱屬無生命之物, 禪宗用以表示無情 非情等意. 臨濟慧照禪師語錄勘辨. 師指露柱問 "是凡是聖" 員僚無語 師打露柱云 "直饒道得 也祇是箇木橛" 又 露柱懷胎 比喩無心之活動 燈籠露柱意 謂以本來面目而呈現者 卽指無情之物恆常不斷地說示眞理之相.

밖으로 나와 있는 기둥. 법당 또는 불전 밖 정면의 둥근 기둥을 가리킨다. 와력·장벽·등롱 등과 함께 생명이 없는 사물에 속하는 것으로 선종에서는 마음 작용과 같은 뜻이 아닌 무정無情의 표시로 사용.

임제혜조 선사 어록 감변에 다음과 같이 전한다.

임제가 군영軍營에 공양 하러 갔다. 문 앞에서 관료를 보고 임제가 노주露柱를 가리키며 말했다.

"(이것은) 범부인가, 성인인가?"

관료가 말이 없자, 임제가 노주를 치며 말했다.

"설사 말을 하더라도 단지 하나의 나무말뚝일 뿐이다."

또 '노주가 임신했다(露柱懷胎)'는 것은 무심의 활동을 비유한 것이고, 등롱과 노주(燈籠露柱)의 뜻은 본래면목을 들어낸 것으로써 무정의 사물은 항상 끊임없이 진리의 모습을 설해 보이고 있다는 의미다.

18. 곡은谷隱과 만나다

居士訪谷隱道者 隱問曰 "誰" 士竪起杖子 隱曰 "莫是上上機麽" 士拋下杖子 隱無語. 士曰 "只知上上機 不覺上上事" 隱曰 "作麽生是上上事" 士拈起杖子. 隱曰 "不得草草" 士曰 "可憐强作主宰" 隱曰 "有一機人不要拈槌竪拂 亦不用對答言辭 居士若逢 如何則是" 士曰 "何處逢" 隱把住 士乃曰 "莫這便是否" 驀面便唾 隱無語 士與一頌曰 "焰水無魚下底鉤 覓魚無處笑君愁 可憐谷隱孜禪伯 被唾如今見亦羞"

※草草(초초): 간략하게. 대강대강. 허둥지둥. 적당히. 걱정하는 모양. 불안한 모양. 바쁜 모양.

거사가 곡은谷隱[179] 도자道者[180]를 찾아가자, 곡은이 말했다.

---

179 곡은谷隱이라는 인물에 관해 알려진 것이 없다. 다만 곡은이 호북성 양주에 있는 지역이면서 동시에 산명(곡은산)이기 때문에 이를 뒤쪽 게송에 나오는 호칭과 연관하면 '곡은산에서 거주하던 ○자孜'라는 승려를 뜻한다고 할 수 있다. 선문에 잘 알려진 곡은온총(谷隱蘊聰, 965~1032)과 혼동해서는 안 된다(역사적으로 맞지가 않는다).

180 도자道者에 대한 사전적 의미는 아래 【참조】 ①을 살펴보기 바란다.

"누구요?"

거사가 주장자를 세웠다.

곡은이 말했다.

"상상기上上機[181]가 아닙니까?"

거사가 주장자를 던져버렸다.

곡은이 말이 없었다.

거사가 말했다.

"단지 상상기만 알 뿐, 상상사上上事는 모르는구먼."

곡은이 말했다.

"어떤 것이 상상사입니까?"

거사가 주장자를 들자, 곡은이 말했다.

"경솔하게 굴지 마세요."

거사가 말했다.

"가련하게도 어거지로 주재하려고 하는구먼."

곡은이 말했다.

"일기一機의 사람이 있어 (그에게는) 망치를 들거나(拈槌) 불자를 세울(竪拂) 필요가 없고, 또한 대답하는 말도 필요 없다면, 거사는 (이 사람을) 만나면 어떻게 하는 것이 옳겠습니까?"

거사가 말했다.

"(그런 사람을) 어디서 만나죠?"

(그러자) 곡은이 멱살을 잡았다.

---

181 상상기上上機란 상근기 가운데 상근기, 즉 가장 뛰어난 근기를 말한다. 이와 관련해서는 아래 【참조】 ②를 살펴보기 바란다.

거사가 이내 말했다.

"(일기의 사람이란 것이) 이런 거야?"

(그리고는) 맥연히 얼굴에 침을 뱉자, 곡은이 말이 없었다.

(그러자) 거사가 게송을 하나 (지어) 주었다.

"아지랑이 물엔 고기가 없는데도 낚시 바늘을 내리니
고기를 찾아도 있는 곳 없어 근심하는 그대를 보고 웃네.
가련하구나, 곡은 자 선백禪伯이여!
지금 침 뱉음 당하는 것을 보니, 역시 부끄럽구나."[182]

---

182 상기 저본은 숭정본과 일치한다.
전등록과 조당집, 그리고 선문염송집에서는 전하지 않는다.

【참조】

① 도자道者의 뜻

가. 불학대사전(정복보)

修行佛道者之稱. 釋氏要覽曰 "智度論云 得道者 名爲道人 餘出家者 未得道者 亦名道人 道者亦同此說" 後謂禪林之行者云道者 投佛寺求出家而未得度者.

불도를 수행하는 사람을 칭한다. 『석씨요람釋氏要覽』에서 말하기를 "지도론智度論에 이르기를 도를 얻은 사람을 도인道人이라고 하고, 그 외에 출가를 했는데 도를 얻지 못한 사람 또한 도인이라고 하는데, 도자 또한 이 말과 같다"고 한다. 뒤에 선림의 행자를 도자라고 하는데, 이는 절에 출가를 해서 아직 계를 받지 못한 사람을 말한다.

나. 불광대사전

謂修行佛道者. 後指禪林之行者 或投佛寺求出家尚未得度者. 大智度論 卷三十六 "得道者 名爲道人 餘出家未得道者 亦名爲道人" (내용 상기와 동일, 번역

생략)

② 상상기上上機와 관련하여,

가. 향엄 지한 선사(전등록 제11권)의 게송에 다음과 같이 전한다.

一擊忘所知　　한 번 쳐서 아는 바를 잊으니
更不假修治　　다시는 수행을 빌리지 않는데
動容揚古路　　행동거지에 옛 길을 드날리니
不墮悄然機　　초연기(悄然機, 윤회하는 기)에 떨어지지 않는다.

〔끝의 두 문구(動容揚古路 不墮悄然機)는 구본舊本과 복소본福卲本에는 모두 없는데, 통명집通明集에 근거한 것이다.〕

處處無踪迹　　곳곳에 종적이 없고
聲色外威儀　　성색 밖의 위의니
諸方達道者　　제방의 도를 통달한 이들
咸言上上機　　모두 상상기라 말하네.

상기 게송에 관해서는 졸역, 원오심요 역주, pp.321~323를 참조하기 바란다.

나. 종용록 제1칙, 시중示衆에 다음과 같이 전한다.

示衆云 "閉門打睡 接上上機 顧鑑頻申 曲爲中下 那堪上曲錄木 弄鬼眼睛. 有箇傍不肯底 出來 也怪伊不得"

대중에게 말했다.

"문을 닫아걸고 잠만 자는 것은 상상기上上機를 제접하는 법이고, 이리저리 둘러보고 자주 타이르는 것은 중하근기(中·下根機)를 위해 간곡하게 정성을 다하는 법이다. 어찌 감히 법상(曲錄木, 法床)에 올라 귀신의 눈동자(鬼眼睛)를 굴리겠는가? 여기 누군가 내 말을 긍정하지 않는 사람이 있으면 나와라! 그를 괴이怪異하게 여기지 않겠다."

19. 어떤 스님과 만나다 1

居士因在床上臥看經 有僧見曰 "居士 看經須具威儀" 士翹起一足. 僧無語.

※翹(뛰어날 교, 꼬리 교): 뛰어나다. 우뚝하다. 들다. 발돋움하다. 꼬리. 꼬리의 긴 깃털. 날개.

거사가 침상에 누워 경을 보고 있는데, 어떤 스님이 보고 말했다.
"거사님, 경을 보려면 모름지기 위의를 갖추세요!"
(그러자) 거사가 한 쪽 발을 들었다(翹起一足).[183]
스님이 말이 없었다.[184]

---

183 교기일족翹起一足과 관련해서는 아래 【참조】를 살펴보기 바란다.

184 상기 저본은 숭정본과 일치한다.
전등록과 조당집, 그리고 선문염송집에서는 전하지 않는다.

【참조】
교기일족翹起一足과 관련해서,
가. 무량한 과거 저사불(底沙佛, Tisya)회상에서 석가행자와 미륵행자가 도반이

되어 같이 수행하고 있을 때, 부처님께서 두 사람의 신심을 알아보기 위해서 먼저 석가행자를 보고 '뒤따라오라'고 하고는 신족통神足通을 써서 산 위로 올라갔으며, 신족통을 모르는 석가행자는 천신만고 끝에 겨우 산 위로 올라갔는데 부처님은 이미 '화광삼매火光三昧'에 들어가 있었다. 석가행자는 화광삼매에 들어가신 부처님의 몸에서 나오는 장엄하고 찬란한 광명을 보고 황홀한 동경과 환희용약하는 마음에 한 순간도 눈을 떼지 못하고 넋을 잃고 발을 옮기다가 한 쪽 발을 든 채 이레 밤낮으로 부처님을 찬탄하였는데, 이와 같이 석가행자가 부처님을 믿고 '교족칠일翹足七日' 즉 7주야 동안 한 쪽 발을 든 채 부처님을 찬탄한 공덕으로 미륵행자보다 9겁 앞서 성불하였다고 한다.

나. 다문제일多聞第一인 아난은 아라한과를 증득하지 못했다는 이유로 1차 결집 때 참여할 자격을 잃었다. 대가섭은 아난에게 아라한과를 증득해서 들어오도록 하고 칠엽굴 문을 닫아버렸다. 그리하여 아난존자는 홀로 비야리성의 외딴 수행도량에 찾아가 칠일칠야에 합장 교족 정진법으로 수행하여 깨달음을 얻었다. 이때 행했던 합장 교족 정진법이란 낭떠러지 바위 위에 합장하고 서서 발뒤꿈치를 들고 칠일 낮 칠일 밤 동안 수행 정진하는 것을 말한다.

20. 어떤 스님과 만나다 2

居士一日在洪州市賣笊籬. 見一僧化緣 乃將一文錢問曰 "不辜負信施道理 還道得麽 道得卽捨" 僧無語 士曰 "汝問我 與汝道" 僧便問 "不辜負信施道理 作麽生" 士曰 "少人聽" 又曰 "會麽" 僧曰 "不會" 士曰 "是誰不會"

※化緣(화연): 중생을 교화하는 인연. 인가에 나다니면서 염불이나 설법을 하고 시주하는 물건을 얻어 절의 양식을 대는 승려. / 동냥하다. 탁발하다.
※信施(신시): 신앙심의 발로로 금전, 곡식 등을 절에 기부함.

거사가 하루는 홍주洪州[185] 시장에서 조리를 팔고 있었다. 어떤 스님이 화연(化緣, 탁발)하는 것을 보고, 돈 한 푼을 들고 물었다.

"신심 있는 시주(=신자의 보시)를 져버리지 않는 도리[186]를 말할 수 있습니까? (제대로) 말하면 드리겠습니다."

스님이 말이 없자, 거사가 말했다.

185 홍주洪州는 강서성江西省 남창南昌 지역을 뜻한다.

186 '부용산 대육선사와 만나다' 편의 【참조】를 살펴보기 바란다.

"그대가 내게 물으면 그대에게 말해드리지요."

(그러자) 그 스님이 바로 물었다.

"신심 있는 시주를 져버리지 않는 도리는 어떤 것입니까?"

거사가 말했다.

"듣는 사람이 없습니다."

(그리고는) 또 말했다.

"알겠습니까?"

스님이 말했다.

"모르겠습니다."

거사가 말했다.

"(도대체) 누가 모른다는 것이오?"[187]

---

187 상기 저본은 송정본과 일치한다.

전등록과 조당집, 그리고 선문염송집에서는 전하지 않는다.

21. 목동과 만나다

居士一日見牧童 乃問 "路從什麽處去" 童曰 "路也不識" 士曰 "這看牛兒" 童曰 "這畜生" 士曰 "今日什麽時也" 童曰 "揷田時也" 士大笑.

※揷田(삽전): 농사를 짓다. 모내기하다.

거사가 하루는 목동을 보고, 물었다.

"이 길을 따라가면 어디로 가지?"

목동이 말했다.

"길도 모르세요!"

거사가 말했다.

"이 소나 치는 녀석이!"

동자가 말했다.

"이 축생아!"

거사가 말했다.

"지금은 무슨 때지?"

동자가 말했다.

"모내기할 때죠!"

거사가 크게 웃었다.[188]

---

188 상기 저본은 숭정본과 일치한다.

전등록과 조당집, 그리고 선문염송집 모두 전하지 않는다.

【참조】

상기 이야기를 이해하는 데 도움 되는 두 가지(내용의 유사와 화제의 전환).

가. 선문염송집 제1권(N.11)에 다음과 같이 전한다.

世尊一日 見二人舁猪子過 及問云 "者箇是什麽" 二人曰 "佛具一切智 猪子也不識" 世尊云 "也須問過"

세존께서 하루는 두 사람이 돼지를 메고 지나가는 것을 보고, 물었다.
"이것이 뭔가?"
두 사람이 말했다.
"부처님은 일체를 갖췄다면서 돼지도 모르세요!"
세존께서 말씀하셨다.
"(그래도) 모름지기 물어봐야 한다."

나. 전등록 제14권, '예주 약산 유엄 선사' 편에 다음과 같이 전한다.

一日師看經次 柏巖曰 "和尙休猱人得也" 師卷却經曰 "日頭早晩" 曰 "正當午" 師曰 "猶有遮箇文彩在" 曰 "某甲無亦無" 師曰 "汝大殺聰明" 曰 "某甲只恁麽 和尙尊意如何" 師曰 "我跛跛挈挈百醜千拙 且恁麽過"

하루는 약산이 간경을 하고 있는데, 백암이 물었다.
"화상은 사람 희롱하는 걸 그만 두세요."
약산이 경을 말아버리고 말했다.
"해가 (지금) 어느 때지?"
백암이 말했다.
"마침 정오입니다."

약산이 말했다.

"아직 문채가 남아 있구먼."

백암이 말했다.

"제겐 없다는 것도 없습니다."

약산이 말했다.

"너는 아주 대단히 총명하구나."

백암이 말했다.

"저는 다만 이럴 뿐인데, 화상의 뜻은 어떻습니까?"

약산이 말했다.

"나는 절룩절룩거리면서도 허둥지둥 온갖 추태로 이렇게 세월을 보낸다."

22. 좌주와 만나다

居士嘗遊講肆 隨喜金剛經 至無我無人處 致問曰"座主 旣無我無人 是誰講誰聽" 主無對 士曰"某甲雖是俗人 粗知信向" 主曰"祇如居士意 作麽生" 士以偈答曰"無我復無人 作麽有疎親 勸君休歷座 不似直求眞 金剛般若性 外絶一纖塵 我聞幷信受 總是假名陳" 主聞偈 欣然仰嘆. 居士所至之處 老宿多往復 酬問皆隨機應響 非格量軌轍之可拘也.

※講肆(강사): 경론을 강의하는 곳.(肆: 방자할 사)

거사가 언젠가 강의장에 들러서 금강경을 강의하는 것을 듣고 따라서 기뻐했는데, '나도 없고 남도 없다(無我無人)'[189]고 한 곳에 이르자 (좌주

189 금강경 제17, 「구경무아분究竟無我分」에 다음과 같이 전한다.

須菩提 菩薩亦如是. 若作是言 我當滅度無量衆生 則不名菩薩. 何以故 須菩提 實無有法 名爲菩薩. 是故佛說一切法 無我無人無衆生無壽者.

"수보리야! 보살 또한 이와 같다. 만일 '나는 마땅히 헤아릴 수 없이 많은 중생을 멸도케 하리라'라고 이렇게 말을 한다면 보살이라고 이름하지 않는다. 왜냐하면 수보리야! 실로 어떤 법이 있어 보살이라고 이름하는 것이 없기 때문이다. 이런 까닭에 부처가 설한 일체법에는 아我도 없고 인人도 없으며

에게) 물었다.

"좌주여,[190] 나도 없고 남도 없다면, 누가 강의하고 누가 듣습니까?"

좌주가 대답을 하지 못했다.

거사가 말했다.

"제가 비록 속인이지만, 이 소식(信向)을 대략 압니다."

좌주가 말했다.

"그렇다면 거사의 뜻은 무엇입니까?"

거사가 게송으로 답을 했다.

"나도 없고 또 남도 없는데
어떻게 멀고 가까움이 있으리오.
그대에게 권하노니, 강의하러 다니는 것을 그만두시오.
곧장 참됨을 구하는 것만 못하다네.
금강반야의 성품은
밖으로 털끝만큼의 티끌도 끊어졌으니,
여시아문(我聞)[191]에서 신수봉행(信受)까지
모두가 가명假名으로 늘어놓은 것이라네."[192]

좌주가 게송을 듣고 기뻐하면서 우러러 찬탄했다.

중생衆生도 없고 수壽도 없다.

190 좌주座主에 관한 사전적인 의미는 아래 【참조】 ①을 살펴보기 바란다.

191 육성취六成就에 관해서는 아래 【참조】 ②를 살펴보기 바란다.

192 가명假名으로 늘어놓은 것과 관련해서는 아래 【참조】 ③을 살펴보기 바란다.

거사는 가는 곳마다 노숙들과 자주 문답을 했는데, 모두 근기에 따라 답할 뿐(隨機應響), 격식(格量)과 규칙(軌轍)에 구애받지 않았다.[193]

---

193 상기 저본은 숭정본과 일치한다.

전등록 제8권, '양주 방온 거사' 편에서는 다음과 같이 전한다.

嘗遊講肆 隨喜金剛經 至無我無人處 致問曰 "座主既無我無人 是誰講誰聽" 座主無對 居士曰 "某甲雖是俗人 麤知信向" 座主曰 "只如居士意作麼生" 居士乃示一偈云 "無我復無人 作麽有踈親 勸君休歷坐 不似直求眞 金剛般若性 外絶一纖塵 我聞幷信受 總是假名陳" 座主聞偈欣然仰歎. 居士所至之處 老宿多往復問酬 皆隨機應響 非格量軌轍之可拘也. (내용 동일, 번역 생략)

밑줄 친 것처럼 '粗知'를 '麤知'로 전한다(뜻에는 차이가 없다. 조粗와 추麤 모두 대강, 대략의 뜻을 갖는다).

조당집과 선문염송집에서는 전하지 않는다.

본서 시 편, '149. 무아부무인無我復無人'에서도 전하고 있다.

① 좌주座主의 사전적 의미

가. 불학대사전(정복보)

(職位) 大衆一座之主也 如言上座首座. 禪家云住持 教家云座主. 爲大衆一座之主 統理一山者 如天台山修禪寺座主道邃是也. 又由禪家名教家皆曰座主. 釋氏要覽上曰 "摭言曰 有司謂之座主 今釋氏取學解優贍穎拔者名座主 謂一座之主. 古高僧呼講者爲高座 或是高座之主"

(직위) 대중 가운데 일좌의 주인으로, 예를 들면 상좌 가운데 맨 윗자리를 말한다. 선가에서는 주지住持라고 하고 교가에서는 좌주座主라고 한다. 대중 가운데 일좌의 주인이기 때문에 한 산(一山)을 거느리고 다스리는데, 예를 들면 '천태산天台山 수선사修禪寺 좌주 도수道邃'가 그 예다. 또 선가로 말미암아 교가를 모두 좌주라고도 한다. 『석씨요람釋氏要覽』 상권에 이르기를 "습득한 것에서 말하기를 유사有司를 좌주라고 하는데, 지금 석씨는 배움에 대한 이해가 뛰어나고 풍부하며 빠르고 빼어난 자를 좌주라고 하고, 일좌의 주인(一座之主)

이라고 한다. 옛날 고승의 호칭을 고좌高座라고 하기도 하고, 고좌의 주인(高座之主)이라고도 한다"고 하였다.

나. 불광대사전

一卽一座之中 學德兼具 堪作座中之上首者 或指一山之指導住持者. 二禪林用語 又稱坐主 禪林中 每稱從遠方來參問之講經僧爲座主. 景德傳燈錄卷六江西道一禪師章 有一講僧來問云 "未審禪宗傳持何法" 師卻問云 "坐主傳持何法"

첫째는 대중(一座) 가운데 학덕 겸비해서 대중 가운데 상수上首를 감당할 수 있는 사람이나, 혹은 한 산을 지도하고 주지하는 사람을 가리키기도 한다. 둘째는 선림의 용어로 역시 좌주라고도 칭하는데, 선림에서는 매번 멀리서 참례하러 와서 묻는 경전을 강의하는 승려를 칭한다. 경덕전등록 권6, 강서도일 선사 장에서는, 어떤 강승(경전을 강의하는 스님)이 와서 묻기를 "선종에서는 어떤 법을 전하는지, 잘 모르겠습니다"라고 하자, 마조가 도리어 묻기를 "좌주는 무슨 법을 전하는가?"라고 하였다.

② 육성취六成就

경전의 첫 문장의 내용이 갖추어야 할 여섯 가지 형식, 곧 신성취信成就·문성취聞成就·시성취時成就·주성취主成就·처성취處成就·중성취衆成就를 말함. 예를 들어 如是我聞一時佛在舍衛國祇樹給孤獨園與大比丘衆千二百五十人俱(나는 이렇게 들었다. 어느 때 붓다는 수행이 뛰어난 1,250명의 비구들과 함께 사위국의 기수급고독원에 계셨다.)에서, 여시如是는 신성취, 아문我聞은 문성취, 일시一時는 시성취, 불佛은 주성취, 재사위국기수급고독원在舍衛國祇樹給孤獨園은 처성취, 여대비구중천이백오십인구與大比丘衆千二百五十人俱는 중성취. 주主와 처處를 합하여 5성취로 하는 설도 있고, 또 아我와 문聞을 나누어 7성취로 하는 설도 있음. (시공 불교사전)

③'가명假名'과 관련해서, 법화경 「방편품」에 다음과 같이 게송으로 전한다. (중략)

十方佛土中	시방의 불국토에는
唯有一乘法	오직 일승법一乘法만이 있을 뿐,
無二亦無三	둘(이승)도 없고 또한 셋(삼승, 성문과 연각과 보살)도 없으나
除佛方便說	부처의 방편설方便說만은 제외하나니,
但以假名字	(이는) 다만 빌린 이름과 글자로
引導於衆生	중생을 인도하려는 것이니라.

說佛智慧故	부처의 지혜(佛智慧)를 설하려는 까닭에
諸佛出於世	모든 부처님 세상에 나온 것이니
唯此一事實	오직 이 하나의 일(此一事)만이 진실할 뿐,
餘二則非眞	나머지 둘은 진실이 아니니,
終不以小乘	결코 소승으로는
濟度於衆生	중생을 제도하지 못하느니라.

23. 어려움과 쉬움

居士一日在茅廬裡坐 驀忽云 "難難難 十碩油麻樹上攤" 龐婆云 "易易易 如下眠床脚踏地" 靈照云 "也不難 也不易 百草頭上祖師意"

※茅廬(모려): 초가집

※油麻(유마)=芝麻(지마): 참깨. 깨알같이 작은 것. 사소한 것.

※驀忽(맥홀)=驀然(맥연): 갑자기. 문득.

※攤(펼 탄): 펴다. 펼치다. 헤치다. 벼르다. 열다.

거사가 하루는 초가집에 앉아 있다가 문득 말했다.

"어렵다, 어려워, 어려워! 열 섬의 참깨를 나무 위에 널기가!"

방거사의 부인이 말했다.

"쉽다, 쉬워, 쉬워! 마치 침상에서 발을 내려 땅을 밟듯이."

영조가 말했다.

"어렵지도 않고 쉽지도 않구나! 온갖 풀끝마다 조사의 뜻이로다."[194]

---

194 상기 저본은 숭정본과 일치한다.

선문염송집 제8권(N.310)에서는 다음과 같이 전한다.

龐居士在草庵中獨坐 驀地云 "難難 百碩油麻樹上攤" 龐婆得聞 接聲云 "易易 百草頭上祖師意" 女子靈照云 "也不難也不易 飢來喫飯困來睡"

방거사가 풀로 인 암자(草庵)에 혼자 앉아 있다가 갑자기 말했다.
"어렵다, 어려워! 백 섬의 참깨를 나무 위에 널기가!"
방거사의 부인이 듣고는 이어서 말했다.
"쉽다, 쉬워! 온갖 풀끝마다 조사의 뜻이로다."
딸 영조가 말했다.
"어렵지도 않고 쉽지도 않다! 배고프면 밥 먹고 피곤하면 잔다."

여기서는 ①'茅廬裡坐'를 '草庵中獨坐'로, ②'難難難'과 '易易易'를 '難難'과 '易易' 각각 두 번으로, ③열 섬을 백 섬으로, ④방거사의 부인과 영조의 말을 각기 달리 말하는 차이가 있다.
전등록과 조당집에서는 전하지 않는다.

24. 게송 3수

元和中 居士北遊襄漢 隨處而居. 有女靈照 常鬻竹漉籬 以供朝夕. 士有偈曰"心如境亦如 無實亦無虛 有亦不管 無亦不拘 不是賢聖 了事凡夫""易復易 卽此五蘊有眞智 十方世界一乘同 無相法身豈有二 若捨煩惱入菩提 不知何方有佛地""護生須是殺 殺盡始安居 會得箇中意 鐵船水上浮"

※元和(원화): 당 헌종憲宗의 연호(806~820).
※襄漢(양한): 호북. 양양의 한수漢水 일대.
※隨處而居(수처이거)=隨寓而安, 隨處而安: 환경에 잘 적응하고 만족하다.
※鬻(죽 죽, 팔 육, 어릴 유): 죽. 묽은 죽. 팔다(육).

원화元和 연간에[195] 거사는 북쪽 양한襄漢 지역을 (이리저리) 다니며 가는 곳마다 내키는 대로 살았다. 딸 영조가 늘 따라다니며 대나무로

---

195 원화元和 연간은 당 헌종의 연호로 806~820년을 뜻하는데, 뒤에 방거사의 죽음 편에서 방거사의 사망 연도를 원화 3년으로 기술하고 있는 바, 이 기간은 806년에서 808년까지 3년의 기간임을 알 수 있다.

만든 조리를 팔아 조석으로 공양을 했다. (이때) 거사에게 (다음과 같은) 게송이 있다.

❀

心如境亦如	마음이 여여하고 경계 또한 여여하니
無實亦無虛	실實도 없고 허虛도 없네.[196]
有亦不管	있음에도 관계하지 않고
無亦不居	없음에도 머물지 않으니,
不是賢聖	현인도 성인도 아닌
了事凡夫	일을 마친 범부라네.[197]

❀

易復易	쉽고 또 쉽구나!
卽此五蘊有眞智	바로 이 오온에 참된 지혜가 있고
十方世界一乘同	시방세계는 일승으로 같으니
無相法身豈有二	무상법신에 어찌 둘이 있으리오.
若捨煩惱入菩提	만약 번뇌를 버리고 보리에 들어간다면[198]

---

196 영가현각의 증도가에 다음과 같은 말씀이 있으니 참조하기 바란다.

心是根法是塵	마음은 뿌리요, 법은 티끌이니
兩種猶如鏡上痕	두 가지는 마치 거울의 흔적과 같네.
痕垢盡除光始現	흔적의 때 다 제거되면 비로소 빛은 드러나니
心法雙忘性卽眞	마음과 법 둘을 잊으면 성품은 바로 참이네.

197 본 게송은 조당집 제15권과 전등록 제8권에서도 동일하게 전한다.

198 아래 【참조】를 살펴보기 바란다.

不知何方有佛地　어디에 불지가 있는지를 모르는 것이네.[199]

---

199 본 게송은 전등록 제8권에서도 동일하게 전한다(조당집에서는 전하지 않는다). 반면에 본서 시 편, '143. 이부이易復易'에서는 약간 달리 전하고 있으니 참조하기 바란다(밑줄로 표시하였다).

易復易　쉽고 또 쉽구나!
卽此五陰成眞智　바로 이 오음이 참된 지혜를 이루고
十方世界一乘同　시방세계는 일승으로 같으니
無相法身豈有二　무상법신에 어찌 둘이 있으리오.
若捨煩惱覓菩提　만약 번뇌를 버리고 보리를 찾는다면
不知何方有佛地　어디에 불지佛地가 있는지를 모르는 것이네.

【참조】

유마경 제3, 제자품에 다음과 같이 전한다.

爾時 長者維摩詰 自念 "寢疾于床 世尊大慈 寧不垂愍" 佛知其意 卽告舍利弗 "汝行詣維摩詰問疾" 舍利弗白佛言 "世尊 我不堪任詣彼問疾. 所以者何 憶念我昔曾於林中宴坐樹下. 時維摩詰來謂我言 '唯舍利弗 不必是坐 爲宴坐也. 夫宴坐者 不於三界現身意 是爲宴坐. 不起滅定 而現諸威儀 是爲宴坐. 不捨道法 而現凡夫事 是爲宴坐. 心不住內 亦不在外 是爲宴坐. 於諸見不動 而修行三十七品 是爲宴坐. 不斷煩惱 而入涅槃 是爲宴坐. 若能如是坐者 佛所印可' 時我世尊 聞說是語 默然而止 不能加報. 故我不任 詣彼問疾"

그때 장자 유마힐이 스스로 생각했다.
'침상에 아파서 누워 있는데, 대자하신 부처님께서 어찌 가엾이 여기지 않으시겠는가?'
부처님께서 그의 뜻을 아시고, 바로 사리불에게 말했다.
"그대가 유마힐에게 가서 문병을 하라!"
(그러자) 사리불이 부처님께 말씀드렸다.
"세존이시여! 저는 그에게 가서 문병하는 것을 감당할 수 없습니다. 왜냐하면 제가 지난날 숲 속 나무 아래에서 연좌宴坐하던 것이 기억났기 때문입니다.

❀

護生須是殺	삶을 지키려면 모름지기 죽어야 하고
殺盡始安居	완전히 죽어야 비로소 편히 살 수 있나니[200]
會得箇中意	이 가운데 뜻(箇中意)을 알아야[201]
鐵船水上浮	쇠로 만든 배도 물 위에 띄울 수 있네.[202]

그때 유마힐이 와서 제게 말했습니다.
'사리불이여! 이렇게 앉아 있는 것을 '연좌宴坐'라고 할 필요는 없습니다. 무릇 연좌라는 것은 삼계에 몸과 마음(身意)을 드러내지 않는 것, 이것이 연좌입니다. 멸정(滅定, 멸진정)에서 일어나지(=나오지) 않고도 모든 위의威儀를 드러내는 것, 이것이 연좌입니다. 도법(道法, 출가자의 일)을 버리지 않으면서도 범부의 일(凡夫事)을 드러내는 것, 이것이 연좌입니다. 마음이 안에도 머물지 않고 또한 밖에도 머물지 않는 것, 이것이 연좌입니다. 모든 견해에 흔들리지 않고 37품(三十七品, 37조도품)을 수행하는 것, 이것이 연좌입니다. 번뇌를 끊지 않으면서 열반에 들어가는 것, 이것이 연좌입니다. 만약 이와 같이 앉을 수 있다면 부처님께서 인가印可하실 것입니다.'
그때 저는 세존이시여! 이 말을 듣고서 말없이 있기만 하였을 뿐, 보태서 말할 수가 없었습니다. 그렇기 때문에 저는 문병하러 가는 것을 맡을 수가 없습니다."

200 관련하여 아래 【참조】 ①을 살펴보기 바란다.

201 개중의(箇中意, 이 뜻)와 관련하여 아래 【참조】 ②를 살펴보기 바란다.

202 상기 저본은 숭정본과 일치한다.

【참조】

①'완전히 죽어야 비로소 편히 살 수 있나니'와 관련하여 임제록에 다음과 같이 전한다.

道流 爾欲得如法見解 但莫受人惑 向裏向外 逢著便殺. 逢佛殺佛 逢祖殺祖 逢羅漢殺羅漢 逢父母殺父母 逢親眷殺親眷 始得解脫. 不與物拘 透脫自在.

도류들이여! 그대들이 여법한 견해(如法見解)를 얻으려면 다만 사람들에게 미혹을 받지 말고 안에서든 밖에서든 만나면 바로 죽여라. 부처를 만나면 부처를 죽이고, 조사를 만나면 조사를 죽이며, 나한을 만나면 나한을 죽이고, 부모를 만나면 부모를 죽이며, 친족(또는 권속)을 만나면 친족을 죽여야 비로소 해탈을 얻고 어떤 것에도 구속되지 않고 꿰뚫어 벗어나 자재하게 된다.

② 개중의(箇中意, 이 뜻)의 용례는 다음과 같다.

가. 한산의 시

世有聰明士　　세상의 총명한 선비들
勤苦探幽文　　부지런히 애를 쓰며 그윽한 글 탐구하고
三端自孤立　　삼단(붓과 칼과 혀의 끝)으로 스스로 외롭게 서서
六藝越諸君　　육예(禮, 樂, 射, 御, 書, 數)로 모든 사람을 뛰어넘고
神氣卓然異　　신비로운 기상 남달리 탁월해
精彩超衆羣　　정신과 풍채 갖가지 무리를 뛰어넘어도
不識箇中意　　이 가운데 뜻을 알지 못하면
逐境亂粉粉　　경계를 좇아 어지러이 분분하리라.

나. 나찬화상의 낙도가(조당집 3권)

無事本無事　　일없음은 본래 일이 없는 것인데
何須讀文字　　어째서 문자를 읽어야 하는가?
削除人我本　　나와 남의 근본을 없애버리면
冥合箇中意　　이 가운데 뜻에 그윽히 합하리라.

다. 동산양개의 송(전등록 제29권)

道無心合人　　도는 무심해서 마음과 합하고
人無心合道　　사람은 무심해서 도와 합하니
欲識箇中意　　이 가운데 뜻을 알고자 하면
一老一不老　　하나는 늙고 하나는 늙지 않았다.

25. 영조와 나눈 대화[203]

居士一日坐次 問靈照曰 "古人道 明明百草頭 明明祖師意 如何會" 照曰 "老老大大 作這箇語話" 士曰 "你作麼生" 照曰 "明明百草頭 明明祖師意" 士乃笑.

거사가 하루는 좌선을 하다가 딸 영조에게 물었다.

"고인이 이르기를 '명명백초두 명명조사의(明明百草頭 明明祖師意, 온갖 풀끝마다 밝고 밝은 조사의 뜻이 분명하다)'[204]라고 했는데, 어떻게 생각하니?"

영조가 말했다.

"낫살깨나 잡순 양반(老老大大)[205]이 이런 말을 하십니까!"

---

203 두 편이 전한다.

204 명명백초두 명명조사의(明明百草頭 明明祖師意)는 정확히 누가 한 말인지 알 수가 없다. 다만 금강경 제17, 「구경무아분究竟無我分」에 대한 야부도천(冶父道川, 송나라, 생몰연대 미상)의 착어와 송에서도 인용되고 있는데, 아래 【참조】 ①을 살펴보기 바란다.

205 노노대대老老大大와 관련해서는 아래 註206과 함께 【참조】 ②를 살펴보기 바란다.

거사가 말했다.

"너는 어떻게 생각하느냐?"

영조가 말했다.

"명명백초두 명명조사의!"

거사가 웃었다.[206]

---

206 상기 저본은 송정본과 일치한다.

선문염송집 제8권(N.309)에서는 다음과 같이 전한다.

龐居士坐次 問靈照云 "古人道 明明百草頭 明明祖師意 你作麽生會" 照云 "這老漢頭白齒黃 作這箇見解" 士云 "你作麽生" 照云 "明明百草頭 明明祖師意" (내용 동일, 번역 생략)

여기서는 밑줄 친 것처럼 '노노대대老老大大'를 '這老漢頭白齒黃(머리도 희고 이도 누런 이 노인네가 이런 견해를 짓는군요, 아래 【참조】 ②)'으로 표현하고 있다.

전등록과 조당집에서는 전하지 않는다.

【참조】

① 명명백초두 명명조사의明明百草頭 明明祖師와 관련해서, 금강경 제17, 「구경무아분究竟無我分」에 대한 야부도천冶父道川의 작어와 송

(경문) 若有人言 如來得阿耨多羅三藐三菩提 須菩提 實無有法佛得阿耨多羅三藐三菩提. 須菩提 如來所得阿耨多羅三藐三菩提 於是中無實無虛.

만약 어떤 사람이 말하기를 "여래가 아뇩다라삼먁삼보리를 얻었다"고 하면, 수보리야! 실로 어떤 법이 있어 부처가 아뇩다라삼먁삼보리를 얻은 것이 아니다. 수보리야! 여래가 얻은 아뇩다라삼먁삼보리, 이것에는 실도 없고 허도 없다.

(야부) 若有(至)無虛 富嫌千口少 貧恨一身多. 頌曰 "生涯如夢若浮雲 活計都無絶六親 留得一隻青白眼 笑看無限往來人"

경문經文, 약유若有에서부터 무허無虛까지를 착어着語했다.

富嫌千口少　　부유하면 천 명의 식구도 적다고 싫어하고,
貧恨一身多　　가난하면 한 몸도 많다고 한탄하네.

송을 했다.

生涯如夢若浮雲　생애는 꿈과 같고 뜬 구름 같으니
活計都無絶六親　활발하게 계교를 부려도 도저히 육친을 끊을 수 없네.
留得一隻靑白眼　청백을 가릴 줄 아는 한 쌍의 눈이 남아 있으니
笑看無限往來人　무한히 오가는 사람들을 보고 웃네.

(경문) 是故 如來說一切法 皆是佛法.

이런 까닭에 여래는 일체법이 모두 불법佛法이라고 설하는 것이다.

(야부) 是故(至)佛法 明明百草頭 明明祖師意. 頌曰 "會造逡巡酒 能開頃刻華 琴彈碧玉調 爐煉白硃砂 幾般伎倆從何得 須信風流出當家"

경문經文, 시고是故에서부터 불법佛法까지를 착어했다.

明明百草頭　　밝고 밝은 온갖 풀마다
明明祖師意　　밝고 밝은 조사의 뜻이 분명하다.

송을 했다.

會造逡巡酒　　준순주逡巡酒를 만들 줄 알고
能開頃刻華　　경각에 꽃을 피울 수 있으니
琴彈碧玉調　　거문고를 튕기니 벽옥조요,
爐煉白硃砂　　화로에 흰주사를 단련하니
幾般伎倆從何得　이런 재주를 어디에서 얻었던가.
須信風流出當家　모름지기 믿어야 할지니, 풍류가 마땅히 그 집에서 나왔음을.

②'두백치황頭白齒黃'과 관련해서, 조당집 제3권, '조과 화상' 편에 나오는 백거이의 시

❀

居士因賣漉籬 下橋喫撲. 靈照見 亦去爺邊倒 士曰 "汝作什麽" 照曰 "見爺倒地 某甲相扶"

거사가 조리(漉籬, 笊籬)를 팔다가 다리에서 떨어져 넘어졌다. 영조가 보고, 역시 아버지 곁으로 가서 넘어졌다.

거사가 말했다.

"너 뭐 하는 짓이니?"

영조가 말했다.

"아버지께서 넘어지신 것을 보고, 제가 부축해 드리려고요."[207]

空門有路不知處 공문空門에 길이 있는데, 어디 있는지도 모르면서
頭白齒黃猶念經 머리가 희고 이가 누렇도록 경만 읽고 있네.
何年飮著聲聞酒 언제 적에 성문의 술(聲聞酒)을 마셨기에
迄至如今醉未醒 지금까지도 깨어나지 못하고 있는가.

207 숭정본에서는 영조의 말에 "士曰 賴是無人見"이 첨언되어 있다(아래 선문염송과 동일하다).

선문염송집 제8권(N.316)에서는 다음과 같이 전한다.

龐居士因賣笊籬 下橋喫撲 女子靈照才見亦去爺邊倒地 士云 "你作什麽" 女云 "見爺倒地 某甲相扶" 士云 "賴是無人見" (내용 동일, 번역 생략)

밑줄 친 것처럼 마지막에 거사의 말(賴是無人見, 다행히도 보는 사람이 아무도 없구나!)이 첨언되어 있다.

전등록과 조당집에서는 전하지 않는다.

26. 거사의 죽음

居士將入滅 謂靈照曰 "視日早晩 及午以報" 照遽報 "日已中矣 而有蝕也" 士出戶觀次 照卽登父座 合掌坐亡. 士笑曰 "我女鋒捷矣" 于是吏延七日.

※早晩(조만): 아침과 저녁. 무렵. 때. 시간. 조만간.

※蝕(좀 먹을 식): 좀먹다. 갉아 먹다. 일식. 월식.

※밑줄 친 부분의 '吏(벼슬아치 리)'는 '更(고칠 경, 다시 갱)'의 전산과정 상 誤字다.

거사가 입멸하려 할 때, 영조에게 말했다.

"해가 이른지 늦은지 보고, 정오가 되면 알려라."[208]

---

208 숭정본 서문에는 다음과 같이 전한다.

居士將入滅 謂女靈照曰 "幻化無實 隨汝所緣 視日早晩 及午以報" (이하 동일, 서문 전체는 부록 참조)

거사가 입멸하려 할 때, 영조에게 말했다.

"(일체는) 환으로 이루어져 실다운 것이 없고, 너를 따라 인연으로 이루어졌다. 해가 이른지 늦은지 보고, 정오가 되면 알려라."

영조가 급히 알렸다.

"해가 이미 중천인데, (게다가) 일식(蝕) 중입니다."

거사가 방에서 나와 보고 있는데, 영조가 곧장 아버지 자리에 올라 합장하고 앉아 죽었다.

거사가 웃으며 말했다.

"내 딸이 칼끝처럼 민첩하구나."

이에 (자신의 죽음을) 다시 7일을 연기했다.[209]

---

209 딸이 아버지보다 앞서 죽은 것과 관련해 『증일아함경』 제18권 제26, 「4의단품四意斷品」에서는 다음과 같이 전한다.

"(중략) 여러 하늘이 저에게 말하나이다. '석가모니 부처님은 세상에 오래 머무르시지 않는다. 나이 80이 가까웠다. 그런데 지금 세존께서는 오래지 않아 열반에 드시리라'고. 저는 지금 세존께서 열반에 드시는 것을 차마 뵈올 수 없나이다. 또 저는 친히 여래에게서 이런 말씀을 들었나이다. '과거나 미래나 현재의 여러 부처님의 그 우두머리 제자가 먼저 열반에 든 뒤에는 부처님도 열반에 드신다. 또 최후의 제자가 먼저 열반에 든 뒤에는 오래지 않아 세존도 열반에 드실 것이다'고. 원컨대 세존께서는 저의 열반에 드는 것을 허락하소서."

세존께서는 말씀하셨다.

"지금이 바로 그때이니라." (증일아함경 1, pp.349~350, 1990, 동국역경원)

7일을 연기한 것과 관련해서는 아래 【참조】를 살펴보기 바란다.

상기 저본은 숭정본과 일치한다.

전등록 제8권, '양주 방온 거사' 편에서는 다음과 같이 전한다.

居士將入滅 令女靈照 "出視日早晩 及午以報" 女遽報曰 "日已中矣 而有蝕也" 居士出戶觀次 靈照卽登父座 合掌坐亡. 居士笑曰 "我女鋒捷矣" 於是更延七日.

(내용 동일, 번역 부록 참조)

조당집 제15권, '방거사' 편에서는 다음과 같이 보다 더 자세하고 구체적으로 전하고 있다.

居士臨遷化時 令女備湯水沐浴 著衣於牀端然趺坐 付囑女已 告曰 "你看日午則報來" 女依言看已報云 "日當已午 而日蝕陽精" 居士云 "豈有任摩事" 遂起來自看 其女尋則據牀端然而化. 父迴見之云 "俊哉 吾說之在前 行之在後" 因此居士 隔七日而終矣. (내용 동일, 번역 부록 참조)

선문염송집 제8권(N.319)에서는 다음과 같이 전한다.

龐居士將入滅 令女子靈照 出視日 及午以報 女遂報 "日已中矣 而有蝕也" 士出戶觀次 女登父座 合掌坐亡. 士笑曰 "我女鋒捷矣" 於是更延七日. (내용 동일, 번역 생략)

【참조】

7일을 연기한 것과 관련해서,

가. 유마경 제6, '부사의품不思議品'에 다음과 같이 전한다.

舍利弗 或有衆生 樂久住世 而可度者 菩薩卽延七日 以爲一劫 令彼衆生謂之一劫. 或有衆生 不樂久住 而可度者 菩薩卽促一劫以爲七日 令彼衆生 謂之七日.

사리불이여! 어떤 중생이 세상에 오래 머무는 것을 좋아하지만 제도할 수 있는 사람이라면 보살이 바로 7일을 늘려서 1겁으로 하고 그 중생으로 하여금 1겁이라고 말하도록 합니다. 혹 어떤 중생이 오래도록 머무는 것을 좋아하지 않지만 제도할 수 있는 사람이라면 보살이 바로 1겁을 줄여서 7일로 하고 그 중생으로 하여금 7일이라고 말하도록 합니다.

나. 동산록에서는 다음과 같이 전한다.

乃命剃髮 澡身披衣 聲鐘辭衆 儼然坐化. 時大衆號慟 移晷不止 師忽開目 謂衆云 "出家人心不附物 是眞修行 勞生惜死 哀悲何益" 復令主事辦愚癡齋 衆猶慕戀不已 延七日 食具方備 師亦隨衆 齋畢乃云 "僧家無事 大率臨行之際 勿須喧動" 遂歸丈室 端坐長往.

❀

州牧于頔問疾 士謂之曰 "但願空諸所有 愼勿實諸所無 好住世間皆如影響" 言訖 枕于公膝而化 遺命焚棄江 緇白傷悼 謂禪師龐居士卽毗耶淨名矣. 有詩偈三百餘篇傳於世.

주의 목사(州牧) 우적于頔[210]이 문병을 오자, 거사가 말했다.

머리를 깎고(剃髮) 몸을 씻고(澡身) 옷을 입히라(披衣) 명을 하고, 종을 울려 대중에게 하직(聲鐘辭衆)하고는 엄연히 앉아 천화했다.

그때 대중이 서럽게 울면서 부르는데 시간이 가도 그치질 않자(移晷不止), 스님이 홀연히 눈을 뜨고 대중에게 말했다.

"출가인은 마음을 어떤 것에도 붙이지 않는 것이 참된 수행이다. 중생이 죽음을 애석해하며 슬퍼한들 무슨 이익이 있겠는가."

그리고는 다시 일을 주사主事에게 우치재(愚癡齋, 반야를 얻지 못하고 세정世情에 끌리어서 사람의 죽음을 슬퍼하는 이를 위로하기 위하여 베푸는 재齋)를 준비하도록 했는데, 대중이 도리어 그리워하며 생각하기를 그치지 않아 7일을 연장했다. 음식이 두루 모두 갖춰지자 스님 또한 대중을 따랐는데, 재가 끝나자 말했다.

"승가에 일이 없으려면 대체로 갈 때에는 모름지기 시끄럽고 어지러워서는 안 된다."

그리고는 방장실로 돌아가 단좌장왕端坐長往하였다.

210 于頔(우적, ?~818): 당나라 하남河南 낙양洛陽 사람. 자는 윤원允元이다. 음서蔭敍로 벼슬길에 나서 호주湖州와 소주蘇州의 자사刺史를 역임하면서 음사淫祠를 없애고 하천을 준설하는 등 공적을 많이 세웠다. 곧 섬괵관찰사陝虢觀察使에 발탁되었는데 형벌이 엄하고 가혹하여 관리들이 두려워하였다.

덕종德宗 정원貞元 14년(789) 양주자사襄州刺史가 되어 산남동도절도사山南東道節度使에 충원되었다. 오소성吳少誠이 반란을 일으키자 병사를 이끌고 가 패퇴시켰고, 양주를 승격하여 대도독부大都督府로 삼기를 청하여 분연히 한남漢南을 좌우하려는 의지를 보여주었다. 검교좌복야檢校左僕射와 동중서성문하평장사

"다만 존재하는 모든 것을 공空으로 보기 바랍니다. 그렇다고 삼가 존재하지 않는 모든 것을 실實로 여기지도 마십시오.[211] 행복하게 지내시길! 모든 것은 그림자나 메아리와 같은 것입니다."[212]

말을 마치자 우공의 무릎을 베고 숨을 거두었다.[213] 유언에 따라

同中書省門下平章事가 더해졌다. 헌종憲宗이 즉위하자 입조入朝하여 사공司空에 올랐다. 일에 연루되었지만 황은으로 왕부王傅로 낮춰졌다가 태자빈객太子賓客으로 치사致仕했다. 시호는 여厲인데, 나중에 사思로 바뀌었다. (중국역대인명사전)

211 대혜종고는 증시랑과 향시랑 백공에게 보낸 글에서 방거사의 말을 다음과 같이 인용하고 있다.

① 증시랑曾侍郎 천유天游에게 보낸 답서

老龐云 "但願空諸所有 切勿實諸所無" 只了得這兩句 一生參學事畢.

방거사가 말하기를 "다만 존재하는 모든 것을 공空으로 보기 바랍니다. 그렇다고 삼가 존재하지 않는 모든 것을 실實로 여기지도 마십시오"라고 하였습니다. 다만 이 두 구절을 알면 일생의 참학하는 일을 마치게 됩니다.

② 향시랑向侍郎 백공伯恭에게 보낸 답서

願居士試將老龐語謾提撕 "但願空諸所有 切勿實諸所無"先以目前日用境界 作夢會了 然後却將夢中底 移來目前 則佛金鼓 高宗傅說 孔子奠兩 決不是夢矣.

바라건대, 거사께서는 시험 삼아 방거사의 말씀을 느긋하게 들어서 깨우치시기 바랍니다. "다만 존재하는 모든 것을 공空으로 보기 바랍니다. 그렇다고 삼가 존재하지 않는 모든 것을 실實로 여기지도 마십시오"라고 하였습니다. 먼저 눈앞에서 매일 만나는 경계는 꿈으로 이루어진 것임을 알고, 그런 다음 다시 꿈속의 일을 눈앞으로 가져오면 바로 부처의 금고(佛金鼓, 부처의 황금북)와 고종의 부열(은나라 고종이 재상을 얻은 것)과 공자의 존양(공자가 두 기둥에 제물을 올린 것)이 결코 꿈이 아닐 것입니다.

212 관련한 경전과 어록의 말씀은 아래 【참조】를 살펴보기 바란다.

화장을 하고 강에 버렸다. 승속이 모두 슬퍼하며 "선문의 방거사가 바로 비야의 유마거사다"라고 하였다. 시게詩偈 300여 편이 세상에 전한다.[214]

---

213 이리야 요시타카(入矢義高)는 방거사의 죽음과 관련해 다음과 같이 기술하고 있다.

(중략, 상기 註 조당집 제15권에서 전하는 거사의 죽음과 관련한 내용임) 이보다 앞서는 것으로는 『능가사자기楞伽師資記』 홍인弘忍 전기에, 그가 함형咸亨 5년 2월 16일 정오에 남쪽을 향하여 좌선한 채로 사망했다는 기록이 있고, 또 『속고승전續高僧傳』 도신道信 전기에도 해가 중천 때에 사망했다고 기록되어 있다. 그런데 원화元和 연간의 일식은 3년 7월 1일 외에도 10년과 13년에 있었는데, 우적이 양주 자사(목사)로 재임한 기간은 3년 8월까지였으니, 이날이 원화 3년 7월 1일이었음이 확실하다. (양기봉 역, 入矢義高 주해, 방거사어록, pp.240~241)

214 상기 저본은 송정본과 일치한다.

전등록 제8권, '양주 방온 거사' 편에서는 다음과 같이 전한다.

州牧于公問疾次 居士謂曰 "但願空諸所有 愼勿實諸所無 好住世間皆如影響" 言訖枕公膝而化 遺命焚棄江湖 緇白傷悼 謂禪門龐居士卽毘耶淨名矣 有詩偈三百餘篇傳於世. (내용 동일, 번역 생략)

조당집과 선문염송집에서는 전하지 않는다.

【참조】

가. 금강경 제32, 「응화비진분應化非眞分」에 다음과 같이 전한다.

須菩提 若有人以滿無量阿僧祇世界七寶 持用布施 若有善男子善女人 發菩薩心者 持於此經 乃至四句偈等 受持讀誦 爲人演說 其福勝彼. 云何爲人演說. 不取於相 如如不動. 何以故 一切有爲法 如夢幻泡影 如露亦如電 應作如是觀.

수보리야! 만약 어떤 사람이 헤아릴 수 없는 아승기(無量阿僧祇) 세계를 칠보를 가지고 보시를 하고, 만약 선남자 선여인이 보살심을 일으켜 이 경이나 혹은

4구게 등을 지녀서 받들어 지니고 읽고 외우며 다른 사람을 위해 연설한다면 그 복은 저것보다 뛰어나다. 어떻게 다른 사람을 위해 연설해야 하는가? 상相을 취하지도 않고 여여부동如如不動해야 한다. 왜냐하면 일체의 유위법은 꿈, 환, 물거품, 그림자와 같고 이슬과 같으며 또한 번개와 같기 때문이니 마땅히 이와 같이 관해야 한다.

나. 전등록 제8권, '분주 무업 선사' 편에 다음과 같이 전한다.

唐憲宗屢遣使徵召 師皆辭疾不赴. 暨穆宗卽位 思一瞻禮. 乃命兩街 僧錄靈阜等 齎詔迎請. 至彼作禮曰 "皇上此度恩旨 不同常時 願和尙且順天心 不可言疾也" 師微笑曰 "貧道何德 累煩世主 且請前行 吾從別道去矣" 乃沐身剃髮. 至中夜告 弟子惠愔等曰 "汝等見聞覺知之性 與太虛同壽 不生不滅. 一切境界 本自空寂 無一法可得 迷者不了卽爲境惑 一爲境惑流轉不窮. 汝等當知 心性本自有之 非因造作 猶如金剛 不可破壞. 一切諸法 如影如響 無有實者. 故經云 唯有一事實 餘二卽非眞. 常了一切空 無一物當情 是諸佛用心處 汝等勤而行之" 言訖跏趺而逝.

당唐 헌종憲宗이 여러 번 사자를 보내 불렀으나 선사는 모두 병으로 사양하면서 나아가지 않았다. 목종穆宗이 즉위하자, 한 번 예를 갖춰 볼 것을 생각했다. 이에 (헌종이) 양가兩街 승록僧錄과 영부靈阜 등에게 임금의 명을 받아 맞이할 것을 명했다.

(그러자) 그들이 이르러 예를 올리고 말했다.

"황상皇上의 이번 뜻(恩旨)이 평소와는 같지 않으십니다. 원컨대, 화상께서는 일단 천자의 마음(天心)을 따라주십시오. 병 때문이라고 말씀하셔서는 안 됩니다."

선사가 웃으면서 말했다.

"빈도貧道가 무슨 덕德이 있어 여러 번 세주(世主, 세상의 주인)께 번거롭게 누를 끼치겠습니까? 자, 일단 먼저 가십시오. 저는 다른 길(別道)을 따라가겠소."

그리고는 목욕을 하고 머리를 깎았다. 한밤중이 되자, 제자 혜음惠愔 등에게 말했다.

방거사어록 권상
(龐居士語錄 卷上)

"그대들의 견문각지見聞覺知의 성품은 허공(太虛)과 수명이 같아서 나지도 않고 멸하지도 않는다. 일체의 경계는 본래 스스로 공적空寂해서 한 법(一法, 어떤 법)도 얻을 것이 없지만, 미혹한 자가 알지 못하면 경계에 미혹하게 되고, 한 번 경계에 미혹하게 되면 끊임없이 유전流轉하게 되는 것이다. 그러므로 그대들은 마땅히 알아야 할 것이니, 마음의 성품(心性)은 본래 스스로 있는 것이지 조작造作으로 인한 것이 아니니 마치 금강金剛을 부수지 못하는 것과 같다. 일체제법은 그림자와 같고 메아리와 같아서 진실한 것이 없다. 그래서 경經에 이르기를 '오직 하나의 사실이 있을 뿐, 나머지 둘은 진실이 아니다'고 하였던 것이다. '항상 일체법은 공하다는 것을 깨달아 한 물건도 마음 쓸 곳이 없다'는 이것이 제불의 마음 쓰는 곳(用心處)이니, 그대들은 부지런히 수행하라."

말을 마치고는 가부좌를 한 채 천화했다. (졸역, 마조어록 역주, pp.457~459)

27. 보유

27-1. 단하와의 만남에서 빠진 것[215]

丹霞一日手提念珠 居士近前奪却曰 "二彼空手 卽休" 霞云 "妬忌老翁不識好惡" 士云 "捉師公案未著 後回終不恁麼" 霞云 "吽吽" 士云 "吾師得人怕" 霞云 "猶少棒在" 士云 "年老喫棒不得" 霞云 "不識通痒漢 打得也無益" 士云 "也無接引機關在" 霞拋下念珠而去 士云 "賊人物 終不敢收拾" 霞回首 呵呵大笑 士云 "這賊敗也" 霞近前把住云 "更諱不得" 士與一掌.

※痛痒(통양): 아픔과 가려움. 고통. 이해관계. 중요한 일. 요긴한 일.

단하가 하루는 손에 염주를 들고 있었는데, 거사가 가까이 다가가서 빼앗아버리고 말했다.

"(이제) 둘 다 빈손이니, 그만 합시다."

단하가 말했다.

---

215 이리야 요시타카(入矢義高)가 『염팔방주옥집拈八方珠玉集』 卷上에서 발췌한 원문을 참조하였다. (양기봉 역, 入矢義高 저, 방거사어록, p.280)

"이 질투심 많은 늙은이야, 좋고 나쁜 것도 모르는구나!"

거사가 말했다.

"(지금은) 스님의 공안을 잡지 못했지만, 다음번에는 결코 그렇지 않을 것이야."

단하가 말했다.

"흠흠(吽吽)!"[216]

거사가 말했다.

"우리 스님도 두려운 게 있는가 보군."

단하가 말했다.

"오히려 방망이가 없을 뿐이지."

거사가 말했다.

"늙어서 방망이도 맞지 못하네."

---

216 임제록에서는 다음과 같이 전한다.

師問杏山 "如何是露地白牛" 山云 "吽吽" 師云 "啞那" 山云 "長老作麼生" 師云 "這畜生"

임제가 행산杏山에게 물었다.

"어떤 것이 노지백우露地白牛인가?"

행산이 말했다.

"흠흠(吽吽)."

임제가 말했다.

"벙어리냐?"

행산이 말했다.

"장로는 어떻습니까?"

임제가 말했다.

"이런 축생아!"

단하가 말했다.

"아픈지 가려운지도 모르는 사람아, 쳐도 득 될 것이 없구나!"

거사가 말했다.

"역시 제접해 인도할 방법이 없구먼."

단하가 염주를 던져버리고 가버렸다.

거사가 말했다.

"남의 물건을 도적질해 놓고 끝내 수습도 못하는구먼."

단하가 고개를 돌리고는 가가대소呵呵大笑했다.

거사가 말했다.

"이 도적아, 졌어!"

단하가 가까이 와서 멱살을 잡고 말했다.

"다시는 숨기지 못할 거야."

거사가 손바닥으로 한 대 후려갈겼다.

27-2. 본계 화상과의 만남에서 빠진 것[217]

師(本谿和尙) 問居士 "達磨西來 第一句作麽生道" 士云 "誰記得" 師云 "可謂無記性" 士云 "舊日事不可東道西說" 師云 "卽今事作麽生" 士云 "一辭不措" 師云 "有智人前說 添他多少光彩" 士云 "阿師眼能大" 師云 "須是恁麽施得 爲絶朕之說" 士云 "眼裏著一物不得" 師云 "日正盛 難爲擧目" 士云 "穿過髑髏去在" 師彈指云 "誰辨得伊" 士云 "這漢有甚麽奇

217 이리야 요시타카(入矢義高)가 『연등회요聯燈會要』에서 발췌한 원문을 참조하였다. (전게서, p.280)

特" 師便歸方丈.

※無記(무기): 산스크리트어 avyākṛta. ①시간과 공간을 초월한 무의미한 질문에 붓다가 대답하지 않고 침묵한 것. ②선도 악도 아닌 것, 또는 그러한 마음 상태. ③아무런 생각이 없는 멍한 상태. ④기억이 없음.

※能大(능대)=能大能小(능대능소): 신축자재하다. 임기응변이 능란하다. 신축성이 있다.

스님(본계 화상)이 거사에게 물었다.

"달마가 서쪽에서 왔을 때 제1구를 어떻게 말했지?"

거사가 말했다.

"누가 (그것을) 기억하고 있지?"

스님이 말했다.

"가워 기억도 못하는 사람이로다."

거사가 말했다.

"옛 일(舊日事)을 가지고 이러쿵저러쿵 말해서는 안 되네."

스님이 말했다.

"(그렇다면) 지금 일(卽今事)은 어떻게 해야 하는가?"

거사가 말했다.

"한 마디도 할 수 없지."

스님이 말했다.

"지혜로운 사람이 남겨 놓은 말이 있으니, 거기다가 좀 덧붙이면 광채가 좀 날 텐데…."

거사가 말했다.

"우리 스님의 안목이 능란하구먼."

스님이 말했다.

"모름지기 이렇게 해야만 조짐을 끊는 말(絶朕之說)이라 할 수 있지."

거사가 말했다.

"눈에는 어떤 것도 두질 못하네."

스님이 말했다.

"해가 한창 솟아올랐을 때는 눈을 들어 보기가 어렵지."

거사가 말했다.

"해골을 꿰뚫어버렸구먼."

스님이 손가락을 튕기며 말했다.

"누가 그것을 가려내겠는가?"

거사가 말했다.

"이 친구야, 뭔 기특한 것이 있나?"

스님이 곧장 방장실로 돌아갔다.

27-3. 방거사 부인과 관련된 것[218]

龐婆入鹿門寺作齋 維那請疏意回向 婆拈梳子 揷向髻後曰 "回向了也" 便出去.

※梳子(소자): 빗(梳: 얼레빗).

※髻(상투 계): 상투. 묶은 머리. 쪽.

---

218 이리야 요시타카(入矢義高)가 『선종송고련주통집禪宗頌古聯珠通集』 권14에서 발췌한 원문을 참조하였다. (전게서, p.280)

방거사 부인이 재를 올리려 녹문사鹿門寺[219]에 갔다.

유나가 회향하는 제문(疏)을 청했다.

(그러자) 부인이 빗을 들어 쪽 진 머리 뒤에 꽂고 말했다.

"회향을 마쳤습니다."

그리고는 바로 나가버렸다.

---

219 녹문사鹿門寺는 양양 동남쪽 녹문산에 있었던 절.

녹문산, 방거사와 관련한 주요 인물로 정치와 벼슬을 거부했던 은둔지사 방덕공龐德公이 있는데, 그에 대해서는 앞 「방거사는 누구인가?」에 자세히 설하였다.

녹문과 관련해 맹호연(孟浩然, 689~740)의 시가 아래와 같이 전해진다.

山寺鐘鳴晝已昏　　산사에 종이 울리고 낮은 이미 저문데
漁梁渡頭爭渡喧　　고기 잡는 나룻가는 앞 다퉈 건너려 떠들썩하네.
人隨沙路向江村　　사람들은 모랫길을 따라 강촌으로 향하고
余亦乘舟歸鹿門　　나 또한 배를 타고 녹문으로 돌아가네.
鹿門月照開煙樹　　녹문에 달이 비춰 안개에 싸인 나무를 여니
忽到龐公棲隱處　　홀연히 방공龐公이 은둔해 살던 곳에 이르렀네.
岩扉松徑長寂寥　　바위 문과 소나무 숲속 좁은 길 오래도록 고요한데
惟有幽人自來去　　오직 속세를 떠나 조용히 사는 사람만이 오가네.

II. 시詩

오언五言

1. 능가보산楞伽寶山[1]

능가보배산

楞伽寶山高　　능가보배산은 높고 높아[2]
四面無行路　　사방에 오를 길 없는데,
惟有達道人　　오직 도를 통달한 사람만이
乘空到彼處　　공을 타고 저곳에 이르네.[3]

羅漢若悟空　　나한이 공을 깨달으면[4]

---

1 제목은 역자가 임의로 정하였다. 이하 시제 또한 모두 역자가 임의로 정한 것임을 밝혀둔다(기존의 알려진 시제는 그대로 따랐다).

2 능가산楞伽山과 관련해서는 아래 【참조】 ①을 살펴보기 바란다.

3 乘空(승공): 한가로운 때를 이용하다. 틈을 타다. 공중으로 솟구쳐 오르다. 여기서는 공에 자유자재하다는 뜻으로 '공을 타고'로 번역하였음을 밝혀둔다.

4 阿羅漢(아라한): 산스크리트어 arhat의 주격 arhan의 음사. 응공應供·응진應眞·무학無學·이악離惡·살적殺賊·불생不生이라 번역. 마땅히 공양 받아야 하므로 응공, 진리에 따르므로 응진, 더 닦을 것이 없으므로 무학, 악을 멀리 떠났으므로 이악, 번뇌라는 적을 죽였으므로 살적, 미혹한 마음을 일으키지 않으므로 불생이라 함. 성문들 가운데 최고의 성자. 욕계·색계·무색계의 모든 번뇌를 완전히

擲錫騰空去　　석장을 던져버리고 하늘에 오르고,[5]
緣覺若悟空　　연각이 공을 깨달으면
醒見三生事　　삼생의 일을 깨우쳐 보며,
菩薩若悟空　　보살이 공을 깨달으면
十方同一處　　시방이 한 곳과 같고,
諸佛若悟空　　제불이 공을 깨달으면
妙理空中住　　묘리공(妙理空, 공의 오묘한 이치)에 머무네.[6]

空理眞法身　　공의 (오묘한) 이치인 진법신이여![7]

끊어 열반을 성취한 성자. 이 경지를 아라한과阿羅漢果, 이 경지에 이르기 위해 수행하는 단계를 아라한향阿羅漢向이라 함. 존경받을 만한 불제자. 고대 인도의 여러 학파에서, 존경받을 만한 수행자를 일컫는 말. (시공 불교사전)

5 緣覺(연각): 산스크리트어 pratyeka-buddha, 팔리어 pacce ka-buddha. 홀로 연기緣起의 이치를 주시하여 깨달은 자. 스승 없이 홀로 수행하여 깨달은 자. 가르침에 의하지 않고 독자적으로 깨달은 자. 자신의 깨달음만을 위해 홀로 수행하는 자. 독각獨覺·벽지불辟支佛이라고도 함. (전게서)

騰空(등공): 공중으로(하늘로) 오르다. 승천하다. 비우다. 비게 하다.

6 묘리공妙理空과 관련해서는 아래 【참조】 ②를 살펴보기 바란다.

7 '(묘리)공으로 진법신을 깨달으니'로 읽어도 무방하다.

三身(삼신): 부처의 세 가지 유형.

①法身(법신): 진리 그 자체, 또는 진리를 있는 그대로 드러낸 우주 그 자체. 비로자나불과 대일여래가 여기에 해당함.

②報身(보신): 중생을 위해 서원을 세우고 거듭 수행한 결과, 깨달음을 성취한 부처. 아미타불과 약사여래가 여기에 해당함.

③應身(응신): 때와 장소와, 중생의 능력이나 소질에 따라 나타나 그들을 구제하는 부처. 석가모니불을 포함한 과거불과 미륵불이 여기에 해당함. (전게서)

法身卽常住　　법신은 상주하고
佛身祇這是　　불신은 다만 이것뿐이거늘,[8]
迷人自不悟　　미혹한 사람은 스스로 깨닫지 못하네.

一切若不空　　일체가 만약 공이 아니라면
苦厄從何度　　고액은 어디로부터(어떻게) 건너리오.
大海濶三千　　대해는 너비가 삼천(대천)이고
巨深五六萬　　깊기는 삼십만인데,
余特七尺軀　　내가 특별히 일곱 자 몸으로[9]
入裏飮一頓　　그 안에 들어가 한 번에 마셔버리니,[10]
當時枯竭盡　　바로 그때 고갈돼 없어지고
龍王自出現　　용왕이 스스로 나왔네.

大閱經藏門　　(용왕이) 몸소 대장경을 두루 열람하고[11]
請爲說一遍　　자신을 위해 한 번 설해줄 것을 청하기에
依如說無法　　여여함을 의지해 법 없음(無法)을 설하니,

---

8 지저시祇這是와 관련해서는 아래 【참조】 ③을 살펴보기 바란다.

9 칠척구七尺軀는 사람의 몸을 가리키는 것으로 『순자荀子』 「권학편勸學篇」에 다음과 같이 전한다.

小人之學也 入乎耳 出乎口. 口耳之間 則四寸耳 曷足以美七尺之軀哉.

"소인의 배움은 귀로 들어 왔다가 금방 입으로 나가 버리고 만다. 입과 귀 사이는 네 치밖에 안 되는데, 어떻게 칠 척의 몸뚱이를 아름답게 할 수 있으리오."

10 一頓(일돈): 잠시 멈추다. 한 번 쉬다. 식사의 한 끼. 일 회, 한 차례.

11 大閱(대열): 임금이 몸소 군대를 열무(사열)함.

龍王悟知見　　용왕이 깨닫고는 그 지견을[12]
賣君髻中珠　　전륜성왕을 핑계 삼아 상투 속 구슬이라 하고[13]
隱在如來殿　　여래의 궁전에 숨겨두었는데,
戴將軍陣頭　　(이를) 장군이 머리에 이고 진두지휘하자
賊降不敢戰　　적이 항복하고 감히 싸우지 못하네.

世上有仁人　　세상에 어진 이들이여!
得永離貧賤　　가난하고 천함을 영원히 벗어나려면
不貪有爲身　　유위의 몸을 탐하지 말고
當見如來面　　마땅히 여래의 진면목을 보아야 하네.

日輪漸漸短　　해는 점점 짧아지는데
光陰一何促　　일촌광음을 얼마나 재촉하고 있는가?[14]
身如水上沫　　몸은 물거품 같고
命似當風燭　　목숨은 바람 앞에 등불 같으니,
常須愼四蛇　　항상 모름지기 네 마리 뱀을 삼가고[15]

---

12 知見(지견): 올바르고 명료하게 아는 능력. 분별하지 않고 대상을 있는 그대로 직관하는 능력. (시공 불교사전)

13 賣君(매군): 임금을 끌어 대어 핑계함.
상투 속 (밝은) 구슬(髻中珠, 髻中明珠)과 관련해서는 아래 【참조】 ④를 살펴보기 바란다.

14 光陰(광음): 해와 달. 세월. 때.(일촌광음一寸光陰: 매우 짧은 시간)
一何(일하)=何其(하기): 얼마나.

15 4사四蛇와 관련해서는 아래 【참조】 ⑤를 살펴보기 바란다.

持心捨三毒　마음을 잡아 삼독(탐·진·치)을 버리며

相見論修道　만나면 도 닦는 것 논하며
更莫著婬慾　다시는 음탕한 욕정에 집착하지 말라.

婬慾暫時情　음탕한 욕정은 잠깐 동안의 (사사로운) 정이라도
長劫入地獄　오랜 겁 지옥에 들어가게 되고,
縱令得出來　설령 (지옥에서) 나오더라도
異形人不識　다른 몸이 되어 사람들이 알아보지 못하네.
或時成四足　어떤 때는 발이 넷이 되기도 하고
或是總無足　혹은 발이 전혀 없기도 하며,
可惜好人身　애석하게도 잘생긴 사람의 몸
變作醜頭畜　추한 가축으로 변하나니,
今日預報知　오늘 (내가) 미리 알려준다.
行行須努力　하는 일마다 모름지기 노력할지어다.

余家久住山　내 집은 오랫동안 산에 있어
早已離城市　일찍이 저자거리를 떠났네.
草屋有三間　세 칸 초옥에
一間長丈二　한 칸의 길이는 두 장(스무 자)이라
一間安葛五　한 칸은 갈오(오욕의 갈애)를 배치하고[16]

16 오욕: ① 색욕·성욕·향욕·미욕·촉욕. ② 식욕·색욕·재물욕·명예욕·수면욕.

一間塵六四	한 칸은 사방을 육진경계로 삼았네.
余家自內房	내 집은 임금이 사는 대궐의 방과 같아서[17]
終日閑無事	종일 한가하여 일이 없거늘,
黑月二十五	어제 흑월 25일[18]
初夜飮酒醉	초저녁에 술 마시고 취해
兩人相渾雜	두 사람이 서로 뒤섞여
種種調言氣	갖가지 조롱하는 말로 성을 내었네.[19]
余家不柰煩	(그러니) 내 집이 어찌 성가시지 않았겠는가.
放火燒屋藉	불을 놓아 덮개와 깔개를 태웠더니[20]
葛五成灰燼	갈오(오욕의 갈애)는 흔적도 없이 아주 타버리고[21]
塵六無一二	진육(육진경계)은 조금도(한두 개도) 없네.
有物蕩淨盡	(그) 어떤 것도 쓸어버려 모두 깨끗해
惟餘空閑地	오직 남은 것은 텅 빈 한가로운 땅뿐이라네.

---

17 自內(자내):임금이 거주하던 대궐 안. 임금이 친히 행함.

18 黑月(흑월): 달이 차차 이지러져 캄캄하게 되는 부분. 보름 다음날인 16일부터 그믐날까지를 일컬음.
원문은 '昨因黑月二十五〔지난 날(=어제) 흑월 25일〕'로 되어 있다. 역자가 자구상 '昨因'을 생략하여 기술했다.

19 調(고를 조)는 '비웃다', '조롱하다'의 뜻으로, 氣(기운 기)는 '성내다'의 뜻으로 해석했다.

20 원문은 '放火燒屋積'로 되어 있는데, '積'를 '자藉'로 이해했다.

21 灰燼(회신): 재와 불탄 끄트러기. 흔적 없이 아주 타 없어짐.

自身赤裸裸　　내 몸은 적나라하고[22]
體上無衣被　　몸엔 걸쳐 입을 옷도 없어
更莫憂盜賊　　다시는 도적 걱정 없으니,
逍遙安樂睡　　소요하며 안락하게 잠을 자네.[23]

一等被火燒　　차별 없이 평등하게 불사르고
同行不同利　　같이 수행하는 사람이라도 이익은 같지 않고,
出家捨煩惱　　출가해서 번뇌를 버려도
煩惱還同住　　번뇌는 돌아와 (다시) 함께 머무네.

癡心覓福田　　어리석은 마음으로 복전을 찾고
騃意承救度　　치달리는 뜻으로 구제하고 제도함을 받들지만[24]
十二因緣管　　12인연의 열쇠(管)는
無繇免來去　　흔들림 없이 오고감을 면하는 것이니[25]
依智不依識　　지혜를 의지하되 지식(분별)을 의지하지 말고,
依義不依語　　뜻을 의지하되 말에 의지하지 말라.[26]

---

22 赤裸裸(적나라): 발가벗다. 적나라하다. 숨김이 없다. 완전히 드러나다.

23 逍遙(소요): 소요하다. 자적하여 즐기다. 구속을 받지 않다. 자유롭게 거닐다.

24 騃(어리석을 애, 달리 사): 어리석다 (애) / (말이) 달리다. (말이) 나가다. (짐승이) 가는 모양 (사).

25 繇(점사 주): 점사(점괘에 나타난 말). 점괘.

26 대반열반경 제6권에 다음과 같이 전한다.

"依法不依人 依義不依語 依智不依識 依了義經不依了義經"

법(진리)을 의지하되 사람을 의지하지 않고, 뜻을 의지하되 말에 의지하지

佛心一子地　　부처의 마음은 (모두가) 하나의 자식이니[27]
蠢動皆男女　　꿈틀거리는 남녀 모두
平等如虛空　　평등해서 허공과 같고
善惡俱無取　　선과 악 모두 취함이 없어
旣不造天堂　　천당도 만들지 않거늘
誰受三途苦　　누가 삼악도의 괴로움을 받겠는가.[28]

有法盡無餘　　(있는) 법이 다하여 남음이 없고[29]
乘空能自度　　공에 올라 타 능히 스스로 제도하며
神作如來身　　신통으로 여래의 몸을 만들고
智作如來庫　　지혜로 여래의 곳간을 만드니,
涌出波羅蜜　　바라밀이 솟구쳐 나와
流通正道路　　정도正道의 길에 흐르고 통해
渾身總是佛　　온몸이 모두 부처이건만,

않으며, 지혜를 의지하되 지식(분별)을 의지하지 않고, 요의경을 의지하되 불요의경을 의지하지 않는다.

27 일자一子와 관련해서는 아래 【참조】 ⑥을 살펴보기 바란다.

28 삼도고(三塗苦, 三途苦): 악한 일을 한 중생이 그 과보로 받는다는 3가지 미혹한 생존(지옥·아귀·축생)에서의 고통.

29 대반열반경에 다음과 같이 전한다(열반경 여러 곳에서 나온다).

本有今無　본래 있는데 지금은 없고
本無今有　본래 없는데 지금은 있으니
三世有法　삼세의 어떤 법도
無有是處　옳은 것이 없다.

迷人自不悟　　미혹한 사람은 스스로 깨닫지 못하네.[30]

---

30 달마혈맥론에 미혹의 이유를 다음과 같이 전한다.

此心微妙難見 此心不同色心 此心是(佛) 人皆欲得見 於此光明中 運手動足者 如恒河沙 及乎問著 總道不得 猶如木人相似. 總是自己受用 因何不識. 佛言 一切衆生盡是迷人 因此作業 墮生死河 欲出還沒 只爲不見性. 衆生若不迷 因何問著其中事 無有一人得會者. 自家運手動足 因何不識. 故知聖人語不錯 迷人自不會曉. 故知 此難明 惟佛一人 能會此法. 餘人天及衆生等 盡不明了. 若智慧明了此心 號名法性 亦名解脫. 生死不拘 一切法拘它不得 是名大自在王如來 亦名不思議 亦名聖體 亦名長生不死 亦名大仙. 名雖不同 體卽是一. (밑줄 친 부분의 '色心'은 '色相'의 誤字로 바로잡아 번역하였고, 또 밑줄 친 부분의 '佛'이 누락되어 보완하였다.)

이 마음은 미묘해서 보기 어렵고, 이 마음은 색상色相과 같지 않다. 이 마음이 부처이다. 사람들 모두 보고자 하지만, 이 광명 속에서 손을 휘젓고 발을 옮기는 것이 항하의 모래만큼 많아도 물으면 모두 말을 하지 못하니, 마치 목인木人과 같다. 모두 자기가 받아서 쓰는 것인데, 어째서 알지 못하는 것인가? 부처님께서 말씀하시길, "일체중생은 모두 미혹한 사람들이다. 이로 인해 업을 짓고 생사의 강에 빠지는 것이고 나오려 해도 다시 빠지는 것이니, 다만 성품을 보지 못했기 때문이다"라고 하셨다. 중생이 만약 미혹하지 않다면 어째서 그 안의 일을 물으면 한 사람도 아는 이가 없는 것인가? 자신이 손을 휘젓고 발을 옮기는 것인데, 어째서 알지 못하는 것인가? 그런 까닭에 성인의 말씀은 어긋나지 않지만, 미혹한 사람이 스스로 밝게 알지 못하는 것이다. 그러므로 이것은 밝히기 어렵고, 오직 부처 한 사람만이 능히 이 법을 알며, 나머지 사람과 하늘 그리고 중생 등은 모두 분명하게 깨닫지 못한 것임을 알라. 만약 지혜로 이 마음을 분명히 깨달으면 법성法性이라 부르고, 해탈이라 부른다. 생사에 구속되지도 않고 일체법도 구속하지 못하면, 이를 일러 대자재왕여래大自在王如來라 하고, 또한 부사의不思議라고도 하며, 성체聖體라고도 하고, 장생불사長生不死라고도 하며, 대선大仙이라고도 한다. 이름은 비록 같지 않지만, 체는 곧 하나이다.

【참조】

①능가산과 관련해서,『능가경(대승입능가경, 7권 본)』제1권,「라바나왕 권청품 羅婆那王勸請品」에 대혜보살의 찬탄 게송을 다음과 같이 전한다.

世尊於七日　　세존께서 7일이 지나도록
住摩竭海中　　마갈해에 머무시고
然後出龍宮　　그런 다음 용궁에서 나오셔서
安詳昇此岸　　편안하면서도 상서롭게(安詳) 이 언덕에 오르시니
我與諸婇女　　저와 모든 채녀들
及夜叉眷屬　　그리고 야차와 권속들
輸迦娑剌那　　수카와 사라나
衆中聰慧者　　대중들 가운데 총명하고 지혜로운 자들이
悉以其神力　　모두 그 신력(神力, 신통력)으로
往詣如來所　　여래의 처소에 이르러
各下花宮殿　　가자 회궁전에시 내리
禮敬世所尊　　세상에서 존귀하신 이에게 예경 드리고
復以佛威神　　다시 부처님의 위신력으로
對佛稱己名　　부처님께 저의 이름 말씀드리오니,
我是羅刹王　　저는 나찰왕이며,
十首羅婆那　　머리가 열 개인 라바나 입니다.

今來詣佛所　　이제 부처님 처소에 이르렀으니
願佛攝受我　　원컨대 부처님께서 저와
及楞伽城中　　능가성 안의
所有諸衆生　　모든 중생을 거두어주소서.
過去無量佛　　과거의 셀 수 없는 부처님들께서도
咸昇寶山頂　　모두 보배로운 산의 꼭대기에 오르셔서
住楞伽城中　　능가성에 머무시면서
說自所證法　　스스로 증득하신 법을 설하셨으니

世尊亦應爾	세존께서도 또한 마땅히 그 분들과 같이
住彼寶嚴山	저 보배로 장엄된 산에 머무시면서
菩薩衆圍遶	보살의 무리들에 둘러싸여서
演說淸淨法	청정법을 말씀해주소서.
我等於今日	저희들은 오늘
及住楞伽衆	능가에 머물면서('衆'은 '中'으로 해석)
一心共欲聞	일심으로 함께
離言自證法	말을 여읜 자증법自證法 듣고자 하옵니다.
我念去來世	제가 생각하기로는 과거와 미래세에
所有無量佛	계시는 셀 수 없는 부처님께서도
菩薩共圍遶	보살들과 함께 주위를 둘러싸여서
演說楞伽經	능가경을 연설하시고,
此入楞伽典	이 능가의 전적(楞伽典, 능가의 가르침)에 들어오신 것
昔佛所稱讚	지난날 부처님께서도 칭찬하셨으니,
願佛同往尊	원컨대 부처님께서도 함께 가셔서
亦爲衆開演	또한 대중들을 위해 연설해주소서.
請佛爲哀愍	청컨대 부처님께서는
無量夜叉衆	셀 수 없는 야차의 무리들을 가엾이 여기시고
入彼寶嚴城	저 보배로 장엄된 성에 들어오셔서
說此妙法門	이 오묘한 법문을 말씀해주소서.

此妙楞伽城	여기 오묘한 능가성은
種種寶嚴飾	갖가지 보배로 장엄하여 꾸며져 있으니,
牆壁非土石	담과 벽은 흙과 돌이 아니며
羅網悉珍寶	구슬처럼 꿰어 만든 것들, 모두가 값진 보배입니다.
此諸夜叉衆	여기 모든 야차의 무리들
昔曾供養佛	과거에 부처님께 공양 올렸으며
修行離諸過	수행을 해서 모든 허물을 여의었으며

證知常明了　지혜를 증득해서 늘 밝게 알고 있습니다.

夜叉男女等　남녀의 야차들
渴仰於大乘　목마르게 대승을 사모하고
自信摩訶衍　스스로 마하연(摩訶衍, 대승)을 믿으며
亦樂令他住　또한 다른 이들이 머물도록 하는 것을 즐거워 하니
惟願無上尊　원컨대, 위없이 존귀하신 분이시여!
爲諸羅刹衆　모든 나찰의 무리들인
甕耳等眷屬　옹이甕耳 등의 권속을 위해서
往詣楞伽城　능가성에 이르옵소서.

我於去來今　저는 과거·미래·현재에
勤供養諸佛　부지런히 모든 부처님께 공양 올리니
願聞自證法　원컨대, 자증법自證法과
究竟大乘道　구경의 대승도를 듣고자 하옵니다.
願佛哀愍我　원컨대 저와
及諸夜叉衆　모든 야차의 무리들을 어여삐 여기시어
共諸佛子等　모든 불자들과 함께
入此楞伽城　능가성에 들어오소서.

我宮殿婇女　저의 궁전에 있는 채녀들과
及以諸瓔珞　모든 영락으로 이루어진
可愛無憂園　사랑스런 근심 없는 동산(無憂園)을
願佛哀納受　원컨대 연민으로 거두어주십시오.
我於佛菩薩　저는 불보살님께
無有不捨物　드리지 못할 물건이 없사옵고,
乃至身給侍　나아가 몸을 던져 모시겠사오니
惟願哀納受　원컨대 연민으로 거두어주십시오.

또한 능가산과 관련해『대방광불화엄경大方廣佛華嚴經』「입법계품入法界品(80권 본, 제62권)」에 해운비구의 권유로 선재가 네 번째로 선주비구를 찾게 되는 것을 다음과 같이 전한다.

"선남자여, 여기서 남쪽으로 60유순 가면 능가산으로 가는 길옆(楞伽道邊)에 한 마을이 있어 이름을 해안海岸이라 하고, 거기에 비구가 있으니 이름이 선주善住이다. 너는 그에게 가서 보살은 어떻게 보살행을 청정히 해야 하는가를 물어라(善男子 從此南行 六十由旬 楞伽道邊 有一聚落 名爲海岸 彼有比丘 名曰善住 汝詣彼問 菩薩云何 淨菩薩行)."

② 묘리공妙理空과 관련하여,『대승본생심지관경大乘本生心地觀經』에 다음과 같이 전한다.

願我早悟眞性源　　원컨대, 저는 참된 성품의 근원을 빨리 깨달아
速證如來無上道　　속히 여래의 무상도를 얻고자 합니다.
若有淸信善男子　　만약 청신남·청신녀가
日夜能觀妙理空　　밤낮으로 공의 오묘한 이치를 관할 수 있으면
一切罪障自消除　　일체의 죄와 업장 저절로 사라지리니
是名最上持淨戒　　이것을 일러 가장 뛰어난 청정한 계를 지녔다 하네.
若人觀知實相空　　만약 어떤 사람이 실상이 공함을 관하여 안다면
能滅一切諸重罪　　일체의 모든 중한 죄를 멸할 수 있으리라.

③ 지저시祇這是와 관련하여,『선혜대사어록善慧大士語錄』에 다음과 같이 전한다.

夜夜抱佛眠　　밤마다 부처를 끌어안고 자고,
朝朝還共起　　아침마다 함께 일어난다.
起坐鎭相隨　　일어나고 앉음에 늘 따라다니며
語默同居止　　말하고 침묵할 때도 함께 한다.
纖毫不相離　　털끝만큼도 서로 떨어지지 않아
如身影相似　　마치 몸을 따르는 그림자와 같네.

欲識佛去處　　부처가 간 곳을 알고자 하는가?
祇這語聲是　　다만 이 말소리뿐이네.

또한『동산록洞山錄』에서는 다음과 같이 전한다.

臨行又問 "百年後 忽有人問還邈得師眞否 如何祇對" 雲巖良久云 "祇這是" 師沈吟 雲巖云 "价闍黎 承當箇事 大須審細" 師猶涉疑 後因過水睹影 大悟前旨 有偈云 "切忌從他覓 迢迢與我疎 我今獨自往 處處得逢渠 渠今正是我 我今不是渠 應須恁麽會 方得契如如"

행각에 나서면서 (동산이) 또 물었다.
"백년 후(돌아가신 다음), 홀연히 어떤 사람이 스님의 참된 진영을 물으면 어떻게 대답해야 하겠습니까?"
운암이 양구良久하고, 말했다.
"다만 이것뿐이다(祇這是)."
동산이 깊이 생각에 잠기자, 운암이 말했다.
"개 사리(价闍黎)! 이 일을 깨닫고자 하면 아주 자세히 살펴야 한다."
스님이 여전히 의심하며 가다가, 후에 물을 건너면서 그림자를 보고(過水睹影)는 앞의 뜻을 크게 깨달았다. 그리고는 게송으로 말했다.

切忌從他覓　　부디 다른 것에서(그림자) 찾지 말라.
迢迢與我疎　　점점 나와는 멀어지리라.
我今獨自往　　내 이제 홀로 가니
處處得逢渠　　가는 곳마다 그를 만나네.
渠今正是我　　그는 지금 바로 나지만
我今不是渠　　나는 지금 그가 아니네.
應須恁麽會　　모름지기 이렇게 알아야만
方得契如如　　여여함(如如)에 계합하리라.

④상투 속 (밝은) 구슬(髻中珠, 髻中明珠)과 관련하여, 법화경 권제5,「안락행품安樂行品」에 다음과 같이 전한다.

(中略) 文殊師利 是法華經 於無量國中 乃至名字 不可得聞 何況得見 受持讀誦. 文殊師利 譬如强力 轉輪聖王 欲以威勢 降伏諸國 而諸小王 不順其命 時轉輪王 起種種兵 而往討罰 王見兵衆 戰有功者 卽大歡喜 隨功賞賜 或與田宅 聚落城邑 或與衣服 嚴身之具 或與種種珍寶 金銀琉璃 車璩馬腦 珊瑚虎珀 象馬車乘 奴婢 人民 唯髻中明珠 不以與之. 所以者何 獨王頂上 有此一珠. 若以與之 王諸眷屬 必大驚怪.

(중략) 문수사리여! 이 법화경은 한량없는 국토에서 혹은 이름(名字)도 얻을 수 없거늘, 하물며 어떻게 보고 듣고 독송할 수 있겠는가?
문수사리여! 비유하면 강력한 전륜성왕이 위세로 여러 나라들을 항복하려 할 때 여러 소왕小王들이 명령을 따르지 않으면, 그때 전륜성왕이 여러 군사를 일으켜 토벌한 한 다음에 왕이 군사의 무리 가운데 전쟁에 공이 있는 자를 보고 크게 기뻐하고 공에 따라 상을 주되, 논밭과 집 촌락이나 성읍, 혹은 의복이나 장신구, 혹은 갖가지 진귀한 보배인 금·은·유리·자거·마노·산호·호박·코끼리·말·수레·남종·여종·인민을 주지만, 오직 상투 속 밝은 구슬(髻中明珠)은 주지 않는 것과 같다. 왜냐하면 오직 왕의 정수리에만 이 하나의 (밝은) 구슬이 있기 때문이다. 만약 이것을 주면 왕과 여러 권속들은 반드시 놀라며 괴이하게 여길 것이다.

文殊師利 如來亦復如是 以禪定智慧力 得法國土 王於三界 而諸魔王 不肯順伏 如來賢聖 諸將與之共戰 其有功者 心亦歡喜 於四衆中 爲說諸經 令其心悅 賜以 禪定解脫 無漏根力 諸法之財 又復賜與 涅槃之城 言得滅度 引導其心 令皆歡喜. 而不爲說 是法華經.

문수사리여! 여래 또한 이와 같아서 선정과 지혜의 힘으로 법의 국토(法國土)를 얻는데, (그때) 삼계의 왕과 여러 마왕들이 순응하고 복종하려 하지 않으면 여래는 현성의 여러 장수들과 함께 싸워 공이 있으면 마음으로 역시 기뻐하면서 사부대중 속에서 그들을 위해 여러 경전을 설해 그들의 마음을 기쁘게 하고 선정과 해탈과 무루와 근력 등 제법의 재물을 주고, 또한 열반의 성을 주며,

멸도를 말해 그들의 마음을 인도해서 모두 기쁘게 한다. 하지만 이 법화경은 설하지 않는다.

文殊師利 如轉輪王 見諸兵衆 有大功者 心甚歡喜 以此難信之珠 久在髻中 不妄與人 而今與之 如來亦復如是 於三界中 爲大法王 以法教化 一切衆生 見賢聖軍與五陰魔 煩惱魔 死魔共戰 有大功勳 滅三毒 出三界 破魔網 爾時如來 亦大歡喜. 此法華經 能令衆生 至一切智 一切世間 多怨難信 先所未說 而今說之. 文殊師利 此法華經 是諸如來 第一之說 於諸說中 最爲甚深. 末後賜與 如彼强力之王 久護明珠 今乃與之. 文殊師利 此法華經 諸佛如來 祕密之藏 於諸經中 最在其上 長夜守護 不妄宣說 始於今日 乃與汝等 而敷演之.

문수사리여! 전륜성왕이 여러 군사의 무리들 가운데 큰 공이 있는 자들을 보면 마음으로 매우 기뻐하면서 이 믿기 어려운 구슬을 오랫동안 상투 속에 두고 헛되이 사람들에게 주지 않다가 이제야 주는 것처럼, 여래도 또한 이와 같아서 삼계에 대법왕이 되어 법으로 일체중생을 교화함에, 현성의 군대가 오음마五陰魔·번뇌마煩惱魔·사마死魔와 함께 싸워 삼독을 멸하고 삼계를 벗어나며 마군의 그물을 부숴버리는 큰 공훈이 있는 것을 보면, 그때 여래 또한 크게 기뻐할 것이다. 이 법화경은 중생들로 하여금 일체지一切智에 이르게 할 수 있는 것인데, 일체세간의 많은 원망과 믿기 어려움으로 먼저 설하지 않았지만 지금 그것을 설하는 것이다.
문수사리여! 이 법화경은 모든 여래가 제일로 설한 것이니, 모든 말씀 가운데 가장 깊은 것이다. 마지막에 주는 것은 저 강력한 왕이 오랫동안 밝은 구슬을 보호하다가 지금 그것을 주는 것과 같다.
문수사리여! 이 법화경은 제불여래의 비밀스런 창고로 여러 경들 가운데서 가장 뛰어난 것인데, 오래도록 수호하면서 헛되이 설하지 않다가 오늘에서야 비로소 널리 펴는 것이다.

⑤사사(四蛇, 네 마리 뱀)에 관하여,
대반열반경 제1권에서는 다음과 같이 전한다.

自觀己身 如四毒蛇 是身常爲無量諸蟲之所唼食 是身臭穢 貪欲獄縛 是身可惡 猶如死狗 是身不淨 九孔常流

스스로 자기 몸을 관하기를, "네 마리 독사毒蛇와 같이 하라. 이 몸은 항상 셀 수 없이 많은 벌레들에게 쪼아먹히는 음식이 되고, 이 몸은 나쁜 냄새가 나고 더러우며 탐욕의 감옥에 구속되며, 이 몸이 추한 것이 마치 죽은 개와 같고, 이 몸이 깨끗하지 못한 것이 아홉 구멍에서 항상 (더러운 것이) 흘러내리는 것과 같다"고 하라.

또 대반열반경 제21권에서는 다음과 같이 전한다.

(中略) 復次 善男子 菩薩摩訶薩觀四毒蛇有四種姓 所謂刹利 婆羅門 毘舍首陀. 是四大蛇 亦復如是 有四種性 堅性濕性 熱性動性 是故 菩薩觀是四大與四毒蛇同其種性

(중략) 또 선남자여, 보살마하살은 네 마리 독사에게는 네 가지 종성種姓이 있음을 관한다. 이른바 찰리刹利·바라문婆羅門·비사(毘舍, 바이샤)·수타(首陀, 수드라)이다. 이 4대라는 뱀도 이와 같아서 네 가지 종성이 있으니, 견성堅性·습성濕性·열성熱性·동성動性이다. 이런 까닭에 보살은 4대와 네 마리 독사와 그 종성이 같다고 관한다.

復次 善男子 菩薩摩訶薩觀 是四大如四毒蛇. 云何爲觀. 是四毒蛇 常伺人便 何時當視 何時當觸 何時當噓 何時當齧. 四大毒蛇 亦復如是 常伺衆生求其短缺 若爲四蛇之所殺者 終不至於三惡道中 若爲四大之所殺害 必至三惡 定無有疑.

또 선남자여, 보살마하살은 이 4대는 네 마리 독사와 같다고 관하니, 어떻게 관하는가? 이 네 마리 독사는 늘 사람이 오가는 것을 엿보면서, '언제 바로 보아야 하는가? 언제 바로 건드려야 하는가? 언제 (독)을 내보낼까? 언제 물까?' 한다. 4대의 독 역시 이와 같아서 항상 중생을 엿보고 그들의 단점을 찾는다. 만약 네 마리 뱀에게 (물려) 죽어도 결코 3악도에 떨어지지는 않지만, 만약 4대의 살해를 받으면 반드시 3악도에 떨어지는데 결정코 의심할 것이 없다.

---

⑥ 일자지一子地와 관련하여, 대반열반경 제30권에 다음과 같이 전한다.

佛性者 名一子地 何以故 以一子地因緣故 菩薩則於一切衆生得平等心 一切衆生必定當得一子地故. 是故說言 一切衆生悉有佛性 一子地者卽是佛性 佛性者卽是如來

불성佛性이라는 것은 일자지(一子地, 일자의 지위)라 이름하는데, 왜냐하면 일자지의 인연 때문에 보살이 일체중생에 대해 평등한 마음을 얻기 때문이고, 일체중생이 반드시 결정코 일자지를 얻을 것이기 때문이다. 이런 까닭에 말씀하기를 일체중생 모두 불성이 있다고 하는 것이다. 일자리라는 것은 바로 불성이고, 불성은 곧 여래이다.

이외에도 열반경에서는 상당히 많은 일자一子의 비유를 전하고 있으니 참고하기 바란다.

2. 동일무생지同一無生智

❧ 똑같은 무생지이니

八十隨形好	80종호
相有三十二	32상과[31]
四諦及三乘	사제와 삼승은
同一無生智	똑같은 남이 없는 지혜(無生智)이니,[32]
名爲一合相	이를 일러 일합상이라 한다.[33]

31 八十隨形好(80수형호)=八十種好(80종호): 부처의 삼십이상에 부수하여 불신을 장엄하게 하는 80가지의 호상好相.

三十二相(32상): 부처가 갖추고 있다는 서른두 가지 뛰어난 신체의 특징. 고대 인도의 신화에 나오는 전륜성왕이 갖추고 있는 신체의 특징을 불교에서 채용한 것임. (시공 불교사전)

32 無生智(무생지): 성문의 과위인 10지十智 중 열 번째. 아라한의 최고 지혜. 삼계의 번뇌를 끊고 나의 몸이 다시는 삼계에 생을 받지 않음을 증득한 아라한과阿羅漢果의 지혜. 또한 대승보살이 증득한 남이 없는 이치에 대한 지혜.〔聲聞果十智之第十. 阿羅漢之最極智也. 已斷三界之煩惱 證知我身更不受生於三界 阿羅漢果之智也 又大乘菩薩證無生之理之智也, 불학대사전(정복보)〕

33 一合相(일합상): 미진(微塵, 티끌)이 모여 합해진 세계로 그렇기 때문에 세계는 일합상이라고 한다. 『화엄경대소연의초華嚴經大疏演義鈔』에 이르기를 "일합상이라는 것은 온갖 인연이 화합하였기 때문에 온갖 미진을 따라 색을 이루고,

非是人同體　　사람은 같지 않지만
凡夫共佛同　　범부는 부처와 더불어 같다.[34]
一體無有異　　한 몸이라 다른 것이 없지만
若論心與境　　만약 마음과 경계를 논한다면
懸隔不相似　　현격히 같지 않다.

凡夫惟妄想　　범부는 오직 망상만으로
攀緣偏天地　　두루 천지를 반연하여
常懷三毒心　　늘 삼독심을 품고
損他將自利　　남에게 손해를 입히는 것으로 자기 이익을 삼지만,
佛心常慈悲　　부처의 마음은 항상 자비로워
善惡無有二　　선악에 둘이 없다.

蠢動諸衆生　　꿈틀거리는 모든 중생들이여![35]

5음五陰 등이 합하여 사람을 이루기 때문에 일합상이라고 이름하는 것이다"고 하였나(世界爲微塵之集合者 故稱世界爲一合相 華嚴經大疏演義鈔曰 "一合相者 衆緣和合故 攬衆微以成於色 合五陰等 以成於人 名一合相", 전게서). 아래 【참조】를 살펴보기 바란다.

34 '사람은 같지 않지만'은 사람은 형상이 서로 다르다는 뜻으로, '범부는 부처와 더불어 같다'는 것은 본체, 즉 마음은 같다는 뜻으로 이해하였다.

35 불가에서는 준동함령蠢動含靈이라고 한다. 황벽희운의 『전심법요傳心法要』에서는 다음과 같이 전한다.

(中略) 心性不異 卽性卽心 心不異性 名之爲祖. 又云 "諸佛菩薩與一切蠢動含靈同此大涅槃性 性卽是心 心卽是佛"

心同一子地	마음이 (둘도 없는) 한 아들 같으면
六識空無生	6식은 공해서 생함이 없고
六塵將布施	6진으로 보시를 삼으며
意根成妙覺	의근으로 묘각(묘관찰지)을 이루고
七識平等智	7식으로 평등지(평등성지)를 이룬다.[36]

(중략) "마음과 성품이 다르지 않다. 마음이 곧 성품이다. 마음이 성품과 다르지 않은 것을 조(祖, 조사)라고 이름한다."

또 말했다.

"제불보살과 일체준동함령은 이 대열반의 성품이 같다. 성품이 곧 마음이고, 마음이 곧 부처다."

36 四智(4지): 번뇌에 오염된 팔식을 변혁하여 얻은 네 가지 청정한 지혜.

①대원경지大圓鏡智: 오염된 아뢰야식阿賴耶識을 질적으로 변혁하여 얻은 청정한 지혜. 이 지혜는 마치 모든 것을 있는 그대로 비추어 내는 크고 맑은 거울처럼, 아뢰야식에서 오염이 완전히 제거된 상태이므로 이와 같이 말함.

②평등성지平等性智: 오염된 말나식末那識을 질적으로 변혁하여 얻은 청정한 지혜. 이 지혜는 자아에 대한 집착을 떠나 자타自他의 평등을 깨달아 대자비심을 일으키므로 이와 같이 말함.

③묘관찰지妙觀察智: 오염된 제육식第六識을 질적으로 변혁하여 얻은 청정한 지혜. 이 지혜는 모든 현상을 잘 관찰하여 자유자재로 가르침을 설하고 중생의 의심을 끊어 주므로 이와 같이 말함.

④성소작지成所作智: 오염된 전오식前五識을 질적으로 변혁하여 얻은 청정한 지혜. 이 지혜는 중생을 구제하기 위해 해야 할 것을 모두 성취하므로 이와 같이 말함. (시공 불교사전)

참고로 본 편은 금강경 제20, 「이색이상분離色離相分」에 대한 부대사의 찬문과 비교해서 보기 바란다.

〔경문〕

"須菩提 於意云何. 佛可以具足色身見不" "不也 世尊. 如來不應以具足色身見.

何以故 如來說具足色身 卽非具足色身 是名具足色身" "須菩提 於意云何 如來可以具足諸相見不" "不也 世尊. 如來不應以具足諸相見. 何以故 如來說諸相具足卽非具足 是名諸相具足"

"수보리여, 어떻게 생각하느냐? 부처를 갖추어진 색신(具足色身)으로 볼 수 있겠느냐?"
"그렇지 않습니다. 세존이시여! 여래는 갖추어진 색신으로는 마땅히 볼 수가 없습니다. 왜냐하면 여래께서 말씀하신 갖추어진 색신(具足色身)은 갖추어진 색신이 아니며, 이름이 갖추어진 색신이기 때문입니다."
"수보리여, 어떻게 생각하느냐? 여래를 갖추어진 모든 상으로 볼 수 있겠느냐?"
"그렇지 않습니다. 세존이시여! 여래는 갖추어진 모든 상으로는 마땅히 볼 수가 없습니다. 왜냐하면 여래께서 말씀하신 갖추어진 모든 상은 구족한 것(모든 상)이 아니며, 이름이 제상구족이기 때문입니다."

〔부대사의 찬〕

八十隨形好	80의 형상과
相分三十二	32상
應物萬般形	중생에 따른 만 가지 모습
理中非一異	이치 속엔 하나도 다를 것이 없네.
人法兩俱遣	인과 법 둘 모두를 버리고
色心齊一棄	색과 마음 함께 한꺼번에 버려
所以證菩提	그래서 보리를 증득하면
寔由諸相離	실제로는 모든 상을 여읨으로 말미암네.

【참조】

일합상一合相과 관련하여 금강경 제30, 「일합이상분一合理相分」과 이에 대한 부대사의 송을 다음과 같이 전한다.

須菩提 若善男子善女人 以三千大千世界碎爲微塵 於意云何 是微塵衆寧爲多不. 甚多世尊. 何以故 若是微塵衆實有者 佛則不說是微塵衆. 所以者何 佛說微

塵衆則非微塵衆 是名微塵衆. 世尊 如來所說 三千大千世界 則非世界 是名世界. 何以故 若世界實有者 則是一合相. 如來說一合相 則非一合相 是名一合相. 須菩提 一合相者 則是不可說 但凡夫之人貪著其事.

"수보리여! 만약 선남자 선여인이 삼천대천세계를 부수어 미진(微塵, 티끌)으로 만든다면 어떻게 생각하느냐? 이 미진이 어찌 많지 않겠느냐?"
"매우 많습니다. 세존이시여! 왜냐하면 만약 이 많은 미진이 실로 있는 것이라면 부처님께서는 이 많은 미진을 말씀하지 않으셨을 것이기 때문입니다. 무슨 까닭인가 하면, 부처님께서 말씀하신 많은 미진은 곧 많은 미진이 아니며 이름이 많은 미진이기 때문입니다.
세존이시여! 여래께서 말씀하신 삼천대천세계는 세계가 아니며, 이름이 세계입니다. 왜냐하면 만약 세계가 진실로 있는 것이라면 곧 일합상一合相이기 때문입니다. 여래께서 말씀하신 일합상은 곧 일합상이 아니며 이름이 일합상입니다."
"수보리여! 일합상은 곧 말할 수 없는 것인데, 다만 범부의 사람들이 그 일을 탐착하는 것이니라."

彌勒頌曰 "界塵何一異 報應亦同然 非因亦非果 誰後復誰先 事中通一合 理則兩俱捐 欲達無生路 應當識本源"

미륵(부대사)이 송으로 말했다.
界塵何一異　　세계와 티끌에 어찌 같고 다름이 있겠는가.
報應亦同然　　보신과 응신 역시 똑같아
非因亦非果　　인도 아니고 과도 아니니,
誰後復誰先　　누가 뒤고 누가 앞이던가.

事中通一合　　사事 가운데는 통해서 하나로 합하고
理則兩俱捐　　이理인즉, 둘 다를 버리나니
欲達無生路　　무생의 길을 통달하고자 하면
應當識本源　　마땅히 본원을 알아야 하네.

3. 무진장無盡藏

다함없는 보배 창고

富兒空手行　　부자도 (죽으면) 빈손으로 가거늘
貧兒把他物　　가난한 이는 남의 물건을 쥐고,
被物牽入廛　　저 물건에 이끌려 (저잣거리) 가게로 들어가
買賣不得出　　사고팔고 하는 데서 벗어나질 못하네.

覺暮便歸舍　　날이 저무는 것을 알고 집으로 돌아가니
黃昏黑漆漆　　해질 녘 검기가 옻칠한 것 같고,
所求不稱意　　구하는 것 마음에 들지 않아[37]
合家總啾唧　　온 집안이 모두 짹짹거리네.[38]

自無般若性　　반야의 성품 없어

---

37 稱意(칭의): 뜻에 맞다. 마음에 들다. 만족하다.

38 啾唧(추즉): 찍찍. 짹짹. 찌르릉. 짜르릉(새·벌레 따위가 우는 소리).
啾(어린애의 작은 소리 추): (어린애의) 작은 소리. 읊조리다. 떠들썩하다.
唧(두런거릴 즉): 두런거리다(여럿이 나지막한 목소리로 조용히 서로 이야기하다). 물을 대다. (물을) 붓다. 벌레의 소리. 탄식하는 소리. 물을 쏟는 소리.

乏欠波羅蜜　　바라밀이 모자라면[39]
把繩入草裏　　노끈을 잡고 풀 속에 들어가
自繫百年畢　　스스로를 묶어, 백 년에야 마치리라.

實是可憐許　　실로 몹시 가련하구나!
冥冥不見日　　어둑어둑하여 해도 보지 못하네.[40]
富兒雖空手　　부자가 아무리 빈손일지라도
家中甚富溢　　집에는 몹시 부유함이 넘쳐나네.

自有無盡藏　　자신에게 무진장[41]이 있어
不假外緣物　　바깥 인연을 빌리지 않고
周流用不窮　　두루 전하면서 써도 다함이 없으며
要者從理出　　필요한 것은 이치(理) 따라 다 나온다네.

---

39 乏欠(핍흠)=欠乏(흠핍): 빠지거나 이지러져서 모자람.

40 冥冥(명명): 어두컴컴하다. 어둡다. 무지몽매하다. 사리에 어둡다. 먼 하늘.

41 무진장과 관련하여 유마경 제8, 「불도품佛道品」에 다음과 같은 게송으로 전한다.

或爲邑中主　　혹은 마을의 주인이 되기도 하고
或作商人導　　혹은 대상隊商의 인도자가 되기도 하며
國師及大臣　　국사나 대신이 되기도 하면서
以祐利衆生　　중생을 이익 되게 도와주네.

諸有貧窮者　　모든 빈궁한 사람들에게
現作無盡藏　　무진장(다함없는 보배 창고)을 드러내고
因以勸導之　　부지런히 권하고 이끌어주어
令發菩提心　　보리심을 일으키도록 하네.

4. 손지우손損之又損

덜고 또 덜면

古時不異今　　옛날은 지금과 다르지 않고
今時不異古　　지금은 옛날과 다르지 않네.
生事日日滅　　살아갈 일 하루하루 없어져 가건만
有所不能作　　(아직) 하지 못한 것 있네.

世上乏錢財　　세상살이에 돈과 재산 모자라지만
守空無貨賂　　재물 없이 텅 빈 상태를 고수하고,[42]
理詩日日新　　시를 다듬으며 하루하루 새롭건만
朽宅時時故　　썩은 집은 시시각각 옛 것이 되네.

聞船未破漏　　배가 부서지진 않았지만 물이 새는 것을 알면
愛河須早渡　　애욕의 강물을 모름지기 빨리 건너야 하나니,
出過三江口　　삼계의 강어귀를 벗어나면
逍遙神自悟　　소요하며 마음을 저절로 깨달으리라.[43]

---

42 貨賂(화뢰): 재물. 뇌물.

43 逍遙(소요): 소요하다. 자적하여 즐기다. 아무런 구속도 받지 않다. 자유롭게

損之又損之　　(욕심을) 덜고 또 덜면
俄成貝多樹　　홀연히 패다수(깨달음)를 이루리니,[44]
臨行途路難　　떠날 때 길이 험하고 어려워도[45]
無船可相渡　　배 없이도 건널 수 있네.

業老見閻公　　업진 늙은이(業老)가 염공(閻公, 염라대왕)을 보면
沒你分踈處　　그는 변명할 곳이 없겠지만,[46]
若見優曇花　　만약 우담발화를 본다면[47]
處處無疑慮　　곳곳에 의심과 걱정이 없으리라.

거닐다.

44 패다수貝多樹는 보리수를 뜻한다.
菩提樹(보리수): 범어로 Bodhidruma, Bodhivṛkṣa. 석존이 아 나무 아래에서 도를 이루었기 때문에 보리수라고 한다. 번역하면 도수道樹, 또는 각수覺樹라고 한다. 하지만 이 나무의 본래 이름은 『법원주림法苑珠林』 8에 이르기를 '아비다라수阿沛多羅樹'라고 하고, 『법현전』에 이르기를 '패다수貝多樹'라고 하며, 『관불삼매경』에 이르기를 '아수타수阿輸陀樹Aśvattha'라 하고, 『서역기西域記』 8에 이르기를 필발라수畢鉢羅樹Pippala라고 한다(Bodhidruma 又 Bodhivṛkṣa 釋尊於此樹下成道 故名菩提樹 譯曰道樹 又云覺樹 然此樹之本名 法苑珠林八云 阿沛多羅樹 法顯傳云貝多樹 觀佛三昧經云 阿輸陀樹Aśvattha 西域記八云 畢鉢羅樹Pippala).

45 臨行(임행): 떠날 때. 목숨을 마칠 때, 죽을 때로 이해하였다.
途路(도로)=길. 도로道路

46 分踈(분소)=分疏(분소: 변명하다, 해명하다). 踈는 疏의 와자訛字.

47 優曇花(우담화): 영서화靈瑞花·기공화起空花라고도 한다. 인도 원산으로서 인도에서는 보리수와 더불어 종교상 신성한 나무로 취급하고 있다. 인도 전설에서 꽃은 3000년에 1번 피는데, 이 꽃이 피면 여래如來나 전륜성왕轉輪聖王이 나타난다고 한다. (두산백과)

5. 간심좌看心坐

앉아서 마음을 살피네

世上蠢蠢者	세상의 꿈틀꿈틀 대는 중생들이여!
相見只論錢	만나기만 하면 돈 타령뿐이니,
張三五百貫	장삼(張三, 장 씨 셋)이 오백 관이 있어야 한다면
李四有幾千	이사(李四, 이 씨 넷)는 몇 천 관이 있어야 하는가.[48]

趙大折却本	조 씨는 (육대의) 근본을 완전히 꺾어버렸거늘,
王六大迍邅	왕 씨는 육대(몸과 마음)의 뜻을 얻지 못하고[49]
口常談三業	입으로는 항상 삼업을 이야기하며
心中欲火然	마음속으로는 욕정의 불꽃을 태우네.

---

48 張三李四(장삼이사): 장 씨 성을 가진 사람의 셋째 아들과 이 씨 성을 가진 사람의 넷째 아들이란 뜻으로, 성명이나 신분을 밝힐 필요가 없는 평범한 사람들을 말함. 사람에게 성리性理가 있음은 아나, 그 모양이나 이름을 지어 말할 수 없음의 비유.

49 六大(6대): 6계六界라고도 한다. 우주 만물을 구성하는 여섯 가지 원소로 지대地大·수대水大·화대火大·풍대風大·공대空大·식대識大를 뜻한다.
迍邅(둔전): 머뭇거리다. 주저하다. 망설이며 나아가지 못하다. 뜻을 얻지 못하다. 좌절당하다.

癡狼咬肚熱 어리석은 이리는 흥분해서 배를 물고
貪鬼撮頭牽 탐귀(아귀)는 손가락으로 머리를 집어 끄네.
有脚復有足 다리도 있고 다시 또 발도 있으면서
開眼常睡眠 눈 뜬 채 늘 잠만 자고 있네.

羅刹同心腹 나찰이 심복과 같으면[50]
何日見青天 어느 날에야 푸른 하늘을 보겠는가.
青天不可見 푸른 하늘을 볼 수 없는 것은
地獄結因緣 지옥과 인연을 맺기 때문이라네.

故宅守眞妻 참된 아내가 옛집을 지키니
不好求外色 외색 구하는 것을 좋아하지 않고,
眞妻生男女 참된 아내가 아들딸을 낳으니
長大同榮辱 오래도록 영욕(영화와 치욕)을 함께 하네.

外色有男女 외색의 남자와 여자
長成愛作賊 커서는 도적질하는 것을 좋아하고
有妻累我來 아내가 있는데도 거듭 내게 와서
牽我入牢獄 나를 끌고 지옥으로 들어가려 하네.

我亦早識渠 나 또한 일찍이 그를 알아보고

---

50 羅刹(나찰): 지옥에서 죄인을 못살게 군다는 식인귀.
心腹(심복): 심복. 마음 놓고 믿을 수 있는 사람(부하). 속내. 속심. 진심. 성의.

誘引入吾室　　유인해 내 방으로 들어가니,
內外總團圓　　내외(부부)가 모두 화목해하고[51]
同飡一鉢食　　다함께 한 발우의 음식을 먹네.

食飽斷虛妄　　배불리 먹어 허망을 끊으니
無相卽無福　　상 없음이 곧 복 없음이라.
若論眞寂理　　만약 진실로 고요함의 이치를 논한다면
同歸無所得　　함께 얻을 것 없음에 이르리라.

昔日在有時　　과거 어느 때
常被有人欺　　늘 어떤 이에게 속아
一相生分別　　한 모습에 분별을 내며
見聞多是非　　보고 들음으로 많은 시비를 했네.

已後入無時　　이후엔 아무 때나 들어가도
又被無人欺　　다시는 누구에게도 속임을 받지 않고
一向看心坐　　한결같이 앉아서 마음을 살피니
冥冥無所知　　그윽하고 그윽해서 아는 것이 없네.

有無俱是執　　있고 없음은 모두 집착인데
何處是無爲　　어디가 함이 없는 곳인가.

---

51 團圓(단원): 둥근 것. 가정이 원만함. 한 가정이 화합함.

有無同一體　　있고 없음은 한 몸이니
諸相盡皆離　　모든 상을 없애고 모두 떠나라.

心同虛空故　　마음은 허공과 같은 까닭에
虛空是我師　　허공은 나의 스승이나니,
若論無相理　　만약 무상의 이치를 논한다면
惟我父王知　　오직 우리 부왕(父王, 부처)만이 알리라.

老來無氣力　　늙으면 기력도 없고
房舍不能修　　집은 다시 수리할 수도 없으니,
基頹柱根朽　　토대는 기울고 기둥뿌리는 썩고
椽梠脫差抽　　서까래와 평고대는 자리를 벗어나 어긋나면
　　　　　　　뽑아내야 한다.

泥塗零落盡　　벽에 바른 진흙 볼품없이 떨어지니[52]
四壁空颼颼　　네 벽은 텅 비어 바람소리만 솨솨하고,[53]
擧頭看梁柱　　머리를 들어 들보와 기둥을 보니
星星見白頭　　희끗희끗 흰 머리만 보인다.[54]

---

52 '토대는 기울고~볼품없이 떨어지니'까지는 아래 【참조】 ①의 법화경 권제2, 「비유품」과 비교하여 보기 바란다.

53 零落(영락): 권세나 살림이 줄어서 보잘것없이 됨. 초목이 시들어 떨어짐. 颼颼(수수): 쐐쐐. 솨솨(바람 소리를 묘사함).

54 星星(성성)=백발성성白髮星星: 머리털이 희끗희끗함.

慧雲降法雨　지혜의 구름 법비를 내리고
智水沃心流　지혜의 물 비옥하게 마음에 흐르며,
家中空豁豁　집안은 텅 비어 넓고 넓으니
屋倒亦何憂　집이 넘어간들 어찌 근심하리오.

山莊草庵破　산속 집풀을 인 암자가 부서져도
余歸大宅游　나는 큰 집으로 돌아가 노닐면서
生生不揀處　세세생생 처소를 가리지 않고
隨髏說無求　해골을 따라 구함 없음을 말한다.

人有五般花　사람에게 다섯 가지 꽃이 있으니
花蘭變成香　난초 꽃은 향기로 변하고
氤氳滿故宅　화창하고 따뜻한 기운 옛집에 가득해[55]
供養本爺娘　본래 부모에게 공양하였는데
有人見不識　어떤 이는 보고도 알아보지 못하니
報道十月桑　시월 뽕나무라고 알려준다.[56]

外塵一念愛　바깥의 티끌(경계)을 일념으로 좋아해서
合成五色囊　오색을 합해 주머니를 만드니
囊中起三柱　주머니 안에서 세 기둥이 우뚝 솟고
柱上有千梁　(세) 기둥 위에는 천 개의 들보가 있네.

---

55 氤氳(인온): 하늘 기운과 땅 기운이 서로 합하여 어림. 날씨가 화창하고 따뜻함.

56 10월에 서리 맞은 뽕잎은 상당한 약효가 있는 것으로 전한다.

梁邊成地獄　　들보 끝이 지옥이 되고
地獄作天堂　　지옥이 천당이 된다.

緣箇一群賊　　인연 있는 한 무리의 도적들이
自作自消亡　　스스로 만들었다가 스스로 꺼져 없어지니
縱令存草命　　설령 잡초 같은 목숨 붙어 있다 한들
何時還故鄕　　어느 때 고향으로 돌아가리오.

文字說定慧　　문자로 정과 혜를 설하노니,
定慧是爺娘　　정과 혜는 부모이거늘
何不依理智　　어째서 이치와 지혜를 의지하지 않고
逐色在他鄕　　색을 좇아 타향에 머무는가.

早須歸大宅　　빨리 큰 집으로 돌아가
孝順見爺娘　　효도하려 부모를 뵙고자 하니
爺娘聞子來　　부모는 자식이 온다는 소식을 듣고
端坐見咍咍　　단정히 앉아 기뻐 웃는 모습을 보이네.[57]

我所有寶藏　　내가 가진 보배창고
分付鑰匙開　　나눠주려고 열쇠로 열면
非論窮子富　　가난한 이와 부자를 따지지 않고

57 咍咍(해해): 기뻐서 웃는 모양.

擧國免三災	온 나라가 삼재를 면하리라.
如意用無盡	뜻하는 대로 써도 다함이 없고
更不受胞胎	다시는 포태를 받지 않으며[58]
逍遙無障礙	자유로이 노닐어도 걸림이 없고
終日見如來	종일 여래를 보리라.
如來愍諸子	여래는 모든 자식들을 가엾어 하고
平等無高下	(모든 자식들에) 평등해 위아래가 없거늘,
諸子自愚癡	모든 자식들 스스로 어리석기에
所以難教化	그래서 교화하기 어렵다네.
直心是道場	곧은 마음이 도량이니[59]
子心轉姦詐	자식이 마음으로 간교하게 속이면
遣子淨三業	자식을 떨쳐버리고 삼업을 청정하게 하라.
轉愛論俗話	사랑할수록 세속의 이야기만 따지게 된다.
遣子內脩眞	자식을 떨쳐버리고 안으로 참됨을 닦으라.
向外轉尋假	밖으로 구르면서 거짓을 찾는다면
遣子學無相	자식을 떨쳐버리고 상이 없음(無相)을 배워라.
捻他有相把	자식을 잡으면 잡는다는 상이 있게 된다.

58 胞胎(포태): 임신.

59 직심시도량直心是道場에 관해서는 아래 【참조】 ②를 살펴보기 바란다.

無諍最第一　　다툼 없는 것이 제일이다.
論義成相罵　　논의하면 서로 욕하게 된다.[60]

---

60 무쟁無諍과 관련한 경전의 말씀은 아래 【참조】 ③을 살펴보기 바란다.

【참조】

①법화경 권제2, 「비유품」의 게송

譬如長者　비유하면 어떤 장자에게
有一大宅　큰 집이 하나 있는데
其宅久故　그 집 아주 오래되어
而復頓弊　기울고 넘어져 간다.

堂舍高危　집은 몹시 위태로워
柱根摧後　기둥은 뒤로 넘어가고
梁棟傾斜　대들보는 비스듬히 기울며
基陛隤毁　토대와 계단은 헐고 무너졌네.

牆壁圮坼　담과 벽은 갈라지고 허물어
泥塗陀落　발랐던 흙은 떨어져 나가고
覆苫亂墜　덮었던 이엉은 어지러이 늘어져 있고
椽梠差脫　서까래와 평고대는 어긋나 빠져버렸네.

周障屈曲　구불구불 둘러싼 담 안은
雜穢充徧　오물로 가득한데
有五百人　500인이
止住其中　그 안에 살고 있네.

②유마경 제4, 「보살품菩薩品」에 다음과 같이 전한다.

佛告光嚴童子 "汝行詣維摩詰問疾" 光嚴白佛言 "世尊 我不堪任詣彼問疾. 所以

者何 憶念我昔 出毘耶離大城. 時維摩詰方入城 我卽爲作禮而問言. '居士從何所來' 答我言 '吾從道場來' 我問 '道場者何所是' 答曰 '直心是道場 無虛假故. 行是道場 能辦事故. 深心是道場 增益功德故. 菩提心是道場 無錯謬故. 布施是道場 不望報故. (중략)

부처님께서 광엄동자光嚴童子에게 말씀하셨다.
"그대가 유마힐에게 가서 문병을 하라!"
광엄이 부처님께 말씀드렸다.
"세존이시여! 저는 그에게 가서 문병하는 것을 감당할 수 없습니다. 왜냐하면 지난날 비야리毘耶離 대성大城에서 떠날 때가 기억났기 때문입니다.
그때 유마힐이 성으로 들어왔는데, 제가 바로 예를 올리고 물었습니다.
'거사님, 어디서 오십니까?'
제게 답했습니다.
'저는 도량道場에서 왔습니다.'
제가 물었습니다.
'도량이라는 것은 어떤 곳입니까?'
답했습니다.
'직심直心이 도량이니, 헛되고 거짓된 것이 없기 때문입니다. 발행(發行, 發起加行, 힘을 쓰는 것)이 도량이니, 능히 일을 주관할 수 있기 때문입니다. 심심深心이 도량이니, 공덕을 증익하기 때문입니다. 보리심이 도량이니, 잘못된 오류가 없기 때문입니다. 보시가 도량이니, 보답을 바라는 것이 없기 때문입니다.

③금강경 제9, 「일상무상분一相無相分」에 다음과 같이 전한다.

須菩提 於意云何 阿羅漢能作是念 我得阿羅漢道不 須菩提言 不也 世尊 何以故 實無有法名阿羅漢 世尊 若阿羅漢作是念 我得阿羅漢道 卽爲著我人衆生壽者 世尊 佛說我得無諍三昧 人中最爲第一 是第一離欲阿羅漢 我不作是念 我得阿羅漢道 世尊 則不說須菩提是樂阿蘭那行者 以須菩提實無所行 而名須菩提是樂阿蘭那行.

"수보리야! 어떻게 생각하느냐? 아라한이 '나는 아라한과를 얻었다'고 이와 같이 생각을 할 수 있겠느냐?"

수보리가 말했다.

"그렇지 않습니다. 세존이시여! 왜냐하면 실재로는 아라한이라고 이름할 법이 없기 때문입니다. 세존이시여, 만약 아라한이 '나는 아라한의 도를 얻었다'고 이런 생각을 짓게 되면, 아·인·중생·수자의 상에 집착하게 되는 것입니다. 세존이시여! 부처님께서는 제가 무쟁삼매無諍三昧를 얻은 사람 가운데 제일이며 욕심을 여읜 제일의 아라한이라고 말씀하십니다. 세존이시여! 저는 '나는 욕심을 여읜 아라한이다'고 이런 생각을 짓지 않습니다. 세존이시여! 제가 만약 '나는 아라한의 도를 얻었다'고 이런 생각을 짓게 되면 세존께서는 '수보리는 아란나행阿蘭那行을 좋아하는 사람이다'고 말씀하시지 않을 것입니다. 수보리는 실로 행하는 것이 없기에 '수보리는 아란나행을 즐긴다'고 하시는 것입니다."

6. 공덕무변功德無邊

끝없는 공덕

無貪勝布施	탐냄이 없으면 보시보다 뛰어나고
無癡勝坐禪	어리석음이 없으면 좌선보다 뛰어나며
無瞋勝持戒	성냄이 없으면 지계보다 뛰어나고
無念勝求緣	생각이 없으면 인연을 구하는 것보다 뛰어나다.

盡見凡夫事	범부의 일을 모두 보면
夜來安樂眠	밤에는 안락하게 잠을 잘 수 있다.
寒時向火坐	추울 땐 불을 향해 앉지만
火本實無煙	불은 본래 진실로 연기가 없다.

不忌黑闇女	흑암녀를 꺼리지 않고
不求功德天	공덕천도 구하지 않으며
任運生方便	일이 되어가는 대로 맡겨 방편을 내면
皆同般若船	모두 함께 반야선을 타리니,
若能如是學	만약 이와 같이 배울 수 있다면
功德實無邊	공덕은 진실로 끝이 없으리라.[61]

61 흑암녀와 공덕천과 관련해서는 대반열반경 제11권, 「성행품聖行品」에 다음과 같이 전한다.

迦葉 世間衆生 顚倒覆心 貪著生相 厭患老死 菩薩不爾 觀於初生已見過患. 迦葉 如有女人 入於他舍 是女端正 顏貌美麗 以好瓔珞 莊嚴其身 主人見已 卽便問言 汝字何等 繫屬於誰. 女人答言 我身卽是功德大天 主人問言 汝所至處 爲何所作 女天答言 我所至處 能與種種 金銀琉璃 頗梨眞珠 珊瑚虎珀 車璩馬瑙 象馬車乘 奴婢僕使. 主人聞已 心生歡喜 踊躍無量 我今福德故 令汝來至我舍宅 卽便燒香 散花供養 恭敬禮拜.

가섭이여, 세간의 중생은 전도됨으로 마음을 뒤덮어 생하는 모습을 탐하고 늙고 죽는 것을 싫어하지만, 보살은 그렇지 않아 처음 나는 것을 볼 때 이미 허물과 근심을 본다. 가섭이여, 어떤 여인이 다른 집에 들어가는데, 이 여인은 단정하고 얼굴이 아름답고 고왔으며 좋은 영락으로 그 몸을 장엄하였으므로 주인이 보고 바로 묻기를 "이름이 뭔가, 누구인가?" 하였다. 여인이 답하기를 "내 몸은 공덕대천입니다"라고 하자, 주인이 묻기를 "너는 가는 곳마다 무슨 일을 하는가?" 하였다. 공덕천이 답하기를 "나는 가는 곳마다 갖가지 금·은·유리·파리·진주·산호·호박·자거·마노·코끼리·말·수레·노비·하인들을 줍니다"고 하자, 주인이 듣고서 기쁜 마음을 내고 셀 수 없이 좋아 뛰면서 "내가 지금 복덕이 있어 너로 하여금 내 집에 오게 한 것이다"고 하면서 바로 향을 사르고 꽃을 뿌리며 공양하고 공경하며 예배하였다.

復於門外 更見一女 其形醜陋 衣裳弊壞 多諸垢膩 皮膚皴裂 其色艾白 見已 問言 汝字何等 繫屬於誰 女人答言 我字黑闇. 復問 何故名爲黑闇 女人答言 我所行處 能令其家 所有財寶 一切衰耗 主人聞已 卽持利刀 作如是言 汝若不去 當斷汝命 女人答言 汝甚愚癡 無有智慧 主人問言 何故名我 癡無智慧 女人答言 汝家中者 卽是我姊 我常與姊 進止共俱 汝若驅我 亦當驅姊.

또 문 밖에 다시 한 여인 있는 것을 보았는데, 그 형상이 추하고 더러웠으며 옷이 해지고 찢어졌으며 여러 때와 기름때가 많고 피부는 트고 찢어졌으며

살빛은 쑥처럼 희었다. 보고는 묻기를 "이름이 뭔가, 누구인가?" 하였다. 여인이 답하기를 "내 이름은 흑암입니다"라고 하자, 또 묻기를 "어째서 흑암이라고 하는가?" 하자, 여인이 답하기를 "나는 가는 곳마다 그 집 재산 일체 모두를 쇠퇴케 하고 없앱니다"라고 하였다. 주인이 듣고서 날카로운 칼을 가지고 이와 같이 말하였다. "네가 가지 않으면 당장 네 목숨을 끊어버리겠다"고 하였다. 여인이 답하기를 "당신은 아주 어리석고 지혜가 없군요" 하였다. 주인이 묻기를 "어째서 나를 어리석고 지혜가 없다고 하는 것인가?"라고 하자, 여인이 답하기를 "당신 집에 있는 이가 바로 내 언니입니다. 나는 항상 언니와 행동거지를 함께 하니, 당신이 만약 나를 좇아내면 언니도 내쫓아야 합니다."라고 하였다.

主人還入 問功德天 外有一女 云是汝妹 實爲是不 功德天言 實是我妹 我與此妹 行住共俱 未曾相離 隨所住處 我常作好 彼常作惡 我作利益 彼作衰損 若愛我者 亦應愛彼 若見恭敬 亦應敬彼 主人卽言 若有如是好 惡事者 我皆不用 各隨意去. 是時二女 便共相將 還其所止. 爾時 主人見其還去 心生歡喜 踊躍無量.

주인이 다시 들어가 공덕천에게 묻기를 "밖에 한 여자가 있는데, 네 동생이라고 한다. 사실이냐?"고 하자, 공덕천이 말하기를 "분명 내 동생인데, 나와 이 내 동생은 가고 머무는 것을 함께 합니다. (한 번도) 떨어져 본 적이 없습니다. 가는 곳마다 나는 항상 좋은 일을 하였고, 그 애는 항상 나쁜 짓만 하였습니다. 나는 이로운 일만 하였고, 그 애는 손해나는 일만 하였습니다. 나를 사랑하려면 역시 그 애도 사랑해야 하고, 나를 공경하려면 그 애도 공경해야 합니다"라고 하자, 주인이 바로 말하기를 "만약 이와 같이 좋은 일도 하고 나쁜 일도 한다면 나는 모두 필요치 않으니 각자 뜻대로 하라"고 하였다.
이때 두 여인은 바로 서로를 데리고 머물던 곳으로 돌아갔다. 그때 주인이 돌아가는 것을 보고 기쁜 마음에 셀 수 없이 좋아하며 뛰었다.

是時二女 復共相隨 至一貧家 貧人見已 心生歡喜 卽請之言 從今已往 願汝二人 常住我家 功德天言 我等先已 爲他所驅 汝復何緣 俱請我住 貧人答言 汝今念我

我以汝故 復當敬彼 是故俱請 令住我家.

그때 두 여인이 다시 함께 한 가난한 집에 이르렀다. 가난한 이가 보고는 기쁜 마음에 바로 청하기를 "지금부터 너희 둘은 항상 내 집에 머물기를 바란다"고 하였다. (그러자) 공덕천이 말하기를 "우리는 먼저 다른 집에서 쫓겨났는데, 당신은 또 무슨 이유로 우리에게 머물기를 청하는 것입니까?" 하자, 가난한 이가 답하기를 "너희는 지금 나를 생각하고 있고, 나는 너희 때문에 또 마땅히 공경해야 하는 것이다. 이런 까닭에 함께 청해서 내 집에 머물게 하는 것이다"라고 하였다.

迦葉 菩薩摩訶薩亦復如是 不願生天 以生當有 老病死故 是以俱棄 曾無受心 凡夫愚人 不知老病 死等過患 是故貪受 生死二法.

가섭이여, 보살마하살 또한 이와 같아서 천상에 나기를 원치 않지만, 나면 마땅히 늙고 병들고 죽는 까닭에, 이런 까닭에 모두 버리고 일찍이 받는 마음이 없었던 것이다. 범부나 어리석은 이들은 늙고 병들고 죽는 등의 허물과 근심을 알지 못하고, 이런 까닭에 생사의 두 법을 탐내고 받으려는 것이다.

7. 차시진여사此是眞如寺

여기가 바로 진여사

十方同一等	시방이 동일하여 평등하니
此是眞如寺	여기가 (바로) 진여사라네.
裏有無量壽	그 안에 무량수불(無量壽, 아미타불)이 있지만
本來無名字	본래 이름이 없네.
凡夫不入理	범부는 이치에 들어가지 못하고
心緣世上事	마음은 세상사에 반연되어
乞錢買瓦木	돈을 구걸해 기와와 나무를 사서
盖他虛空地	저 텅 빈 땅을 덮어버리네.
却被六賊驅	육적(색·성·향·미·촉·법)에 몰려
背却眞如智	진여지혜를 등지고,
終日受艱辛	종일토록 힘들고 고생스러움을 받으면서도
妄想圖名利	허망한 생각으로 명예와 이익을 도모하면,
如此學道人	이와 같이 도를 배우는 사람은
累劫終不至	누겁(여러 겁)이 다하도록 끝내 이르지 못하리라.

8. 제불좌諸佛座

제불의 자리이거늘

無有報龐大	방대(龐大, 아들)에게 갚을 것 없고[62]
空空無處坐	아무것도 없어 앉을 곳도 없네.[63]
家內空空空	집안은 텅 비어 아무것도 없고
空空無有貨	아무것도 없어 재물도 없네.
日在空裏行	해가 뜨면 허공 속을 거닐고
日沒空裏臥	해가 지면 허공 속에 눕네.
空坐空吟詩	허공에 앉아 공을 시로 읊고
詩空空相和	공도 공함을 시로 지어 서로 조화롭네.[64]
莫怪純用空	공을 순일하게 쓰는 것을 괴이하게 여기지 말라.
空是諸佛座	공은 제불의 자리이거늘
世人不別寶	세상 사람들 보배를 구별 못하네.

---

62 방대龐大거사의 아들 이름 또는 장남을 뜻하는 것으로 이해하였다.

63 여기서는 아래의 공공空空의 뜻으로 해석하지 않았다.

64 空空(공공): 공에 대한 분별이나 집착이 끊어진 상태.

空卽是實貨	공이 바로 진실한 재물이거늘,
若嫌無有空	만약 공이 아무것도 없는 것이라고 싫어하면
自是諸佛過	당연히 제불의 허물이라네.[65]

65 自是(자시): 당연히. 자기가 옳다고 여기다. 제멋대로 하다.

9. 무상리無相理

무상의 이치

有人有所知	어떤 이가 아는 (어떤) 것
有事有是非	일도 있고 시비도 있어,
聞道無相理	무상의 도리를 (말하는 것을) 들어도
心執不生疑	마음은 의심도 하지 않고 (무상리에) 집착한다.
五歲更不長	다섯 살짜리가 더는 자라지 않고
祇作阿孩兒	다만 어린 짓만 하면서
將拳口裏咬	주먹을 입안에 물고
百年不肯離	평생토록 버리려하지 않는다.
假花雖端正	조화造花가 비록 단정해도[66]
究竟不充饑	결국엔 배고픔을 채우지 못한다.
都緣癡孩子	이 모두 어리석은 어린 아기 때문이니
不識是權宜	모르는 척하는 것도 임기응변이다.[67]

---

66 假花(가화)=造花(조화): 종이나 헝겊 따위로 만든 꽃.

67 權宜(권의): 일시적으로 조치하다. 임기응변으로 처리하다. 변통하다.

如來無相理　　여래의 무상의 이치(로 보면)
有作盡皆非　　다함없이 지어도 모두 (다함없이 짓는 것이) 아니다.

10. 연사주緣事走

일에 치달리며

合瞋不須瞋	성냄을 만나도 성낼 필요가 없고
合喜不須喜	기쁨을 만나도 기뻐할 필요가 없네.
喜卽婬慾生	기쁘면 음욕이 나오고
瞋卽毒蛇起	성내면 독사가 일어나네.

毒蛇起猛火	독사는 맹렬한 불꽃을 일으키고
婬慾成貪鬼	음욕은 탐욕의 귀신을 만드네.
猛火和貪鬼	맹렬한 불꽃은 탐욕의 귀신과 어울리고
癡狼咈心底	어리석은 이리는 마음 깊은 곳을 어기네.

妄想如恒沙	허망한 생각은 항하의 모래와 같고
煩惱無遮止	번뇌는 저지할 것이 없지만,
無明黑漆漆	무명은 검어 어둑어둑하고
渴來飮鹹水	목마르면 바닷물을 마시며
終日緣事走	종일토록 일에 치달려
不肯入空理	공의 이치에 들어가려 하질 않네.

11. 누라한嘍羅漢

졸개 같은 놈

我見好畜生	내가 보니, 축생이나 좋아하며
知是嘍羅漢	아는 것이 졸개 같은 사람은[68]
枉法取人錢	법을 왜곡해 사람을 돈으로 취하고
誇道能計算	도를 계산할 수 있다고 뽐내는 사람이라네.

---

68 嘍羅(누라): 체구가 작지만 영리한 사람. 대개는 나쁜 일을 하는 사람의 수하나 졸개를 가리키는 말.

습득拾得의 게송에서는 누라嘍羅와 관련하여 다음과 같이 전한다.

嗟見多知漢	아! 많이 안다는 이들을 보니
終日枉用心	종일 부질없이 마음을 쓰고 있네.
岐路逞嘍羅	갈림길에서 우쭐대는 졸개여!
欺謾一切人	모든 사람들을 속이는구나.
唯作地獄滓	오직 짓는 것은 지옥의 때일 뿐
不修來世因	내세의 인연은 닦지도 않으니,
忽爾無常到	홀연히 무상이 도래하면
定知亂紛紛	결정코 어지럽고 어수선한 것을 알리라.

得卽渾家用　　얻으면 온 집안이 쓰지만
受苦沒人件　　괴로움을 받으면 짝할 사람이 없고,
有力任他騎　　힘이 있으면 마음대로 남의 말을 타고
棒鞭脊上楦　　몽둥이와 채찍질을 하네.

觜上著轆頭　　주둥이는 말굴레를 쓰고[69]
口中銜鐵片　　입안은 쇠 조각을 물며
項領被磨穿　　목은 연자방아에 갈려서 구멍이 나고[70]
鼻孔芒繩絆　　콧구멍은 억새 줄에 묶이니,
自種還自收　　(이는) 자기가 심고 다시 자기가 거두는 것,
佛也不能斷　　부처도 능히 끊을 수가 없네.

---

69 轆(말굴레 롱): 말굴레(말의 머리에 씌우는 굴레), 말갈기(말의 목덜미에서 등까지 나는 긴 털)의 장식.

70 項領(항령): 목(덜미), 요충지, 중요한 길목(비유).

12. 악남자惡男子

나쁜 남자

癡兒無智慧	지혜 없는 어리석은 녀석
自嫌阿爺醜	스스로 아비의 추함을 싫어하고,
阿娘生得身	어미에게 나서 몸을 얻었거늘
嫌娘無面首	어미도 싫어하고 머리도 마주하지 않는다.
拋却親爺娘	친 아비와 어미를 던져버리고,
外邊逐色走	밖으로 색을 좇아 치달리며
六親相將作	서로 육친(혈육)처럼 지내면서
尋常不閑口	늘 입을 한가롭게 하지 못한다.
恒遊十二月	1년 열두 달 노닐면서
月月飮欲酒	달마다 술 마시려 하고
夜夜不曾醒	밤마다 깬 적이 없으며
醉吐飼猪狗	취해서 토한 것으로 개·돼지를 먹이니,
如此惡男子	이와 같은 나쁜 남자는
緣事不了手	해야 할 일을 마치지 못한다.[71]

71 緣事(연사): 해야 할 일. 하고 싶은 일. 목적이 있는 일.
了手(요수): (일을) 처리하여 끝내다. 완결시키다. 책임을 완수하다.

13. 일보검一寶劒

보검 한 자루

余有一寶劒　　내게 있는 보검 한 자루
非是世間鐵　　세간의 쇠가 아니라네.
成來更不磨　　만든 이래로 다시는 갈지 않았어도
晶晶白如雪　　밝게 반짝이는 것이 흰 눈과 같다.[72]

氣衝浮雲散　　찌를 듯한 기세로 뜬 구름을 흩어버리고
光照三千徹　　삼천세계를 꿰뚫어 비추며
吼作師子聲　　울부짖으면 사자의 소리를 내니
百獸皆腦裂　　온갖 짐승들 모두 머리가 찢어진다.

外國盡歸降　　외국을 모두 항복하고[73]
衆生悉磨滅　　중생을 모두 갈아 없애지만,[74]

72 晶晶(정정): 밝게 반짝이는 모양.

73 歸降(귀강): 항복하다. 투항하다.

74 바깥 경계를 모두 끊어버리고(자리自利), 중생의 번뇌를 모두 없애버린다(이타利他)는 뜻으로 이해하였다.

滅已復還生　　　멸해도 다시 되살아나고
還生作金鐍　　　형상을 바꿔 다시 나와 금 걸쇠가 된다.[75]
帶將處處行　　　(몸에) 두르고 곳곳을 다니며
樂者卽爲說　　　즐거워하는 사람, 바로 (중생을) 위해 설한다.

---

75 鐍(걸쇠 휼): 걸쇠. 고리를 거는 쇠. 요처. 햇무리.
보검(寶劍, 吹毛劍)과 관련해서 임제록에서는 다음과 같이 전한다.

沿流不止問如何　흐름을 따르며 그치지 않는 것이 무엇인지 묻는다면
眞照無邊說似他　참된 비춤은 끝이 없다고 그에게 말해줘라.
離相離名如不稟　모습도 여의고 이름도 여의어서 본래 없던 것과 같나니
吹毛用了急須磨　취모검을 다 썼으면 급히 갈아 두어라.

14. 요익타饒益他

(자기를 이겨) 남을 이롭게 하라

知余轉般若　　나를 알고 반야를 굴리고
見余轉金剛　　나를 보고 금강을 굴리며,
合掌恭敬了　　합장하고 공경해
不動見空王　　움직이지 않고 공왕(空王=부처)을 뵙네.[76]

亦勝身命施　　(나는 다만) 뛰어나게 신명을 다해 보시하고
亦勝坐天堂　　뛰어나게 천당에 앉으며
亦勝五臺供　　뛰어나게 오대五臺를 공양하고
亦勝求西方　　뛰어나게 서방정토를 구할 뿐이네.

於住而無住　　머물면서도 머묾 없으면

76 空王(공왕): 부처의 다른 이름. 법은 공법을 말하고 부처는 공왕을 말한다. 공으로 일체의 삿된 집착이 없이 열반성의 중요한 문에 들어가기 때문이다. 『원각경』에 이르기를 "부처는 만법의 왕이고, 또한 공왕이라고 한다"고 하였다(佛之異名法曰空法 佛曰空王 以空無一切邪執 爲入涅槃城之要門故也. 圓覺經曰 "佛爲萬法之王 又曰空王", 불학대사전).

其福不可量　　그 복 가히 헤아릴 수 없고
有爲如夢幻　　유위가 꿈과 같고 환과 같으면[77]
無相契眞常　　상이 없으므로 진상眞常에 계합하네.[78]

如來大慈悲　　여래의 대자비로
廣演波羅蜜　　바라밀을 널리 연설하고
了知三界苦　　삼계의 괴로움을 분명하게 알아,
慇懃勸君出　　은근히 그대에게 나올 것을 권하네.

得之不肯修　　(그대는) 도를 얻고도 닦지 않으려 하니

---

77 금강경 제32, 「응화비진분應化非眞分」에 다음과 같이 전한다.

須菩提 若有人以滿無量阿僧祇世界七寶 持用布施 若有善男子善女人 發菩薩心者 持於此經 乃至四句偈等 受持讀誦 爲人演說 其福勝彼. 云何爲人演說. 不取於相 如如不動. 何以故 一切有爲法 如夢幻泡影 如露亦如電 應作如是觀.

"수보리야! 만약 어떤 사람이 헤아릴 수 없는 아승기 세계를 칠보를 가지고 보시를 하거나, 만일 선남자 선여인이 보살심을 일으켜 이 경이나 혹은 4구게 등을 지녀서 받들어 지니고 읽고 외우며 다른 사람을 위해 연설한다면 그 복은 저것보다 뛰어나다. 어떻게 다른 사람을 위해 연설해야 하는가? 상相을 취하지도 않고 여여부동해야 한다. 왜냐하면 일체의 유위법은 꿈, 환, 물거품, 그림자와 같고 이슬과 같으며 또한 번개와 같기 때문이니, 마땅히 이와 같이 관해야 한다.

78 眞常(진상): 여래가 얻은 법이 진실로 상주하는 것을 말한다. 능엄경 4권에 이르기를 "세존께서는 모든 허망 일체가 원만히 멸해서 홀로 오묘하고 참되며 항상하시다"고 하였다〔謂如來所得之法眞實常住也 楞嚴經四曰 "世尊諸妄一切圓滅 獨妙眞常", 불학대사전(정복보)〕.

實是頑皮物	실로 소목덜미같이 고집스런 놈이로다.[79]
他是已成佛	그(부처님)는 이미 성불하였으니
汝是當成佛	그대도 마땅히 성불하리라.

當成自不成	마땅히 성불해야지 성불하지 못하면
是誰之過失	이는 누구의 과실이겠는가.
已後累劫苦	(성불 못해 찾아올) 이후에 누겁의 괴로움
莫尤過去佛	과거불을 탓하지 말라.

誰家郎君子	어느 집 남자
開眼造地獄	눈만 뜨면 지옥을 만들고,
枉法取人錢	법을 어겨가며 남의 돈을 취하고[80]
養那一群賊	한 떼의 도적을 기르네.

饒伊家戶大	설령 그의 집 클지라도

79 頑皮(완피): 유들유들하여 순종하지 않는 사람을 이르는 말.(한) / (아이들이) 장난이 심하다. 개구쟁이다.(중)

관련해서 증도가에서는 다음과 같이 전한다.

師子吼無畏說	사자후의 두려움 없는 말씀
深嗟懵懂頑皮靼	어리석은 완피달頑皮靼을 몹시 탄식하네.

참고로 『증도가 언기주』(통광 저)에서는 완피달頑皮靼을 소 목덜미의 매우 거칠고 두터운 가죽으로, 이는 소승의 둔한 근기가 큰 법을 듣고도 깨치지 못함을 비유하는 것으로 전한다.

80 枉法(왕법): 법을 왜곡함.

業成出不得　　업만 만들고 벗어나지 못하면,
除非輪迴滿　　윤회가 꽉 차지 않고서는[81]
換形償他力　　모습을 바꿔 다른 힘으로라도 갚아야 하네.

看君騎底驢　　그대는 보라, 사람이 타고 있는 나귀를!
總是如此色　　모두가 이와 같은 형색이네.
無事被鞭杖　　일이 없는데도 채찍과 몽둥이를 맞으니
有理說不得　　어떤 이유가 있더라도 말하지 못하네.

愚人打瓮破　　어리석은 사람이 독(항아리)을 깨버리고는
求人望錮護　　사람을 구해 땜질해서 가지고 있으려는 것처럼
惡法得錢財　　악법으로 돈과 재물을 얻으면서도
布施擬補處　　보시로 (그 죄업을) 메우려 하네.

物色不相當　　(아무리 맞는 것을) 찾아봐도 맞는 것 없으니
此事無煩做　　이 일은 번거로움 없이 만드는 것이라,
縱然有少福　　설사 복이 적더라도
那將地獄去　　어찌 지옥으로 가겠는가?

罪福當頭行　　죄와 복을 바로 앞에서 행하면
何時相値遇　　어느 세월에 (이 일과) 서로 만나겠는가.[82]

---

81 除非(제비): 다만 …함으로써만이 비로소. 오직 …하여야 (비로소). …아니고서는. …(지) 않고서는.

自本猶折却　　스스로 근본도 꺾어버려야 하거늘
安得有利路　　어찌 이로운 길을 얻으려는가.

先須持五戒　　먼저 모름지기 오계를 수지해야
方始得人身　　비로소 사람의 몸을 얻게 되지만,
有財將布施　　재물이 있어 보시만 하여도
身卽不窮貧　　몸은 미천하거나 가난하지 않다네.

若行十善業　　만약 10선업을 행하고
聞道得天人　　도를 들으면 천상세계에 태어나지만,
天人生滅福　　천인의 복도 생멸하는 복이니
來去如車輪　　오고감은 마치 수레바퀴와 같네.

有爲接梵世　　유위로(유위법으로) 범천의 세상을 접하면
不及一毫眞　　한 털끝도 참됨에 미치지 못하나니,
更欲談玄妙　　다시 현묘함을 이야기하고자 한다면
慮恐法王瞋　　법왕이 성낼까 두려워하고 걱정하네.

一皮較一皮　　한 가죽도 한 가죽과 견주나니,
孫子不如兒　　손자는 아들만 못하고
坐禪勝讀經　　좌선은 독경보다 뛰어나고

---

82 値遇(치우): 조우하다. 우연히 만나다.

讀經勝有爲　　독경은 유위보다 뛰어나네.

尋文不識理　　글을 찾으면서 이치를 모르고
棄母養阿姨　　어미는 돌보지 않고 이모가 기르니,[83]
阿姨是色身　　이모는 색신이고
阿娘是法體　　어미는 법체라네.

色身是文字　　색신은 문자이지만
法入無爲理　　법은 무위의 이치에 들어가나니
文字有生滅　　문자에는 생멸이 있어도
無相宛然爾　　(무위의 이치에는) 상이 없음 완연하네.

佛教本無妄　　부처의 가르침 본래 허망한 것 없으니
句句須論實　　한 구절 한 구절 모름지기 진실을 논해야
剋己饒益他　　자기를 이기고 남을 이롭게 하리라.

83 어미는 본체를, 이모는 현상을 뜻하는 것으로 이해하였다.

15. 무심약無心藥

무심의 약

俗所謂陰騭	속담에 소위 "남몰래 백성을 도와준다"고 했다.[84]
遮莫是天王	천왕을 막론하고[85]
饒君宰相姪	설사 임금이나 재상의 조카일지라도
世間有貴賤	세간에 귀천은 있어도
業力還同一	업력은 동일하니,
語汝富貴人	"너는 부귀인이다"고 말한다.

貧兒莫欺屈	가난한 이여! 속이거나 비굴하지 말라.
習重業力成	습기가 무거우면 업력이 되어
翻覆難得出	고치고 바꿔도 벗어나기 어려우니
自恨己身癡	스스로 자신의 어리석음을 한탄하라.
有事無人知	일(곡절, 까닭)이 있어도 아는 이 없고
橫展兩脚睡	제멋대로 두 다리를 뻗고 자면서

84 陰騭(음즐): 하늘이 남 몰래 백성을 도움.
騭(수말 즐): 수말(수컷). (말을) 부르다. 오르다. 정하다. 안정시키다.
85 遮莫(차막): (조기백화) 설령 …라 해도. 을 막론하고. …만 못하다.

至曉不尋思　　새벽이 되도록 찾지도 생각하지도 않네.

諸佛爲我爺　　제불은 나의 아비가 되고
我是世尊兒　　나는 세존의 아들이로다.
兒今已長大　　아이가 지금 이미 장대해져
替父爲導師　　아비를 대신해 도사가 되었지만
父子同宅住　　아비와 자식은 같은 집에 살면서
寸步不相離　　몇 발자국도 떠나지 않는다.

法身無相貌　　법신은 모습이 없거늘,
世人那得知　　세상 사람들 어찌 알리오.
此箇一群賊　　이 한 무리의 도적들이
生生欺主人　　세세생생 주인을 속이지만,
卽今識汝也　　바로 지금 (나는) 너를 알고
不共汝相親　　너와 친하게 지내지 않는다.

你若不伏我　　네가 만약 나를 굴복시키지 못하면
我則處處說　　나는 바로 곳곳에서 (너에 대해) 말하리니,
教人總識汝　　사람들로 하여금 모두 너를 알게 해서
遣汝行路絶　　너 가는 길을 떨쳐버리고 없애도록 하리라.
你若能伏我　　네가 만약 나를 굴복할 수 있다면
我亦不分別　　나 역시 분별심을 내지 않고
共汝同一身　　너와 함께 한 몸이 되어

永離於生滅　　생멸을 영원히 떠나리라.

世人重珍寶　　세상 사람들은 진귀한 보배를 소중히 여기지만
我則不如然　　나는 그러하지 않나니,
名聞卽知足　　명성만으로도 만족할 줄 알고
富貴心不緣　　부귀한 마음과는 인연을 맺지 않으며,
唯樂簞瓢飮　　오직 좋지 못한 적은 음식만을 즐기며[86]
無求澡鏡銓　　구하는 것 없이 거울만 닦으며 저울질하네.[87]

饑食西山稻　　배고프면 서산의 벼를 먹고
渴飮本源泉　　목마르면 본원의 샘을 마시며
寒披無相服　　추우면 상 없는 옷을 걸치고
熱來松下眠　　더우면 소나무 아래에서 잠을 자며
知身無究竟　　몸에 구경이 없음을 알고
任運了殘年　　(세상) 운행하는 대로 여생을 마치리라.

霧重日難出　　안개 두터우면 해는 벗어나기 어렵고
雲厚月朧朧　　구름 짙으면 달은 어슴푸레하니,[88]

---

86 簞食瓢飮(단사표음): 대그릇의 밥과 표주박의 물이라는 뜻으로, 좋지 못한 적은 음식.
87 銓(사람 가릴 전): 사람을 가리다. 뽑다. 인재를 저울질하다. 무게를 달다. 저울에 달다
88 朧朧(농롱): 어슴푸레한 모양.

有心求覓佛　　마음으로 부처를 찾고자 하면
晝夜用心功　　밤낮으로 마음을 써 노력해야지
見夢言將實　　꿈속에서 본 것 진실이라 말하면
聞眞耳却聾　　진실을 들어도 귀가 먹게 된다.

群賊當路坐　　한 무리의 도적들을 장악해 주저앉히면[89]
道理若爲通　　도리가 이와 같이 통하게 되고[90]
見性若玲瓏　　견성이 이와 같이 영롱하면
多求說處通　　아무리 가려 말해도 곳곳에 통한다.[91]
取他凡聖語　　저 범부와 성인의 말을 취한들
到頭渾是空　　결국에는 모두 공이거늘
云何爲人演　　어떻게 사람을 위해 연설하면서
離相說如如　　상을 떠나고(떠나라 하고), 여여를 말하겠는가.

心鏡俱空靜　　마음과 거울 둘 다 텅 비고 고요하면
無實亦無虛　　진실도 없고 허망도 없으며,
心通常嘿用　　마음이 통해 늘 고요하게 쓰면서
出世入無餘　　세상에 나고 들어도 남음이 없네.

---

89 當路(당로): 길 가운데. 길 복판. 집권하다. 정권을 장악하다.

90 '若'은 '이와 같이, 이렇게'로 해석하였다.

91 의역하면 "무슨 말을 해도 곳곳에 통하게 된다"는 뜻이다.
참고로 '多'에는 '과다한', '아무리'의 뜻이 있고, '求'에는 '가리다, 선택하다'의 뜻이 있다.

梵釋咸恭敬　범천과 제석천이 함께 공경하고
菩薩亦同居　보살 역시 함께 사니
語是凡夫語　말은 범부의 말이어도
理合釋迦書　이치는 석가의 경전과 맞도다.
若能如是學　만약 이와 같이 배울 수 있다면
不枉用工夫　쓸데없이 공부하지 않아도 되네.

寅朝飮稀粥　이른 아침에 묽은 죽을 먹고,
飯後兩束薪　먹은 다음에 두 속의 땔나무를 해서
貨得二升米　돈으로 두 되의 쌀을 얻으면
支我有餘身　나를 지탱하고도 몸에 남음이 있네.
身無饑火逼　몸에는 배고픔의 불길이 핍박하지 않고
安余無相神　무상신(상 없는 마음)이 나를 편안하게 하니
神安佛土淨　마음이 편안해 청정한 불국토를 이룬다.
內外絶埃塵　안팎으로 진애(번뇌)를 끊고
無間說般若　끊임없이 반야를 설해
豁達啓關津　툭 트이게 나루터를 여네.

火燒家計盡　불에 타 집안 살림 다 없어지면
全成無事人　전부 일없는 사람이 되고
圓鏡朗如日　둥근 거울 밝기가 마치 해와 같아
湧出無礙智　걸림 없는 지혜가 솟아나니,
梵語波羅蜜　범어로는 바라밀이라 하고

唐言無量義　당나라 말로는 무량의(헤아릴 수 없는 뜻)라네.

說者說無相　말하는 사람은 무상을 말하고
離者離文字　말을 떠난 사람은 문자를 떠났으니
但說無上道　다만 무상도(위없는 도)를 설하기만 해도
利他還自利　이타利他가 도리어 자리自利가 되네.
若能入理行　만약 이理에 들어가는 행을 하면
不動到如地　움직이지 않고도 여여한 경지에 이르지만,
緣事常區區　일에 엮여 늘 바쁘게 지내면
不如展脚睡　다리 펴고 자는 것만 못하다네.

我觀三界有　내가 삼계에 존재하는 것들을 관해 보니
有人披草舍　사람들은 초가를 걸친 듯하고
蛇鼠同穴住　뱀과 쥐는 같은 구멍에서 살며
白日恒如夜　대낮인데도 늘 밤과 같고
鳩鴿爲親情　비둘기는 서로 가까이 사랑하며
羅刹同心話　나찰은 (개와) 같은 마음으로 말하고
五狗常嘷吠　다섯 개는 늘 울부짖으니
思之令人怕　생각만 해도 사람을 두렵게 하네.

我觀總是幻　내가 관해 보니, 모두가 환이라
虛空名亦假　허공이라는 이름도 역시 거짓이요,
放牛喫草庵　소를 풀어 초암에서 먹이니

三身同一化　　삼신이 똑같이 하나의 환화로다.
如來一眞智　　여래의 한결같은 참된 지혜
徧滿娑婆界　　사바세계에 두루 원만하거늘
慇懃說方便　　은근히 방편을 말해줘도
有人自不解　　어떤 사람은 스스로 알지 못하네.

無處不生心　　마음 없는 곳에서는 마음을 내지 않지만
有處多貪愛　　마음 있는 곳에서는 탐애가 많나니,
心王作黑業　　심왕(마음)이 흑업[92]을 지으면
敎他口懺悔　　저 입으로 하여금 참회하는 것을 가르치지만
口懺心不改　　입으로는 참회하면서도 마음은 고치지 않으니
心口相違背　　마음과 입이 서로 위배된다.
不服無心藥　　무심의 약을 먹지 않으면
病根終不差　　병의 뿌리는 끝내 차도가 없나니,
著相求菩提　　상에 집착해 보리를 구하면
不免還他債　　저에게 빚 갚음을 면치 못하리라.

92 흑업黑業: 나쁜 과보를 받을 그릇된 행위와 말과 생각. 악업과 같음.

16. 공실좌空室坐

빈 방에 앉으니

香山有栴檀　　향산에는 전단이 있고[93]
寶山無伊蘭　　보산에는 이란伊蘭이 없는데,[94]

---

93 香山(향산): 무열지無熱池의 북쪽에 있는 염부제주閻浮提洲의 가장 중심(在無熱池之北, 閻浮提洲之最高中心, 불학대사전).

94 寶山(보산): 보배가 쌓여 있는 산. 『심지관경』 제6권에 이르기를 "어떤 사람에게 손이 없으면 비록 보산에 이르더라도 끝내 얻을 것이 없고, 믿음이 없으면 삼보를 만나더라도 얻을 것이 없다"고 하였다. 『지도론智度論』 1권에 이르기를 "믿음은 손이니, 어떤 사람에게 손(믿음)이 있으면 보산에 들어가 저절로 취할 수 있지만, 손(믿음)이 없으면 있는 것도 있지 못한다"고 하였다(珍寶累積之山也 心地觀經六曰 "如人無手 雖至寶山 終無所得 無信手者 雖遇三寶 無所得故" 智度論一曰 "信爲手 如人有手 入寶山中 自在能取 若無手 不能有所有, 불학대사전).

伊蘭(이란): 산스크리트어 eraṇḍa의 음사. 아주까리와 비슷한 일년생 풀. 줄기와 잎에 독이 있고 나쁜 냄새가 남. (시공 불교사전)

대반열반경 제2권에 순타의 게송을 다음과 같이 전한다.

如來受我供　　여래께서 나의 공양 받으시니
歡喜無有量　　기쁘기 한량없네.
猶如伊蘭花　　마치 보기 흉한 이란꽃에서
出於栴檀香　　아름다운 전단 향기 풍기는 것 같네.

金山照毛頭　　금산의 털끝을 비추니[95]
毛頭百億寬　　백억 털끝마다 넓다.

淨心空室坐　　마음을 청정히 하고 빈 방에 앉으니
妙德四方安　　묘덕(문수)이 사방에 있고
空生知內外　　공생(수보리)이 안팎을 알아
相事付阿難　　상사(상과 사)를 아난에게 부촉하네.[96]

如能達此理　　능히 이 이치를 통달하면
無處卽泥洹　　머물 곳 없음이 곧 열반이라네.

我身如伊蘭　　이내 몸 더럽기가 이란꽃 같지만
如來受我供　　여래께서 나의 공양 받아주시니
如出栴檀香　　마치 전단향 풍기는 것 같아서
是故我歡喜　　이런 까닭에 나는 기쁘네.

95 金山(금산): 금산은 부처의 몸을 비유한 것이다. 법화경, 「서품序品」에 이르기를 "몸의 색이 마치 황금 산과 같고 단엄하기가 매우 깊고 오묘하다"고 하였다. 심지관경心地觀經 1권에 이르기를 "유를 부숴버린 법왕께서는 매우 기이하고 특이하고, 광명을 비추시는 것이 마치 황금 산과 같다"고 하였다(金山喩佛身也 法華經序品曰 "身色如金山 端嚴甚深妙" 心地觀經一曰 "破有法王甚奇特 光明照曜如金山", 불학대사전).

96 相은 性, 事는 里와 대비되는 것으로 이해하였다.

17. 상조常照

항상 비춰라

若能相用語　만약 (체·)상·용의 말로
教君一箇訣　그대에게 하나의 비결을 가르쳐준다면,
捻取三毒箭　삼독의 화살을 붙잡아
一時總拗折　한꺼번에 모두 꺾어 부러뜨려라.

田地成四空　마음 밭이 네 가지 공을 이루면[97]
五狗牙總缺　다섯 개는 어금니가 모두 뽑혀져 없어지고
色蘊自消亡　색온은 저절로 꺼져 없어지며
六賊俱磨滅　육적은 함께 갈려져 없어지리라.

---

97 四空(사공)=四空處=四無色處: 무색계의 네 가지 경지.
①공무변처空無邊處: 허공은 무한하다고 체득한 제1천의 경지.
②식무변처識無邊處: 마음의 작용은 무한하다고 체득한 제2천의 경지.
③무소유처無所有處: 존재하는 것은 없다고 체득한 제3천의 경지.
④비상비비상처非想非非想處: 생각이 있는 것도 아니고 생각이 없는 것도 아닌 제4천의 경지. 욕계·색계의 거친 생각은 없지만 미세한 생각이 없지 않은 제4천의 경지. (시공 불교사전)

閻羅成法王　염라대왕이 법왕이 되고
羅刹成菩薩　나찰이 보살이 되면
勿論己一身　자기 한 몸은 말할 것도 없고
擧國一時悅　온 나라가 한꺼번에 기뻐하리라.

達人知是幻　통달한 사람은 이것이 환임을 알아
縱損心亦如　설사 마음을 덜어도 또한 그러해서
諸天不免難　제천도 어려움을 면치 못하리니
況復此閻浮　하물며 이 염부제이리오.

須尋無上理　모름지기 위없는 이치를 찾아야 하나니
莫更苦踟躕　다시는 괴로워 주저하지 말라.
衣食纔方足　옷과 음식은 겨우 (추위와 주림만 면하면) 족하니
不用積盈餘　차고 남는 것을 쌓아둘 필요 없네.

少欲有涅槃　욕심 없는 것에 열반이 있나니
知足非凡夫　족함을 알면 범부가 아니라네.
當來無地獄　다음에 올 세상에 지옥은 없어도
現在出三塗　지금 이 세상에서 삼악도를 벗어나라.

外若絶攀緣　밖으로 만약 반연을 끊으면
歡喜常現前　기쁨이 늘 앞에 드러나리니
本來何所得　본래 있던 것이지, 어찌 얻은 것이겠는가.

吉祥自現形　　길상은 저절로 모습을 드러내리라.

空生稱長老　　공생(수보리)은 장로라 부르고
燃燈常照明　　연등불은 늘 밝게 비추며
彌勒是同學　　미륵은 동학(도반)이고
釋迦是長兄　　석가는 큰형이다.

神通次第坐　　신통으로 차례대로 앉아
無勞問姓名　　어려움 없이 성명을 물으니,
名相有差別　　이름과 형상에는 차별이 있지만
法身同一形　　법신은 같은 모습이네.

大乘一等義　　대승의 제1의 뜻에는
本自無遮閉　　본래부터 막고 감추는 것이 없거늘,
凡夫著相求　　범부가 상을 집착해 구하고
心生有執滯　　마음을 내 집착하는 것이 있으면 막히네.

無心爲眞空　　무심으로 참된 공을 삼고
空寂爲本體　　탕 비어 고요함으로 본체를 삼아
無問亦無說　　물음도 없고 말함도 없이
常照勿使廢　　항상 비추되, 부리거나 없애지 말라.

佛子行道已　　불자여, 이 도리를 행하고[98]

更莫愁來去　　다시는 오고감을 근심하지 말라.

98 법화경 사구게 가운데 하나(권제2, 「방편품」에 나오는 게송의 일부분이다).

諸法從本來　　제법은 본래
常自寂滅相　　항상 스스로 적멸의 모습이니
佛子行道已　　불자여, 이 도리를 행하면
來世得作佛　　오는 세상 부처를 이루리라.

18. 청량사清涼寺

(무념한) 청량사

無念淸涼寺　　무념한 청량사여!
蘊空眞五臺　　참으로 5온이 공한 오대산이여!
對境心無垢　　경계를 대해도 마음에 때가 없으니
當情心死灰　　이 유정(有情, 중생)의 마음 죽여서 재가 되리라.

妙理於中現　　오묘한 이치는 그 안에서 드러나고
優曇空裏開　　우담발화는 허공 속에서 피어나니[99]
無求眞法眼　　구함 없는 참된 법안으로[100]

---

99 대반열반경 제2권에서는 우담발화를 다음과 같은 비유로 설한다.

善哉純陀 如優曇花 世間希有 佛出於世 亦復甚難 値佛生信 聞法復難. 佛臨涅槃 最後供養 能辦此事 復難於是.

"착하구나, 순타여! 마치 우담발화가 세간에 희유한 것처럼, 부처가 세상에 나오는 것 역시 대단히 어렵고, 부처를 만나 믿음을 내고 법문을 듣는 것은 더욱 어렵다. 부처가 열반에 들려 할 때의 마지막 공양, 이 일을 능히 마련한다는 것은 (앞의) 이것들보다 더욱 어렵다."

100 五眼(5안): 다섯 가지 눈(의 힘).

① 肉眼(육안): 육신에 갖춰져 있는 눈.

離相見如來　　상을 떠나 여래를 보라.

若能如是學　　만약 이와 같이 배울 수 있다면
不動出三災　　움직이지 않고도 삼재를 벗어나리라.[101]

---

②天眼(천안): 색계의 천·인이 갖춘 눈으로 사람이 선을 닦아 결정코 얻을 수 있으며, 원근과 내외 주야를 따지지 않고 모두 볼 수 있는 것을 말한다.
③慧眼(혜안): 이승인(二乘人, 성문과 연각)이 진실로 공하고 상이 없는(眞空無相) 이치를 비춰 보는 지혜를 말한다.
④法眼(법안): 보살이 중생을 제도하기 위해 일체의 법문을 비춰 보는 지혜를 말한다.
⑤佛眼(불안): 불타의 몸에 앞의 4안을 갖춘 것인데, 『지도론智度論』 33권과 『대승의장大乘義章』 20권에 보면 이 5안 가운데 혜안은 공제일체지空諦一切智가 되고, 법안은 가제도종지假諦道種智가 되며, 불안은 중제일체종지空諦一切智가 된다고 했다(一肉眼 肉身所有之眼. 二天眼 色界天人所有之眼 人中修禪定可得之不問遠近內外晝夜 皆能得見. 三慧眼 謂二乘之人 照見眞空無相之理之智慧. 四法眼 謂菩薩爲度衆生照見一切法門之智慧. 五佛眼 佛陀身中具備前四眼者 見智度論三十三 大乘義章二十本 此五眼中慧眼爲空諦一切智 法眼爲假諦道種智 佛眼爲中諦一切種智, 불학대사전).

101 삼재三災는 삼재팔난三災八難으로 읽어도 된다.

19. 무위도無爲道

무위의 도

常聞阿閦佛　　늘 아촉불을 들어[102]
擬向東方討　　동방에서 찾으려 했건만,
今日審思惟　　오늘 자세히 살피니
不動自然到　　움직이지 않고도 자연히 이르렀네.[103]

語汝守門奴　　너는 문지기 종에게 (들어가게 해달라고) 말하면서
何須苦煩燥　　구태여 괴롭게 답답하고 초조할 필요가 있는가.[104]

---

102 阿閦佛(아촉불): 아촉은 산스크리트어 akṣobhya의 음사. 무동無動·부동不動·부진에無瞋恚라고 번역. 옛날 한 비구가 동쪽으로 1천 불국토를 지나 있는 아비라제국阿比羅提國의 대일여래에게 부동과 무진에를 발원하고 수행하여 성불, 아축불이 되어 그곳에서 설법하고 있다 함. 그 국토를 선쾌善快·묘락妙樂·묘희妙喜라고 함은 산스크리트어 abhirati의 번역. (시공 불교사전)

103 부동不動은 아촉불의 다른 이름으로, 아촉불이 어느 특정한 곳에 있는 것이 아니라 중생이 있는 곳이면 어디에나 있다는 뜻이다. 또한 압운으로 부동不動을 앞에 배치한 것(자연히 부동이 계신 곳에 이르렀다)으로 이해할 수 있다.

104 煩燥(번조): 손과 발을 가만히 두지 못할 만큼 마음과 몸이 답답하고 몹시 열이 높음. / 초조하다.

我奏父王知　　나는 부왕에게 아뢰어 통지하고
與汝改名號　　너와 함께 명호를 고치리라.

破却有爲功　　유위의 공을 부숴버리니,
顯示無爲道　　무위의 도가 드러나 보인다.[105]

105 본편은 유마경 제12, 「견아촉불품見阿閦佛品」과 함께 읽어보기를 권한다.

20. 지락보살락智樂菩薩樂

지혜의 즐거움과 보살의 즐거움

識樂衆生樂　　중생락을 즐기는 것을 알면
緣繩妄走作　　새끼줄에 묶여 허망하게 달리지만,
智樂菩薩樂　　보살락을 즐기는 것을 알면
無繩亦無縛　　묶을 것도 없고 묶일 것도 없다.

若有發心者　　발심하는 사람이 있으면
直須學無作　　곧장 모름지기 지음 없음(無作)을 배워야지,[106]

106 無作(무작): 범어로 akarmaka, 또는 akrtrima라 한다. 인연 없이 지어서 이루는 것을 가리키며, 또한 마음에 조작하는 생각이 없는 것을 가리키는 것으로, 예를 들면 무작삼매 등이 있다. 혹은 몸과 말과 생각의 동작을 빌리지 않는 자연 상속의 법을 말하기도 하는데, 예를 들면 무표색無表色, 무작계無作戒 등이다(梵語 akarmaka 或 akrtrima 指無因緣之造作 又指心無造作物之念 如無作三昧. 或謂不假身口意之動作而自然相續之法 如無表色 無作戒等, 불광대사전).

가. 유마경 제11, 「보살행품菩薩行品」에 다음과 같이 전한다.
何謂菩薩不住無爲. 謂修學空 不以空爲證 修學無相無作 不以無相 無作爲證 修學無起 不以無起爲證. (中略) 是名菩薩不住無爲.

莫道怕落空　　공에 떨어질까(落空) 두렵다 말하지 말고
得空亦不惡　　공을 얻고도 싫어하지 말라.

見鑛不別金　　광석을 보고도 금을 구별하지 못하니,
入鑛方知錯　　광석에 들어가야 바야흐로 잘못됨을 안다.[107]

어떤 것을 보살이 무위에 머물지 않는다고 하는가? 공을 닦고 배우지만 공으로 증득하지 않고, 무상無相과 무작無作을 닦고 배우지만 무상과 무작으로 증득하지 않으며, 무기無起를 닦고 배우지만 무기로 증득하지 않는다. (중략) 이것을 보살이 무위에 머물지 않는다고 한다.

나. 유마경 제9, 「입불이법문품入不二法門品」에 다음과 같이 전한다.

不眴菩薩曰 "受不受爲二 若法不受 則不可得. 以不可得 故無取無捨 無作無行 是爲入不二法門" 深慧菩薩曰 "是空是無相是無作爲二 空卽無相 無相卽無作 若空無相無作 則無心意識 於一解脫門卽是三解脫門者 是爲入不二法門"

불현不眴 보살이 말했다.
"수受와 불수不受를 둘이라고 하지만, 만약 법을 받지 않는다면 곧 얻을 것이 없습니다. 얻을 것이 없기 때문에 취할 것도 없고 버릴 것도 없으며, 지을 것도 없고 행할 것도 없으니, 이것이 입불이법문入不二法門입니다."
심혜深慧 보살이 말했다.
"공空·무상無相·무작無作을 둘이라고 하는데, 공이 곧 무상이고 무상이 곧 무작이니, 만약 공이고 무상이고 무작이면 심·의·식이 없고 하나의 해탈문에 세 개의 해탈문이 들어오게 되니, 이것이 입불이법문入不二法門입니다."

107 『종경록宗鏡錄』 제3권에서는 '見鑛不識金 入鑛方知錯'이라고 전하며, 고성古聖이 전한 것으로 기술하고 있다.

21. 곡역변성직曲亦變成直

굽은 것도 곧은 것으로 바꿔주려 했거늘…

苦痛役身心	고통스럽게 심신을 부리며
勞神覓官職	근심으로 관직을 찾다가도[108]
暫得色毛披	잠시 빛깔 나는 털옷을 걸치면
拍按作瞋色	어루만지다가 눈을 부릅뜨고 안색을 바꿔
口口打奴兵	말끝마다 종과 병을 때리고[109]
聲聲遣拔朸	소리소리 지르며 핏대를 세운다.[110]
聞道送王老	도가 있다는 소문을 듣고 왕노王老에게 보내
曲亦變成直	굽은 것을 다만 곧은 것으로 바꿔주려 했거늘,
縱令有理道	설령 (이런) 이치의 길이 있어
分疎亦不得	조목조목 나누어 설명해줘도 역시 얻질 못한다.[111]

---

108 勞神(노신): 근심하다. 걱정하다. 마음을 괴롭히다.

109 口口(구구): 말마다. (행동으로는 옮기지 않으면서) 줄곧 말만 하다.

110 拔朸을 직역하면 힘줄을 뽑는다는 것인데, 의역해서 핏대를 세운다고 하였다. 聲聲(성성): 소리 소리마다. 口口聲聲(구구성성): 말끝마다. 입을 열 때마다. 遣(보낼 견): (감정 따위를) 풀다. 놓아주다. 보내다. 파견하다.

111 分疎(분소): 조목조목 나누어 설명함.

22. 결과역천리結果亦天理

결과 또한 하늘의 이치로다

家長自飮酒　　가장이 술을 마시니
擧家一時醉　　온 집안이 한꺼번에 취하고
失火燒故宅　　부주의로 불을 내 옛집을 태우니
運水沃空地　　물 길어 텅 빈 땅에 붓는다.

水火當頭發　　물과 불 바로 앞에서 일어나고
三災一時起　　삼재가 한꺼번에 닥치니
空中鳩鴿舞　　허공에선 비둘기가 춤을 추고
騾來助放屁　　노새가 도우러 왔다가 방귀만 뀐다.[112]

因中無好花　　원인 속에 고운 꽃 없고,
結果亦天理　　결과 또한 하늘의 이치로다.

---

112 騾(노새 라): 노새(암말과 수나귀 사이에 난 잡종).
放屁(방비): 방귀를 뀌다. 욕설 근거가 없거나 불합리한 말을 하다. 헛소리 하다.

23. 미로인迷路人

갈피 못 잡는 사람

學道迷路人　　도를 배우고도 갈피 못 잡는 사람들아!
實是可憐許　　참으로 가련하도다.
被賊妄牽纏　　도적에게 허망하게 엉겨 붙어[113]
惡緣取次與　　멋대로 악연과 함께 하는구나.[114]

有法遍娑婆　　사바세계에 두루 법이 있어
開眼看佛語　　눈을 뜨고 부처의 말을 보고
洗舌讀經典　　혀를 씻고 경전을 읽지만,
和經弄蛇鼠　　경전을 따르면서도 뱀과 쥐를 가지고 노는구나.[115]

動念三界成　　생각(마음)을 움직여 삼계를 이루지만,
迷失當時路　　(삼계를 이룬) 바로 그때 길을 잃어버린다.[116]

113 牽纏(견전): 진대 붙이다. 끈덕지게 따라붙다. 엉겨 붙다.

114 取次(취차): 차례로. 별안간. 경솔하게. 신중하지 못하게(조기백화).

115 弄蛇鼠(농사서)는 온갖 못된 짓을 일삼는 것으로 이해했다.

116 迷失(미실): (길·방향을) 잃다. (물건을) 잃어버리다. 분실하다.

24. 무상경無相經

상 없는 경전

身現凡夫事	몸으로 범부의 일을 드러내지만
內照自分明	안으로 비추면 저절로 분명하다.
三千大千界	삼천대천세계에
滿中諸衆生	가득한 모든 중생들이여!
刹那造有業	찰나에 짓는 업
了了總知情	분명하게 모두 알면[117]
納安芥子裏	개자 속에 편히 거두어들이나니,[118]

---

117 了了(요요): 확실히 알다. 분명히 알다. 영리하다. 완료하다. 끝을 맺다. 知情(지정): (남의 호의적 행동에) 고마워하다. 감사하다. (사건의) 내막을 알다. 사정을 알다.

118 유마경 제6, 「부사의품不思議品」에 다음과 같이 전한다.

維摩詰言 "唯 舍利弗 諸佛菩薩 有解脫 名不可思議. 若菩薩住是解脫者 以須彌之高廣內芥子中無所增減 須彌山王本相如故. 而四天王 忉利諸天不覺不知己之所入 唯應度者乃見 須彌入芥子中 是名 住不思議解脫法門.

유마힐이 말했다.

"사리불이여! 제불보살에게는 해탈이 있으니, 이름이 불가사의不可思議입니다. 만약 보살이 이 해탈에 머물면 수미의 높고 넓은 것(須彌之高廣, 높고 넓은

稱爲無相經　　이를 무상경無相經이라 부른다.
常持人不識　　늘 지니고 있으면서도 사람들은 모르고,
念時無色聲　　생각할 땐 색과 소리도 없다.

수미산)을 겨자(芥子) 안에 넣어도 더하거나 줄어드는 것이 없으며, 수미산의 본래 모습은 예전과 같습니다. (하지만) 사천왕四天王과 도리천忉利과 제천諸天은 자기가 들어간 것을 느끼지도 알지도 못하고, 오직 제도 받을 만한 사람(應度者)만이 수미산이 겨자 안에 들어간 것을 볼 수 있으니, 이를 일러 '부사의 해탈법문에 머문다(住不思議解脫法門)'고 이름하는 것입니다."

참고로 본편은 '48. 일권경'과 함께 읽기를 권한다.

25. 무심시극락無心是極樂

무심이 극락이라

學佛作夢事　　부처를 배워 (일체가) 꿈같은 일이 되면
不須論地獄　　지옥은 따질 필요도 없이
天堂總越却　　천당까지도 모두 벗어나고,
六識爲僮僕　　6식은 하인이 된다.[119]

心心無所住　　마음 마음 머물지 않고
處處塵不著　　곳곳에 티끌(번뇌)이 붙지 않으면
五道絶人行　　(이는) 5도를 끊어버린 사람의 행이로다.[120]
無心是極樂　　무심이 극락이다.

空裏見優曇　　허공 속에서 우담발화를 보지만,
衆生作橋彴　　중생은 별똥으로(별똥별로) 다리를 만든다.[121]

---

119 동복僮僕은 말을 타고 갈 때 앞에서 끌거나 뒤에서 따르는 하인을 뜻한다.

120 五道(오도): 3악도(지옥·아귀·축생)에 인간계와 천상계를 합한 것을 말한다. 3악도를 강조하기 위해 (아)수라(阿)修羅를 빼고 5도를 말하는 경우가 많다.

121 彴(별똥 박, 외나무다리 작): 별똥. 유성 (박). / 외나무다리. 돌다리 (작).

26. 속성불速成佛

빨리 성불하고자 하면

欲得速成佛	빨리 성불하고자 하면
祇學無生忍	다만 무생인(무생법인)을 배워[122]
非常省心力	심히 마음을 살피는 힘으로[123]
當時煩惱盡	바로 그때 (그 자리에서) 번뇌를 없애라.
七寶藏門開	칠보의 곳간 문 열고
智慧無窮盡	다함없는 지혜로
廣演波羅蜜	바라밀을 널리 펴면
無心可鄙吝	마음엔 가히 인색함이 없다.[124]
祇恐著有人	다만 집착하는 사람을 염려할 뿐이니,
愚癡自不信	어리석으면 스스로도 믿지 못한다.

---

122 無生忍(무생인): 생함도 없고 멸함도 없는 이치에 편히 머물러 움직이지 않는 것(安住於無生無滅之理而不動也, 불학대사전).

123 非常(비상): 예사롭지 않은. 비상한. 비정상적인. 특별한. 대단히. 심히.

124 鄙吝(비린): 속되고 천하다. 매우 인색하다.

27. 이후비已後非

(어찌 알겠는가,) 이후에 잘못됨을!

世人皮上黠　세상 사람들 겉으로는 영리하지만
心裏沒頭癡　마음속은 오직 어리석음에 빠져
他貪目前利　눈앞의 이익만 탐하니
焉知已後非　어찌 알겠는가, 이후에 잘못됨을!

謾胡欺得漢　이 오랑캐 사기꾼 놈아!
誇道手脚遲　도를 뽐내지만 손발이 느리니
走向見閻老　달려가 염라 노인을 바라보면
倒拖研米槌　끌어다 넘어뜨리고 쌀을 갈 듯 망치로 치리라.[125]

恐君不覺悟　그대들이 깨닫지 못할까 염려해서
今日報君知　오늘 그대들에게 알리노라.

---

125 倒拖(도타): 끌어 넘어뜨리다.

28. 심자지心自知

마음이 스스로 아네.

中人樂寂靜　　중인은 고요함을 즐기고
下士好威儀　　하사는 위의를 좋아하지만,[126]
菩薩心無礙　　보살은 마음에 걸림이 없어
同凡凡不知　　똑같은 범부이면서도 범부임을 모른다.

佛是無相體　　부처는 상이 없는 몸이거늘
何須有相持　　구태여 상을 지닐 필요가 있겠는가.
但令心了事　　다만 마음으로 하여금 일을 마치도록 하라.
遮莫外人疑　　설령 다른 사람들이 의심할지라도.

如人渴飮水　　사람이 목이 마르면 물을 마시는 것처럼

126 上士(상사): 자리이타의 행이 원만한 사람. 『석씨요람』 상上에 말하기를 "『유가론』에서는 자리이타自利利他가 없는 사람을 하사下士라고 하고, 자리自利는 있는데 이타利他가 없는 사람을 중사中士라고 하며, 자리와 이타 둘이 있는 사람을 상사上士라고 한다"고 한다(上士 圓滿自利利他之行者 釋氏要覽上曰 瑜伽論云 "無自利利他行者名下士 有自利無利他者名中士 有二利名上士", 불학대사전).

冷煖心自知　　마음이 스스로 차고 따뜻함을 아네.[127]

127 냉난자지冷暖自知와 관련해서 달마혈맥론에 다음과 전한다.

道本圓成 不用脩證 道非聲色 微妙難見 如人飮水 冷暖自知. 不可向人說也 唯有如來能知 餘人天等類 都不覺知.

도는 본래 원만히 이루어졌으니 닦아서 증득할 필요가 없다. 도는 성색聲色이 아니고 미묘해서 보기 어려우니, 마치 사람이 물을 마시면 차고 따뜻한 것을 스스로 아는 것과 같다. (그러므로) 다른 사람에게 말하지 말라. 오직 여래만이 능히 아는 것이지, 다른 사람이나 하늘의 부류들은 도무지 깨닫지도 알지도 못한다.

또한 『전심법요』에 다음과 같이 전한다.

六祖云 "汝且暫時斂念 善惡都莫思量" 明乃稟語 六祖云 "不思善 不思惡 正當與麽時 還我明上座父母未生時面目來" 明於言下忽然默契 便禮拜云 "如人飮水 冷暖自知 某甲在五祖會中 枉用三十年功夫 今日方省前非" 六祖云 "如是"

육조가 말하기를 "그대는 우선 잠시 생각을 거두고 선과 악 모두를 생각하지 말라"고 했는데, 명 상좌가 말씀을 받들었다.
육조가 말했다.
"선도 생각하지 말고 악도 생각하지 말라. 바로 이럴 때 부모로부터 나기 전, 명 상좌의 본래면목을 내게 돌려줘라."
(그러자) 명 상좌가 말끝에 홀연히 말없이 계합하였다.
그리고는 절을 하고 말했다.
"마치 사람이 물을 마시고 차고 따뜻함을 스스로 알듯이, 저는 5조 회하에 있으면서 부질없이 30년을 공부를 하다가 오늘에서야 비로소 지난날의 잘못을 살피게 되었습니다."
육조가 말했다.
"그렇지!"

29. 작심사作心師

마음의 스승을 삼으면

識若不受塵　　육식이 티끌경계를 받아들이지 않으면
心亦不顚狂　　마음 또한 미쳐서 전도되지 않으리니,
妙智作心師　　오묘한 지혜로 마음의 스승을 삼으면
名爲破有王　　이름을 파유왕破有王이라 하네.[128]
須臾證六度　　눈 깜짝할 사이에 6도(육바라밀)를 증득해
動用五種香　　다섯 가지 향(五種香=五分香)으로 쓰면[129]
此卽眞極樂　　이것이 바로 참된 극락이고,
亦是眞西方　　또한 참된 서방이니,
釋迦無量壽　　석가와 무량수(=아미타불)가
同居此道場　　이 도량에 함께 머문다네.

---

128 破有王(파유왕, 파유법왕): 부처. 부처가 걸림 없는 지혜의 선교방편으로 사람들의 만유실유에 대한 집착을 깨뜨리기 때문이다. 법화경 약초유품에 이르기를 "파유법왕께서 세간에 출현하시어 중생의 욕망에 따라 갖가지로 법을 설하신다"고 한다(佛也 佛以無礙智之善巧方便 破吾人萬有實有(有法)之執著故也. 法華經藥草喩品曰 破有法王 出現世間 隨衆生欲 種種說法, 불학대사전).

129 五分香(오분향): 오분법신五分法身을 향에 비유한 말. 계향戒香·정향定香·혜향慧香·해탈향解脫香·해탈지견향解脫知見香. (시공 불교사전)

30. 삼계공三界空

삼계가 공하면

俗務不廢作	세속의 잡다한 일에 빠져들지 말고
內秘貪心學	안으로는 비밀리에 마음 배우는 것을 탐하되,[130]
世上假名聞	세상의 거짓 명성에
超然總莫著	모두 집착 말고 초연하라.[131]
息念三界空	생각을 쉬어 삼계가 공하고
無求出五濁	오탁에서 벗어나 구함이 없으면[132]
法報皆圓滿	법신과 보신 모두 원만하고
意根成正覺	의근(마음)은 정각을 이루리니,
若能如此修	만약 능히 이와 같이 닦으면
輪王亦不慱	전륜성왕 역시 (다른 것과) 바꾸지 않을 것이다.[133]

---

130 心學(심학)과 관련해서는 아래 【참조】를 살펴보기 바란다.

131 超然(초연): 범위 밖으로 뛰어난 모양. 남과 관계 않는 모양.

132 五濁(오탁): 말세末世에 일어나는 다섯 가지 혼란.
①겁탁劫濁: 말세에 일어나는 재앙과 재난. ②번뇌탁煩惱濁: 번뇌가 들끓음. ③중생탁衆生濁: 악한 중생이 마구 날뜀. ④견탁見濁: 그릇된 견해가 걷잡을 수 없이 퍼짐. ⑤명탁命濁: 인간의 수명이 단축됨. (시공 불교사전)

133 慱은 '博(넓을 박)'의 와자訛字.

慱(넓을 박): 넓다. 많다. 크다. 넓히다. 넓게 하다. 노름하다. 넓이. 폭. 노름. 돈을 걸고 하는 놀이.
愽(넓을 박): 넓다. 깊다. 많다. 크다. 넓히다. 넓게 하다. (크게) 얻다. 바꾸다. 무역하다. 노름하다. 넓이. 폭. 평평함. 평탄함. 노름. 돈을 걸고 하는 놀이.

【참조】
心學(심학): 넓은 의미에서 마음의 개념에 관한 논의를 일반적으로 가리키고 있으며, 좁은 의미에서 마음의 본체를 인식하고 수양의 방법을 구명하는 데 관심을 가진 학문적 입장을 심학이라 한다. 심학은 학파의 입장에 따라 다양한 의미로 사용되고 있는데, 대표적으로 세 가지 경우를 들 수 있다.
송대의 이학理學이 발전하면서 ①정주학程朱學 혹은 주자학朱子學에서는 심성 수양론적 영역을 심학이라 일컬었으며, 이런 의미에서 심학은 이학 혹은 도학道學에 포섭되는 것이요 상충되는 것이 아니었다. 이에 비하여 ②육왕학陸王學 혹은 양명학陽明學에서는 마음을 본체로 인식하는 입장을 심학이라 일컬었으니, 이러한 의미의 심학은 이학 속에 포함되고 있으나 도학과 대립되는 것으로 인식된다. 때로 ③정주학에서는 불교를 가리켜 심학이라 일컫는 경우도 있다. 특히, 일진법계一眞法界를 일심一心으로 제시하는 화엄종華嚴宗이나 직지인심直指人心을 표방하고 제불諸佛과 일체중생을 일심으로 파악하는 선학禪學의 학풍은 마음을 우주의 본체로 파악하고 있으므로 심학이라 일컫는다.
성즉리설性卽理說을 표방하는 성리학에서는 심즉리설心卽理說을 내세운 육왕학이 마음을 본체로 인식하는 점에서 선학과 상통한다는 관점에서 육왕학을 선학과 일치시키기도 한다. 이때 성리학자들은 자신의 입장을 성종가性宗家로, 육왕학과 선학은 심종가心宗家로 일컫기도 한다. 여기에서 심학이라는 용어를 공유하는 세 가지 유형의 개념내용에 따라 수양론적 심학(程朱學)·본체론적 심학(陸王學)·불성적 심학(佛教)으로 구분할 수 있다. (한국민족문화대백과사전)

31. 명상공名相空

이름과 형상은 공하나니

五蘊若實有	오온이 진실로 있는 것이라면
則合有色形	합하면 색의 형상이 있을 것이고,
五蘊若實無	오온이 진실로 없는 것이라면
則合無形聲	합해도 형상과 소리가 없을 것이다.
祇爲假名字	다만 이름과 글자를 빌린 것이기 때문에
所以妄來停	그래서 허망한 것이 와서 머무는 것이니,
若了名相空	만약 이름과 형상이 공함을 알고
事盡總惺惺	일을 다해 모두 또렷또렷하면
心王無障礙	심왕(마음)은 장애가 없어
擺撥三界行	삼계행을 떨쳐버릴(벗어날) 것이다.[134]

134 擺撥(파발): (속어) 벗어나다. 방치하다. 잠시 손을 떼다. / (조기백화) 처치하다. 배치하다. 지배하다.

32. 작불작범부作佛作凡夫

부처가 되고 범부가 되는 것은

我是凡夫身	나는 범부의 몸이지만
樂說眞如理	진여의 이치를 말하기를 즐기고,
爲性不慳貪	(중생을 위해) 인색하거나 탐내지 않으며
常行平等施	항상 평등한 보시를 행한다.
凡夫事有爲	범부의 일은 유위법이지만
佛智超生死	부처의 지혜는 생사를 뛰어넘나니
作佛作凡夫	부처가 되고 범부가 되는 것
一切自繇你	일체가 너로 말미암는다.[135]
耳聞無相理	귀로는 무상의 이치를 듣고

135 繇(역사 요, 말미암을 유, 정사 주): 역사役事. 노래. 가요. 어조사語助辭. 고요(皐陶: 중국 고대의 전설상의 인물). 무성하다. 우거지다. 흔들리다. 멀다 (요) / 말미암다. 지나다. 다니다. 거치다. 통과하다. 유유하다. 한가하다. 사용하다. 따르다. 순종하다. ~부터(=由). 오히려. 길. 도리. 까닭. 꾀 (유) / 점사(占辭: 점괘에 나타난 말). 점괘(占卦: 점을 쳐서 나오는 괘) (주).

眼空不受色	눈은 공해서 색을 받아들이지 않으며
鼻嗅無相香	코로는 무상의 향기를 맡고
舌嘗無相食	혀로는 무상의 음식을 맛본다.
身著無相衣	몸엔 무상의無相衣를 걸치고
意隨無相得	생각은 무상을 따라 얻으며
心靜越諸天	마음은 고요해 제천을 뛰어넘고
神淸見彌勒	맑은 정신으로 미륵을 본다.
十方同一乘	시방이 하나같이 일승이니
無心記南北	마음은 남북을 기억할 것 없다.

33. 불수집不須執

모름지기 집착하지 않아야

慈悲說斯法　　자비로 이 법을 설하며
現疾爲衆生　　병을 드러내 중생을 위하니
純陀獻後供　　순타(춘다)가 마지막 공양을 바치고
妙德亦同行　　묘덕(문수) 또한 함께 행하네.[136]

名相有差別　　이름과 형상에는 차별이 있지만
法身同一形　　법신은 다 같이 하나의 형상이니,
化身千萬億　　천만억 화신도
方從立空名　　공한 이름을 따라 세운 것이네.

不須執有法　　모름지기 어떤 법에도 집착하지 않아야
圓通最大精　　가장 뛰어나게 원만히 통하리라.

---

136 대반열반경 제2권, 「순타품純陀品」을 참조하기 바란다.

34. 진성불眞成佛

진실로 성불하고자 하면

欲得眞成佛　　진실로 성불하고자 하면
無心於萬物　　만물에 무심하라.
心如境亦如　　마음이 여여하면 경계 또한 여여하리니
眞智從如出　　참된 지혜는 여여함에서 나온다.

定慧等莊嚴　　정과 혜로 똑같이 장엄하고
廣演波羅蜜　　바라밀을 널리 펴서
流通十方界　　시방세계에 흘러 통하면
諸有不能疾　　모든 존재는 병들 수 없다.

報汝學道人　　그대들에게 알리노니, 도를 배우는 이들이여!
祇麽便成佛　　다만 바로 부처를 이루어라.

35. 불긍경不肯耕

(마음 밭을) 갈려고 하지 않으면

讀經須解義　　경을 읽으려면 모름지기 뜻을 알아야 하고
解義始修行　　뜻을 알아야 비로소 수행을 하리니,
若能依義學　　만약 뜻에 의지해 배울 수만 있으면
卽入涅槃城　　바로 열반성에 들어가리라.[137]

讀經不解義　　경을 읽어도 뜻을 모르면
多見不如盲　　많이 보더라도 맹인보다 못하고,
緣文廣占地　　모연문으로 땅은 넓게 차지하면서도[138]

137 涅槃城(열반성): 열반은 성자가 머무는 곳이기 때문에 궁성에 비유한 것이다. 『장아함경長阿含經』 4권에 이르기를 "귀성沸星에서 최상의 도를 얻고 귀성에서 열반성으로 들어간다"고 하였다. 『능엄경楞嚴經』 10권에 이르기를 "열반성을 등지면 천마의 종족으로 태어난다"고 하였고, 『능가경楞伽經』 3권에 이르기를 "스스로 깨달은 것을 인연하여 열반성으로 향한다"고 하였다. 『지도론智度論』 20권에 이르기를 "제법의 실상이 열반성이다. 성에는 세 개의 문이 있으니, 공空·무상無相·무작無作이다"고 하였다(涅槃爲聖者之所居 故譬之宮城. 長阿含經 四曰 "沸星得最上道 沸星入涅槃城" 楞嚴經十曰 "背涅槃城 生天魔種" 楞伽經三曰 "緣自覺了向涅槃城" 智度論二十曰 "諸法實相是涅槃城 城有三門 空無相無作", 불학대사전).

心中不肯耕　　마음 가운데서는 (마음 밭을) 갈려고 하지 않는다.

田田總是草　　밭마다 모두 잡초면
稻從何處生　　벼는 어디서 나겠는가.[139]

---

138 연문緣文은 모연문(募緣文, 사람들에게 돈이나 재물을 기부하도록 이끄는 글)으로 해석하였다.
廣占(광점): 넓게 차지하다.

139 본편의 시를 보고, 경허鏡虛 선사가 다시 쓴 시를 다음과 같이 전한다.

讀經須解義　　경을 읽으려면 모름지기 뜻을 알아야 하고
解義卽修行　　뜻을 알아야 비로소 수행을 하리니,
若依了義學　　만약 뜻에 의지해 배울 수만 있으면
卽入涅槃城　　바로 열반성에 들어가리라.
如其不解義　　그 뜻을 모르면
多見不如盲　　많이 보더라도 맹인보다 못하고,
尋文廣占地　　문자를 찾아 땅을 넓게 차지해도
心牛不能耕　　마음 소는 경작할 수 없네.
田田總是草　　밭마다 모두 잡초라면
稻從何處生　　벼는 어디서 나겠는가. (밑줄 친 5, 7, 8구를 바꾼 것이다.)

36. 숙시응지熟始應知

(과일이) 익어야 비로소 알리니

有人道不得　　어떤 사람이 말하지 못하는 것,
是伊心王黑　　이는 그 사람의 심왕(마음)이 검어
不能自了事　　스스로 일을 마치지 못하고
埋藏一群賊　　한 무리의 도적들을 묻어서 감추는 것이네.

群賊多貪癡　　탐내고 (성내며) 어리석음 많은 한 무리의 도적들
緣事說是非　　인연을 일삼아 옳고 그름을 말하지만,
心王被賊使　　심왕(마음)은 (저) 도적들의 부림을 받아
劫劫無出期　　겁겁에 나올 기약이 없네.

見花不識樹　　꽃은 볼지언정 나무는 모르니,
菓熟始應知　　과일이 익어야 비로소 마땅히 알리라.

37. 귀공歸空

공으로 돌아가니

君家住聚落　　그대들은 마을에 살지만,
余自居山谷　　나는 산골짜기에 산다.
山空無有物　　산은 텅 비어 어떤 것도 없지만,
聚落百種有　　마을엔 온갖 것이 있다.

有者喫飯食　　있으면 밥을 먹지만
無者空張口　　없으면 그냥 입만 크게 벌린다.
口空肚亦空　　입도 텅 비고 배 또한 텅 비면
還將空喫有　　텅 빈 것으로 먹을 것이 있겠는가.

有盡物歸空　　다함이 있으면 사물은 공으로 돌아가니
同體無前後　　같은 몸이라 앞뒤가 없다.

38. 동일가同一家

같은 집안이거늘

諸佛與衆生　　제불과 중생
元來同一家　　원래 같은 집안인데,
不識親尊長　　(집안에) 친 어른은 몰라보고
外面認假爺　　밖의 거짓 아비를 (집안 어른으로) 아네.

優曇不肯摘　　우담발화는 따려 하지 않고
專採葫蘆花　　오로지 호로 꽃만 따려 하니,[140]
葫蘆花未落　　호로 꽃은 아직 떨어지지 않았는데도
常被三五枷　　늘 보름날에 도리깨질을 당하네.[141]

如斯之等類　　이런 부류의 무리들
輪轉劫恒沙　　항하의 모래와 같은 겁을 윤회하네.

---

140 葫蘆(호로): 조롱. 조롱박. 호리병박. 호로胡盧. 호로葫蘆.

141 三五(삼오): 서너너덧. 보름. 삼황오제三皇五帝.
枷(도리깨 가): 도리깨(곡식의 낟알을 떠는 데 쓰는 농기구).

39. 전사옹田舍翁

시골뜨기 노인네

余爲田舍翁	나는 시골뜨기 노인네로[142]
世上最貧窮	세상에서 가장 빈궁해
家中無一物	집 안에 한 물건도 없지만,
啓口說空空	입을 열어 공도 공함을 설하네.
舊時惡知識	옛날의 악지식들[143]
總度作師僧	모두 제도해 스님으로 만들고,
和合一處坐	화합해 한 자리에 앉아
常敎聽大乘	늘 대승을 듣도록 하네.
食時與持鉢	(하지만) 밥 먹고 발우 들 땐
唯我一人供	오직 나 한 사람만 공양하네.

142 田舍翁(전사옹): 견문이 좁고 고집스런 시골 늙은이(=전사한田舍漢).

143 惡知識(악지식): 선지식善知識과 대칭. 또한 악우惡友·악사惡師·악사우惡師友는 곧 악법과 사법을 설해 사람들로 하여금 마도의 악덕에 빠뜨리는 사람.(爲善知識之對稱 又作惡友 惡師 惡師友 卽說惡法與邪法 使人陷於魔道之惡德者, 불광대사전)

40. 간도로看道路

도의 길을 보라

平等無有二　　평등해 둘이 없어
終日同宅住　　종일토록 함께 (한) 집에 머물거늘,
世人不了妄　　세상 사람들 허망한 것도 모르고
心生外緣取　　마음을 내서 밖의 인연을 취하네.

取得外相佛　　겉모양의 부처를 얻으면
樂却變成苦　　즐거움도 도리어 괴로움으로 변하고
苦卽諸法生　　(그) 괴로움은 곧 제법을 내거늘
大海從何渡　　큰 바다를 어디서부터 건너리오.

爲報知音者　　지음자에게 보답하려면[144]
好好看道路　　도의 길을 잘 보라.

---

144 知音(지음): 『열자列子』「탕문편湯問篇」에 나오는 말. 진정으로 자신을 알아주는 것(사람)을 뜻한다. 백아伯牙가 타는 거문고 소리를 종자기鍾子期만이 알아들을 수 있었다는 이야기에서 유래한다.

41. 보주寶珠

보배 구슬

故宅有寶珠	옛집에 보배 구슬 있거늘
却向田野求	도리어(반대로) 들판에서 찾으면서
這箇一群賊	이 한 무리의 도적들
賺你徒悠悠	부질없이 그대를 속이며 여유만만하네.[145]
泥上搽粧粉	진흙에다 분 발라 치장하고[146]
壁上塗渾油	벽에다가 온통 기름을 바르면서
愚人見夢事	어리석은 사람 꿈속의 일을 보고
讚歎道能修	찬탄하여 말하길, "능히 닦았다" 하네.
臘月三十日	(하지만) 납월 30일엔
元無一物收	원래 한 물건도 거둘 것이 없다.

145 悠悠(유유): 아득하게 먼 모양. 때가 오랜 모양. 침착하고 여유가 있는 모양. 한가한 모양. 많은 모양.

146 搽(칠할 차): 칠하다. 바르다.

42. 전불어傳佛語

(부처가 돌아와) 부처의 말을 전하네

山中失却心	산속에서 마음을 잃으니
任運騰騰語	되어 가는 대로 말을 해도 기세등등하고,
語卽說空空	말로는 공도 공함을 설하니
空中無蛇鼠	허공엔 뱀도 쥐도 없다.
有心波浪起	마음이 있으면 물결이 일어나고,
無心是淨土	마음이 없으면 정토다.
淨土生眞佛	정토에서 진불이 나오고,
佛還傳佛語	부처(진불)는 돌아와 부처의 말을 전한다.
佛能度衆生	부처가 능히 중생을 제도하지만,
衆生是佛母	중생이 (바로) 불모(佛母, 부처)로다.[147]

147 佛母(불모): 부처는 법으로부터 나오기 때문에 법명을 불모라고 한다. 『대방편불보은경大方便佛報恩經』 권6에 이르기를 "부처는 법으로 스승을 삼는다. 부처는 법으로부터 나오니, 법이 부처의 어머니다"라고 하였다. 또한 반야바라밀이 제불을 태어나게 하는 어머니이기 때문에 불모佛母라고 칭한다. 그렇기 때문에

선가에서 칭하기를 '마하반야바라밀이 마하불모가 된다'고 하였다. 『대품반야경大品般若經』 권16에 이르기를 "반야바라밀이 제불의 어머니이다. (중략) 왜냐하면 이 반야바라밀이 제불을 출생하였기 때문이다"고 하였다. 『지도론智度論』 권34에 이르기를 "반야바라밀이 제불의 어머니다. 부모 중에 어머니의 공이 가장 중하다. 이런 까닭에 부처는 반야로 어머니를 삼고, 반야삼매는 아버지가 된다"고 하였다(佛從法生 故以法名佛母 大方便佛報恩經六曰 "佛以法爲師 佛從法生 法是佛母" 又般若波羅蜜爲生諸佛之母 故稱佛母 故禪家稱摩訶般若波羅蜜爲摩訶佛母也. 大品般若經十六曰 "般若波羅蜜是諸佛母 (中略) 何以故 是般若波羅蜜出生諸佛" 智度論三十四曰 "般若波羅蜜是諸佛母 父母之中母之功最重 是故佛以般若爲母 般舟三昧爲父", 불학대사전).

43. 무생리無生理

무생의 이치

心王不能了	심왕(마음)을 능히 알지 못하거늘,
何不依眞智	어째서 참된 지혜에 의지하지 않는가.
一吼百獸伏	한 번의 사자후로 백수를 굴복하니,
盡見無生理	모두 무생의 이치를 보라!

無生理甚寬	무생의 이치는 매우 넓고
無心無可看	무심해서 가히 볼 수 없나니,
非內外中間	안과 밖, 중간도 아니고
非生死涅槃	생사와 열반도 아니다.

諸法無住處	제법은 머물 곳 없으니,
遨遊神自安	스스로 마음 편하게 노닐지어다.[148]

148 遨遊(오유): 노닐다. 유력하다.(遨: 놀 오)

44. 자가진 自家珍

자기의 보배

外求非是寶	밖에서 구한 것 보배 아니요
無念自家珍	무념이 자기의 보배이니,
心外求佛法	마음 밖에서 불법을 구하는 것
總是倒行人	모두 도리에 어긋나게 일하는 사람이네.[149]
般若名尙假	반야라는 이름 또한 거짓이거늘
豈可更依文	어찌 다시 문자에 의지하리요.
有相皆虛妄	형상 있는 것 모두 허망한 것이고
無形實是眞	형상 없는 것 참으로 진실한 것이네.

149 倒行(도행): 순서에 의하지 않고 거꾸로 일을 행함. 도리에 어긋나게 일을 함. 역행하다.

45. 일용사日用事

날마다 하는 일

日用事無別　일용사에 별다른 것 없어
唯吾自偶諧　오직 나 스스로 잘 지낼 뿐,
頭頭非取捨　낱낱이 취하거나 버리지 않으니
處處勿張乖　곳곳에 어긋나는 것도 없다.

朱紫誰爲號　붉은색 옷과 자줏빛 옷 누구를 위한 이름인가?
青山絶塵埃　이 청산에는 한 점 티끌도 없다.
神通幷妙用　신통과 묘용이여!
運水及搬柴　물 긷고 나무하는 것이로다.[150]

---

150 어록 편, '2. 석두와 만나다'의 두 번째 이야기를 참조하기 바란다. 어록에서는 '青山絶塵埃'에서 '청산青山'을 '구산丘山'으로 전하는 차이가 있다.

46. 입무여入無餘

무여에 들어가다

意根無自性	의근은 자성이 없고
萬法本來虛	만법은 본래 허망하다.
外塵都不有	(마음) 밖의 티끌경계 도무지 있지 않으니
三界自然無	삼계도 자연 없도다.

五蘊今何在	오온은 지금 어디에 있는가.
盡總入無餘	모두 다 무여無餘에 들어간다.[151]
河沙過去佛	항하의 모래 같이 많은 과거의 부처님들
並在一毛如	모두(함께) 한 털구멍 속에 여여하게 있다.[152]

---

151 무여無餘: 범어로 niravaśesa. 유여有餘의 대칭. 완전히 다하여 없어진 것에 도달, 남은 것이 하나도 없는 것을 말한다. 나아가 무여의無餘依의 약칭이기도 한데, 의依는 바로 의지依止의 뜻이다. 또한 의신依身이라고도 하는데, 뜻은 육신을 말하는 것으로 번뇌와 육신이 완전히 멸한 상태를 무여의열반無餘依涅槃이라 칭하고, 혹은 무여열반無餘涅槃이라고도 칭한다(梵語 niravaśesa 爲有餘之對稱 達到完全窮盡 一無殘餘之謂. 乃無餘依之略稱 依卽依止之意 又作依身 意謂肉身煩惱與肉身完全滅盡之狀態 稱作無餘依涅槃 或稱無餘涅槃, 불광대사전).

152 역자는 '並在一毛(孔)如'로 해석하였다.

47. 귀동일여歸同一如

함께 일여로 돌아가네

名相本來無　　이름과 형상 본래 없거늘
迷人意欲須　　미혹한 사람은 모름지기 있는 것으로 아니,[153]
須時權爲說　　모름지기 때에 맞춰 방편으로 설해서라도
迷過患須除　　미혹·허물·근심은 반드시 제거해야 하네.

般若無是非　　반야에는 옳고 그름이 없고
無實亦無虛　　진실도 없고 허망도 없으니,
八萬四千卷　　(대장경) 팔만사천 권은
終歸同一如　　마침내 함께 일여一如로 돌아가네.[154]

---

153 역자는 '迷人意欲須(有)', 즉 미혹한 사람은 이름과 형상이 본래(반드시) 있는 것으로 안다고 해석하였다.
意欲(의욕): 문어 (마음·기분에) …하고 싶다. …하고자 하다(=想要).

154 終歸(종귀): 결국. 마침내.
一如(일여): 일一은 둘이 아니라는 뜻이고, 여如는 다르지 않다는 뜻이다. 둘도 아니고 다르지도 않은 것을 일여一如라고 한다. (이것이) 바로 진여의 이치이다(一者不二之義 如者不異之義 名不二不異曰一如 卽眞如之理也, 불학대사전).

48. 일권경一卷經

한 권의 경

人有一卷經	사람마다 한 권의 경이 있으니
無相亦無名	상도 없고 이름도 없어
無人能轉讀	읽을 줄 아는 이가 아무도 없다.
有我不能聽	(이는) '아我'가 있으면 들을 수 없는 것이네.

如能轉讀得	만약 읽어 내려 갈 수 있으면
入理契無生	이치에 들어가 무생과 계합하리니,
非論菩薩道	(그렇게 되면) 보살도를 따지지도 않고
佛亦不勞成	부처 또한 애써 이루지 않는다.[155]

155 조당집 제15권, '방거사' 편에서는 "불역불요성(佛亦不要成, 부처도 되려고 하지 않는다)"이라고 전하는 차이가 있다(부록 참조).

참고로 본편은 '24. 무상경'과 함께 읽기를 권한다.

49. 부자동택父子同宅

아비와 자식이 한 집에 있으면

阿爺當殿坐	아버지는 전각에 앉고
子向前頭立	자식은 전각 앞에 서며
父子同宅住	부자가 함께 집에 머무니,
小魔不敢入	조금의 마魔도 감히 들어오질 못한다.[156]
時開無盡藏	때로 무진장을 열어
貧者相供給	가난한 이들에게 공급하면
得之永不窮	얻은 사람은 영원히 가난하지 않고
免得生憂悒	근심으로 불안해하는 것도 면하리라.[157]

156 마魔: 범어로는 māra이고, 팔리어도 같다. 정식명칭은 마라魔羅. 의역하면 살인자(殺者)·생명을 빼앗음(奪命)·능히 빼앗음(能奪)·능히 생명을 빼앗은 자(能奪命者)·장애障礙이다. 또 악마惡魔라고도 불리는데, 우리들의 생명을 빼앗고 선한 일을 방해하는 귀신을 가리키기도 한다. '마魔' 자는 구역舊譯으로는 '마磨'가 되는데, 남조南朝 양무제梁武帝 때 처음 '마魔'로 바꿨다(梵語 māra 巴利語同 全稱爲魔羅. 意譯爲殺者 奪命能奪 能奪命者障礙 又稱惡魔 指奪取吾人生命而妨礙善事之惡鬼神. 魔字舊譯作磨 至南朝梁武帝時始改爲魔字, 불광대사전).

157 憂悒(우읍): (문어) 근심으로 불안해하다.(悒: 근심할 읍)

50. 제호醍醐

제호를 얻고자 하면

欲得眞醍醐　　진실로 제호를 얻고자 하면[158]
三毒須去除　　모름지기 삼독을 없애버려라.
嗅無酥酪氣　　냄새를 맡아도 소락의 냄새가 없으면[159]
自見如意珠　　스스로 여의주를 보리라.

劫火燒不然　　겁화로 태워도 다 태우지 못하고[160]
泛海浪中浮　　바다에 배 띄워 물결에 떠다니며
昔日强索者　　지난날 핑계나 이유를 억지로 찾던 사람들[161]

---

158 醍醐(제호): 산스크리트어 maṇḍa. 우유를 가공한 식품 가운데 가장 맛이 좋은 최상품. 주로 최상·불성·열반 등을 비유함. (시공 불교사전)
제호와 관련한 비유는 아래 【참조】를 살펴보기 바란다.

159 우유를 정제하여 만든 다섯 가지 유제품에 우유(乳, 젖)·락(酪, 타락)·생수(生酥, 연유)·숙수(熟酥, 치즈)·제호醍醐가 있다. / 소락(酥酪, 수락)=숙수(熟酥, 숙소).

160 劫火(겁화): 산스크리트 칼파그니(kalpagni). 불교에서 세상은 성·주·괴·공을 되풀이하는데, 괴의 마지막이 되면 큰 불과 큰 바람, 큰 물이 일어난다고 하였다. 큰 불은 겁화, 큰 바람은 겁풍劫風, 큰 물은 겁수劫水. (두산백과)

161 强索(강색): 핑계나 이유 등을 억지로 찾음.

今日作他奴　　　금일 다른 사람의 종이 되리라.

【참조】

대반열반경 제32권에서는 제호를 다음과 같이 비유한다(열반경에서는 이 외에도 여러 차례 제호의 비유를 들고 있다).

善男子 若有說言 '乳有酪性 能生於酪 水無酪性 故不生酪' 是義不然. 何以故 水草亦有乳酪之性. 所以者何 因於水草 則出乳酪. 若言 乳中定有酪性水草無者 是名虛妄 何以故 心不等故 故言虛妄. 善男子 若言乳中定有酪者 酪中亦應定有乳性 何因緣故乳中出酪 酪不出乳. 若無因緣 當知是酪本無今有. 是故, 智者應言 '乳中非有酪性 非無酪性'善男子 是故 如來於是經中說如是言 '一切衆生定有佛性 是名爲著 若無佛性 是名虛妄 智者應說衆生佛性亦有亦無'

선남자여, 만약 말하기를 '젖(乳)에 타락(酪)의 성질이 있어 타락이 나오고, 물에는 타락의 성질이 없어 타락(酪)이 나오지 못하는 것이다'고 히면 (이는) 이치가 그렇지 않다. 무슨 까닭인가? (그렇게 되면) 물과 풀에도 타락의 성품이 있기(=있는 것이 되기) 때문이다. 그런 까닭에 물과 풀에서 젖과 타락이 나오는 것이(된)다. 만약 말하기를 '젖에는 소락의 성품이 있지만 물과 풀의 성품은 없다'고 말한다면 이는 허망하다고 말하는 것이니, 왜냐하면 마음이 평등하지 못하기 때문에 허망하다고 말하는 것이다. 선남자여, 만약 젖에는 결정코 타락이 있다고 말한다면 타락에도 결정코 젖의 성품이 있어야만 하는데, 무슨 인연으로 젖은 타락을 내는데 타락은 젖을 내지 못하는 것인가? 만약 인연이 없다면 마땅히 이 타락은 본래는 없다가 지금은 있는 것임을 알아야 한다(本無今有). 이런 까닭에 지혜로운 사람은 마땅히 말하기를 '젖에는 타락의 성질이 있는 것도 아니고, 없는 것도 아니다'고 하여야 하는 것이다. 선남자여, 이런 까닭에 여래는 이 경에서 이와 같이 말하는 것이다. '일체중생은 결정코 불성이 있다고 하면 이것을 집착이라고 이름하고, (또) 만약 불성이 없다고 하면 이것을 허망이라고 한다. (그러므로) 지혜로운 사람은 마땅히 중생은 불성이 있기도 하고 또한 없기도 하다고 해야 한다'고.

51. 신명졸身命卒

신명을 마칠 때가 되니

報汝尋眞理	그대에게 진리 찾는 법을 알려줬거늘
偸生佯不聞	구차하게 살면서 들은 척도 하지 않다가[162]
及其身命卒	그 신명 마칠 때가 되니
心口便紛紜	마음과 말이 몹시 어지러워지는구나.[163]

我命不能與	내 목숨 줄 수 없어
將錢別僱人	돈으로 다른 사람 고용해서[164]
爲讀如來教	(중생을) 위해 여래의 가르침을 읽어주고
救護我精神	나의 정신 구호하였네.

162 偸生(투생): (죽지 않고) 구차하게 살아남다. 몰래 낳아 키우다.
佯(거짓 양): 거짓. 득의한 모양. 가장하다. ~인 체하다. 속이다. 기만하다. 노닐다.

163 紛紜(분운): (말이나 일 등이) 많고 어지럽다. 분분하다.

164 僱(품 팔 고): 품을 팔다. 품을 사다. 고용하다. 빌리다. 세내다.

52. 입리좌入理坐

이치에 들어가 앉을 줄만 아니

城內數萬戶　　성안에 수많은 사람들
不柰我恒一　　항상 한결같은 나를 어쩌지 못하지만
時時師子吼　　(나는) 시시때때로 사자후를 하여
禽獸俱皆卒　　금수 전부를 모두 죽인다.

教作羅睺羅　　(아들을) 가르쳐 라후라로 만들었더니[165]
無蹤持戒律　　흔적도 없이 계율만 지키면서
但知入理坐　　단지 이理에 들어가 주저앉을 줄만 아니
日頭骨咄出　　해가 머리를 들고 꾸짖으며 나온다.

방거사시 권중
(龐居士詩 卷中)

---

165 라후라羅睺羅는 석가의 아들로 출가 이후에 엄격히 계율을 수지, 정진 수도하는 것으로 유명하며, 밀행제일密行第一(십대제자 가운데 하나)로 비유한다. 여기서는 거사의 아들과 라훌라, 자신과 부처를 대비한 것으로 이해하였다.

53. 과인책過人策

남보다 뛰어난 꾀가 있으면

衆生多品體	중생에겐 많은 등급이 있지만,[166]
諸佛祇一般	제불에겐 다만 한 모양일 뿐이다.
庶人見天子	백성이 천자를 보려면[167]
知隔幾重關	몇 겹의 관문이 가로막고 있는지를 알아야 한다.
若有過人策	만약 남보다 뛰어난 꾀가 있으면
欲見亦不難	보고자 하는 것 역시 어렵지 않고,
策中契聖理	(그) 꾀가 불편부당해 성인의 이치에 계합하면[168]
坐取國家官	국가의 관직에 앉게 된다.

166 직역하면 '중생에겐 여러 종류의 해골들이 있지만'이 된다. 여기서는 4성과 같은 제도에 의한 분류를 뜻하는 것으로 이해하였다.

167 庶人(서인): 서인. 서민. 평민. 백성.

168 여기서는 '中'을 동사로 '맞다, 부합하다, 바르다'의 뜻으로 해석하였다.

54. 지도智度

지혜바라밀

智度本來如	지혜바라밀 본래 여여해서[169]
衆生病盡除	중생의 병을 다 없애고,
又度作護法	다시 바라밀로 법을 보호하면서
一切入無餘	일체를 무여(열반)에 들게 한다.[170]
過去恒沙佛	과거의 항하의 모래와 같이 많은 부처님들
皆同此一途	모두 이 하나의 길과 함께 하였으니,
如能達此理	능히 이 이치를 통달하면
凡夫非凡夫	범부이면서 범부가 아니다.

---

169 智度(지도): 지智는 산스크리트어 prajñā의 번역, 도度는 산스크리트어 pāramitā의 번역. 지혜바라밀智慧波羅蜜과 같음.

170 유마경 제2, 방편품에 다음과 같이 전한다.

(중략) 入深法門 善於智度 通達方便 大願成就 (중략)

(유마거사는) 법의 문(法門)에 깊이 들어가, 지도(智度, 반야바라밀다)를 훌륭하게 하고, 방편方便을 통달하였으며 대원大願을 성취하였다.

55. 오공리悟空理

공의 이치를 깨달으면

四大本無情　　사대는 본래 (사사로운) 정情이 없고
清虛無色聲　　맑고 텅 비어 색도 소리도 없다.
達人悟空理　　통달한 사람은 공의 이치를 깨달아
知法本無生　　법은 본래 무생임을 안다.[171]

諸佛常現前　　제불은 항상 앞에 드러나고
妙德亦同行　　묘덕(문수) 또한 함께 길을 간다.
無無無障礙　　없구나, 없구나, 없어, 장애여!
心牛不肯耕　　마음 소는 (마음 밭을) 갈려고 하지 않는다.[172]

---

171 무생無生과 관련해서는 아래 【참조】 ①을 살펴보기 바란다.

172 심우心牛와 관련해서는 아래 【참조】 ②를 살펴보기 바란다.

【참조】

① 무생無生과 관련하여 『금강삼매경론金剛三昧經論』 「무생행품無生行品」에 다음과 같이 전한다.

爾時 心王菩薩 聞佛說法 出三界外 不可思議 從座而起 叉手合掌 以偈問曰. "如來所說義 出世無有相 可有一切生 皆得盡有漏 斷結空心我 是即無有生 云何

無有生 而有無生忍" 爾時佛告心王菩薩言 "善男子 無生法忍 法本無生 諸行無生 非無生行 得無生忍 卽爲虛妄" 心王菩薩言 "尊者 得無生忍 卽爲虛妄 無得無忍 應非虛妄" 佛言 "不也 何以故 無得無忍 是則有得 有得有任 是則有生. 有生於得 有所得法 並爲虛妄" (이하 생략)

그때 심왕보살이 삼계를 뛰어넘는 불가사의한 부처님의 설법을 듣고 자리에서 일어나 차수합장하고 게송으로 물었다.

如來所說義　　여래께서 말씀하신 뜻은
出世無有相　　세상을 벗어난 어떤 상도 없음이고
可有一切生　　일체의 생하는 것이 있으면
皆得盡有漏　　모두가 번뇌입니다.
斷結空心我　　번뇌를 끊어 마음과 내가 공하면
是卽無有生　　이는 곧 생하는 것이 없는 것입니다.
云何無有生　　어떻게 생하는 것이 없는데,
而有無生忍　　무생인(무생법인)이 있습니까?

그때 부처님께서 심왕보살에게 말씀하셨다.
"선남자여, 무생법인은 법은 본래 생함이 없고 제행은 생함이 없다. (하지만) 생함이 없는 행이 아닌데 무생인을 얻는다면 허망하게 된다."
심왕보살이 말했다.
"존자시여, '무생인을 얻는다면 허망하게 된다'고 하시니, 무생인을 얻는 것이 없어야 마땅히 허망한 것이 아니겠습니다."
부처님께서 말씀하셨다.
"그렇지 않다. 왜냐하면 무생인을 얻는 것이 없는 것, 이것이 얻는 것이고, 이것이 생함이 있는 것이기 때문이다. 얻음에 생함이 있고 얻은 법이 있으면 모두 허망하게 된다." (이하 생략)

②심우心牛와 관련하여 십우도十牛圖를 소개한다.

십우도는 송대宋代의 곽암사원廓庵師遠이 짓고 그린 것이다(일설에는 청거선사淸居禪師가 지은 것이라고도 한다). 이 열 개의 그림(十圖)은 목우(牧牛, 소치는 것)를 주제로 해서 함께 각기 자서自序와 게송偈頌을 붙여서 수선修禪의 방법과 순서를 밝혀 보인 것이다. 십우도송十牛圖頌〔정식 명칭은 「정주 양산에 머물고 있는 곽암 화상의 십우도송과 그 서문(住鼎州梁山廓庵和尙十牛圖頌幷序)」〕은 1권이 만속장卍續藏 제113책에 수록되어 있다. 이른바 십우十牛는, 다음과 같다.

가. 심우尋牛는 우리들이 본래 갖춰 원만하게 이루어진 심우心牛를 놓아 잃어버리고, 득실시비 속에서 찾고 있는 것을 비유한 것이다.

나. 견적見跡은 경전에 의지해 뜻을 알고 경전을 보면서 자취를 아는 것으로 점차로 심우의 자취를 보는 것을 비유한 것이다.

다. 견우見牛는 법을 듣고 닦고 배운 공덕으로 본래 갖추고 있는 심우를 발견하는 것을 비유한 것이다.

라. 득우得牛는 비록 심우를 얻었지만, 아직 번뇌의 습기가 남아 있어 다시 마음을 놓을까 염려해서 마침내 수련을 더하는 것을 비유한 것이다.

마. 목우牧牛는 소의 고삐를 가지고 소를 치면서 순화純和되는 모습을 그린 것이다. 바로 몸이 수련의 뜻을 떠나지 않았음을 보인 것으로 깨달은 다음에 조심調心하는 것을 비유한 것이다.

바. 기우귀가騎牛歸家는 정식과 망상의 굴레에서 벗어나 본래 갖추고 있는 심우를 타고 자기 본래의 고향으로 돌아오는 것을 비유한 것이다.

사. 망우존인忘牛存人은 만약 본각무위의 고향으로 돌아오면 마침내 다시는 수련할 것이 없어 무사안한(無事安閒, 일없이 평안하고 한가로움)하게 되는 것을 비유한 것이다.

아. 인우구망人牛俱忘은 범부의 정이 탈락해서 온 경계에 대상이 없고, 범부와 성인도 함께 없으며, 중생과 부처가 공한 것을 비유하였기 때문에 공空을 희게 표시하여 그린 것이다.

자. 반본환원返本還源은 물과 산의 푸름으로 한 티끌 한 먼지도 머물지 않는 것으로 그려서 자기의 본심은 본래 청정해서 번뇌와 망념이 없이 그 자체가

바로 제법실상임을 비유한 것이다.

차. 입전수수入廛垂手는 중생을 제도하려고 자비의 손을 펴 시정市井의 티끌 세상에 들어가는 모습을 그린 것으로 어느 한 쪽에 치우치지 않고 향상에 살면서 다시 향하의 이타 경계에 능히 들어감을 비유한 것이다. 십우도와 신심명信心銘, 증도가證道歌 좌선의坐禪儀를 합하여 인쇄한 것을 사부록四部錄이라고 칭한다〔宋代廓庵師遠撰繪(一說淸居禪師作) 此十圖以牧牛爲主題 並各附自序及偈頌 以闡示修禪之方法與順序. 十牛圖頌(全稱住鼎州梁山廓庵和尙十牛圖頌幷序) 一卷 收於卍續藏第一一三冊. 所謂 十牛卽 一尋牛 喩吾人放失本具圓成之心牛 尋於得失是非之中. 二見跡 喩依經解義 閱教知蹤 漸見心牛之跡. 三見牛 喩依聞法修學之功 發見本具之心牛. 四得牛 喩雖得心牛 猶存煩惱習氣 恐再放心 遂加修練. 五牧牛 圖示持牛之鼻索而牧之 得純和之相 卽示身不離修練之意 喩悟後之調心. 六騎牛歸家 喩脫離情識妄想之羈絆 騎本具之心牛 歸還自己本來之家鄕. 七忘牛存人 喩若歸本覺無爲之家鄕 無須再修練則無事安閒. 八人牛俱忘 喩凡情脫落而全界無物 凡聖共泯 生佛俱空 故圖以空白表之. 九返本還源 以水綠山靑 不留一塵一埃之圖 喩自己之本心本來淸淨 無煩惱妄念 當體卽諸法實相. 十入廛垂手 繪濟度衆生而垂慈悲手 入市井之塵境相 以喩不偏居於向上 更能向下入利他之境. 十牛圖與信心銘 證道歌 坐禪儀合印 稱四部錄, 불광대사전〕.

가. 심우송尋牛頌

茫茫撥草去追尋 넓고 아득한 풀숲을 헤치며 찾는다.
水闊山遙路更深 물은 넓고 산은 멀며 길은 더욱 깊다.
力盡神疲無所覓 힘은 다하고 마음은 피곤해 찾지를 못했는데,
但聞楓樹晩蟬吟 단지 단풍나무에 해질 녘 매미 울음소리만 들리네.

나. 견적송見跡頌

水邊林下跡偏多 물가 수풀 아래 흔적은 많은데,
芳草離披見也麽 풀을 헤쳐 보았는가?
縱是深山更深處 설령 깊은 산, 더 깊은 곳이더라도
遼天鼻孔怎藏他 하늘 향한 콧구멍을 어찌 감추겠는가.

다. 견우송見牛頌

黃鸎枝上一聲聲 황금빛 앵무새 나뭇가지에서 지저귀고
日暖風和岸柳靑 해는 따뜻하고 바람은 온화하며 언덕의 버들은 푸른데,
只此更無回避處 다만 이 이상 다시 돌아가 피할 곳 없으니
森森頭角畫難成 무성한 머리 뿔 그리기 어렵네.

라. 득우송得牛頌

竭盡精神獲得渠 바닥이 드러날 정도로 정신을 다해 소를 잡았는데
心强力壯卒難除 마음은 세고 힘은 장사라 기어코 제거하기 어려워
有時纔到高原上 어느 때는 겨우 높은 언덕에 도착하였거늘
又入煙雲深處居 또 다시 구름 낀 깊은 곳에 자리를 잡는다.

마. 목우송牧牛頌

鞭索時時不離身 채찍과 고삐를 때때로 몸에 떨어지지 않게 하는 것은
恐伊縱步入埃塵 소가 티끌 속으로 걸어 들어갈까 염려스러운 것이니,
相將牧得純和也 머지않아 도탑고 화목하게 되면
鞭鎖無拘自逐人 채찍과 쇠사슬의 구속 없이도 저절로 사람을 따르리라.

바. 기우귀가송騎牛歸家頌

騎牛迤邐欲還家 비스듬히 소를 타고 집으로 돌아가려 하니
羌笛聲聲送晩霞 오랑캐 피리 소리 해질 녘 노을에 들려오네.
一拍一歌無限意 한 박자 한 가사에 셀 수 없는 뜻이 있으니
知音何必鼓唇牙 음을 아는 이가 구태여 입술과 어금니를 칠 필요가 있으리오.

사. 망우존인송忘牛存人頌

騎牛已得到家山 소를 타고 집에 왔는데
牛也空兮人也閑 소도 없고, 사람도 한가롭다.
紅日三竿猶作夢 붉은 해 높이 떴지만 아직도 꿈을 꾸고 있으니

鞭繩空頓草堂間　쓸데없는 채찍과 노끈을 초당에 둔다.

아. 인우구망송人牛俱忘頌

鞭索人牛盡屬空　채찍과 고삐 사람과 소 모두 공하니
碧天遼闊信難通　푸른 하늘 멀고 넓어 소식 통하기 어렵네.
紅爐焰上爭容雪　붉은 화로 불꽃에 어찌 눈을 용납하겠는가.
到此方能合祖宗　여기에 이르러야 바야흐로 조사의 종지에 계합할 수 있네.

자. 반본환원송返本還源頌

返本還源已費功　근본으로 돌아가려고 힘을 썼는데
爭如直下若盲聾　어찌 바로 그 자리에서 눈멀고 귀먹은 것과 같겠는가.
庵中不見庵前物　암자에 앉아 암자 앞에 있는 것을 보지 못하니
水自茫茫花自紅　물은 절로 아득하고 꽃은 절로 붉구나.

차. 입전수수송入廛垂手頌

露胸跣足入廛來　가슴을 드러내고 맨발로 저잣거리에 들어가니
抹土塗灰笑滿顋　흙을 바르고 재를 칠했어도 뺨에는 웃음 가득하네.
不用神仙眞祕訣　신선의 진짜 비결도 필요 없이
直教枯木放花開　바로 고목에 꽃이 피도록 하네.

56. 원팔圓八

8식의 대원경지

塵六門前喚	티끌경계가 6문(六門, 6근문) 앞에서 부르지만
無情呼不入	무정한 마음(無情)은 불러도 들어가지 않나니,
二彼總空空	저 둘 모두 공하고 공해
自然昏不濕	자연히 입술도 젖지 않네.

從此絶因緣	이로부터 인연을 끊으니
葛五隨緣出	5욕의 칡덩굴은 인연 따라 밖으로 나와도
惟有空寂舍	오직 텅 비어 고요한 집만 있을 뿐이고,
圓八同金七	8식의 대원경지, 금칠(金七, 7불)과 같네.[173]

173 大圓鏡智(대원경지)에 관해서는 시 편, '2. 무생지'의 註를 참조하기 바란다.

57. 생사生死

나고 죽는 것은

入理如箭射　　이치에 들어감은 마치 쏜 화살과 같아서
尋文轉相背　　글에서 찾아 굴리면 서로를 등지게 된다.
直道不肯行　　열반에 이르는 길 가려 하지 않아도[174]
識路成迷退　　길만 알면 미혹함은 물러가리라.

心王不了事　　심왕(마음)은 일을 깨닫지 못하고
公臣生執礙　　공신(公臣, 심소)은 집착과 장애를 낸다.[175]
爲此一群賊　　이 한 무리의 도적들 때문에
生死如踏碓　　생사는 마치 디딜방아를 밟는 것 같네.[176]

---

174 直道(직도): 곧은 길. 정도. 사람이 행할 바 바른 길. 우회하지 않고, 바로 열반에 도달하는 길. 직로.

175 공신公臣을 심소心所로 이해하였다.
心所(심소): 산스크리트어 caitta 또는 caitasika. 오위五位의 하나. 심소유법心所有法의 준말. 대상의 전체를 주체적으로 인식하는 심왕心王에 부수적으로 일어나 대상의 부분을 구체적으로 인식하는 마음 작용. (시공 불교사전)

176 碓(방아 대): 방아. 디딜방아. 망치. 방망이.

58. 인욕忍辱

인욕

覺他欲打你	그가 너를 치려 하는 것을 알면
著脚卽須抽	발을 들여놓을 때 바로 모름지기 뽑아내야 한다.
已後再相見	이후에 다시 만나면
他羞我不羞	그는 부끄러워해도, 나는 부끄럽지 않다.

忍辱第一道	인욕이 제1의 길이니[177]
歷劫無冤讎	역겁에 원수가 없다.
此是無生縣	이는 무생의 고을이니
不屬涅槃洲	열반의 땅에 속하지 않는다.

---

177 『사분율비구계본四分律比丘戒本』에 비바시불의 게송을 다음과 같이 전한다.

忍辱第一道	인욕이 제1의 도요,
佛說無爲最	무위가 최고라고 부처님께서 말씀하셨네.
出家惱他人	출가해서 다른 사람 번거롭게 하면
不名爲沙門	사문이라 이름하지 못하네.

59. 진희瞋喜

성냄과 기쁨

罵他無便宜　　남을 욕하는 것 이익 없으니
不應却得穩　　응하지 않으면 도리어 평온함을 얻으리라.
無瞋神自安　　화를 내지 않으면 마음은 저절로 편안하지만
罵他還自損　　남을 욕하면 도리어 자기 손해라네.[178]

忍得有法利　　참으면 법의 이익 있지만
罵他還折本　　남을 욕하면 도리어 본전도 까먹으리라.
瞋喜同一如　　성냄과 기쁨이 하나이니
遁世不悶悶　　은둔해 살아도 울적하지 않다네.[179]

178 '자기 손해로 돌아온다'로 해석해도 무방하다.

179 遁世(둔세): 현실 사회에서 도피함(은둔함). 둔속遁俗.
悶悶(민민)=우울하다. 울적하다. 번민하다. 고민하다.

60. 식업인識業人

업을 아는 사람

識業人稀少　　업을 아는 사람은 아주 드물어도
迷途者衆多　　길을 헤매는 사람은 매우 많나니,
苦中生樂想　　괴로움 속에서 즐거운 생각을 내고
無喜强絃歌　　기쁨 없이도 억지로 현악기에 맞춰 노래하라.[180]

不飮尋常醉　　(술을) 마시지 않았는데도 늘 취해
昏昏溺愛河　　가물가물 애욕의 강에 빠지며[181]
含笑造殃咎　　웃음을 머금고도 화를 만들지만[182]
後苦莫繇他　　뒤에 받는 괴로움, 다른 것에 흔들리지 말라.[183]

---

180 絃歌(현가): 거문고 같은 것에 맞추어 부르는 노래.

181 昏昏(혼혼): 어두운 모양. 깊이 잠든 모양. 머리가 어지러운 모양. 정신이 가물가물한 모양. 혼미한 모양.

182 殃咎(앙구): 재난. 화. 재액.

183 後苦(후고)와 관련하여 불광대사전에서는 다음과 같이 설명한다.
사종과보四種果報는 네 사람이 짓는 과보로 『법원주림法苑珠林』 권69에 거론하기를 네 종류의 같지 않은 과보라고 한다. 즉 첫째 선고후락先苦後樂은 어떤 사람이 먼저 가난한 집에서 태어나 옷과 음식이 부족하고 또한 여러 가지

많은 고통을 받지만, 마음에 삿된 견해가 없으며, 스스로 생각하기를 '나는 과거에 보시를 행하지 않았고, 복덕을 닦지 않았다. 그래서 이렇게 가난하게 된 것이다. 그러므로 바로 참회해서 과거에 지은 것을 고치고, 또한 여러 선행을 닦아 다음 생에 인간 세상에서는 대단히 재물과 보배가 풍요로워 모자라는 것이 없을 것이다'고 한 것을 말한다. 이것을 선고후락이라고 하는 것이다. 둘째 선락후고先樂後苦는 먼저 부유한 집에서 태어나 옷과 음식이 충족하고, 또한 여러 가지 많은 쾌락을 받지만 마음에 삿된 견해를 품고 능히 보시와 복덕을 하지 않으며, 또한 많은 악업을 지어 뒤에 지옥에서 태어나 갖가지 괴로움을 받고, 만약 인간 세상에 태어나면 가난하고 용모가 추하게 되며 옷과 음식이 없게 되는 것을 말한다. 이것을 선락후고라고 하는 것이다. 셋째 선고후고先苦後苦는 먼저 가난한 집에 태어나 옷과 음식이 부족하고, 또한 여러 가지 많은 핍박을 받는데, 다시 또 삿된 견해를 품고 여러 가지 악법을 익히니, 뒤에 지옥에 떨어져 갖가지 괴로움을 받거나 만약 인간 세상에 태어나면 역시 지극히 가난하게 되고, 또한 옷과 음식이 부족하게 되는 것을 말한다. 이것을 선고후고하고 하는 것이다. 넷째 선락후락先樂後樂은 먼저 부유한 집에서 태어나 재물과 보배를 끌어안고 여러 쾌락을 받으며, 다시 또 삼보三寶를 공경하고 소중히 여기며 보시로 복을 닦아 뒤에 사람이나 하늘에 태어나 여러 부귀를 받고, 또한 재물과 보배가 풍요하며 뜻이 자재한 것을 말한다. 이것을 선락후락이라고 한다(又作四人果報 爲法苑珠林卷六十九所擧四類不同之果報 卽一先苦後樂者 謂有人先生於卑賤之家 衣食不足且受諸多困苦 然心無邪見而自念我於宿世不行布施 不修福德 故値此貧賤 卽便懺悔而改往昔之所作 且修諸善行後生於人中 則多饒財寶而無所缺乏 是謂此人先苦後樂. 二先樂後苦者 謂先生於富貴之家 衣食充足且受諸多快樂 然心懷邪見 不能布施修福 且多造惡業 後生於地獄 受種種苦若生於人中 則貧窮醜陋而無有衣食 是謂此人先樂後苦. 三先苦後苦者 謂先生於貧賤之家 衣食不足且受諸多逼迫 復懷邪見而習諸種惡法 後墮於地獄 受種種苦 若生於人中 亦極貧賤且衣食不足 是謂此人先苦後苦. 四先樂後樂者 謂先生於富貴之家 擁有財寶受諸多快樂 復能敬重三寶 布施修福 後生於人天中 受諸富貴 且多饒財寶 而稱意自在 是謂此人先樂後樂, 불광대사전).

61. 무가애無罣礙

걸림 없는 것

耳聞他罵詈　　귀로는 다른 사람이 욕하고 꾸짖는 것을 들어도[184]
心知口莫對　　마음으로 알고 입으로 상대하지 말라.
惡亦不須嫌　　나빠도 싫어할 필요가 없고
好亦不須愛　　좋아도 사랑할 필요가 없다.

豁達無關津　　툭 트여 관문과 나루터도 없고
虛空無罣礙　　허공엔 걸림도 없다.
此眞不動佛　　이것이야말로 진실로 부동불이고,[185]
亦名觀自在　　또한 관자재라 이름한다.

---

184 罵詈(매리): 욕하고 꾸짖음.

185 不動佛(부동불): 동방 세존 아촉 여래. 능엄경 5권에 "동방의 부동불의 나라를 본다"고 하였고, 유마경 견아촉불품에 "나라의 이름은 묘희이고, 부처의 명호는 부동이다"고 하였다(東方世尊阿閦如來也. 楞嚴經五曰 "見東方不動佛國" 維摩經見阿閦佛品曰 "有國名妙喜 佛號無動", 불학대사전).

62. 무소득無所得

얻을 것이 없다

仰手是天堂	손을 쳐들면 천당이고
覆手是地獄	손을 뒤집으면 지옥이니,
地獄與天堂	지옥과 천당
我心都不屬	(어느 것도) 내 마음에는 모두 속하지 않는다.

化城猶不止	화성에도 머물지 않는데,[186]
豈況諸天福	어찌 하물며 모든 하늘의 복이겠는가.
一切都不求	일체를 모두 구하지 않으면
曠然無所得	텅 비어 얻을 것이 없다.

186 화성化城: 법화경의 일곱 가지 비유(法華七喩) 가운데 하나로 소승(이승, 성문과 연각)의 열반을 비유한 것이다(法華七喩之一 譬小乘之涅槃也, 불학대사전).

63. 일등자一等慈

한결같이 평등한 자비

佛有一等慈	부처에겐 한결같이 평등한 자비가 있거늘,[187]
有人心不知	사람들 마음은
一切皆平等	일체가 모두 평등하다는 것을 모른다.
貧富總憐伊	빈부여! (부처는) 모두를 가엾이 여긴다.

富者你莫貪	부자여! 그대는 탐하지 말고,
貧者你莫癡	빈자여! 그대는 어리석지 말라.
無貪心自靜	탐하는 마음 없으면 (마음은) 저절로 고요하고
無癡意莫思	어리석은 마음(생각) 없으면 생각(마음)도 없다.

187 一等(일등): 첫째 등급. 한 등급. 차별 없이 평등함.

64. 심무애心無礙

마음에 걸림 없으면

白衣不執相　　백의(유마)는 상을 집착하지 않고
眞理從空生　　공생(수보리)은 진리를 따랐으니[188]
祇爲心無礙　　다만 마음에 걸림이 없으면
智慧出縱橫　　지혜는 종횡으로(자유자재하게) 나오리라.

唯論師子吼　　오직 사자후를 논할 뿐
不許野干鳴　　야간(여우)의 울음소리는 허락하지 않나니,[189]

---

188 백의白衣는 유마, 공생은 수보리(須菩提, subhūti)를 뜻한다.
진리眞理와 공생空生을 도치한 것으로 해석하였다.

189 野干(야간): 산스크리트어 슈리가라(śrgāla)가 어원. 야칸으로 음역. 실가라悉伽羅, 야간(射干, 夜干) 등으로도 음역. 이 동물은 원래 인도에 있는 자칼(이 명칭도 원래는 산스크리트어에서 유래했다)을 가리키는 것이었으나, 중국에는 그것이 없었기 때문에 여우나 담비, 승냥이가 혼동되었다. 인도에서 자칼은 시체를 버리는 숲을 배회하며 공물을 갈취하거나 시체를 뜯어먹는 불길한 짐승으로 알려져 있기 때문에 칼리나 차문다(두르가 분신의 칠모신 중 하나) 등 시체를 버리는 숲에 거주하는 여신의 상징이 되었다. 인도 불교에서도 야칸은 염마 칠모천의 권속으로 여겨졌다. (일본요괴대백과)
참고로 야간과 관련하여 임제록에서는 다음과 같이 전한다.

菩提稱最妙	보리를 가장 묘한 것이라고 일컫고
猶呵是假名	비유하거나 꾸짖는 것은 (모두) 가명이라네.[190]

大德 若如是達得 免被他凡聖名礙. 爾一念心 秖向空拳指上 生寔解 根境法中 虛揑怪 自輕而退屈言 '我是凡夫 他是聖人' 禿屢生 有甚死急 披他師子皮 却作野干鳴.

대덕들이여! 만약 이와 같이 통달하면 저 범부니 성인이니 하는 이름의 장애를 면하게 될 것이다. (하지만) 그대들 한 생각 마음은 다만 빈주먹이나 손가락에서 이런 견해를 내고, 육근과 육경에서 쓸데없이 기괴하게 꾸미며, 스스로를 업신여기고 뒤로 물러나 말하기를 "나는 범부요, 그는 성인이다"고 한다. 머리 깎은 중생들아(禿屢生)! 무슨 죽을 만큼 급한 것이 있어 저 사자의 가죽을 쓰고 야간의 울음소리(野干鳴, 여우의 울음소리)를 내는 것인가?

190 압운으로 유가(하)猶呵를 앞에 배치한 것으로 이해하였다.

65. 일차一差

한 번이라도 어긋나면

從根誅則絶　　뿌리에서 베면 끊어지고
從根修則滅　　뿌리에서 닦으면 멸하리니,
若能雙株斷　　만약 두 그루(그루터기)를 끊어버릴 수 있으면
三乘盡超越　　삼승을 모두 초월하리라.

此非凡夫言　　이는 범부의 말이 아니다.
妙吉分明說　　문수가 분명 말한 것이고,[191]
如來所療治　　여래가 치료한 바이니,[192]
一差不復發　　한 번이라도 어긋나면 다시 일어나지 못한다.[193]

191 妙吉(묘길): 묘길상妙吉祥으로 문수보살을 뜻한다.

192 療治(요치): 치료하다.

193 復發(복발): 병증이나 감정 따위가 다시 일어남.

66. 무심無心

무심하게 되면

久種善根深	오래도록 선근을 깊게 심으면
同塵塵不侵	세파에 휩쓸려도 티끌(번뇌)이 침범하지 못하고,[194]
非關塵不染	(세파에) 관계하지 않고 오염되지도 않으면
自是我無心	이로부터 내가 무심하게 된다.[195]

無心心不起	무심하면 마음이 일어나지 않고
超三越十地	삼현위를 뛰어넘고 십지를 뛰어넘어[196]
究竟眞如果	구경에는 진여 과위에 이르게 되니,
到頭祇箇是	결국엔 다만 이것뿐이네.[197]

---

194 同塵(동진): 속세의 홍진紅塵과 함께 섞인다는 뜻으로, 세인과 같은 짓을 하거나 세파에 휩쓸리는 것을 말한다.

195 '久種善根深~自是我無心'의 인용에 관해서는 아래 【참조】를 살펴보기 바란다.

196 三賢位(삼현위): 10주十住·10행十行·10회향十迴向의 세 현인賢人의 지위. 十地(십지): 법운지法雲地로 대법신을 얻어서 자재력을 갖춘 자리로 대자비가 구름처럼 일어나는 지위. 초지에서 구지까지는 환희지歡喜地, 이구지離垢, 발광지發光地, 염혜지焰慧地, 난승지難勝地, 현전지現前地, 원행지遠行地, 부동지不動地, 선혜지善慧地이다.

197 지개시祇箇是와 관련해서는 '1. 능가보산고'의 【참조】 ③을 살펴보기 바란다.

【참조】

『명추회요冥樞會要』에서는 본편을 다음과 같이 인용한다(여기서는 거사를 선덕先德으로 표현하고 있다).

淨名經云 "佛說 婬怒癡性 卽是解脫". 又云 "不斷婬怒癡 亦不與俱" 故云 "得之者隱 傍之者現" 若於婬怒癡 情生味著 得其事者 則道隱 若傍善觀之 了其性者 則道現. 雖了而不著 故云 "亦不與俱" 若非久行根熟菩薩 不能理事無礙 如先德偈云 "久種善根深 逢塵塵不侵 不是塵不侵 自是我無心"

정명경(유마경)에 이르기를 "부처님께서 설하시기를, 음욕과 성냄과 어리석음의 성품이 바로 해탈이다"고 하셨고, 또 "음욕과 성냄과 어리석음을 끊어버리지도 않고, 또한 함께 하지도 않는다"고 하였다. 그래서 이르기를 "(어떤 견해를) 얻으면 숨고 흐릿흐릿하면 드러난다"고 하였던 것이다.

만약 음욕과 성냄과 어리석음에 마음(情)으로 맛을 보고 집착해서 그 일을 얻으면 도는 숨게 되지만, 만약 곁에서 이를 잘 관찰하여 그 성품을 알면 도가 드러나게 된다. 비록 알더라도 집착하지 않기 때문에 이르기를 "또한 함께 하지 않는다"고 하였던 것이다. 만약 오랫동안 수행해 근기가 익은 보살이 아니라면 능히 이理와 사事에 걸림이 없을 수 없다. (이는) 선덕(방거사)의 게송에서 말한 것과 같다.

"상기의 시, 久種善根深 逢塵塵不侵 不是塵不侵 自是我無心(번역 생략)"

67. 이상離相

상을 떠나면

凡夫智量狹　　범부는 지혜로 헤아리는 것이 좁아
妄說有難易　　어려움과 쉬움이 있다고 허망하게 말하지만,
離相如虛空　　상을 떠나 허공과 같으면
盡契諸佛智　　모두 제불의 지혜에 계합하리라.

戒相如虛空　　계상戒相은 허공과 같거늘
迷人自作持　　미혹한 사람은 스스로 만들어 가지니,
病根不肯拔　　병의 뿌리는 뽑으려 하지 않고
執是弄花枝　　꽃과 가지를 갖고 노는 데 집착한다.[198]

---

198 대혜종고는 본편을 다음과 같이 인용한다. (대혜보각선사어록 제21권 중에서)

(中略) 龐居士曰 "凡夫智量狹 妄說有難易 離相如虛空 盡契諸佛智 戒相亦如空 迷人自作持 病根不肯拔 只是弄花枝" 要識病根麽. 不是別物. 只是箇執難執易 妄生取捨者. 這箇病根拔不盡 生死海裏浮沈 直是無出頭時.

(중략) 방거사가 말하기를 "(생략, 상기 시 전체)"라고 했다. 병의 뿌리를 알고자 하는가? 별다른 것이 아니다. 다만 어렵게 집착하고 쉽게 집착해서 허망하게 생을 취하고 버리는 것일 뿐이다. 이 병의 뿌리를 다하지 못하면 생사의 바다에서 부침하면서 머리를 내밀 때가 없게 된다.

68. 일실一室

하나의 집이거늘

牽牛駕空車	소를 끌어 빈 수레에 메우고[199]
共入無爲宅	함께 무위의 집에 들어가네.
無爲宅甚寬	무위의 집 매우 넓거늘,
衆生却嫌窄	중생은 도리어 좁다고 싫어하네.
十方同一室	시방은 하나의 집이거늘
何曾有間隔	언제 거리(간격)를 둔 적이 있었던가.
有法人不得	어떤 법도 사람이 얻지 못하지만
無心自度厄	무심하면 저절로 재앙을 건넌다.

199 駕(멍에 가): (소나 말에) 수레를 메우다. 몰다. (수레·농기구를) 끌게 하다.
窄(좁을 착): 좁다. 옹졸하다. 여유가 없다. 옹색하다. 구차하다.

69. 최상사最上事

가장 뛰어난 일

世間最上事　　세간의 가장 뛰어난 일
唯有修道强　　오로지 굳세게 도를 닦는 데 있으니,
若悟無生理　　만약 무생의 이치를 깨달으면
三界自消亡　　삼계는 저절로 없어지리라.

蘊空妙德現　　5온이 공함을 묘덕(문수)이 드러내니
無念是淸凉　　무념이 청량산이고[200]
此卽彌陀土　　여기가 바로 아미타불의 땅이거늘,
何處覓西方　　어디서 서방을 찾는가.

---

200 청량산淸涼山=오대산五臺山=오봉산五峯山=오대臺山: 중국 산시성(山西省) 북동부에 있는 산. 해발 고도 3,040m. 타이항 산맥(太行山脈) 북쪽에 위치한다.

70. 보주寶珠

보배 구슬

寶珠內衣裏　　옷 안의 보배 구슬
繫來無量時　　헤아릴 수 없는 오랜 시간 매달고 있거늘,[201]
遇六惡知識　　여섯 악지식(6적, 6진)을 만나기만 하면[202]
又常假慈悲　　또 다시 언제나 자비를 빌리네.

牽我飮欲酒　　나를 끌어다가 술을 마시게 하고
醉臥都不知　　술에 취해 누우면 도무지 아는 것 없지만,
情盡酒復醒　　(술 취한 상태가) 다해 술에서 다시 깨어나면[203]
自見本道師　　스스로가 본래 도사임을 보리라.[204]

---

201 법화경 권제4, 「신해품」에 나오는 궁자유窮子喩를 참조하기 바란다.

202 6악지식六惡知識은 6적六賊, 즉 6진으로 이해하였다.

203 정진情盡과 관련해서 『전심법요傳心法要』에 다음과 같은 표현이 있으니 참조하기 바란다.
지해가 녹아 겉과 속(안과 밖)이 진실로 다하고, 도무지 의지하거나 집착할 것이 없으면, 이것이 무사인無事人이다(知解但銷鎔 表裏情盡 都無依執 是無事人).

204 법화경 권제4, 「오백제자수기품」의 의주유衣珠喩를 참조하기 바란다.

71. 찰나정刹那靜

찰나의 고요함

世人重珍寶　　세상 사람들 진기한 보배를 소중히 여기지만
我貴刹那靜　　나는 찰나의 고요함을 귀히 여긴다네.
金多亂人心　　황금이 많으면 사람 마음 어지럽지만
靜見眞如性　　고요하면 진여의 성품을 본다네.

性空法亦空　　성품이 공하면 법 또한 공하니,
十八絶行蹤　　(5온·12처·)18계의 행적을 끊고[205]
但自心無礙　　다만 스스로 마음에 걸림이 없으면
何愁神不通　　어찌 마음(神)이 통하지 않음을 근심하리오.

---

205 行蹤(행종): 행방. 소재. 종적.

72. 무구無求

구함이 없어야

端坐求如法　　단정히 앉아 여법하게 구하지만
如法轉相違　　여법하게 굴려도 서로 어긋나니,
抛法無心取　　법도 던져버리고 무심을 취해야
始自却來歸　　비로소 스스로 돌아오리라.

無求出三界　　구함 없이 삼계를 벗어나야지[206]
有念則成癡　　(구하는) 마음이 있으면 어리석음이 된다.
求佛覓解脫　　부처를 구하고 해탈을 찾는다면
不是丈夫兒　　(이는) 대장부가 아니라네.[207]

---

206 출삼계出三界와 관련해서는 아래 【참조】를 살펴보기 바란다.

207 대반열반경에서는 대장부를 다음과 같이 전하니 참조하기 바란다.

가. 제5권에서는 다음과 같이 전한다.

佛告迦葉 "所言大者 其性廣博 猶如有人 壽命無量 名大丈夫. 是人若能安住正法 名人中勝. 如我所說 八大人覺 爲一人有 爲多人有 若一人具八則爲最勝. 所言涅槃者 無諸瘡疣"

부처님께서 가섭에게 말씀하셨다.

"이른바 크다(大)는 것은 그 성품이 드넓은 것으로 마치 어떤 사람의 수명이 한량이 없는 것을 대장부大丈夫라 한다. 이 사람이 만일 정법에 안주하면 사람 가운데 뛰어나다고 이름한다. 내가 말한 8대인각八大人覺은 한 사람에게 있기도 하고 여러 사람에게 있기도 한데, 만일 한 사람이 여덟 개를 갖추면 가장 뛰어나게 된다. 열반이라는 것은 온갖 부스럼과 혹이 없는 것이다."

나. 제9권에서는 다음과 같이 전한다.

(중략, 여인의 음욕에 대한 여러 예: 모기의 오줌으로는 이 큰 땅을 적실 수 없는 것처럼, 여인의 음욕은 채울 수 없다) 善男子 以是義故 諸善男子 善女人等 聽是大乘 大涅槃經 常應呵責 女人之相 求於男子. 何以故 是大乘典 有丈夫相 所謂佛性. 若人不知是佛性者 則無男相 所以者何 不能自知 有佛性故. 若有不能知佛性者 我說是等 名爲女人 若能自知 有佛性者 我說是人 爲大丈夫 若有女人 能知自身 定有佛性 當知是等 卽爲男子.

"선남자여! 이런 까닭에 모든 선남자·선여인들은 이 대승의 대열반경을 듣고, 항상 여인의 모습(女人之相)을 꾸짖고 남자(의 모습)를 구해야 한다. 왜냐하면 이 대승 경전에는 장부의 모습(丈夫相)이 있기 때문이니, 이른바 불성佛性이라는 것이다. 만약 사람들이 이 불성을 모르면 남자의 모습(男相)이 없게 되는 것이니, 왜냐하면 스스로 불성이 있다는 것을 알 수 없기 때문이다. 만약 불성을 알지 못하는 사람이 있다면 나는 이런 사람은 여인이 된다고 말하고, 만약 스스로 불성이 있다는 것을 알면 나는 이 사람을 대장부라고 말한다. 만약 어떤 여인이 능히 스스로 결정코 불성이 있다는 것을 알면, 이와 같은 사람은 곧 남자가 된다는 것을 마땅히 알라."

【참조】

출삼계出三界와 관련하여 임제록에 다음과 같이 전한다.

爾諸方來者 皆是有心 求佛求法 求解脫 求出離三界. 癡人 爾要出三界 什麽處去. 佛祖是賞繫底名句. 爾欲識三界麽. 不離爾今聽法底心地. 爾一念心貪是欲界 爾一念心瞋是色界 爾一念心癡是無色界 是爾屋裏家具子. 三界不自道 '我

是三界' 還是道流目前 靈靈地 照燭萬般 酌度世界底人 與三界安名.

그대들 제방에서 온 사람들은 모두 부처를 구하고 법을 구하며 해탈을 구하고 삼계를 벗어남을 구하려는 마음이 있다. 어리석은 사람들아! 그대들은 삼계를 벗어나 어디로 가려고 하는가? 부처나 조사는 숭상하는 사람에게 매인 이름(賞繫底名句)일 뿐이다.
그대들은 삼계를 알고자 하는가? (삼계는) 그대들이 지금 법을 듣고 있는 마음자리를 떠나지 않는다. 그대들 한 생각 마음으로 탐하는 것이 욕계欲界이고, 그대들 한 생각 마음으로 성내는 것이 색계色界이며, 그대들 한 생각 마음으로 어리석은 것이 무색계無色界이니, 이것은 그대들 집안의 가구(家具子, 살림살이)인 것이다. 삼계는 스스로 내가 삼계라고 말하지 않는다. 도리어 도류들의 눈앞에서 영령하게 만 가지를 비추고 세계를 가늠하는 사람이(酌度世界底人) 삼계라는 이름을 붙여준 것이다.

73. 성마成魔

마군을 이루는 것은

惡心滿三界	나쁜 마음 삼계에 가득한데
口卽念彌陀	입만 열면 미타(아미타불)를 염하니
心口相違背	마음과 입이 서로 어긋난 채[208]
群賊轉轉多	한 무리의 도적들 수 없이 구르고 구른다.

一塵起萬境	한 티끌에 만 경계가 일어나
倏忽遍娑婆	갑자기 사바에 두루하거늘,
色聲求佛道	색과 소리로 불도를 구하면
結果盡成魔	결과는 모두 마군을 이루게 된다.[209]

---

208 마음과 입이 서로 어긋난다는 것과 관련해서는 아래 【참조】를 살펴보기 바란다.

209 금강경 제26, 「법신비상분法身非相分」 다음과 같이 전한다.

"須菩提 於意云何. 可以三十二相觀如來不" 須菩提言 "如是如是 以三十二相觀如來" 佛言 "須菩提 若以三十二相觀如來者 轉輪聖王 則是如來" 須菩提白佛言 "世尊 如我解佛所說義 不應以三十二相觀如來" 爾時 世尊而說偈言 "若以色見我 以音聲求我 是人行邪道 不能見如來"

"수보리야! 어떻게 생각하느냐? 32상으로 여래를 관할 수 있느냐?"
수보리가 말씀드렸다.

"그렇습니다, 그렇습니다. 32상으로 여래를 관할 수 있습니다."

부처님께서 말씀하셨다.

"수보리야! 32상으로 여래를 관할 수 있다면 전륜성왕이 바로 여래이니라."

수보리가 부처님께 말씀드렸다.

"세존이시여! 제가 부처님께서 말씀하신 뜻을 이해하기로는 32상으로 여래를 관하는 것은 마땅하지 않습니다."

그때 세존께서 게송으로 말씀하셨다.

若以色見我　　색으로 나를 보거나
以音聲求我　　음성으로 나를 구하면
是人行邪道　　이 사람은 삿된 도를 행하는 것,
不能見如來　　여래를 볼 수가 없느니라.

【참조】

마음과 입이 서로 어긋난다는 것과 관련해서 『한산시寒山詩』에 다음과 같이 전한다.

我見人轉經　　내가 사람들이 경 읽는 것을 보니
依他言語會　　남의 말에 의지하여 알고 있네.
口轉心不轉　　입은 굴리는데 마음은 굴리지 않으니
心口相違背　　마음과 입이 서로 어긋난다.

心眞無委曲　　마음이 진실하면 구부러진 데 없으니
不作諸纒蓋　　얽어매고 덮는 것을 모두 만들지 말고
但且自省躬　　다만 스스로 자기 몸을 살피며
莫覔他替代　　나를 대신해 줄 다른 사람을 찾지 말라!

可中作得主　　만약 자신이 주인이 되면
是知無內外　　이것이 안과 밖이 없음을 안다.

74. 만법萬法

만법은

萬法從心起	만법은 마음에서 일어나고
心生萬法生	마음이 생하면 만법이 생하는데,
法生有日了	법이 생하면 마칠 날이 있겠는가.
來去枉虛行	오고가며 부질없이 헛되이 행하네.[210]

寄語修道人	말에 의지하는 수도인이여!
空生有莫生	공은 유有·무(無, 莫生)에서 생하나니,[211]
如能達此理	이 이치를 통달할 수 있으면
不動出深坑	움직이지 않고도 깊은 구덩이에서 나오게 되네.

---

210 원효의 게송에 다음과 같이 전한다.

三界唯心	삼계는 오직 마음일 뿐이고,
萬法唯識	만법 또한 오직 마음일 뿐이네.
心外無法	마음 밖에 법이 없거늘
胡用別求	어찌 다른 것을 구할 필요가 있겠는가.

211 '막생莫生'을 '무無'로 해석하였다.

75. 심적心寂

마음이 고요하면

佛亦不離心　　부처 또한 마음을 떠나지 않고
心亦不離佛　　마음 또한 부처를 떠나지 않는다.
心寂卽菩提　　마음이 고요하면 보리이고
心然卽有物　　마음이 분명하면 경계도 있게 된다.[212]

物卽變成魔　　경계가 (있으면) 마魔가 되지만[213]
無卽無諸佛　　(경계가) 없으면 제불도 없게 된다.
若能如是用　　만약 능히 이와 같이 (마음을) 쓴다면
十八從何出　　18계가 어디서 나오겠는가.

---

212 물物은 경계 또는 대상으로 이해하였다. 심연心然은 심적心寂과 대비하여 심적은 마음이 있는 것으로 이해하였다.

213 마魔와 관련해서는 '49. 부자동택父子同宅' 편의 註를 참조하기 바란다.

76. 붕소鵬巢

붕새 둥지에는

羊車誘下愚	양 수레로 유인하는 것은 어리석은 하근기이고,
鹿車載中夫	사슴 수레에 싣는 것은 중근기이다.[214]
大乘爲上士	대승은 상근기를 위함이니
鵬巢鶴不居	붕새(대붕, 봉황) 둥지에는 학이 살지 못한다.
鷦鷯住蚊睫	뱁새는 모기 속눈썹에 머물지만[215]
居士咄盲驢	거사는 눈먼 나귀를 꾸짖는다.
若論質利帝	만약 유마를 논한다면[216]
畢竟一乘無	(유마에겐) 필경 일승一乘도 없다.

214 법화경 권제3, 「비유품譬喩品」을 살펴보기 바란다.

215 鷦鷯(초료): 뱁새.

216 질리제質利帝는 비말라끼르띠의 음역으로 이해하였다. 기존에 알려진 비말라키르띠의 음역으로는 유마힐維摩詰, 비마라힐저毗摩羅詰底, 비마라힐毗摩羅詰, 비마라난리제鼻磨羅難利帝, 비마라계리제鼻磨羅鷄利帝, 비마라힐리제毗摩羅詰利帝, 정명淨名, 무구칭無垢稱 등이 있다.

77. 일단一丹

단약 한 알

有人嫌龐老　　어떤 사람은 (나) 방노를 싫어하지만
龐老不嫌他　　(나) 방노는 그를 싫어하지 않네.
開門待知識　　문을 열고 지식(=벗)을 기다려도
知識不來過　　지식은 찾아오질 않네.

心如具三學　　(내) 마음 삼학을 갖춘 것과 같아서
塵識不相和　　진(6진, 경계)과 식(6식, 앎)이 조화롭지 않으면
一丹療萬病　　단약 한 알로 만병을 치료해 주리니,[217]
不假藥方多　　많은 약 처방을 빌리지 않네.[218]

---

217 일단一丹은 단약(丹藥, 신선이 만드는 장생불사의 약, 또는 먹으면 신선이 된다는 약), 즉 신비한 약을 뜻한다. 여기서는 마음을 말한다.

218 "많은 약 처방이 필요 없다"로 해석해도 무방하다.

78. 장강長江

장강

淼淼長江水	그지없이 넓고 아득한 장강의 물[219]
周而還復始	두루하면서도 다시 시작한 곳으로 돌아오나니,
昏昏三界人	혼미한 삼계의 사람들이여!
輪迴亦如此	윤회 또한 이와 같다네.

輪迴改形貌	윤회하며 얼굴 모양은 바뀌지만
長江色不異	장강의 색은 다르지 않나니,
改貌勞神識	얼굴 모양 바뀌가며 마음을 고달프게 해도[220]
終須到佛地	결국에는 모름지기 불지佛地에 이르러야 하네.

219 묘묘淼淼=묘묘渺渺: 일망무제하다. 그지없이 넓고 아득하다.
淼(물아득할 묘): 물이 아득하다. 수면이 아득하게 넓다. 넓은 물.

220 神識(신식): 유정의 심식은 영묘하고 불가사의하다 그래서 신식이라고 한다〔有情之心識靈妙不可思議 故曰神識, 불학대사전(정복보)〕.

79. 탐진치貪瞋癡

탐냄과 성냄과 어리석음

睡來展脚睡	졸리면 다리 펴고 자고
悟理起題詩	이치를 깨달으면 일어나 시를 쓰네.[221]
詩中無別意	(그) 시에는 별다른 뜻 없고,
唯勸破貪癡	오직 탐·(진·)치 부숴버리는 것을 권할 뿐이네.

貪瞋癡若盡	탐냄과 성냄, 어리석음 만약 다하면
便是世尊兒	바로 세존의 아들이니,
無煩問師匠	번거롭게 스승에게 묻지 않아도
心王應自知	심왕(마음)은 마땅히 스스로 알게 되리라.

221 題詩(제시): 시를 쓰다.

80. 중명리重名利

명리를 소중히 여기지만

世人重名利	세상 사람들 명리를 소중히 여기지만
余心總不然	내 마음은 전혀 그렇지 않고,
束薪貨升米	한 속 땔나무로 한 되 쌀을 사
淸水鐵鐺煎	청수를 쇠솥에 다린다.[222]
覺熟捻鐺下	익었다 싶으면 쇠솥을 집어 내려놓고
將身近畔邊	곁으로 몸을 가까이 해서[223]
時時抛入口	때때로 입에 던져 넣으면
腹飽肚無言	배가 불러도 배는 말이 없네.

222 鐺(쇠사슬 당, 솥 쟁): 쇠사슬. 종고 소리(종과 북의 소리). (물건을) 꿰다 (당) / 솥. 노구솥(놋쇠로 만든 작은 솥) (쟁)

223 畔邊(반변): 근처. 부근.

81. 진여眞如

진여라는 것

行學非眞道	돌아다니며 배우는 것 참된 도가 아닌데
徒勞神與軀	몸과 마음을 쓸데없이 고달프게 한다.
千里尋月影	천리를 (가며) 달그림자를 찾는 것,
終是枉工夫	끝내 부질없는 공부라네.
不悟緣聲色	깨닫지 못하고 성색을 반연하다가[224]
當今學者疎	바로 지금 배우는 이가 막혔던 것 트였다.
但看起滅處	다만 기멸처를 보았을 뿐인데,
此箇是眞如	이것이 (바로) 진여라네.

224 성색聲色은 일반적으로 가무와 여색을 뜻하는데, 여기서는 눈으로 보고 귀로 듣는 것을 뜻한다.

82. 혜검慧劍

지혜의 검

敎君殺賊法	그대에게 도적을 죽이는 법을 가르치노니
不用苦多方	힘들게 많은 방법 필요치 않다.
慧劍當心刺	지혜의 검으로 마음을 찌르면
心亡法亦亡	마음도 없어지고 법 또한 없어지리라.

心亡極樂國	마음이 없으면 극락국이고
法亡卽西方	법이 없으면 서방이다.
賊爲象馬用	도적을 코끼리와 말처럼 쓰게 되면
神自作空王	마음은 저절로 공왕(空王, 부처)이 되리라.[225]

---

225 유마경 제8, 「불도품佛道品」에 다음과 같이 전한다.

象馬五通馳	코끼리와 말을 5통(5신통)으로 달리고
大乘以爲車	대승은 수레가 되니
調御以一心	한 마음으로 조어해서
遊於八正路	여덟 개의 바른 길(八正路, 八正道)에서 노니네.

또한, 유마경 제10, 「향적불품香積佛品」에 다음과 같이 전한다.

以難化之人 心如猨猴 故以若干種法 制御其心 乃可調伏. 譬如象馬 儱悷不調

加諸楚毒 乃至徹骨 然後調伏 如是剛强 難化衆生 故以一切苦切之言 乃可入律.

교화하기 어려운 사람은 마음이 마치 원숭이(猨猴)와 같습니다. 그렇기 때문에 갖가지 법으로 그 마음을 제어해야 조복할 수 있게 됩니다. 비유하면 코끼리나 말처럼 사나워서 조복하지 못하는 것은 온갖 매질과 괴롭힘을 가해서 뼈속까지 철저해져야 그런 다음에 조복할 수 있는 것과 같습니다. 이와 같이 세고 강하면 중생을 교화하기 어렵기 때문에 일체의 괴로움을 끊는 말을 해야 율에 들어갈 수 있는 것입니다.

83. 심단적心但寂

마음이 다만 고요하면

不用苦多聞	힘들여 많이 들을 필요 없으니
看他彼上人	저 상인(큰 스님)을 보라.[226]
百憶及日月	백 가지 생각(기억)이 해와 달에 미치지만
元在一毛塵	원래 한 터럭 티끌에 있다네.
心但寂無相	마음이 다만 고요해서 상이 없으면
卽出無明津	바로 무명의 나루에서 벗어나리니,
若能如是學	만약 능히 이와 같이 배울 수 있으면
幾許省精神	얼마나 마음(씀)을 덜리오.

226 上人(상인): 지와 덕을 겸비해서 대중 승려들과 일반 대중들의 스승이 되는 고승의 존칭. 석씨요람 권상에 이르기를 "안으로 지와 덕이 있고, 밖으로는 뛰어난 행이 있는, 대중들 가운데 뛰어난 사람을 상인이라고 한다"고 하였다(智德兼備而可爲衆僧及衆人師者之高僧的尊稱. 釋氏要覽卷上謂 內有智德 外有勝行 在衆人之上者爲上人, 불광대사전).

84. 참괴호심왕慚愧好心王

진실로 참회하노니, 마음이여!

慚愧好心王　　진심으로 참회하노니, 마음이여!
生在蓮華堂　　연화당에 태어나
恒持般若劍　　항상 반야검을 지니고
終日帶浮囊　　종일토록 부낭을 두른다(계율을 지킨다).[227]

常懷第一義　　항상 제1의(구경의 진리)를 품으니[228]
外國賴恩光　　나라 밖 은혜의 빛에 힘입어
五百長者子　　오백의 장자의 아들들
相隨歸故鄉　　서로 따르며 고향으로 돌아간다.[229]

---

227 부낭과 관련해서는 아래 【참조】를 살펴보기 바란다.

228 第一義(제1의): 구경의 진리라는 이름으로 이것을 최상으로 삼기 때문에 제일이라고 하고, 대단한 이유가 있기 때문에 뜻이라고 한다. 성스러운 뜻을 스스로 깨닫는 것이다(以名究竟之眞理 是爲最上 故云第一 深有理由 故云義 聖智之自覺也, 불학대사전).

229 유마경 제1, 「불국품佛國品」에 다음과 같이 전한다.

(中略) 爾時 長者子寶積 說此偈已 白佛言 "世尊 是五百長者子 皆已發阿耨多羅三藐三菩提心. 願聞得佛國土清淨 唯願世尊說諸菩薩淨土之行" 佛言 "善哉 寶

積 乃能爲諸菩薩 問於如來淨土之行 諦聽諦聽 善思念之. 當爲汝說" 於是 寶積及五百長者子受教而聽.

(중략, 부처님에 대한 찬탄 게송) 그때 장자의 아들 보적寶積이 이 게송을 마치고, 부처님께 말씀드렸다.
"세존이시여! 이 500의 장자의 아들들은 모두 이미 아뇩다라삼먁삼보리심을 일으켰습니다. 원컨대 불국토의 청정을 듣고 싶습니다. 오로지 원컨대, 세존께서는 모든 보살의 정토행(諸菩薩淨土之行)을 말씀해 주소서."
부처님께서 말씀하셨다.
"착하구나, 보적아! 능히 모든 보살들을 위하여 여래의 정토행을 묻는구나. 자세히 듣고 자세히 들어, 잘 생각하여라. 그대를 위해 말하리라."
이에 보적과 500의 장자의 아들이 가르침을 받아 듣게 되었다.

【참조】
불광대사전에서는 부낭浮囊을 다음과 같이 설명한다.
바다를 건너는 사람이 몸에 둘러 물에 빠지는 것을 방어하는 물건. 바다를 건너는 사람에게 부낭이 없으면 물에 빠지는 고통이 있게 되는데, 모든 경론에서는 항상 부낭을 계율戒律을 가리키는 것으로 비유한다. 보살이 금계禁戒를 받들어 지녀서 그 마음이 견고하면 마치 금강과 같고, 비유하면 바다를 건너는 사람이 부낭을 소중히 지키면서 오직 목숨을 잃을까 염려하면 실 끝만큼도 게으르지 않게 되는 것과 같다(북본 대반열반경 권11, 성행품과 『혜림음의慧琳音義』 권3) 〔渡海人所帶防溺之物. 渡海人若無浮囊則有溺水之憂 諸經論每以浮囊喻指戒律. 謂菩薩奉持禁戒 其心堅固 猶如金剛 譬如渡海之人 護惜浮囊 惟恐命喪 絲毫不懈(北本大般涅槃經卷十一聖行品 慧琳音義卷三)〕.

85. 참괴호의근慚愧好意根

진심으로 참회하나니, 의근이여!

慚愧好意根	진심으로 참회하나니, 의근意根이여!
無自亦無他	나도 없고 또한 남도 없으며
無自身無垢	자기의 몸도 없고 때도 없다.
無他塵不加	저 티끌 없으면 보탤 것도 없다.
常居淸淨地	항상 청정한 땅에 살면서
知有不能過	(청정보다) 더한 것이 없다는 것을 알면
舊時惡知識	옛날 악지식들도
總見阿彌陀	모두 아미타를 보리라.

86. 참괴호설근慚愧好舌根

진심으로 참회하나니. 설근이여!

慚愧好舌根	진심으로 참회하나니. 설근이여!
常開大道門	항상 대도의 문은 열려 있나니
世間三有事	세간 삼유의 일들[230]
實是不能論	참으로 논해서는 안 되네.

相逢唯說道	서로 만나 오직 도를 말할 뿐,
更莫敍寒溫	다시 추우니 더우니 말하지 말라.
了知世相假	세상의 모습 거짓됨을 분명히 알면
俗禮也徒煩	세속의 예절 역시 헛되고 번거로우리라.

230 三有(삼유): 중생의 세 가지 생존 상태.

① 욕유欲有: 탐욕이 들끓는 욕계의 생존.

② 색유色有: 탐욕에서는 벗어났으나 아직 형상에 얽매여 있는 색계의 생존.

③ 무색유無色有: 형상의 속박에서 벗어난 무색계의 생존. (시공 불교사전)

87. 참괴일쌍이慚愧一雙耳

참회하노니, 한 쌍의 귀여!

慚愧一雙耳　　참회하노니, 한 쌍의 귀여!
常思解脫聲　　항상 해탈의 소리를 생각하나니,
若論俗語話　　만약 세속의 말로 논한다면
實是不能聽　　참으로 들어서는 안 되네.

聞財耳不納　　재물이 있다고 들어도 귀로 거두지 말고
聞色心不生　　색이 있다고 들어도 마음을 내지 않으며
不受有無語　　있느니 없느니 하는 말 (모두) 받아들이지 않으면
何慮不惺惺　　어찌 성성하지 못할까 걱정하겠는가.

88. 참괴일쌍안慚愧一雙眼

참회하노니, 한 쌍의 눈이여!

慚愧一雙眼	참회하노니, 한 쌍의 눈이여!
曾見數般人	일찍이 여러 종류의 사람 보았지만,
端正亦不愛	단정해도 좋아하지 않고
醜陋亦不瞋	추해도 성내지 않는다.
當頭異國色	눈앞의 이국적인 형상
何須妄起塵	구태여 허망하게 티끌을 일으킬 필요가 있는가,
低頭自形相	머리 숙여 자신의 형상을 보면
都無一處眞	도무지 한 곳도 진실한 곳이 없네.
身心如幻化	몸과 마음은 환화와 같은 것이니,
滿眼沒怨親	눈 가득히 원한과 친함이 없네.

89. 참괴일구신慚愧一軀身

참회하나니, 이 한 몸이여!

慚愧一軀身	참회하나니, 이 한 몸이여!
梵號波羅柰	범어로 바라내波羅柰라 부르는 곳에서[231]
被賊一群使	한 무리의 도적에게 부림을 당해
尋常不自在	늘 자재하지 못하였네.
亦名爲枯井	또한 마른 우물이라고도 하고
亦名爲鞲袋	또한 고리 자루라고도 하며
亦名朽故宅	또한 썩은 옛집이라고도 하고
亦名幻三昧	또한 환삼매라고도 한다.
佛罵作死屍	부처는 죽은 송장을 꾸짖는데
乘屍渡大海	(중생은) 송장을 타고 대해를 건너네.
大海元無水	대해엔 원래 물이 없고

231 波羅柰(바라내): 바라나시. bārāṇasī의 음사. 갠지즈강 중류에 있는 도시. 녹야원, 즉 초전법륜지가 있다. 鞲(깍지 구): 매 사냥이나 활을 쏠 때 쓰는 가죽으로 만든 팔고리.

死屍非是船	죽은 송장은 배가 아니네.
熟看世上事	자세히 세상사를 보면
總是假因緣	모두가 거짓 인연이니,
若了身心相	만약 몸과 마음의 상을 알면
空裏任橫眠	허공 속에서 마음대로 잠자리라.
具此六慚愧	이 여섯 참회를 갖추면
實是不求天	진실로 하늘도 바라지 않으면서
一時復一時	한 때 한 때 되풀이 하면서도
步步向前移	걸음걸음 앞을 향해 옮기리라.
無常有限分	무상하고 유한한 몸에
早晩卽不知	빠름과 늦음을 바로 몰라도
古人一交語	고인이 한 번 던진 말에
預辦沒貧兒	미리 마련해 갖추면 가난한 이 없으리라.
聞少須修道	들음이 적은 이는 모름지기 도를 닦아야지
莫待衰老時	노쇠할 때를 기다리지 말라.
邂逅符到來	뜻밖에 만나자는 소식(符, 신호)이 오면[232]
賺你更無疑	그대를 속였던 것, 다시는 의심할 것 없으리라.

232 邂逅(해후): 해후하다. 뜻하지 않게 만나다. 우연히 만나다.

勸君不肯聽	그대에게 권하노니, 들으려 하지 말라!
三塗眞可悲	삼도(삼악도)는 진실로 슬프도다.
一日復一日	하루하루를 되풀이하면서
百年漸漸畢	백 년을 점점 마치게 되리라.

急急除妄想	급히 서둘러 망상을 없애고
無念成眞佛	생각 없음으로 진짜 부처를 이루어
更莫苦攀緣	다시는 반연에 고통스러워하지 말라.
窺他世上物	저 세상의 어떤 것을 엿보고
忽然無常至	홀연히 무상에 이를지라도
累劫出不得	여러 겁에 벗어나지 못하리라.

90. 의지依智

지혜를 의지하되

一宿復一宿	하루 자고 또 하루를 자며
光陰漸漸促	세월만 점점 재촉하는구나.
報你心王道	그대에게 마음 길을 알리노니,
依智莫依識	지혜를 의지하되, 식(분별)에 의지하지 말라.[233]
依智見眞佛	지혜에 의지하면 진불眞佛을 보고
依識入地獄	식(분별)에 의지하면 지옥에 들어가리니,
若淪六趣中	만약 육취(육도)에 빠지면
受苦無時足	괴로움을 받음에 만족할 날이 없으리라.

233 ①의의불의어依義不依語: 뜻에 의지하되 말이나 글을 따르지 말 것. ②의법불의인依法不依人: 법에 의지하되 사람에 의지하지 말 것. ③의지불의식依智不依識: 지혜에 의지하되 생각에 의지하지 말 것. ④의요의경 불의불요의경依了義經不依不了義經: 궁극적 진리에 의지하되 그릇된 가르침에 의지하지 말 것. 관련한 경전의 말씀은 1. 능가보산고의 註26을 참조하기 바란다.

91. 일년부일년一年復一年

일 년이 가고 또 일 년이 가니

一年復一年	일 년이 가고 또 일 년이 가거늘,[234]
務在且遷延	(세월만) 질질 끌면서 애를 쓰는구나.[235]
皮皺緣肉減	피부와 얼굴 주름살이 줄어들고
髮白髓枯乾	머리털은 희고 골수는 바싹 마르며
毛孔通風過	털구멍엔 바람이 통과하고
骨消椽梠寬	뼈는 서까래와 평고대가 느슨해지듯 녹아간다.
水微不耐熱	물이 적으면 불을 견디지 못하고
火少不耐寒	불이 작으면 찬 것을 견디지 못한다.
幻身如聚沫	환인 몸은 마치 물거품과 같고
四大亦非堅	사대 역시 견고하지 않거늘
更被癡狼使	또 다시 어리석은 이리의 부림을 받아
無明曉夜煎	무명으로 새벽 밤을 애태운다.

---

234 '한 해 한 해 되풀이하면서'로 해석하여도 무방하다.

235 遷延(천연): 시일을 미루어 감. 망설임. 지체함. / 질질 끌다. 지연하다. 배회하다. (한가로이) 걷다. 물러나다.

惟知念水草　　오직 물에 뜬 풀만 알면서
心神被物纏　　심신은 대상 경계에 얽혀 있거늘,
云何不懺悔　　어떻게 참회하지 않는 것인가.
便道捨財錢　　바로 재물과 돈을 버리라 말하노니,
外頭遮曲語　　밖으로는 왜곡된 말을 차단하면서
望得免前愆　　다만 이전의 허물을 면하기 바라라![236]

地獄應無事　　지옥에는 마땅히 (갈) 일 없고
準擬得生天　　어김없이 천상에 난다는
世間有這屬　　세간에 이런 무리들 있나니
冥道不如然　　저승길은 그렇지 않다고 말하리라.
除非不作業　　오직 업을 짓지 않아야
當拔罪根源　　마땅히 죄의 근원을 뽑아버릴 수 있다.

根空塵不實　　뿌리는 공하고 티끌은 실답지 않나니
內外絶因緣　　안팎으로 인연을 끊어라.
積罪如山岳　　쌓인 죄업이 마치 산악과 같으니
慧火一時燃　　지혜의 불로 한꺼번에 태워버려서
須臾變灰燼　　잠깐 사이 한꺼번에 재로 변해야
永劫更無煙　　영겁토록 다시는 연기가 없다.

---

236 前愆(전건): 이전의 죄(과오, 과실). / 愆(허물 건).

迷時三界有	미혹할 땐 삼계가 있지만
悟卽出囂纏	깨달으면 분별없이 날뛰는 얽매임에서 벗어나니[237]
心無六入跡	마음엔 육입의 자취가 없이
淸淨達本源	청정으로 본원을 통달해야
地獄成淨土	지옥을 정토로 만든다.
招手別諸天	손짓해 불러 제천과 이별하고
報語三塗宅	삼도의 집에 알려라,
共你更無緣	"그대와 더불어 다시는 인연이 없다"고.
非論早與晩	빠르니 늦니 따지지 않고
悟理卽無邊	이 이치를 깨달으면 양 변이 없게 된다.

237 囂(들렐 효, 많을 오): 떠들썩하다. 시끄럽게 떠들다. 소란스럽게 하다. 시건방지다. 버릇없이 굴다. 분별없이 날뛰다. 제멋대로 굴다. 오만방자하다.

92. 화중연火中蓮

불 속에 핀 연꽃

心如卽是坐	마음이 여여하면 이것이 바로 좌(坐, 앉는 것)이고,
境如卽是禪	경계가 여여하면 이것이 바로 선禪이다.
如如都不動	(마음과 경계) 여여해서 모두 움직이지 않고
大道無中邊	대도엔 (처음도) 중간도 끝도 없다.
若能如是達	만약 이와 같이 통달할 수 있다면
所謂火中蓮	이른바 불 속에 (핀) 연꽃이다.[238]

無求乃法眼	구하는 것 없음이 바로 법안이고
有念却成魔	마음에 두는 것이 있으면 도리어 마魔가 된다.
無求復無念	구하는 것 없고 다시 또 마음에 두는 것 없으면
卽是阿彌陀	바로 이것이 아미타이니,
眞如共菩薩	진여는 보살과 함께
總祇較無多	모두 비교할 많은 것이 없다.

238 영가현각의 증도가에 다음과 같이 전한다.

在欲行禪知見力　욕망 가운데 있으면서도 선을 행하는 지견의 힘

火中生蓮終不壞　불 속에서 연꽃이 피니, 결코 시들지 않네.

鍊盡三山鐵	세 산의 쇠가 불려(=불에 달궈져) 없어지고
鎔銷五岳銅	다섯 산악의 구리가 녹여 사라지며
林枯鳥自散	숲이 말라 새가 저절로 흩어지고
海竭絶魚龍	바다가 말라 고기와 용이 끊어지니,
無師破戒行	스승 없이 계행도 부숴버리고
有法盡皆空	법도 다하고 모두가 공하다.

菩薩無煩惱	보살은 번뇌가 없지만
衆生愛皺眉	중생은 눈썹 찡그리는 것을 좋아한다.[239]
無惱緣無賊	번뇌의 인연이 없으면 도적이 없지만
皺眉被賊欺	눈썹을 찡그리면 도적에게 속임을 당한다.
不須問師匠	스승에게 물을 필요도 없으니
心王應自知	심왕(마음)이 마땅히 스스로 알아야 한다.

智者觀財色	지혜로운 사람이 재색을 보면
了知是幻虛	이것은 환이고 헛된 것임을 분명히 안다.
衣食支身命	옷과 음식으로 신명을 지탱하고
相勸學如如	여여함을 배우기를 서로 권하니,
時至移庵去	때가 되어 암자(초막)를 옮기면
無物可盈餘	어떤 것도 차고 남는 것이 없다.

239 皺眉(추미): 눈썹을 찡그림, 또는 그 눈썹.

凡夫貪著事	범부가 탐내고 집착하는 일
不免三界輪	삼계의 윤회를 면치 못하고,
與說無生理	무생의 이치를 말해줘도
閉耳佯不聞	귀를 닫고 들은 체도 하지 않으니,
如斯之等髏	이런 무리의 해골들
何日出囂塵	언제야 어지럽고 소란스런 속세를 벗어나리오.[240]

壁畫枉用色	벽에다 쓸데없이 형상을 그리는 것은
不如脫空佛	부처(空佛)를 벗어남만 못하니,
住法比無住	법에 머묾과 머묾 없음을 비교하고
陰中對白日	어둠 속에서 대낮을 상대하며
不信有無言	말 있음과 말 없음을 믿지 말고,
看取波羅蜜	다만 바라밀을 보라.

見時如不見	봐도 보지 않은 것 같고
聞時如不聞	들어도 듣지 않는 것 같으며
喜時如不喜	기뻐도 기쁘지 않은 것 같고
瞋時如不瞋	성내도 성내지 않는 것 같으면
一切盡歸如	일체가 다 여여함으로 돌아가
自然無我人	자연히 나와 남이 없다.

240 囂塵(효진): 어지럽고 소란스런 속세. 시끄럽고 먼지가 많다.

齋須實相齋	재는 모름지기 실상의 재이어야 하고
戒須實相戒	계는 모름지기 실상의 계이어야 한다.
有相持齋戒	상이 있음으로 재계를 지키면
到頭歸敗壞	마침내 부서지고 무너짐으로 돌아가리니,
敗壞屬無常	부서지고 무너짐이 무상에 속한다면
從何免三界	어디로부터 삼계를 면하겠는가.

心王不了事	마음이 일을 마치지 못했다면
遮莫向名山	이름난 명산을 향하는 것은 막론하고
縱令見佛像	설령 불상을 보더라도
實以不相關	서로 관계가 없나니,
猿猴見水月	원숭이가 물 속의 달을 볼지언정
捉月始知難	달을 잡아봐야 비로소 어려움을 알게 된다.

緣事求解脫	일을 인연으로 해탈을 구하면
累劫無出期	누겁에도 벗어날 기약 없으니,
直須入理性	즉시 이치의 성품에 들어가야
成佛更無疑	부처를 이루어 다시는 의심이 없다.
雖然不受記	비록 수기는 받지 못했을지라도
見是世尊兒	이것을 보아야 세존의 아들이다.

佛遣滅生滅	부처는 생멸을 멸함도 버렸거늘,
生滅長相隨	오래도록 생멸을 따르면서

不學大人相　　대인상은 배우지 않고
却作小孫兒　　거꾸로 어린 손자가 되어
持心更覓佛　　마음을 가지고 다시 부처를 찾는다면
豈不是愚癡　　어찌 어리석은 것이 아니겠는가.

無事被他罵　　까닭 없이 남에게 욕을 먹어도
佯佯耳不聞　　선명하게 귀로 듣지 말고[241]
舌亦不須動　　혀 또한 움직일 필요가 없으며
心亦不須嗔　　마음 또한 성낼 필요가 없다.

關津無障礙　　관문과 나루터에 장애가 없으면
卽是出纏人　　바로 얽매임에서 벗어난 사람이니,
眞如本無相　　진여는 본래 상이 없고
所得是凡流　　얻은 바는 평범하게 흐른다.

昔時爲父子　　옛날에 부자지간이 되어
長大出外遊　　장성해서는 밖으로 돌아다녔는데
今日相遇見　　오늘 우연히 만나 보니
父少子白頭　　아비와 자식이 머리가 희다.

一生解縛鈍　　일생을 우둔하게 묶은 것을 풀고

241 佯佯(양양): 선명한 모양. 깊숙한 모양. 심오한 모양.

渾身納裏眠　　온몸으로 만사를 받아들인 가운데 잠을 자면
心中無意識　　마음엔 의식이 없고
耳無繩索牽　　귀는 끌고 갈 새끼줄이 없다.
心本無繫縛　　마음은 본래 얽어맬 것이 없으니
同塵亦無喧　　세파에 휩쓸려도 시끄러울 것 없다.[242]

欲得眞解脫　　참된 해탈을 얻고자 하면
持刀且殺牛　　칼을 가지고 소를 죽여라.
牛死人亦亡　　소도 죽고 사람 또한 죽으면
佛亦不須求　　부처 또한 구할 필요가 없다.

全身空裏坐　　온몸으로 허공에 앉아
卽度死生流　　바로 생사의 흐름을 건너면
極目觀前境　　눈길이 닿는 곳까지 앞의 경계를 봐도[243]
寂寥無一人　　고요하고 쓸쓸해 한 사람도 없고,
廻頭看後底　　고개를 돌려 뒤쪽을 봐도
影亦不隨身　　그림자 또한 몸을 따르지 않는다.

---

242 同塵(동진): 속세의 홍진과 함께 섞인다는 뜻으로, 세인과 같은 짓을 함. 세파에 휩쓸림.

243 極目(극목): 시력을 먼 데까지 다함. 눈으로 볼 수 있는 한계까지 한없이 봄.

93. 간방看方

처방을 보고도

貪瞋不肯捨	탐내고 성내는 것은 버리지 않으려 하면서
徒勞讀釋經	헛되이 수고롭게 경을 읽고 풀며
看方不服藥	처방을 보고도 약을 먹지 않는다면
病從何處輕	병은 어디서 가벼워지리오.

94. 단좌端坐

단정히 앉아

取空是取色　　공을 취하는 것은 색을 취하는 것.[244]
取色色無常　　색을 취해도 색은 무상하고
色空非我有　　색과 공에 내가 있는 것이 아니니,
端坐見家鄉　　단정히 앉아 고향을 보라.[245]

---

244 악취공(惡取空, 공에 대한 그릇된 이해)을 뜻하는 것으로 이해하였다.

245 아래와 같이 달리 전하는 경우도 있으니 참고하기 바란다.

取空空是色　　공을 취하면 공은 색이요,
取色色無常　　색을 취하지만 색은 무상이네.
色空非我有　　색과 공에 내가 있는 것이 아니니,
端坐見家鄉　　단정히 앉아 고향을 보라.

95. 금강경金剛經

금강경이란

經體本無名	경의 본체에는 본래 이름이 없나니,
受持無色聲	수지 독송함에 색과 소리 없고[246]
心依無相理	마음이 무상無相의 이치에 의지하면[247]
眞是金剛經	(이것이) 진실로 금강경이라네.

---

246 "수지독송受持讀誦"으로 이해하였다.

247 금강경 「3. 대승정종분大乘正宗分」에 다음과 같이 전한다.

須菩提 若菩薩有 我相人相衆生相壽者相 卽非菩薩.

"수보리여! 만약 보살에게 아상·인상·중생상·수자상이 있으면 보살이 아니기 때문이다."

또한 「4. 묘행무주분妙行無住分」에 다음과 같이 전한다.

復次須菩提 於法應無所住 行於布施 所謂不住色布施 不住聲香味觸法布施. 須菩提 菩薩應如是布施 不住於相. 何以故. 若菩薩不住相布施 其福德不可思量.

"또 다음으로 수보리여! 보살은 법에 마땅히 머무는 바 없이 보시를 행해야 하니, 이른바 색에 머물지 않는 보시이고, 성·향·미·촉·법에 머물지 않는 보시이다. 수보리여! 보살은 마땅히 이와 같이 보시하면서 상相에 머물지 않아야 한다. 무슨 까닭인가? 만약 보살이 상에 머물지 않고 보시하면 그 복덕은 헤아릴 수 없기 때문이다."

96. 황엽黃葉

누런 잎

孫兒正啼哭　　손자가 바로 큰 소리로 울 때
母言來與金　　어미가 금을 준다고 말하면서
捻他黃葉把　　저 누런 잎을 집어주니,
便卽正聲音　　이것이 곧 바른 음성이네.[248]

248 대반열반경 제18권, 「영아행품嬰兒行品」에 다음과 같이 전한다.

又嬰兒行者 如彼嬰兒啼哭之時 父母卽以楊樹黃葉 而語之言 "莫啼莫啼 我與汝金" 嬰兒見已 生眞金想 便止不啼. 然此楊葉實非金也.

또 영아행(嬰兒行, 젖먹이 행)이라는 것은 마치 젖먹이가 울 때 부모가 곧바로 버드나무 누런 잎을 가지고 말하기를 "울지 마라, 울지 마! 내가 네게 금을 줄게" 하면, 젖먹이가 보고 진짜 금이라는 생각을 하고는 곧장 울음을 그치는 것과 같다. 하지만 이 버드나무 잎은 진짜 금이 아니다.

97. 식법識法

마음 경계

別淚成河海	이별의 눈물 강과 바다를 이루고
骨如毗富山	뼈는 비부산과 같지만,[249]
祇緣塵識法	단지 티끌(경계)을 반연한 마음경계이니[250]
所以遣心然	그래서 마음 버리는 것을 분명히 하라는 것이네.[251]

249 비부산毗富山: 왕사성 주위에 있는 다섯 개의 산 가운데 하나. 판다바(白善山, 盤塗山), 깃쟈쿠타(靈鷲山, 祇離渠阿山), 벱바아라(負重山, 倍阿羅山), 이시기리(仙人掘山, 離師祇離山) 베풀라(廣普山, 毗富羅山)가 있는데, 다섯 번째 베풀라가 바로 비부산이다. 증일아함경에서는 부증산負重山이라고 하고, 방산方山으로 한역되기도 한다. 아마도 이 산 숲에 유골이 산을 이룰 정도로 많았거나, 유골을 안치하는 탑이 많았던 것 같다.

250 식법識法은 마음의 경계로 이해하였다.

251 연然은 연燃과 같은 뜻으로, '마음 버리는 것을 불에 태우듯 하라'는 뜻으로 해석해도 무방하다.

98. 무문無問

묻는 것이 없거늘

前人若有事	앞 사람에게 혹 일이 있어도
我猶佯不知	나는 오히려 모르는 척하거늘,
何況他無問	하물며 어떻게 그가 묻는 것이 없는데
讒舌强卑卑	혀를 놀려가며 억지로 애를 쓰겠는가.[252]

252 讒舌(찬설): 참소(讒訴·譖訴, 남을 헐뜯어 없는 죄를 있는 듯이 꾸며 고해 바치는 일)의 말을 놀리는 혀라는 뜻으로, 참언讒言을 달리 이르는 말.
卑卑(비비): 애써 노력하는 모양. 아주 천하다.

99. 권군勸君

그대에게 권하노니

勸君師子吼	그대에게 권하노니, 사자후를 해야지
莫學野干鳴	야간(여우)의 울음을 배우지 말라.
若能香象起	능히 향상의 몸을 일으키면[253]
感得鳳凰迎	감동해 봉황이 영접하리라.

253 향상은 보살. 향혜香惠, 적색赤色, 불가식不可息이라고도 함. 현겁16존의 하나로 금강계 외원의 네모난 단에 머물며, 남방 4존 가운데 제1위. 별칭으로 대력금강 또는 호계금강이라고도 부른다. 또 옛날에 청색을 두른 향기 나는 코끼리로, 구마라집의 유마경주석維摩經注釋 가운데 향상보살의 이름에 대해 말하기를 "청향의 코끼리(青香象)로 몸에서 향기로운 바람이 분다. 보살의 몸에서 향기로운 바람이 부는 것도 이와 같다"고 하였다. 이 보살은 북방의 향취산에서 설법을 하고 있는데, 화엄경 「보살주처품菩薩住處品」에 이르기를 "북방에 보살이 머물고 있는 곳이 있는데 이름이 향취산이다. 과거에 여러 보살들도 늘 그곳에 머물고 있었다. 거기에 지금 향상이라는 보살이 있는데 3천의 보살 권속이 늘 설법을 하고 있다"고 하였다. 범어로는 Gandhahasti이다.〔(菩薩)或稱香惠赤色不可息 賢劫十六尊之一 居金剛界外院方壇 南方四尊中之第一位 密號大力金剛或護戒金剛. 又 (異類) 青色帶香氣之象 羅什之維摩經注釋香象菩薩之名曰 "青香象也 身出香風 菩薩身香風 亦如此也" 此菩薩在北方之香聚山說法 華嚴經菩薩住處品曰 "北方有菩薩住處 名香聚山 過去諸菩薩 常於中住 彼現有菩薩名香象 有三千菩薩眷屬常爲說法" 梵Gandhahasti, 불학대사전〕

100. 낙제落第

시험에 떨어지는 것

一種學事業　　한 가지 일(학문)만 배워도
亦來登選場　　장차 과거시험장에 오를 수 있지만,[254]
祇緣口義錯　　단지 입만 놀려 뜻이 어긋나면
落第在他鄉　　시험에 떨어져 타향에 있게 되네.

254 選場(선장): 과거시험장.

101. 육적六賊

여섯 도적

心王不了事	마음을 깨닫지 못하면
却被六賊使	도리어 육적에 부림을 당하지만,[255]
共賊作火下	도적과 함께 한솥밥을 지어 먹는 짝이 되면[256]
無繇出生死	흔들림 없이 생사를 벗어난다.[257]

255 6적六賊은 6경六境·6진六塵을 뜻한다.

256 직역하면 '도적과 함께 불을 일으키면'이 되는데, 여기서는 작화하作火下를 화반(火伴또는 伙伴: 한솥밥을 지어 먹는 사람)으로 해석하였다.

257 繇(역사 요, 말미암을 유, 정사 주): 역사(役事: 토목이나 건축 따위의 공사). 노래. 가요. 어조사. 고요(皐陶: 중국 고대의 전설상의 인물). 무성하다. 우거지다. 흔들리다. 멀다 (요) / 말미암다. 지나다. 다니다. 거치다. 통과하다. 유유하다. 한가하다. 사용하다. 따르다. 순종하다. ~부터. 오히려. 길. 도리. 까닭. 꾀 (유) / 점사(占辭: 점괘에 나타난 말). 점괘(占卦: 점을 쳐서 나오는 괘) (주)

102. 담철한擔鐵漢

쇳덩이를 둘러멘 놈

別人終不賤	특별한 사람은 끝내 천하지 않고
別寶終不貧	특별한 보배는 끝내 가난하게 하지 않거늘,
祇今擔鐵漢	지금 쇳덩이를 둘러멘 놈[258]
不肯博金銀	금·은과 바꾸려 하질 않네.

---

258 담철한擔鐵漢은 선문에서 자주 쓰이는 담판한擔板漢과 같은 뜻으로 이해했다. 담철한 또는 담판한은 견해가 한 쪽으로 치우쳐 전체를 융통성 있게 보지 못함을 뜻한다.

擔板漢(담판한): (비유) 판때기를 짊어진 인부로 단지 앞만 보기 때문에 좌우를 볼 수가 없다〔(譬喩) 人夫之負板者 但見前方 不能見左右, 불학대사전〕.

103. 심공급제心空及第

마음을 비워 급제해서

十方同一會	시방에서 다함께 모여
各自學無爲	각자 무위법을 배우네.
此是選佛處	여기는 부처를 뽑는 곳,
心空及第歸	마음을 비워 급제해서 돌아가네.[259]

259 조당집 제15권에서는 다음과 같이 전한다.

十方同一會 <u>各各學無爲</u> 此是選佛處 心空及第歸

여기서는 밑줄 친 것처럼 '各自'를 '各各'으로 전한다.

역자 서문과 어록 편, '3. 마조와 만나다'를 참조하기 바란다.

104. 무생화無生話

함께 무생화를 말하네

有男不肯婚	아들이 있는데 장가가려 하지 않고
有女不肯嫁	딸이 있어도 시집가려 하지 않는다.
父子自團欒	부자가 단란하게 지내면서
共說無生話	함께 무생화를 말하네.[260]

260 본편에서는 오언시로 정형화하여 전하는 특색이 있다. 어록 편, '3. 마조와 만나다'를 참조하기 바란다. 전등록 제8권, '방온 거사' 편에서는 다음과 같이 전한다.

有男不婚	아들은 있지만 장가들지 않고
有女不嫁	딸도 있지만 시집가지 않았다.
大家團欒頭	온 가족이 단란하게 모여서
共說無生話	함께 무생화를 말하네.

105. 미타불彌陀佛

아미타불

四性同一舍	사성(4종성)은 한 집과 같고[261]
三身同一室	삼신은 한 방과 같으니,[262]
一切惡知識	일체의 악지식도[263]
總見彌陀佛	모두 아미타부처로 보이네.

261 性과 姓의 발음이 〔xìng〕으로 동일하다. 당시 혼용해서 쓴 것으로 이해하였다.

262 삼신三身에 네 가지가 있는데, 법法·보報·응應의 삼신, 자성自性·수용受用·변화變化의 삼신, 법法·응應·화化의 삼신, 법法·보報·화化의 삼신이다(有四種 法報應之三身 自性受用變化之三身 法應化之三身 法報化之三身是也, 전게서).

263 악지식惡知識: 범어로 pāpa-mitra이고, 선지식善知識과 대칭되는 것이다. 또한 악우(惡友, 나쁜 친구)·악사(惡師, 나쁜 스승)·악사우(惡師友, 나쁜 스승과 벗)는 곧 악법惡法과 사법邪法을 설해 사람들로 하여금 마도魔道의 악덕惡德에 빠뜨리는 사람이다(爲善知識之對稱 又作惡友 惡師 惡師友 卽說惡法與邪法 使人陷於魔道之惡德者, 불광대사전).

106. 여리수如理修

이치대로 수행하면

教君一箇法　　그대에게 하나의 법을 가르치노니,
有事無處避　　일이 있으면 피할 곳이 없다(는 것을 알라).
若能如理修　　능히 이치대로 수행하면
存本却有利　　본전만 지켜도 이익이 된다.[264]

264 참고로 본존취리(本存取利, 꾸어준 본전은 그대로 두고 때마다 이자를 받다)라는 말이 있다.

107. 실시희實是稀

실다운 사람은 드무네

道是無爲道　　도는 무위도인데
修人自有爲　　수행하는 사람이 스스로 유위도를 닦네.
假卽無頭數　　가짜 수행인은 무수히 많고,[265]
眞中實是稀　　진실한 가운데 실다운 사람은 드무네.

---

265 두수頭數는 소나 말, 돼지 등의 마릿수를 뜻하는 것으로 여기서는 앞의 부정어 무無와 결합하여 셀 수 없이 많음을 뜻하는 것으로 이해하였다.

108. 무신화無薪火

✿ 횃불이 없거늘

無求勝禮佛　　구함이 없는 것 예불보다 뛰어나고
知足勝持齋　　만족할 줄 아는 것 계율을 지키는 것보다 낫네.[266]
本自無薪火　　본래 횃불이 없거늘,[267]
何勞更拾柴　　어찌 수고스럽게 다시 땔감을 줍겠는가.[268]

---

266 참고로 『명심보감明心寶鑑』 제61장, 「존심편存心篇」에서는 다음과 같이 전한다.
無求勝布施　　구함 없는 것 보시보다 뛰어나고
謹守勝持齊　　삼가(조심하고 정성껏) 지키는 것 재계보다 뛰어나다.

267 薪火(신화): 횃불. 관솔불. (비유) 스승의 학예를 제자에서 제자에게로 계속 전수하다. / (薪: 섶 신, 땔나무를 통틀어 이르는 말)

268 拾柴(습시): 땔감을 줍다.

109. 견미타見彌陀

언제야 아미타 부처를 보겠는가

說事滿天下	사事를 말하면 천하에 가득하고
入理實無多	이理에 들어가면 실로 많은 것 없거늘,
常被有爲縛	늘 유위에 묶이면
何日見彌陀	언제야 아미타 부처를 보겠는가.

110. 제법諸法

모든 법은

起時惟法起　　일어날 땐 오직 법만 일어나고
行時共佛行　　다닐 때는 부처와 함께 다니네.
騰騰三界內　　삼계 안에 등등하지만(자욱이 피어 일어나지만)
諸法自無生　　제법은 스스로 남이 없네.[269]

---

269 유마경 제5, 「문수사리문질품文殊師利問疾品」에 다음과 같이 전한다.

文殊師利言 "居士 有疾菩薩 云何調伏其心" 維摩詰言 "有疾菩薩應作是念 '今我此病 皆從前世妄想顚倒諸煩惱生. 無有實法 誰受病者. 所以者何 四大合故假名爲身 四大無主 身亦無我. 又此病起 皆由著我 是故於我 不應生著旣知病本 卽除我想及衆生想 當起法想 應作是念 但以衆法 合成此身 起唯法起 滅唯法滅 又此法者 各不相知 起時不言 我起滅時不言我滅.

문수사리가 말했다.
"거사시여! 병든 보살은 어떻게 그 마음을 조복해야 합니까?"
유마힐이 말했다.
"병이 든 보살은 이와 같이 생각을 해야 합니다.
'지금 나의 이 병은 모두 전세前世의 허망한 생각과 전도된 모든 번뇌로부터 일어나는 것이다. 실다운 법(實法)이 없는데 누가 병이라는 것을 받는 것인가? 왜냐하면 4대가 모인 것을 잠시 이름을 빌어 몸이라고 하기 때문이니, 4대에는 주인이 없고 몸 또한 무아無我인 것이다. 또한 이 병이 일어난 것은 모두

아我를 집착함으로 말미암은 것이니, 이런 까닭에 나(我)에 대해 집착을 내어서는 안 된다'라고.

이미 병의 근본을 알았다면 바로 아상我想 및 중생상衆生想을 없애고 법상法想을 일으켜야 합니다. 그리고는 이와 같이 생각을 해야 합니다.

'다만 여러 법이 합해서 이 몸이 이루어진 것이니, 일어나더라도 오직 법이 일어나는 것일 뿐이고, 멸하더라도 오직 법이 멸하는 것일 뿐이다. 또한 이 법이라는 것은 각각 서로 알지 못하니, 일어날 때에도 내가 일어난다고 말하지 않고, 멸할 때는 내가 멸한다고 말하지 않는다'라고 해야 합니다."

마조어록에서는 다음과 같이 전한다.

無量劫來 凡夫妄想 諂曲邪僞 我慢貢高 合爲一體. 故經云 但以衆法 合成此身 起時唯法起 滅時唯法滅 此法起時 不言我起 滅時不言我滅.

무량겁 이래로 범부는 망상과 아첨, 삿됨과 거짓, 아만과 뽐냄이 합해서 한 몸(一體)이 되었다. 그렇기 때문에 경(經, 유마경)에 이르기를 '다만 여러 법이 합해서 이 몸이 이루어진 것이기에, 일어나더라도(=이 몸이 생겨나더라도) 오직 법이 일어날 뿐이고, 멸하더라도 오직 법이 멸할 뿐이다. 그러므로 이 법이 일어날 때 내가 일어난다고 말하지 않고, 이 법이 멸할 때 내가 멸한다고 말하지 않는다'고 하였던 것이다. (졸역, 마조어록 역주, p.65)

111. 무구無求

구하는 것 없으면

大海淼無涯 　대해는 아득히 넓어 끝이 없거늘,[270]
衆生自著枷 　중생이 스스로 목에 칼을 씌우네.[271]
無求出妙德 　구하는 것 없으면 묘덕妙德이 나오거늘,[272]
心生勞算沙 　마음을 내어 애써 모래를 세네.

270 淼(물 아득할 묘): 물이 아득하다. 수면이 아득하게 넓다. 넓은 물.

271 著枷(착가): 죄인이 목에 칼을 씀. 또는 죄인의 목에 칼을 씌움.
枷(칼 가): 칼(죄인의 목에 씌우는 형구). 도리깨.

272 여기서의 묘덕妙德은 문수를 지칭하기보다는 묘덕법신·묘덕진신, 즉 여래를 뜻하는 것으로 이해하였다.

112. 심청정心清淨

마음이 청정하면

一念心清淨	한 생각 마음이 청정하면
處處蓮花開	곳곳에 연꽃이 피니,
一華一淨土	꽃 하나에 하나의 정토가 있고
一土一如來	한 국토에 하나의 여래가 있네.

칠언七言

113. 대당삼백육십주大唐三百六十州

대당의 삼백육십주를…

大唐三百六十州	대당 360주를[273]
我暫放閑乘興遊	내가 잠시 한가로이 쉬면서 홍이 나 돌아다니다가[274]
瞬息之間知事盡	순식간에 일을 모두 알았다.
若論入理更深幽	만약 이理에 들어감을 논하면 더욱 깊고 그윽해지리니
共外知識呷淸水	다른 지식(벗)들과 맑은 물을 마셔도[275]
總是妄想無骨頭	모두가 뼈 없는 망상이다.

却歸東西山道去	다시 동서의 산길로 돌아가
不捨因緣騎牯牛	인연을 버리지 않고 물소를 타고[276]

273 정관貞觀 원년(627)에 태종이 천하를 10개의 도를 나누고, 정관 14년(640)에 전국에 360주州(府)를 설치하였으며 1,557현縣으로 분할하였다. (백도백과)

274 乘興(승흥): 신이 나다. 흥이 나다.

275 呷(마실 합): 마시다. (여럿이) 함께 울다. 큰소리. 옷이 펄럭이는 모양.

後望青山平似掌　　뒤로 청산青山을 바라보니 평평한 것이 손바닥 같고,
前瞻漢水水東流　　앞에 한수漢水를 바라보니 물은 동쪽으로 흐르네.
試問西域那提子　　(누군가) 시험 삼아 묻기를 "서역에서는 어떤 것을 드는가?" 하면
遺法慇懃無所求　　불법은 깊고 그윽해서 구할 것 없다(고 하리라).[277]

自入大海歸火宅　　몸소 대해에 들어가 화택으로 돌아가도
不覺乘空失却牛　　허공을 타고 소를 잃어버린 것도 모른다.

---

276 물소(牯牛)와 관련해서는 아래 【참조】를 살펴보기 바란다.

277 遺法(유법): 옛 사람이 남긴 법. 부처가 끼친 교법.
慇懃(은근): 태도가 겸손하고 정중함. 은밀하게 정이 깊음. 전하여, 음흉스럽고 은밀함.
慇과 懃 모두 은근하다(깊고 그윽하다)는 뜻이 있어, 그대로 따랐다.

【참조】
물소(牯牛 水牯牛)와 관련하여 선문염송집 제6권(N.206)에 다음과 같은 공안公案이 전한다.
南泉示衆云 "王老師自小 養一頭水牯牛 擬向溪東放 不免食他國王水草 擬向溪西放 亦不免食他國王水草 如今 不如隨分納些些 他惣不妨"
남전이 시중하였다.
"나는 어릴 적부터 물소 한 마리를 길렀는데, 개울 동쪽에 풀어놓으려 하면 국왕의 물과 풀을 먹는 것을 면치 못하고, 개울 서쪽에 풀어놓으려 해도 국왕의 물과 풀을 먹는 것을 면할 수가 없었다. (그러므로) 지금 분에 따라 조금씩이라도 거두어들이는 것만 못하니, 그것은 전혀 거리낄 것이 없다."

有人見我歸東土	어떤 이는 내가 동토로 돌아가는 것을 봤다는데,
我本元居西海頭	나는 본래 처음부터 서해에 살면서
來去自然無障礙	오고감에 자연 장애가 없거늘,
出入生死有何憂	생사를 들고 남에 무슨 걱정이 있겠는가.

114. 초연해탈超然解脫

초연히 해탈하였거늘

無思無念是眞空	무사·무념이 참된 공이니
妙德法身自見中	묘덕 법신을 자기 안(마음)에서 보네.
應機接物契眞智	근기 따라 중생을 제접하며 참된 지혜에 계합하니
十方世界總流通	시방세계에 모두 흘러 통하네.
通達無我無人法	나도 없고 남도 없는 법을 통달해
人法不見有行蹤	인과 법에 어떤 행적도 드러나지 않네.[278]
神識自然無罣礙	신식(마음)은 자연 걸림이 없어[279]
廓周沙界等虛空	널리 사계에 두루한 것이 허공과 같네.[280]
不假坐禪持戒律	좌선도 빌리지 않고 계율도 수지 않고
超然解脫豈勞功	초연히 해탈하였거늘, 어찌 애써 수행하리오.

---

278 行蹤(행종): 행방. 소재. 종적(주로 현재 머무르고 있는 곳을 가리킴).

279 神識(신식): 유정의 심식은 영묘하고 불가사의하다. 그래서 신식이라고 한다(有情之心識靈妙不可思議 故曰神識, 불학대사전).

280 沙界(사계): 갠지즈강의 모래와 같이 수많은 세계. 무량無量·무수無數한 것.

115. 풍진정風塵淨

(세상의) 속된 일을 청정하게 하라

菩提般若名相假	보리·반야는 이름과 형상을 빌린 것이고
涅槃眞如亦是虛	열반·진여는 또한 텅 빈 것이네.
欲得心神眞解脫	마음이 진실로 해탈코자 한다면
一切名相本來無	일체의 이름과 형상은 본래 없는 것이니
十方世界風塵淨	시방세계 어지러운 일을 청정하게 하라.

州州縣縣絶艱虞	고을고을마다 곤란과 우환을 없애고[281]
王道蕩蕩無偏黨	왕도는 관대해 치우침이 없으며[282]
擧國衆生同一如	온 나라 중생이 함께 하나 같고
不動干戈安萬姓	창과 방패 쓰지 않고 만백성이 편안하면
法王合掌髻中珠	법왕이 상투 속 구슬에 합장하리라.[283]

281 艱虞(간우): 곤란과 우환

282 偏黨(편당): 한편의 당파. 한 당파에 치우침.

283 상투 속 (밝은) 구슬(髻中珠, 髻中明珠)과 관련해서는 "1. 능가보산고"의 【참조】 4를 살펴보기 바란다.

116. 허공무변虛空無邊

허공은 끝이 없어

空中自見淸涼月	허공 속에 저절로 청량한 달이 드러나고
一光普照娑婆徹	하나의 광명이 널리 비춰 사바에 통하네.
此光湛然無去來	이 빛은 맑아 오고감이 없고,
不增不減無生滅	늘지도 않고 줄지도 않으며, 생멸도 없네.

爾是妙德現眞身	이는 묘덕진신을 드러낸 것이니
刹那不起恒沙劫	찰나에도 항하사겁을 일으키지 않네.[284]
無邊無盡如虛空	끝없고 다함없음은 허공과 같고
虛空無邊不可說	허공은 끝이 없어 설할 수가 없네.

---

284 법성게에 다음과 같이 전하니 참조 바란다.

無量遠劫卽一念	헤아릴 수 없는 시간이 곧 한 생각이요,
一念卽是無量劫	한 생각이 헤아릴 수 없는 시간이다.

117. 지개시祇箇是

다만 이것뿐이니

但自無心於萬物	다만 스스로 만물에 마음이 없으면
何妨萬物常圍遶	만물이 늘 주위를 에워싼들 무슨 상관이 있겠는가.
鐵牛不怕師子吼	철우는 사자후를 두려워하지 않으니[285]
恰似木人見花鳥	흡사 목인이 꽃과 새를 보는 것과 같네.

木人本體自無情	목인의 본래 모습에는 정이 없고[286]
花鳥逢人亦不驚	꽃과 새는 사람을 만나도 놀라지 않네.
心境如如祇箇是	마음과 경계는 여여해서 다만 이것뿐이니,
何慮菩提道不成	어찌 보리도를 이루지 못할까 걱정하겠는가.

---

285 철우鐵牛는 움직일 수 없음을 비유한 것이고, 또 주둥이(입=말)를 허용하지 않는 것을 비유한 것이다. 벽암록 38칙에 이르기를 "조사의 심인은 마치 철우지기와 같다"고 하였다(以譬不可動 又譬無容嘴之處 碧巖三十八則曰 "祖師心印 狀似鐵牛之機", 불학대사전).

286 기관목인機關木人: 오온의 가를 비유한 것. 지도론 6에 이르기를 "작자가 없는 것 이는 사인가, 환인가, 기관목인인가, 꿈속의 일인가?"라고 하였다(喩五蘊之假者 智度論六曰 "都無有作者 是事是幻耶 爲機關木人 爲是夢中事" 전게서).

118. 법륜상전法輪常轉

법륜을 항상 굴리며

淸淨無爲無識塵	청정무위해서 티끌만큼도 아는 것 없다.[287]
不捨肉身妙法身	육신을 버리지 않는 묘법신은
祇爲衆生有漏習	다만 중생 위한 번뇌의 습기가 있을 뿐,
權止草庵轉法輪	방편으로 초암에 머물러 법륜을 굴린다.
法輪常轉無人見	법륜을 항상 굴리며 남이라는 견해 없다.
優曇時時一出現	우담발화는 때때로 한 번 출현하지만
無相眞空妙法身	형상 없는 진공의 묘법신은
歷劫恒沙不遷變	항하사의 시간을 지내도 변하지 않는다.[288]

287 아는 것(識)은 분별의 뜻으로 해석하였다.

288 遷變(천변)=變遷(변천): 변하여 바뀜.
역겁항사歷劫恒沙는 항하의 모래와 같은 오랜 시간을 뜻한다.

119. 막구불莫求佛

부처도 찾지 말고

莫求佛兮莫求人	부처도 찾지 말고, 사람도 찾지 말며,
但自心裏莫貪瞋	다만 자기 마음속 탐냄과 성냄을 없애라.
貪瞋癡病前頓盡	탐·진·치의 병 눈앞에서 단박에 다하면
便是如來的的親	바로 이것이 여래를 적적하게 드러내는 것이다.[289]

內無垢兮外無塵	안에는 때가 없고 밖에는 먼지가 없으며
中間豁達無關津	중간은 툭 트여 관문과 나루도 없다.[290]
神無障礙居三界	마음은 장애가 없이 삼계에 머무니,
恰似瑠璃處日輪	흡사 유리병 속에 해가 있는 것 같다.[291]

---

289 '親'은 '現'의 誤字로 해석했다.

290 關津(관진): 사람의 왕래가 잦은 요로要路의 길목에 있던 나루.

291 참고로 영가현각의 증도가에서는 다음과 같이 전한다.

但得本莫愁末	다만 근본을 얻을 뿐, 지말은 근심치 말라.
如淨瑠璃含寶月	마치 깨끗한 유리가 보배로운 달을 머금은 것과 같나니.

120. 해의진지解依眞智

마음이 옷을 벗고 진실로 지혜로워

心王若解依眞智	심왕이 (마음의) 옷을 벗고 진실로 지혜로워[292]
一切有無俱遣棄	일체의 있고 없음을 모두 버리면
身隨世流心不流	몸은 세간의 흐름을 따라도 마음은 따르지 않고
夜來眼睡心不睡	밤이 와 눈은 졸아도 마음은 졸지 않는다.
天堂地獄總無情	천당과 지옥에 전혀 (사사로운) 정情이 없고[293]
任運幽玄到此地	운행하는 대로 유현하게 이 지위에 이른다.[294]

292 해의解依는 '옷을 벗다'는 뜻으로 해석하였다.

293 情(뜻 정): 뜻. 마음의 작용. 사랑. 인정. 본성. 정성. 사정. 실상. 사실. 진상. 이치. 진리. 사정. 형편. 상태. 멋. 정취. 욕망. 진심眞心. 성심(誠心: 정성스러운 마음). 참마음. 참으로. 진실로.

294 천지자연의 운행으로 해석하였다.
幽玄(유현): 사물의 이치 또는 아취雅趣가 헤아리기 어려울 만큼 깊음.

121. 권주초암權住草庵

초암에 머물기를 권하노니

報汝世人莫癡憨	그대들 세상 사람들에게 알리노니, 우둔하고 어리석지 말고[295]
暫時權住此草庵	잠시 이 초암에 머물기를 권하네.
無想衣食飽暖後	생각 없이 옷 입고 밥 먹으며 배부르고 따뜻한 뒤에는
世間有物不須貪	세간의 어떠한 것도 탐할 필요가 없다.
此身幻化如燈談	이 몸은 환화여서 등의 불꽃과 같다고 여기면
須臾不覺卽頭南	잠시나마 나도 모르게 머리를 남쪽으로 향하리라.[296]

---

295 감치憨痴: 우둔하고 어리석다.(憨: 어리석을 감)

296 頭南(두남): 남면은 존귀한 방향을 표시하기 때문에 일반적으로 불전, 법당 등은 대부분 남쪽을 바라보고 짓는다. 그 외에 부처와 조사의 상, 덕성과 명망이 높은 스승 등의 자리 역시 남쪽을 향해 설치한다(南面表尊貴之方向 故一般佛殿 法堂等多面南而築. 另如佛祖像 德高望重之師家等 其座位亦設於南面, 불광대사전).

122. 일체유구一切有求

일체의 구함이란

一切有求枉用功	일체의 구함은 부질없이 힘을 쓰는 것,
想念眞成著色空	생각으로 참을 이뤄 색과 공에 집착하면
差之毫釐失千里	털끝만큼의 차이로도 천 리를 잃고[297]
有生劫劫道難通	겁겁을 살아도 도를 통하기 어렵네.
癡心望出三界外	어리석은 마음으로 삼계를 벗어나길 바라는 것,
不知元在鐵圍中	원래 철위산 속에 있음을 모르는 것이네.[298]

---

297 증도가證道歌에서는 다음과 같이 전한다.

非不非是不是	그름과 그르지 않음, 옳음과 옳지 않음에
差之毫釐失千里	털끝만큼의 차이로 천 리를 잃는다.

신심명信心銘에서는 다음과 같이 전한다.

毫釐有差	털끝만큼이라도 차이가 있으면
天地懸隔	하늘과 땅만큼 현격하게 멀어지게 되니,
欲得現前	바로 앞에 드러나기를 바라면
莫存順逆	따름과 거스름을 두지 말라!

298 鐵圍山(철위산): 수미산의 사주四洲를 둘러싸고 있는 쇠로 된 산.

123. 능리상能離相

상을 버릴 수 있다면

十二部經兼戒律	12부경과 계율[299]
執相依文常受持	상에 집착하고 문자에 의지해 항상 수지하면
生生獲得有爲果	세세생생 유위과를 얻어[300]
隨在三界無出期	삼계를 따라 존재하며 벗어날 기약이 없네.
若能離相直入理	상을 버리고 곧장 이理에 들어갈 수 있으면
理中無念亦無思	이理 속엔 마음 둘 것도 생각할 것도 없네.

---

299 十二部經(12부경): 경전의 서술 형식 또는 내용을 열두 가지로 분류한 것이다.

300 生生(생생)에는 생생하다, 생동감 있다, 억지로, 까닭 없이, 공연히 등의 사전적인 의미가 있지만, 역자는 문맥 상 세세생생(世世生生, 몇 번이고 계속해서 윤회하는 삶)으로 이해하였다.

124. 법왕가지法王呵之

법왕의 꾸짖음

貝多葉裏優曇華	패다엽 속 우담발화여!
萬象皆如同一家	(삼라)만상 모두 똑같은 한 집 같거늘,
歡喜摘華不見菓	환희의 꽃을 따면서 과일은 보지 못하고
吉祥採菓不觀華	길상의 열매를 따면서 꽃은 보지 못하네.[301]
緣之本來元不識	인연의 본래 근원을 알지 못하면
法王呵之如稻痲	법왕의 꾸짖음 벼와 삼대같이 많다네.[302]

301 吉祥(길상): 산스크리트어 śrī. 좋은 일이 있을 조짐. 경사스러움.

302 法王(법왕): 법에 자재한 부처를 법왕이라 칭한다. 법화경 「비유품」에 이르기를 "나는 법왕이니, 법에 자재하다"고 하였고, 「약왕품」에 이르기를 "여래는 제법의 왕이다"고 하였으며, 유마경 「불국품」에서는 "제법에 자재를 얻었기 때문에 이 법왕에게 머리를 조아린다"고 하였다(佛於法自在 稱曰法王. 法華經譬喩品曰 "我爲法王 於法自在" 同藥王品曰 "如來是諸法之王" 維摩經佛國品曰 "已於諸法得自在 是故稽首此法王", 불학대사전).

125. 학무작學無作

무작을 배운다

田舍老翁入聚落　　시골뜨기 노인네가 마을에 들어가
眼耳鼻舌俱失却　　눈·귀·코·혀를 모두 잃어버리니
內外尋訪覓無蹤　　안팎으로 찾아도 자취가 없고
舊時住處空寂寞　　옛적에 머물던 곳 텅 비어 적막하네.
却歸堂上問空王　　다시 집으로 돌아가 공왕에게 물으며[303]
總在此間學無作　　내내 여기서 무작無作을 배우네.[304]

---

303 공왕空王과 관련해서는 '14. 요익타'의 註를 참조하기 바란다.

304 總(다 총)에 늘, 줄곧, 언제나의 의미가 있다.

學無(무작): 범어로 akarmaka 또는 akrtrima라고 한다. 인연의 조작이 없는 것을 가리킨다. 또 대상에 조작하는 마음이 없는 것을 가리키기도 한다. 무작삼매無作三昧와 같다. 혹은 몸과 말과 생각의 동작을 빌리지 않고 자연 상속하는 법을 말하기도 하는데, 예를 들면 무표색無表色, 무작계無作戒 등이다. 유마힐소설경 하권에 이르기를 "무상無相과 무작無作을 배워 무상과 무작으로 증득한다"고 하였다(梵語 akarmaka 或 akrtrima 指無因緣之造作 又指心無造作物之念 如無作三昧. 或謂不假身口意之動作而自然相續之法 如無表色 無作戒等 維摩詰所說經卷下 "修學無相無作 不以無相無作爲證", 불광대사전).

126. 유정고택有情故宅

중생의 옛집은

黃葉飄零化作塵　　누런 잎 흩날려 떨어져 티끌이 되지만,[305]
本來非妄亦非眞　　본래 허망도 아니고 진실도 아니네.
有情故宅含秋色　　중생의 옛집은 가을빛을 머금고
無名君子湛然春　　이름 없는 군자는 봄을 즐기네.[306]

---

305 飄零(표령): 나뭇잎 같은 것이 흩날려 떨어짐. 처지가 딱하게 되어 안착하지 못하고 이리저리 떠돌아다님.

306 湛(괼 담, 잠길 침, 맑을 잠): 괴다(특별히 귀여워하고 사랑하다). 즐기다. 술에 빠지다. 탐닉하다. 더디다. 느릿하다. 잠기다. 가라앉히다. 없애다. 미혹되다. 깊이 빠지다. 깊이. 깊게. 맑다. 편안하다.

127. 미식용궁未識龍宮

용궁도 모르면서

未識龍宮莫說珠	용궁도 모르면서 구슬을 말하지 말라!
從來言說與君殊	지금껏 말한 것 그대와 다르네.
空拳秖是嬰兒信	빈손은 단지 어린애가 믿을 뿐이거늘,
豈得將來誑老夫	어찌 들고 와서 늙은이를 속이려 하는가.

128. 망진妄盡

허망이 다하면

迷時愛欲心如火	미혹할 때의 애욕 (그) 마음 불과 같지만
心開悟理火成灰	마음이 탁 트여 이치를 깨달으면 불은 재가 되네.
灰火本來同一體	재와 불 본래 한 몸이니
當知妄盡卽如來	마땅히 알라! 허망이 다하면 여래인 것을.

129. 무일물無一物

한 물건도 없다

眞爲家貧無一物	진실로 가난한 집이라 한 물건도 없다(는 말).
此語總是空裏出	이 말 모두 공에서 나왔네.
出語還須歸本源	말한 것 모름지기 본원으로 돌아가야
不敢違他過去佛	감히 저 과거불을 어기지 않는 것이네.[307]

307 전등록 제5권, '제33조 혜능 대사' 편에 다음과 같이 전한다.

師新州舊居爲國恩寺 一日師謂衆曰 "諸善知識 汝等各各淨心 聽吾說法. 汝等諸人自心是佛 更莫狐疑. 心外無一物而能建立. 皆是本心生萬種法 故經云 心生種種法生 心滅種種法滅. (中略)"

혜능 대사가 신주新州의 옛날에 거처하던 곳을 국은사國恩寺로 삼고, 하루는 대중에게 말했다.

"여러 선지식들이여! 그대들 각각은 마음을 청정히 하고 나의 설법을 들어라. 그대들 모두는 자신의 마음이 부처이니(自心是佛), 결코 여우같은 의심을 하지 말라. 마음 밖에 한 물건(一物, 어떠한 것)도 건립할 수 있는 것이 없다. 모든 것은 본래의 마음(本心)이 온갖 법을 생하는 것이니, 그래서 경經에 이르기를 '마음이 생하면 갖가지 법이 생하고, 마음이 멸하면 갖가지 법이 멸한다(心生種種法生 心滅種種法滅)'고 하였던 것이다. (중략)"

130. 공산좌空山坐

빈산에 앉아

父子相守空山坐	아비와 아들이 빈산을 지키고 앉아
無相如如寄有間	무상과 여여로 그 사이에 기댄다.
世人見靜元無靜	세상 사람들 고요함을 보지만 원래는 고요함도 없고,
看似閑時亦不閑	한가한 때처럼 보여도 한가하지 않다네.

131. 동일이同一理

동일한 이치이것만

八萬四千同一理	팔만사천 (법문) 동일한 이치지만
事相差別立異名	사와 상으로 차별해 다른 이름을 세운 것이니,
十二圍陀及疏論	12베다와 소疏와 논論들[308]
慇懃三六不須生	은근히 18계에 낼 필요 없네.[309]

308 圍陀(위타): 산스크리트어 veda의 음사.

309 삼육三六은 18계로 이해하였다.
慇懃(은근): 태도가 겸손하고 정중함. 은밀하게 정이 깊음. 전하여, 음흉스럽고 은밀함.(慇: 괴로워할 은, 懃: 은근할 근)

132. 견여래見如來

여래를 본다

十方國土皆吾宅	시방의 국토가 모두 나의 집이라
長者大門常日開	장자는 대문을 날마다 열어 놓건만,
有識名人守院外	지식 있는 이름 난 사람은 절 밖만 지키네.
無心入理見如來	무심으로 이치에 들어야 여래를 보리라.

133. 세인世人

세상 사람들

世人愛假不愛眞	세상 사람들 거짓을 좋아하고 진실을 좋아하지 않으며
世人憐富却憎貧	세상 사람들 부를 사랑하고 가난을 미워하면서
唯敬三塗八不淨	오직 삼악도와 8부정만을 삼가할 뿐,[310]
背却如來妙色身	여래의 묘색신을 등지네.[311]

---

310 三塗(삼도, 삼악도): 지옥, 아귀, 축생.

八不淨(팔부정): 비구에게 축적해서는 안 되는, 모든 스승들이 한결같이 설명하는 청정하지 못한 여덟 가지가 있다. 열반경 6권에 이르기를 "여덟 가지 청정하지 못한 것"이라고 하며, 『열반경소』에 이르기를 "여덟 가지란 금·은·노·비·우양·창고를 쌓아두는 것과 판매하는 것·논밭을 갈고 씨를 뿌려서 스스로 지어서 먹지 않고 맛을 보는 것이다. 추한 말과 추한 위의로 많은 것을 손해 보기 때문에 부정不淨이라고 하는 것이다"고 하였다(比丘有不可畜積之八種不淨物諸師之解不一 涅槃經六曰 "八種不淨之物" 同疏六曰 "八不淨者 畜金銀奴婢牛羊倉庫 販賣耕種自作食不受而啖 汙道汙威儀 損妨處多 故名不淨, 불학대사전).

311 妙色身如來(묘색신여래): 동방의 아촉불을 묘색신여래라고 칭한다(施餓鬼之法, 稱東方之阿閦佛爲妙色身如來, 불학대사전).

134. 갱무별로更無別路

결코 다른 길 없다

更無別路超生死	결코 생사를 뛰어넘는 다른 길 없다.
前佛後佛同一般	앞 부처와 뒤 부처 함께 하나이니
舒卽周流十方刹	펴면 시방세계에 두루 흐르고
斂時還在一毛端	거둘 땐 다시 한 털끝으로 돌아온다.[312]

312 전불후불前佛後佛은 대주혜해의 『돈오입도요문론頓悟入道要門論』에 자주 사용되는 표현이다.

가. 三界混起 同歸一心 前佛後佛 以心傳心 不立文字.

"삼계는 뒤섞여 일어나지만 함께 일심으로 돌아가나니, 앞의 부처와 뒤의 부처가 마음으로 마음을 전하면서 문자를 세우지 않는다."

나. 佛是自心作得 因何離此心外覓佛. 前佛後佛 只言其心 心卽是佛 佛卽是心. 心外無佛 佛外無心 若言心外有佛 佛在何處.

부처는 자기 마음으로 만드는 것이거늘, 어째서 이 마음을 떠나 밖에서 부처를 찾는 것인가? 앞의 부처와 뒤의 부처는 다만 그 마음을 말하였을 뿐이니, 마음이 곧 부처이고 부처가 곧 마음이다. 마음 밖에 부처가 없고 부처 밖에 마음 없는데, 만약 마음 밖에 부처가 있다고 말한다면 부처는 어디에 있는 것인가?

135. 일문무약시一門無鑰匙

열쇠 없는 한 문

惟有一門無鑰匙	오직 열쇠 없는 한 문이 있을 뿐이다.[313]
伸縮低昂說是非	늘고 줄이고 낮추고 높임으로 시비를 말하면서도[314]
但能宣得無生理	다만 무생의 이치를 널리 펼 수만 있다면
善巧方便亦從伊	선교방편 또한 그를 따르리라.[315]

313 鑰匙(약시): 열쇠.

314 伸縮(신축): 늘었다 줄었다 하다. 융통성을 갖게 하다. 신축성이 있다. 低昂(저앙): 낮아졌다 높아졌다 함, 또는 낮추었다 높였다 함.

315 선교방편善巧方便: 방편선교方便善巧·선권방편善權方便·권교방편權巧方便·선방편善方便·교방편巧方便·권방편權方便이라고도 한다. 혹은 단칭으로 선교善巧·선권善權·교편巧便·방편方便이라고도 한다. 근기에 따라 베풀고 교묘한 지혜의 작용을 베푸는 것이다(又作方便善巧 善權方便 權巧方便 善方便 巧方便 權方便. 或單稱爲善巧 善權 巧便 方便. 卽隨順機宜而施設的巧妙智用, 『중화불교백과전서中華佛敎百科全書』).

136. 등거사等居士

거사와 동등하려면

二乘皆曰不堪任	이승은 모두 말하기를 "감당할 수 없다" 하고
上士之人智慧深	상근기의 사람은 "지혜가 깊다" 하네.
欲得神通等居士	신통을 얻어 거사와 동등하려면
無過於物總無心	경계에 대한 허물 없이 모두 무심해야 하네.

잡구雜句

137. 행로이行路易

세상살이 쉽구나

行路易 行路易　　세상살이 쉽구나, 세상살이 쉬워![316]
內外中間依本智　　안과 밖 중간 근본 지혜를 의지하니.
本智無情法不生　　근본 지혜는 정이 없어 법도 생하지 않고
無生卽是入正理　　무생으로 바로 바른 이치에 들어가네.

非色非心放一光　　색도 마음도 없이 하나의 광명을 놓아
空裏優曇顯心地　　허공 속 우담발화가 마음자리를 드러내니
名爲智 智爲尊　　이름을 지혜라 하고, 지혜는 존귀라 하네.
心智通同達本源　　마음과 지혜 함께 통해 본원에 이르고
萬物同歸不二門　　만물은 함께 불이문으로 돌아가네.

有非有兮理常存　　유·비유여! 이치는 항상 존재하고
無非無兮無有根　　무·비무여! 뿌리는 없네.

---

316 行路(행로): 길을 감. 세상에서 살아 나아가는 길.

未來諸佛亦如是　　미래의 제불 또한 이와 같고
現在還同古世尊　　현재도 옛 세존과 같으니,
三世俱皆無別道　　삼세가 함께 모두 따로 말하는 것 없이
佛佛相授至今傳　　부처와 부처가 지금까지 서로 전하네.[317]

317 선월관휴(禪月寬休, 832~912)의 시와 비교해 보기 바란다.
難是言休便即休　　말로는 쉬었다 하나 마음 쉬기는 어렵네.
清吟孤坐碧溪頭　　시흥에 젖어 푸른 시내에 홀로 앉으니
三間茅屋無人到　　초가삼간엔 오는 사람 없고
十里松陰獨自遊　　십리 소나무 그늘에 홀로 노니네.

明月清風宗炳社　　명월과 청풍은 우리 가풍 빛남이요,
夕陽秋色庾公樓　　석양의 가을빛 또한 격외의 누각이로다.
修心未到無心地　　마음 닦아도 아직 무심에 이르지 못하고
萬種千般逐水流　　이 마음 천 갈래 만 갈래가 물 따라 흘러가네.

138. 행비도行非道

도가 아닌 것을 행하네

外無他兮內無自	밖으로는 남도 없고, 안으로는 나도 없으며
不動干戈契佛智	창과 방패를 움직이지 않고도 부처의 지혜에 계합하니,
通達佛道行非道	불도를 통달하면 도가 아닌 것을 행한다.[318]
不捨凡夫有爲事	범부의 함이 있는 일을 버리지 않고
有爲名相盡空華	유위의 명과 상으로 허공 꽃을 없애며
無名無相出生死	이름도 없고 상도 없이 생사를 벗어난다.[319]

318 불도를 통달함과 관련해 아래 【참조】를 살펴보기 바란다.

319 「법성게法性偈」에 다음과 같이 전한다.

法性圓融無二相	법의 성품 원융해 두 가지 형상이 없고
諸法不動本來寂	제법은 움직이지 않고 본래 고요하다.
無名無相絶一切	이름도 없고 형상도 없이 모두 끊어졌으니
證智所知非餘境	(이는) 깨달아 안 것이지, 다른 경계가 아니다.

【참조】

달마대사의 「안심법문安心法門」에 다음과 같이 전한다.

問 "諸法旣空 阿誰修道" 答 "有阿誰 須修道 若無阿誰 卽不須修道. 阿誰者亦我也 若無我者 逢物不生是非. 是者我自是 而物非是也 非者我自非 而物非非也.

卽心無心 是爲通達佛道 卽物不起見 名爲達道"

물었다.

"제법이 공한데, 누가 닦습니까?"

답했다.

"누군가 있으면 모름지기 도를 닦아야 하지만, 누군가 없으면 도를 닦을 필요가 없다. 누군가라는 것은 나(我)이니, 내가 없으면 경계(物)를 만나도 시비(是非, 옳고 그름)가 일어나지 않는다. 시(是, 옳음)는 내가 스스로 옳다고 하는 것이지 경계가 옳은 것이 아니고, 비(是, 그름)는 내가 스스로 그르다고 하는 것이지 경계가 그른 것이 아니다. 마음이 바로 무심이니(卽心無心), 이것을 불도를 통달하였다고 하는 것이고, 경계에 대해 견해가 일어나지 않는 것을 도를 통달하였다고 이름하는 것이다.

또한 '通達佛道行非道(불도를 통달하면 도가 아닌 것을 행한다)'와 관련해 유마경 불도품에 다음과 같이 전한다.

爾時文殊師利問維摩詰言 "菩薩云何通達佛道" 維摩詰言 "若菩薩行於非道 是爲通達佛道" 又問 "云何菩薩行於非道"

그때 문수사리가 유마힐에게 물었다.

"보살은 어떻게 불도佛道를 통달해야 합니까?"

유마힐이 말했다.

"만약 보살이 도가 아닌 것을 행하면 이것이 불도를 통달한 것이 됩니다."

또 물었다.

"어떤 것이 보살이 도가 아닌 것을 행하는 것입니까?"

答曰 "若菩薩行五無間 而無惱恚. 至于地獄 無諸罪垢. 至于畜生 無有無明憍慢等過. 至于餓鬼 而具足功德. 行色無色界道 不以爲勝. 示行貪欲 離諸染著. 示行瞋恚 於諸衆生 無有恚閡. 示行愚癡 而以智慧 調伏其心. 示行慳貪 而捨內外所有 不惜身命. 示行毁禁 而安住淨戒 乃至小罪 猶懷大懼. 示行瞋恚 而常慈

忍. 示行懈怠 而懃修功德. 示行亂意 而常念定. 示行愚癡 而通達世間出世間慧. 示行諂僞 而善方便 隨諸經義. 示行憍慢 而於衆生 猶如橋梁. 示行諸煩惱 而心常淸淨. 示入於魔 而順佛智慧 不隨他教. 示入聲聞 而爲衆生 說未聞法. 示入辟支佛 而成就大悲 教化衆生. 示入貧窮 而有寶手 功德無盡. 示入刑殘 而具諸相好 以自莊嚴. 示入下賤 而生佛種姓中 具諸功德. 示入羸劣醜陋 而得那羅延身 一切衆生之所樂見. 示入老病 而永斷病根 超越死畏. 示有資生 而恒觀無常 實無所貪. 示有妻妾采女 而常遠離五欲淤泥. 現於訥鈍 而成就辯才 總持無失. 示入邪濟 而以正濟 度諸衆生. 現遍入諸道 而斷其因緣. 現於涅槃 而不斷生死. 文殊師利 菩薩能如是行於非道 是爲通達佛道"

답했다.

"보살이 5무간五無間을 행하더라도 번뇌하거나 성냄이 없는 것입니다. 지옥에 이르러도 모든 죄악이 몸을 더럽힘이 없는 것입니다. 축생에 이르러도 무명無明과 교만 등의 허물이 없는 것입니다. 아귀에 이르러도 공덕을 구족하는 것입니다. 색계·무색계의 도를 행해도 뛰어나다고 하지 않는 것입니다. 탐욕을 행하는 것을 보이더라도 모든 물듦과 집착을 여의는 것입니다. 진에(瞋恚, 성냄)를 행하는 것을 보이더라도 모든 중생에 대해 에애恚閡가 없는 것입니다. 우치(愚癡, 어리석음)를 행하는 것을 보이더라도 지혜로써 그의 마음을 조복하는 것입니다. 간탐(慳貪, 탐욕)을 행하는 것을 보이더라도 안팎에 있는 것들을 버리고 목숨을 아까워하지 않는 것입니다. 훼금毁禁을 행하는 것을 보이더라도 청정한 계에 안주하고, 작은 잘못을 저지를지라도 도리어 큰 두려움을 품는 것입니다. 진에를 행하는 것을 보이더라도 항상 자비롭게 인내하는 것입니다. 나태하고 게으름을 행하는 것을 보이더라도 부지런히 공덕을 닦는 것입니다. 어지러운 생각을 행하는 것을 보이더라도 항상 생각을 안정시키는 것입니다. 어리석게 행하는 것을 보이더라도 세간과 출세간의 지혜를 통달하는 것입니다. 아첨과 거짓을 행하는 것을 보이더라도 선교방편으로 모든 경전의 뜻을 따르는 것입니다. 교만을 행하는 것을 보이더라도 중생에 대해 도리어 교량과 같은 것입니다. 모든 번뇌를 행하는 것을 보이더라도 마음은 항상 청정한 것입니다. 마魔에 들어감을 보이더라도 부처님의 지혜를 따르지, 다른 가르침을 따르지 않는 것입니다. 성문聲聞에 들어감을 보이더라도 중생을 위해 듣지 않은 법을 설하는 것입니다. 벽지불에 들어감을 보이더라도 대비를 성취해서 중생을 교화하는 것입니다. 빈궁에 들어감을 보이더라도 보배로운 손이 있어 공덕이 다함이 없는 것입니다. 형잔(刑殘, 잔옥한 형벌)에 들어감을 보이더라도 모든 상호를 구족하고 스스로를 장엄하는 것입니다. 하천(下賤, 신분이 낮음)에 들어감을 보이더라도 불종성佛種姓에 태어나 모든 공덕을 갖추는 것입니다. 약하고 뒤처지고 추하고 더러움에 들어가는 것을 보이더라도 나라연(那羅延, 금강역사)의 몸을 얻고, 일체중생이 즐겨 보게 되는 것입니다. 늙고 병듦에 들어감을 보이더라도 병의 근본을 끊고 죽음에 대한 두려움을 뛰어넘는 것입니다. 자산이 있음을 보이더라도 항상 무상을 관해서 실로 탐하는 것이 없는 것입니다. 처와 첩과 채녀가 있음을 보이더라도 항상 5욕五欲의 진흙탕(淤泥)을 멀리 여의는 것입니다. 어눌하고 둔함을 드러내더라도 변재(辯才, 말 잘하는 능력)를 성취하고 총지總持를 잃어버림이 없는 것입니다. 삿되게 제도하는 것에 들어감을 보이더라도 바르게 제도함으로써 모든 중생을 제도하는 것입니다. 모든 길에 두루 들어감을 드러내더라도 그 인연을 끊는 것입니다. 열반에 들어감을 드러내도 생사를 끊지 않는 것입니다. 문수사리여, 보살은 능히 이와 같이 도가 아닌 것을 행할 수 있으면 이것을 불도를 통달하였다고 하는 것입니다."

139. 일대의一大衣

한 벌의 큰 옷

余有一大衣　　내겐 한 벌의 큰 옷이 있는데
非是世間絹　　세간의 비단이 아니네.
衆色染不著　　(이 옷은) 갖가지 색에 물들지 않고
晶晶如素練　　환하게 밝기가 흰 비단과 같네.[320]

裁時不用刀　　자를 땐 칼도 필요 없고
縫時不用線　　꿰맬 땐 실도 필요 없네.
常持不離身　　늘 지녀 몸을 떠나지 않건만,
有人自不見　　어떤 사람도 스스로 보질 못하네.

三千世界遮寒暑　　삼천세계에 추위와 더위를 숨기고
無情有情悉覆遍　　무정과 유정을 모두 두루 덮으니
如能持得此大衣　　이 큰 옷을 능히 지닐 수 있으면
披了直入空王殿　　걸치고 바로 공왕전에 들어가리라.

---

320 晶晶(정정): 밝게 반짝이는 모양.
素練(소련): 흰 비단. 흰 명주.

思思低思思	생각 생각하고, 머리 숙여 생각 생각하라!
自歎一雙眉	스스로 한 쌍의 눈썹을 칭찬하며
向他勝地坐	저 뛰어난 곳에 주저앉으면[321]
萬事總不知	만사를 모두 알지 못하리라.

六識若似眉	육식이 만약 눈썹과 같으면
卽得不思議	바로 부사의를 얻고,
六識若嫌眉	육식이 만약 눈썹을 싫어하면
論時沒腦癡	논할 땐 머리가 어리석음에 빠지며,
伊若去却眉	그대가 만약 눈썹을 제거하면
卽被世人欺	세상 사람에게 속임을 당하리니,
饒你六識嘍囉漢成乞索兒	그대의 육식에 부하들을 보태도 거지가 되리라.[322]

321 勝地(승지): 경치가 좋기로 이름난 곳.

322 嘍囉(누라): 도적의 부하.
乞索兒(걸소아)=걸인.

140. 무생국無生國

다 같이 무생국을 지켜라

出一屋	한 집에서 나와
入一屋	한 집으로 들어가는구나!
來來去去教他哭	왔다 갔다 하며 그를 울게 하지만[323]
來去祇爲貪瞋癡	오고가는 것 다만 탐·진·치뿐이니
于今悟罷須知足	지금 깨달아 마치려면 모름지기 만족할 줄 알아야 하고[324]
知足常須達本源	만족할 줄 알면 항상 본원을 통달해야 하네.
去却昔時惡知識	지난날 악지식을 없애버려라.
惡知識將伊作手力	악지식이 문득 너에게 완력을 쓸지라도
法施無前後	앞뒤(시작도 끝도) 없는 법보시를 하며
共護無生國	다 같이 무생국을 지켜라.

---

323 來來去去(래래거거): 한 곳을 왔다 갔다 하다. 계속 오가다.

324 于今(우금): 지금까지. 현재까지. 오늘. 지금. 현재(=如今).

141. 금일무今日無

오늘은 없네

無事失却心	일 없이 마음을 잃어버리고
走向門前覓	문 앞으로 달려가 찾으며
借問舊知識	옛 (선)지식에게 시험 삼아 물으니,
寂絶無蹤跡	고요함도 끊어지고 종적도 없다 하네.

却歸堂上審思看	다시 집으로 돌아가 자세히 살펴보고는
改却衆生稱心安	중생들이 말하는 마음 편함을 바꿔버리니
不能出外求知識	(선)지식을 구하러 밖으로 나가지 않고도
自向家中入涅槃	스스로 집안에서 열반에 들 수 있네.

大丈夫	대장부여!
昔日有	옛날에는 있었지만
今日無	오늘은 없네.

家計破除盡	집안 살림살이 모두 깨뜨려 없애고
贖得一群奴	한 무리의 노비를 사면하네.[325]

奴婢有六人	노비는 여섯 명이고
一人有六口	한 사람에게 여섯 식구가 있으니
六六三十六	6·6은 36이로다.
常隨我前後	항상 내 앞뒤를 따르지만
我亦不拘伊	나 또한 그를 구속하지 않고
伊亦不敢走	그 또한 감히 달아나지 않는다.

若道菩提難	만약 보리를 어렵다 말한다면
菩提亦不難	보리 또한 어렵지 않다.

少欲知足毛頭寬	작은 욕심으로 만족할 줄 알고[326] 털끝까지도 너그러우며
遠離財色神自安	재색을 멀리 떠나 마음이 저절로 편안하며
分明了見三塗苦	삼악도의 괴로움을 분명히 깨달아 보면
世上名聞不相關	세상의 명성에 상관하지 않으리라.

---

325 贖(속죄할 속): 속죄하다. 속바치다(죄를 면하기 위하여 돈을 바치다). 속전을 내다. 바꾸다.

326 毛頭(모두): 번뇌煩惱에 얽매여 생사生死를 초월하지 못하는 사람. 털끝이라는 뜻으로 지극히 작은 장소를 비유적으로 이르는 말. 지극히 좁은 장소에서 큰 시방세계를 함용한다는 것으로, 작은 것과 큰 것이 서로 장애가 없이 상통함을 나타낸다. 선사에서, 삭발하는 일을 맡아보는 소임.

142. 난부난難復難

어렵고 또 어렵구나!

難復難	어렵고 또 어렵구나!
持心離欲貪涅槃	마음은 지니고 욕심을 떠났지만 열반을 탐하고
一向他方求淨土	한결같이 다른 곳에서 정토를 구하네.
若論實行不相關	실지로 행한 것을 논하면 관계가 없거늘
枉用工夫來去苦	쓸데없이 공부하러 왔다갔다 고생만 하네.
畢竟到頭空色還	필경 마침내 색은 공으로 돌아가는 것이다.

143. 이부이易復易

쉽고 또 쉽구나!

易復易	쉽고 또 쉽구나!
卽此五陰成眞智	바로 이 오음이 참된 지혜를 이루네.[327]
十方世界一乘同	시방세계는 일승으로 같으니,
無相法身豈有二	무상법신에 어찌 둘이 있으리오.
若捨煩惱覓菩提	만약 번뇌를 버리고 보리를 찾는다면
不知何方有佛地	어디에 불지가 있는지 모르는 것이네.[328]

327 조당집 제15권, '방거사' 편에서는 '卽此五陰成眞智'를 '卽此五陰有眞智(바로 이 오음에 참된 지혜가 있네)'로 전하고 있으니 참조하기 바란다.

328 佛地(불지): 통교通敎 10지의 제 열 번째 자리. 제9지의 보살이 마지막에 단박에 번뇌煩惱와 소지所知, 두 장애의 습기를 끊고 도를 이룬 지위를 말한다(通敎十地之第十位 謂第九地之菩薩最後頓斷煩惱所知二障之習氣而成道之位也, 불학대사전). 상기의 시는 어록편, '24. 게송 3수'에서도 전하는데, 약간의 차이가 있으니 함께 살펴보기 바란다.

144. 대원경大圓鏡

대원경지

正中正	정중정이여!
心王如如六根瑩	마음은 여여하고 육근은 환하며
六塵空	육진은 공하고
六識淨	육식은 청정하니
六六三十六	6·6은 36이라
同歸大圓鏡	함께 대원경지에 돌아가네.[329]

329 금강경 제23, 「정심행선분淨心行善分」에 대한 야부의 송을 다음과 같이 전한다.

(경문) 復次 須菩提 是法平等 無有高下 是名阿耨多羅三藐三菩提. 以無我無人無衆生無壽者 修一切善法 則得阿耨多羅三藐三菩提.

또 수보리야! 이 법은 평등해서 높고 낮음이 없으며, 이름이 아뇩다라삼먁삼보리이다. 아我도 없고 인人도 없으며 중생衆生도 없고 수자壽者도 없으므로 일체의 선법을 닦으면 아뇩다라삼먁삼보리를 얻게 된다.

(야부) 復次(至)菩提 山高海深 日生月落. 頌曰 "僧是僧兮俗是俗 喜則笑兮悲則哭 若能於此善參詳 六六從來三十六"

경문經文, 수보리에서부터 보리까지를 착어했다.
"산은 높고 바다는 깊다. 해가 나오니 달이 지는구나."

송頌을 했다.

僧是僧兮俗是俗	승은 승이고 속은 속이요,
喜則笑兮悲則哭	기쁘니 웃고 슬프니 우네.
若能於此善參詳	여기서 상세히 잘 참구하면
六六從來三十六	6·6은 지금까지도 36이다.

145. 패다엽貝多葉

아난이 지녀오던 경전

阿難貝多葉	아난이 패다엽(=경전)을
持來數千劫	수천 겁 지녀오다가
七寶藏中付迦葉	칠보의 창고 속에서 가섭에게 부촉하니
分爲十二部	나누면 12부요,
析作三乘法	쪼개면 3승법이 된다.[330]

330 교학적인 측면에서는 아난이 경을 암송하고 대중이 합송하며 가섭이 승인하는 형식으로 경·율의 결집이 이루어졌다. 하지만 아난의 경전 암송을 한 생의 인연이 아닌 다겁 생의 인연으로 보고, 오랜 세월 아난이 칠보장(七寶藏, 머리)에 간직하던 것을 금생에 가섭에게 전하는 것으로 해석하는, 거사의 선적 기지를 표현한 것으로 이해하였다.

146. 진여일합상眞如一合相

진여일합상이 있다면

非故亦非新　　　　옛도 아니고 새로움도 아닌
應化隨緣百億身　　인연 따라 응하고 변하는 백억의 몸에
若有眞如一合相　　만약 진여일합상이 있다면
一億還同一聚塵　　일억도 한 무더기 티끌과 같으리라.[331]

---

331 금강경 제30,「일합상리분一合相理分」에 다음과 같이 전한다.

"須菩提 若善男子善女人 以三千大千世界 碎爲微塵 於意云何. 是微塵衆 寧爲多不" "甚多世尊" "何以故 若是微塵衆實有者 佛則不說是微塵衆. 所以者何 佛說微塵衆 卽非微塵衆 是名微塵衆. 世尊 如來所說三千大千世界 則非世界 是名世界. 何以故 若世界實有者 則是一合相. 如來說一合相 則非一合相 是名一合相"

"수보리야! 만약 선남자 선여인이 삼천대천세계를 부수어 많은 미진으로 만든다면 어떻게 생각하느냐? 이 미진이 어찌 많지 않겠느냐?"
"매우 많습니다. 세존이시여! 왜냐하면 이 많은 미진이 실로 있는 것이라면 부처님께서는 이 많은 미진을 말씀하지 않으셨을 것이기 때문입니다. 왜냐하면 부처님께서 말씀하신 많은 미진은 미진이 아니며 이름이 미진이기 때문입니다. 세존이시여! 여래께서 말씀하신 삼천대천세계는 세계가 아니며, 이름이 세계입니다. 왜냐하면 세계가 실로 있는 것이라면 곧 일합상이기 때문입니다. 여래께서 말씀하신 일합상은 곧 일합상이 아니며 이름이 일합상입니다."

147. 주종장중珠從藏中

창고 속 구슬

珠從藏中現	창고 속에서 드러난 구슬
顯赫呈光輝	찬란하게 빛을 드러내네.[332]
昔日逃走爲窮子	옛날엔 도망가 가난한 이 되더니
今日還家作富兒	오늘에야 집에 돌아와 부자가 되었네.[333]

332 顯赫(현혁): (권세·명성 등이) 찬란하다. 빛나다. 혁혁하다.

333 법화경 권제4, 「신해품信解品」의 궁자유窮子喩를 참조하기 바란다.

148. 통달허심洞達虛心

팅 빈 마음을 통달하라

心依眞智　　마음은 참된 지혜를 의지하고
理逐心行　　이치를 따라 마음이 가니,[334]
理智無礙　　이치와 지혜에는 걸림이 없고
心亦無生　　마음 또한 남이 없네.

迷卽有我　　미혹하면 내가 있지만
悟卽無情　　깨달으면 정(情, 마음)이 없으니,
通達大智　　대지혜를 통달하면
諸法不成　　제법은 이루어지지 않네.

五神無主　　5신은 주인이 없고[335]

334 心行(심행): 마음이 생각생각 흐르기 때문에 심행이라고 한다. 또한 선과 악으로 생각하는 것을 심행이라고도 한다. 법화경 「방편품」에 이르기를 "부처님께서는 저 심행을 알기 때문에 대승을 말씀하시는 것이다"고 하였다(心爲念念遷流者 故曰心行 又善惡之所念 謂之心行. 法華經方便品曰 "佛知彼心行 故爲說大乘", 불학대사전).

335 5신무주五神無主는 전5식이 전변하여 주관이 없어짐을 뜻하며, 이는 성소작지

六國安寧 6국은 안녕하며[336]
七死弗受 7사는 받음이 없고[337]
八鏡圓明 8경은 원만하게 밝으니,[338]
隨宜善化 마땅함(또는 형편)을 따라 잘 교화하면[339]
總合佛經 모두 불경에 합하리라.

(成所作智, 중생을 구제하기 위해 해야 할 것을 모두 성취함)를 뜻한다.

336 6국안녕六國安寧은 제6식이 전변하여 경계가 없어짐을 뜻하며, 이는 묘관찰지(妙觀察智, 모든 현상을 잘 관찰하여 자유자재로 가르침을 설하고 중생의 의심을 끊어준다)를 뜻한다.

337 7사불수七死弗受는 제7 말나식이 전변하여 분별이 없어짐을 뜻하며, 이는 평등성지(平等性智, 자아에 대한 집착을 떠나 자타의 평등을 깨달아 대자비심을 일으킨다)를 뜻한다.

338 8경원명八鏡圓明은 제8 아라야식이 전변하여 거울과 같아짐을 뜻하며, 대원경지(大圓鏡智, 모든 것을 있는 그대로 비추어 내는 크고 맑은 거울처럼, 아뢰야식에서 오염이 완전히 제거된다)를 뜻한다.

339 법화경 권제2, 「방편품」에 다음과 같이 전한다.

爾時 世尊從三昧 安詳而起 告舍利弗 "諸佛智慧 甚深無量 其智慧門 難解難入 一切聲聞 辟支佛 所不能知. 所以者何 佛曾親近 百千萬億 無數諸佛 盡行諸佛 無量道法 勇猛精進 名稱普聞 成就甚深 未曾有法 隨宜所說 意趣難解"

그때 세존께서 삼매에서 조용히 일어나, 사리불에게 말씀하셨다.
"모든 부처님의 지혜(諸佛智慧)는 매우 깊어 헤아릴 수 없고, 그 지혜의 문은 이해하기 어렵고 들어가기도 어려워 일체의 성문과 벽지불이 알 수 없다. 왜냐하면 부처는 일찍이 백천 만억의 헤아릴 수 없는 모든 부처님을 가까이 해서 모든 부처님의 헤아릴 수 없이 많은 도법道法을 다 행하였고, 용맹정진으로 명성이 널리 알려졌으며, 매우 깊은 미증유법未曾有法을 성취하였고, 마땅함(형편)에 따라 말씀하셨기 때문에(隨宜所說), 뜻을 이해하기가 어려운 것이다."

過卽已過	과거는 이미 지나갔으니
更莫再尋	또 다시 찾지 말고,
現在不住	현재는 머물지 않으니
念念勿侵	생각생각 침범하지 말며,
未來未至	미래는 아직 이르지 않았으니
亦莫預斟	또한 미리 짐작도 말라.
旣無三世	삼세가 없으면
心同佛心	마음은 부처의 마음과 같으니,
依空默用	공에 의지해 묵묵히 쓰는 것이
卽是行深	바로 깊이 행하는 것이다.
無有少法	조그마한 법도 (얻을 것이) 없으니
觸目平任	눈 닿는 대로 고르게 맡겨라.
無戒可持	가히 지닐 만한 계도 없고
無垢可淨	가히 깨끗하게 할 때도 없으니
洞達虛心	텅 빈 마음을 통달하라.
法無壽命	법에는 수명이 없다.
若能如是	만약 능히 이와 같을 수 있으면
圓通究竟	구경에는 원만하게 통하리라.

149. 무아부무인無我復無人[340]

나도 없고 남도 없거늘

居士見僧講金剛經 至無我無人 居士問云"旣無我無人 是誰講 誰聽" 座主無語 居士乃與頌曰"無我復無人 作麽有踈親 勸師休歷座 不似直求眞 金剛般若性 外絶一纖塵 我聞幷信受 總是假名陳"

거사가 언젠가 강의장(講肆)에 들러서 금강경을 강의하는 것을 듣고 따라서 기뻐했는데, '나도 없고 남도 없다'고 한 곳에 이르자, (좌주에게) 물었다.

"좌주여, 나도 없고 남도 없다면, 누가 강의하고 누가 듣습니까?"

좌주가 대답을 하지 못했다.

거사가 말했다.

"제가 비록 속인이지만, 이 소식(信向)을 대략 압니다."

좌주가 말했다.

"그렇다면 거사의 뜻은 무엇입니까?"

거사가 게송으로 답을 했다.

---

340 어록 편, '22. 좌주와 만나다'에도 수록되어 있는데, 본서의 원 편집자가 '시' 편에 다시 한 번 수록한 것임을 밝혀둔다.

"나도 없고 또 남도 없는데
어떻게 멀고 가까움이 있으리오.
그대에게 권하노니, 강의하러 다니는 것을 그만두라.
곧장 참됨을 구하는 것만 못하다네.

금강반야의 성품은
밖으로 털끝만큼의 티끌도 끊었으니,
여시아문(我聞)에서 신수봉행(信受)까지
모두가 가명假名으로 늘어놓은 것이라네."

역대 찬문歷代讚文 제방의 염고와 함께 첨부한다(幷諸方拈古附).

1. 대승상 장천각이 찬탄하다

寧可饑寒死路邊　　배고픔과 추위로 길거리에서 죽을지언정
不勞土地強哀憐　　땅에서 애써 불쌍히 여기지 않거늘,
滿船家計沉湘水　　한 배 가득한 살림살이를 상수에 빠뜨리고[341]
豈羨芒繩十百錢　　어찌 새끼줄에 꿴 많은 돈을 부러워하리오.[342]

341 湘水(상수)=상강湘江: 중국 호남성湖南省에 있는 강. 남령에서 발원하여 북으로 흘러 호남성에 들어가 동정호洞庭湖에 이름.

342 대승상大丞相 장천각張天覺은 장상영을 뜻한다.

장상영(張商英, 1043~1122): 북송 촉주(蜀州, 四川 崇慶) 신진新津 사람. 자는 천각天覺, 호는 무진 거사無盡居士. 19세에 급제. 처음에는 불교를 싫어하여 「무불론無佛論」을 써서 배척하려 하였으나 뒤에 우연히 유마경을 읽고 정신正信을 일으켰다. 동림 총東林總 선사에게 선禪을 묻고, 다시 도솔 열兜率悅을 참알, 뒤에 진정 문眞淨文 화상에게 나아가 언하에 대오. 원오극근과 밀접한 관계를 맺음. 대관大觀 4년(1110)에 승상丞相이 되었고, 시호는 문충文忠이다.

2. 경산 불일 대혜 선사가 찬탄하다

無生本無說	무생은 본래 설할 것이 없나니,
說著卽話墮	설하면 바로 말에 떨어지게 된다.
骨肉團欒頭	부모와 자식은 단란하게 머리를 맞대고
大虫看水磨	호랑이는 물레방아를 본다.[343]

343 경산 불일 대혜 선사徑山佛日大慧禪師는 대혜종고大慧宗杲를 뜻한다.

대혜종고(大慧宗杲, 1089~1163): 송나라 양기파楊岐派의 선승. 성은 해奚씨고, 자는 대혜大慧며, 호는 묘희妙喜다. 12살에 출가하여 혜제慧齊와 소정, 문준文準 등의 문하에서 참선하여 수행하고, 원오극근圓悟克勤에게 인가를 받았다. 경산徑山과 아육왕산阿育王山 등 이름난 사찰을 두루 다니며 설법하여 제자 양성에 힘썼다. 제자가 2천 명도 넘었다고 하며, 선풍禪風을 간화선看話禪이라고 한다. 글씨는 웅혼한 기백이 넘쳐흘러 일찍이 이름이 높았다. 저서에 『대혜무고大慧武庫』, 『대혜어록大慧語錄』, 『정법안장正法眼藏』 등이 있다. 시호는 보각선사普覺禪師. (중국 역대 불교 인명사전)

水磨(수마): 물을 부어가며 갈다. 물레방아.

3. 불여만법위려자화不與萬法爲侶者話에 대한 선사들의 염고

〔고칙〕

거사가 뒤에 강서로 가서 마조 대사를 참례하고 물었다.

"만법과 짝하지 않는 사람은 어떤 사람입니까?"

스님이 말했다.

"그대가 서강의 물을 한 입에 다 마시면 바로 그대에게 말해주겠네."

거사가 말끝에 단박에 현묘한 이치(玄旨)를 깨달았다.[344]

〔염고1〕 동림 규 노장(東林珪老)[345]

---

344 상기 고칙의 원문은 다음과 같다(어록 편, 2와 3을 참조하기 바란다).
擧, 居士後之江西 參馬祖大師 問曰 "不與萬法爲侶者 是什麽人" 祖曰 "待汝一口吸盡西江水 卽向汝道" 士於言下 頓領玄旨.

345 동림상총(東林常總, 1025~1091): 송대의 스님. 임제종 황룡파. 속성은 시施씨. 복건성 연평延平 출신으로 출가 후 황룡혜남에게 참구하기를 20년, 대법의 결지를 받고 늑담사에서 머물다가 나중에 강서성 강주 구강 동림사로 옮김. 활발하게 대법을 드날리고 많은 운수납자들을 맞아들였으며, 60여 명의 제자들을 육성했음. 자의紫衣 광혜廣慧 선사라는 호를 받고, 원우元祐 3년 조각照覺 선사라는 호를 받음. (선학사전 p.175)

大海波濤淺	대해도 파도가 얕아질 때가 있고
小人方寸深	소인도 마음이 깊을 수가 있다.
海枯終見底	바다가 마르면 결국엔 밑바닥이 보이지만
人死不知心	사람은 죽어도 그 마음을 알 수가 없다.

〔염고2〕 운문 고 공 선사雲門杲公禪師[346]

一口吸盡西江水	한 입에 서강의 물을 다 마시니
甲乙丙丁庚戊己	갑·을·병·정·경·무·기
咄咄咄 囉囉哩	돌돌돌 라라리로다.[347]

〔염고3〕 백운 단 화상白雲端和尙[348]

一口吸盡西江水	한 입에 서강의 물을 다 마셔버리니
萬古千今無一滴	천고만고에 지금까지 물 한 방울도 없다.
要須黨理不黨親	이치에 친하고 정에 친하지 말라.
馬祖可惜口門窄	마조여, 애석하도다. 입이 옹색하구나!

---

346 대혜종고를 뜻한다(註 330 참조).

347 돌돌咄咄에 괴이하게 여겨서 놀라는 모양의 뜻이 있고, 라라리리囉囉哩哩에 쉴 새 없이 중얼중얼거리는 모양의 뜻이 있다. 종합해 볼 때, 놀라서 제대로 말은 못하면서 혼잣말로 중얼중얼거리는 것을 뜻하는 것으로 이해하였다.

348 백운수단(白雲守端, 1025~1072): 송宋대의 스님. 임제종 양기파. 백운은 주석 산명. 속성은 주周씨. 호남성 형양 출신. 양기방회에게 참학하고 법을 이음. (전게서, p.258)

4. 앙산과의 문답에 대한 염고

〔고칙〕

거사가 앙산仰山 선사를 찾아가 물었다.

"오래도록 앙산을 흠향했거늘, 와서 보니 어째서 엎어버렸습니까?"

앙산이 불자를 세웠다.

거사가 말했다.

"그런 것 같네요."

앙산이 말했다.

"쳐든 것입니까, 엎은 것입니까?"

거사가 이내 노주露柱를 치며 말했다.

"비록 보는 사람은 없어도 노주가 내게 증명해 줄 것입니다."

앙산이 불자를 던지며 말했다.

"제방에서 맘대로 이 일을 거론하시오."[349]

---

349 상기 고칙의 원문은 다음과 같다.

擧, 居士問仰山 "久嚮仰山 到來爲什麽却覆" 仰山竪起拂子 居士云 "恰是" 仰山云 "是仰是覆" 居士拍露柱一下 云 "雖無人見 露柱與我證明" 仰山擲下拂子云 "一任擧似諸方"(어록 편, 17과 비교해서 보기 바란다).

〔염고〕

兩箇八文爲十六	8문이 둘이면 16문인데
從頭數過猶不足	처음부터 수가 넘쳐나면 부족한 것과 같다.
拏來亂撒向階前	집어서 계단 앞에 어지럽게 뿌리니
滿地團團春蘚綠	땅 가득 겹겹이 봄 이끼가 푸르다.[350]

방거사시 권하(끝)

龐居士詩 卷下(終)

---

350 백운 수단의 염고다.

참고로 선문염송집 제14권에서는 백운 수단의 염고는 전하지 않고, 보녕 용의 송만 전한다.

團團(단단): 아주 동그란 모양. 겹겹이. 빈틈없이.

Ⅲ. 부록

1. 방거사 어록·시·송 서문龐居士語錄詩頌序[1]

居士諱蘊 字道玄 襄陽人也. 父任衡陽太守. 寓居城南 建庵修行於宅西 數年全家得道 今悟空庵是也. 後捨庵下舊宅爲寺 今能仁是也. 唐貞元間 用船載家珍數萬縻 於洞庭湘右 罄溺中流 自是生涯惟一葉耳. 居士有妻及一男一女 市鬻竹器 以度朝晡.

※寓居(우거): 거주하다(타향에서 온 사람이 머무르며 사는 것을 가리킴).
※縻(고삐 미): 고삐(코뚜레, 굴레에 잡아매는 줄). 끈, 줄. 얽어매다. 묶다.
※罄(빌 경): 비다. 공허하다. 다하다. 다되다. 보이다. 죄다. 모두. 경쇠.

거사의 이름은 온蘊이고, 자는 道玄이며, 양양襄陽 사람이다. 아버지는 형양衡陽 태수太守로 임명되었다. 성 남쪽에 살면서 집 서쪽에 암자를 짓고 수행하여 몇 년 사이에 온 식구가 도를 얻었으니, 지금의 오공암悟空庵이 그곳이다. 뒤에 암자 밑 옛집을 희사하여 절로 만들었는데,

---

1 본 서문은 숭정본崇禎本에 실려 있는 것이다. 숭정본은 명나라 말기 숭정 10년(1637)에 천주라산泉州羅山 서은원棲隱院에서 출간한 것으로 현존하는 가장 오래된 본이다. 다만 이 서문이 숭정본을 간행할 때 지어진 글이라는 뜻은 아니다.

지금의 능인사能仁寺가 그곳이다.

당唐나라 정원貞元 연간(785~805)에 배를 이용해 집안의 수많은 보배를 밧줄로 묶어 실고 상강湘江 우측 동정호洞庭湖[2]로 가서 모두 중간에 빠뜨려버렸다. 이로부터의 (거사의) 생애는 오직 한 장의 낙엽과 같을 뿐이었다.

거사에게는 아내와 일남일녀가 있었으며, 시장에서 대나무 그릇을 내다팔아 조석을 꾸려나갔다.

❀

唐貞元中 禪律大行 祖教相盛 分輝引曼 觸所皆入. 居士乃先參石頭 頓融前境 後見馬祖 復印本心. 居士通玄 無非合道. 有妙德之洪辯 合滿字之眞詮 其後倫歷諸方 較量至理.

※通玄(통현): 사물의 현묘한 이치를 깨달음.

※較量(교량): 견주어 헤아림.

당나라 정원 연간에[3] 선종과 율종이 크게 유행하고 조사의 가르침이 융성하였으며, 그 빛이 나눠어 멀리 퍼지니 닿는 곳 모두 스며들어

---

2 동정호洞庭湖: 포양호(鄱陽湖, 파양호), 타이호(太湖, 태호), 차오호(巢湖, 소호), 홍쩌호(洪澤湖, 홍택호)와 함께 중국 5대 담수호의 하나로 후난성(湖南省) 북부에 있는 중국 제2의 담수호.

3 거사가 석두와 마조를 친견한 시기를 설명하기 위해 그 시대의 불교적 양상을 말하는 것이라면 이 또한 정원이라는 연호보다는 천보를 쓰는 것이 더 나을 것 같다. 어록 편 '2. 석두와 만나다'의 【참조】를 살펴보기 바란다.

갔다.

거사는 먼저 석두(石頭, 석두희천)를 참례하고 단박에 전경(前境, 과거의 모든 경계)을 녹였다. 그 뒤 마조(馬祖, 마조도일)를 뵙고 다시 본래의 마음에 도장을 찍었다.

거사는 현묘한 이치를 깨달아 도에 계합하지 않는 것이 없었고, 묘덕(妙德, 문수)의 큰 변재가 있어 대승(滿字)[4]의 참된 말씀에 부합하였다. 그 후 제방을 차례대로 다니며 지극한 이치를 견주며 따졌다.

❀

元和初 方寓襄陽 棲止巖竇 (今 鹿門 南二十里 有居士岩) 時太守于公頔 擁旟廉問 采謠民間 得居士篇 尤加慕異. 乃伺良便 躬就謁之 一面周旋 如宿善友. 既深契於情分 亦無間於往來.

※擁(낄 옹): 끼다. 가지다. 호위하다. 안다. 들다. 가리다. 막다.
※旟(기 여): 기旗. (붉은 비단에) 송골매를 그려 넣은 기. 휘날리다. 오르다.
※廉問(염문): 남의 사정이나 비밀 따위를 몰래 알아냄.
※周旋(주선): 주위를 돌다. 몸을 돌리다. 접대하다. 응접하다. 교제하다.
※情分(정분): 정이 넘치는 따뜻한 마음. 사귀어 정이 든 정도.

원화元和 초에 양양으로 옮겨와서 바위굴에 거주했다(지금의 녹문

4 대승을 비유함. 만자滿字는 뜻을 지니고 구실을 하는 단어로서 완전함을 뜻함. 이에 반해, 반자교半字教는 소승을 비유하는데, 반자半字는 뜻을 지니지 못하는 자모字母로써 불완전함을 뜻함. (시공 불교사전)

20리 남쪽에 거사암居士岩이 있다). 그때 태수太守 우적于頔 공公이 깃발을 들고 염문하면서 민간의 노래를 채집하다가 거사의 시문(篇)을 얻고 한층 더 남달리 사모했다. 그래서 좋은 기회를 엿보다가 몸소 그를 만났는데, 한 번 만나보니 마치 숙세의 친구와 같았다. 정이 넘치는 따뜻한 마음으로 깊이 계합하였고, 또한 왕래가 끊어지지 않았다.

❀

居士將入滅 謂女靈照曰 "幻化無實 隨汝所緣 可出視日早晚 及午以報" 靈照出戶 遽報曰 "日已中矣 而有蝕焉 可試暫觀" 居士曰 "有之乎" 曰 "有之" 居士避席臨窓 靈照乃據榻趺坐 奄然而逝 居士回見 咲曰 "吾女鋒捷矣" 乃拾薪營後事.

※奄然(엄연): 즉시. 갑자기.

거사가 입멸하려 할 때, 딸 영조에게 말했다.

"너를 따라 인연하는 것은 모두 환화와 같고 실체가 없는 것이다. 나가서 해가 이른지 늦은지 보고 정오가 되면 알려라."

영조가 문 밖으로 나갔다가 급히 알렸다.

"해가 이미 중천에 있습니다. 게다가 일식입니다. 잠시 나와 보시지요."

거사가 말했다.

"그래?"

영조가 말했다.

"그렇습니다."

거사가 앉아 있던 자리에서 일어나 창가로 가자, 영조가 이내 평상에 의지하여 가부좌를 하고 바로 죽었다.

거사가 돌아보고 웃으며 말했다.

"내 딸이 칼끝처럼 빠르구나."

(그리고는) 땔나무를 주워 뒷일을 처리했다.

❀

經七日 于公往問安 居士以手藉公之膝 流盼良久曰"但願空諸所有 愼勿實諸所無 好住世間 皆如影響" 言訖 異香滿室 端躬若思. 公亟追呼 已長往矣. 風狂大澤 靜移天籟之音 月過迷盧 不改金波之色.

※盼(눈 예쁠 반): 눈이 예쁘다. 곁눈질하다. 보다, 돌아보다. 예쁜 눈.

※流盼(유반)=流眄(유면): 눈을 돌려 보다. 눈짓을 하다. 추파를 던지다.

※亟(빠를 극, 자주 기): 빠르다. 긴급하다. 성급하다. 절박하다. 삼가다. 사랑하다. 심하다. 빠르게. / 자주. 갑자기(기).

※天籟(천뢰): 하늘의 자연현상에서 나는 소리.

7일이 지나 우적 공이 안부를 물으러 갔는데, 거사가 손을 공의 무릎에 얹고 눈짓을 하며 양구良久[5]하고 말했다.

---

5 양구良久: 원뜻은 아주 오랜 시간을 뜻하는데, 선림에서는 무언무어無言無語의 상태를 가리키는 것으로 바뀌었다. 스승이 학인을 제접할 때 학인이 의문을 내거나, 혹 자기의 견해를 드러내거나, 혹 다시 스승의 문제에 답을 하면 스승은

"다만 존재하는 모든 것을 공空으로 보기 바랍니다. 그렇다고 삼가 존재하지 않는 모든 것을 실實로 여기지도 마십시오. 행복하게 지내시길! 모든 것은 그림자나 메아리와 같은 것입니다."

말을 마치자, 기이한 향기가 방안에 가득하고 단정한 몸은 마치 생각하는 것과 같았다. 공이 급히 불렀지만 이미 간 지 오래되었다.

"바람은 큰 못에 거세게 불고,
하늘의 소리는 고요히 옮기네.
달은 미로 같은 갈대밭을 지나가는데
황금색 물결 바꾸지 않네."

❀

遺命焚棄江湖. 乃偏陳儀事 如法荼毘 旋遣使人 報諸妻子 妻聞之曰 "這愚癡女與無知老漢 不報而去 是可忍也" 因往告子 見斸畬曰 "龐公與靈照去也" 子釋鋤應之曰 "嗄" 良久亦立而亡去 母曰 "愚子 癡一何

항상 양구의 고요한 모습으로 인가나 반대를 표시한다.
벽암록 제65칙에 "이 일칙 공안을 말하는 이들이 적지가 않다. 어떤 이는 양구良久(가 이 공안의 핵심이다)라고 하고, 어떤 이는 거좌(據坐 가만히 앉아 있는 것)라 하고, 어떤 이는 묵연부대(默然不對, 묵묵히 대응하지 않은 곳)라고 하는데, 전혀 관계가 없다. 그렇게 해서 몇 사람이나 더듬어 찾았는가?"라고 하였다(禪林用語 原意爲許久之時間 於禪林中 轉指無言無語之狀態. 師家接引學人時 學人提出疑問 或呈上自己之見解 或答覆其師之問題 師家常以良久之靜默態度來 表示認可或反對. 碧巖錄 第六十五則 "這一則公案 話會者不少 有底喚作良久 有底喚作據坐 有底喚作默然不對 且喜沒交涉 幾曾摸索得著來", 불광대사전).

甚也" 亦以焚化 衆皆奇之 未幾 其妻乃徧詣鄕閭 告別歸隱. 自後沈迹敻然 莫有知其所歸者.

※江湖(강호): 강과 호수. 사방 각지. 세간. 세상. 민간.
※钃(괭이 촉): 괭이. 베다. 찍다.
※畬(새밭 여): 새밭. 잡초를 불살라 일군 밭. 따비밭. 개간하다. 밭을 일구다.
※嗄(잠길 사): 의문이나 반문을 나타냄. 목이 쉬다(잠기다).
※敻(멀 형, 구할 현): 멀다. 아득하다. 바라보는 모양. 구하다(현).

화장해서 강과 호수에 버리라는 유언을 했다. 이에 말씀한 의례에 따라 여법하게 다비를 하고, 심부름꾼을 빨리 보내 아내와 자식에게 알렸다.

아내가 듣고 말했다.

"이 어리석은 계집애와 무지한 늙은이가 알리지도 않고 (먼저) 가버리다니, 참을 수 있겠나!"

아들에게 알리러 가서 괭이로 밭을 갈고 있는 것을 보고 말했다.

"방공과 영조가 (먼저) 갔다."

아들이 호미(=괭이)를 놓고 대답하였다.

"아!"

양구良久하고는 또 서서 죽었다(立而亡去).

어머니가 말했다.

"어리석은 녀석아, 어리석기가 어찌 이리도 하나같이 심하냐! 대단하다."

그리고는 또 화장을 했다. 사람들 모두 기이하게 여겼다.

얼마 지나지 않아 아내가 고향 마을을 두루 다니면서 작별을 고하고 돌아가 숨어버렸다. 그 후 멀리 자취를 감췄는데, 돌아온 것을 아는 사람이 없었다.

❀

居士尋常曰 "有南不婚 有女不嫁 大家團圞頭 共說無生話" 其餘玄談道頌 流傳人間. 頗多散逸 今姑以所聞成編 釐爲二券 永示將來 庶警後學. 世謂居士卽毘耶淨名 殆其然乎. 無名子書.

※釐(다스릴 이): 다스리다. 정리하다. 개정하다. 아주 작은 수. 이(수, 척도, 무게, 돈의 단위).

※姑(시어머니 고): 시어머니. 고모姑母. 여자, 부녀자의 통칭. 잠시, 잠깐. 조금 동안. 빨아먹다.

거사는 평소에 말했다.

"아들이 있는데 장가들지 않고
딸도 있는데 시집가지 않았다.
온 가족이 단란하게 모여서
함께 무생화無生話를 말하네."

이외에도 현담(玄談, 이치에 관한 이야기)과 도송(道頌, 도에 대해

읊은 게송)이 세간에 널리 퍼졌다.

흩어져 없어진 것이 자못 많지만, 이번에 잠깐 동안 소문으로 들은 것을 기본으로 편성하여 2권으로 만들어 영원히 후세에 보이니, 바라건대 후학들이 깨우치기를….

세간에서는 거사가 바로 비야리성의 유마(毘耶淨名)라고 하는데, 거의 틀림이 없다.

무명자 씀.

2. 조당집에서 전하는 방거사

(조당집 제15권에 전한다)

龐居士嗣馬大師 居士生自衡陽. 因問馬大師 "不与万法爲侶者 是什摩人"馬師云 "待居士一口吸盡西江水 我則爲你說" 居士便大悟 便去庫頭 借筆硯 造偈曰 "十方同一會 各各學无爲 此是選佛處 心空及第歸"

방거사는 마대사의 법을 이었으며, 거사는 형양에서 태어났다.
마대사에게 물었다.
"만법과 짝하지 않는 사람은 어떤 사람입니까?"
마조가 말했다.
"그대가 한 입에 서강의 물을 다 마시면 바로 그대에게 말해주겠네."
거사가 바로 대오大悟하고는 곧장 고두庫頭에게 가서 붓과 벼루를 빌어 게偈를 지었다.

"시방에서 다함께 모여
각각 무위법을 배우네.
여기는 부처를 뽑는 곳
마음을 비워 급제해서 돌아가네."

❀

而乃駐留參承 一二載間. 遂不變儒形 心游像外 曠情而行符眞趣 渾迹而卓越人間 溶玄學之儒流 乃在家之菩薩.

그리고는 1·2년을 머물면서 참구하며 받들었다. (끝내) 유생의 모습을 버리지 않았지만 마음은 형상 밖을 노닐었다. 마음을 비워 행하는 것마다 진리에 부합하였고, 모든 자취가 인간 세계를 뛰어넘었으니 한가로이 현학玄學을 하는 유가의 사람이자, 재가의 보살이었다.

❀

初住襄陽東岩 后居郭西小舍. 唯將一女扶侍 制造竹漉篱 每令女市貨 以遣日給 平生樂道 偈頌 可近三百余首 廣行于世. 皆以言符至理 句闡玄猷 爲儒彦之珠金 乃緇流之篋宝 略陳一二 余不盡書. 偈曰 “心如鏡亦如 无實亦无虛 有亦不管 无亦不居 不是賢圣 了事凡夫”

처음에 양양의 동암에 살다가 뒤에는 곽서의 조그마한 집에 살았다. 오직 딸 하나의 시중을 받으며 대나무로 조리를 만들어 매번 딸에게 저자에서 팔도록 해서 하루하루를 보내며 평생 도를 즐겼다. (그가 지은) 게송이 300여 수 정도가 되는데 널리 세상에 유행하였다. 모두 지극한 이치에 부합하는 말로서 글귀마다 현묘한 도리를 밝혀 유학하는 선비들이 주옥같이 여기고, 승려들의 보배 상자가 되었다. (여기서는) 간략히 몇 개만 말하고 나머지는 기록하지 않는다.

게송으로 말했다.

"마음이 여여하고 경계 또한 여여하니
실實도 없고 허虛도 없네.
있음에도 관계하지 않고
없음에도 머물지 않으니,
현인도 성인도 아닌
일을 마친 범부라네."[6]

❀

又偈曰 "看經須解義 解義始修行 若依了義教 卽入涅盤城 如其不解義 多見不如盲 緣文廣占地 心牛不肯耕 田田皆是草 稻從何處生"

"경을 읽으려면 모름지기 뜻을 알아야 하고
뜻을 알아야 비로소 수행을 하리니,
만약 요의교에 의지하면
바로 열반성涅槃城에 들어가리라.
경을 읽어도 뜻을 모르면
많이 보더라도 맹인보다 못하고,
문자 인연으로 땅을 넓게 차지해도
마음 가운데서 (마음 밭을) 갈려고 하지 않는다.
밭마다 모두 잡초라면
벼는 어디서 나겠는가."[7]

---

6 어록 편, '24. 게송 3수'에 실려 있다.

7 시 편, '35. 불긍경'에 실려 있다.

❀

又偈曰 "易復易 卽此五蘊有眞智 十方世界一乘同 無相法身豈有二 若舍煩惱覓菩提 不知何方有佛地"

"쉽고 또 쉽구나!
바로 이 오음이 참된 지혜를 이루네.
시방세계는 일승과 같거늘,
무상법신에 어찌 둘이 있겠는가.
만약 번뇌를 버리고 보리를 찾는다면
어디에 불지佛地가 있는지 알지 못하리라."[8]

❀

又偈曰 "無貪勝布施 無痴勝坐禪 無嗔勝持戒 無念勝求緣 盡現凡夫事 夜來安樂眠 寒時向火坐 火溶本无烟 不怕黑暗女 不求功德天 任運生方便 皆同般若船 若能如是學 功德實无邊"

"탐냄이 없으면 보시보다 뛰어나고
어리석음이 없으면 좌선보다 뛰어나며
성냄이 없으면 지계보다 뛰어나고

여기서는 '若能依義學'을 '若依了義教(만약 요의교에 의지하면)'으로, '讀經不解義'를 '如其不解義'로 전하는 차이가 있다.

8 시 편, '143. 이부이'에 실려 있다.
여기서는 '捨'를 '舍(기부하다, 바치다의 뜻이 있다)'로 전한다.

생각이 없으면 인연을 구하는 것보다 뛰어나다.

범부사에 대한 견해를 다 없애버리면
밤에는 안락하게 잠을 잘 수 있다.
추울 땐 불을 향해 앉지만
불은 본래 진실로 연기가 없네.

흑암녀를 꺼리지 않고
공덕천도 구하지 않으며
일이 되어가는 대로 맡겨 방편을 내고
모두 같이 반야선을 타라.

만약 이와 같이 배울 수 있다면
덕은 진실로 끝이 없으리라."[9]

❀

又偈曰 "世人嫌龐老 龐老不嫌他 開門待知識 知識不來過 一丸療万病 不假藥方多"

"어떤 사람은 (나) 방노를 싫어하지만
방노는 그를 싫어하지 않네.

---

9 시 편, '6. 공덕무변功德無邊'에 실려 있다.
여기서는 '火本實無煙'을 '火溶本无烟'으로 전하는 차이가 있다.

문을 열고 (선)지식을 기다려도
(선)지식은 찾아오질 않네.

단약 한 알로 만병을 치료하니
약 처방을 많이 빌리지 않네."[10]

❀

又偈曰 "心若如 神自虛 不服藥 病自除 病旣除 自見蓮華如意珠 无勞事 莫驅驅 智者觀財色 了知如幻虛 衣食支身命 相勸學如如 時至移庵去 無物可盈余"

"마음이 여여하면
정신도 저절로 텅 비어
약을 먹지 않고도
병은 저절로 없어지고
병이 없어지면
저절로 연꽃과 여의주를 보고
수고로운 일 없어지리니
치달리지 말라.

---

10 시 편, '77. 일단一丹'에 실려 있다.
여기서는 '有人'을 '世人'으로, '一丹'을 '一丸'으로 전하는 차이가 있으며, 3구〔心如具三學 마음이 삼학을 갖추면 / 塵識不相和 (근·)진·식이 서로 조화롭지 않고〕를 뺀 채로 전하는 차이가 있다.

지혜로운 사람은 재색을 보고
환처럼 허망한 줄을 분명히 아네.
옷과 음식으로 신명을 지탱하고
여여함을 배우기를 서로 권하노니
때가 이르러 암자로 옮겨 가면
어떤 것도 차고 남을 것이 없네."[11]

❀

又偈曰 "貪嗔不肯舍 徒勞讀釋經 看方不服藥 病從何處除 取空空是色 取色色无常 色空非我有 端坐見家鄉"

"탐내고 성내는 것은 버리지 않으려 하면서
헛되이 수고롭게 경을 읽고 해석하고,
처방을 보고도 약을 먹지 않는다면
병은 어디서 제거하리오.

공을 취해도 공은 색이고
색을 취해도 색은 무상하며
색이 공해도 내가 있는 것 아니니,
단정히 앉아 고향을 보네."[12]

---

11 앞 구절은 조당집에서만 전하며, 뒤 구절은 '92. 여여' 중간에 나오는 구절이다. 다만 여기서는 '了知是幻虛'를 '了知如幻虛(환처럼 허망한 것으로 아네)'로 전하는 차이가 있다.

❀

又偈曰 "人有一卷經 無相復無名 無人解轉讀 有我不能聽 如能轉讀得 入理契無生 非論菩薩道 佛亦不要成"

"사람마다 한 권의 경이 있으니
상도 없고 이름도 없어
읽을 줄 아는 이가 아무도 없다.
(이는) '아我'가 있으면 들을 수 없는 것이네.

만약 읽어 내려 갈 수 있으면
이치에 들어가 무생과 계합하라.
(그렇게 되면) 보살도를 따지지도 않고
부처 또한 애써 이루려 하지 않는다."[13]

❀

居士臨遷化時 令女備湯水. 沐浴著衣 于床端然趺坐 付囑女已 告曰 "你看日午則報來" 女依言 看已 報云 "日當已午 而日蝕陽精" 居士云 "豈有任摩事" 遂起來自看 其女尋 則据床端然而化. 父回見之 云 "俊哉

12 시 편에서는 1구와 2구는 '93. 간방'에서 3구와 4구는 '94. 단좌'에 실려 있다. 또한 2구 마지막의 '病從何處輕'을 여기서는 '病從何處除'로, 3구 처음의 '取空是取色'을 '取空空是色'으로 전하는 차이가 있다.

13 시 편, '48. 일권경'에 실려 있다.
다만 여기서는 '無相亦無名'을 '無相復無名'으로, '無人能轉讀'을 '無人解轉讀'으로 전하는 차이가 있다.

吾說之在前 行之在后"因此居士隔七日而終矣.

거사가 천화하려 할 때 딸에게 목욕물을 준비케 하였다. 목욕을 하고 옷을 갈아입은 후에는 평상에 단정히 가부좌를 하고 앉아 부촉하고는 말했다.

"너는 해가 정오인가 보고, 알려라"

딸이 말한 대로 보고는, 알렸다.

"해가 이미 정오인데다가 일식(日蝕陽精)입니다."

거사가 말했다.

"어찌 이런 일이 (다) 있지?"

그리고는 마침내 일어나 직접 보는데, 딸이 갑자기 평상에 단정히 앉아 천화하였다.

거사가 돌아와 보고는 말했다.

"대단하구나, 내가 말은 먼저 했지만 가는 것은 뒤구나."

이로 인해 거사는 7일을 사이에 두고 (생을) 마쳤다.

3. 전등록에서 전하는 방거사

(전등록 제8권에 전한다)[14]

襄州居士龐蘊者 衡州衡陽縣人也 字道玄. 世以儒爲業 而居士少悟塵勞 志求眞諦. 唐貞元初 謁石頭和尚 忘言會旨 復與丹霞禪師爲友.

양주 거사 방온은 형주衡州 형양현 사람으로 자字는 도현道玄이다. 집안 대대로 유교로 업을 삼았는데, 거사는 어릴 적에 번뇌를 깨닫고 진제眞諦를 구할 뜻을 세웠다. 당唐 정원貞元 초에 석두 화상을 뵙고, 말을 잊은 채 뜻을 알았다(忘言會旨). 다시 또 단하 선사와는 친구로 지냈다.

❀

一日石頭問曰 "子自見老僧已來日用事作麼生" 對曰 "若問日用事卽無開口處" 復呈一偈云 "日用事無別 唯吾自偶諧 頭頭非取捨 處處勿張乖 朱紫誰爲號 丘山絶點埃 神通幷妙用 運水及般柴" 石頭然之曰 "子以緇耶素耶" 居士曰 "願從所慕" 遂不剃染.

14 졸역, 마조어록 역주, pp.557~563을 수록하였다(이번에 약간의 수정을 하였다).

하루는 석두가 물었다.

"그대는 노승을 본 이래로 날마다 하는 일(日用事)이 어떤가?"

대답했다.

"날마다 하는 일을 묻는다면 입을 열 곳(開口處)이 없습니다."

그리고는 다시 게송 하나를 지어 바쳤다.

"날마다 하는 일에 별다른 것 없어
오직 나 스스로 잘 지낼 뿐,
낱낱이 취하거나 버리지 않으니
곳곳에 어긋나는 것도 없다.

붉은색 옷과 자줏빛 옷 누구를 위한 이름인가?
이 산에는 한 점 티끌도 없다
신통과 묘용이여!
물 긷고 나무하는 것이로다."[15]

석두가 수긍하면서 말했다.

"그대는 스님으로 살 것인가, 거사로 살 것인가?"

거사가 말했다.

"원컨대 사모하는 바를 따를 뿐입니다."

그리고는 머리를 깎지도 않고 물들인 옷도 입지 않았다.

---

15 어록 편, '2. 석두와 만나다'와 시 편 '45. 일용사'에 실려 있다.

❀

後之江西參問馬祖云 "不與萬法爲侶者是什麽人" 祖云 "待汝一口吸盡西江水 卽向汝道" 居士言下 頓領玄要 乃留駐參承 經涉二載 有偈曰 "有男不婚 有女不嫁 大家團欒頭 共說無生話" 自爾機辯迅捷 諸方嚮之.

후에 강서로 가서 마조를 뵙고, 물었다.

"만법과 짝하지 않는 자는 어떤 사람입니까?"

"그대가 한 입에 서강 물을 다 마시면, 바로 그대에게 말해 주겠네."

거사가 그 말끝에 단박에 현묘한 요체(玄要)를 깨달았다.

그리고는 곁에 머물면서 섬기고 참례하며 2년을 지냈다.

게송으로 말했다.

"아들은 있지만 장가들지 않고
딸은 있지만 시집가지 않았다.
온 가족이 단란하게 모여서
함께 무생화無生話를 말하네."[16]

이로부터 기지와 변재가 신속하고 민첩한 것이 제방에 알려졌다.

---

16 어록 편 '3. 마조와 만나다'와 시 편 '104. 무생화'에 실려 있다.

❀

嘗遊講肆 隨喜金剛經 至無我無人處 致問曰 "座主旣無我無人 是誰講誰聽" 座主無對 居士曰 "某甲雖是俗人麤知信向" 座主曰 "只如居士意作麽生" 居士乃示一偈云 "無我復無人 作麽有疎親 勸君休歷坐 不似直求眞 金剛般若性 外絶一纖塵 我聞幷信受 總是假名陳" 座主聞偈欣然仰歎.

언젠가 강의장(講肆)에 들러서 금강경을 강의하는 것을 듣고 따라서 기뻐했는데(隨喜), 나도 없고 남도 없다(無我無人)고 한 곳에 이르자, (좌주에게) 물었다.

"좌주여, 나도 없고 남도 없다면, 누가 강의하고 누가 듣습니까?"

좌주가 대답을 하지 못했다.

거사가 말했다.

"제가 비록 속인이지만, 그 소식(信向)을 대략 압니다."

좌주가 말했다.

"그렇다면 거사의 뜻은 무엇입니까?"

거사가 이네 게송(偈) 하나를 일러주었다.

"나도 없고 또 남도 없는데
어떻게 멀고 가까움이 있으리오.
그대에게 권하노니, 강의하는 것을 그만두라.
곧장 참됨을 구하는 것만 못하다네.

금강반야의 성품은
밖으로 털끝만큼의 티끌도 끊었으니
여시아문(我聞)에서 신수봉행(信受)까지
모두가 가명假名으로 늘어놓은 것이네."[17]

좌주가 게송을 듣고 기뻐하면서 찬탄했다.

❀

居士所至之處老宿多往復問酬 皆隨機應響 非格量軌轍之可拘也 元和中北遊襄漢隨處而居或鳳嶺鹿門 或廛肆閭巷 初住東巖後居郭西小舍 一女名靈照 常隨製竹漉籬令鬻之以供朝夕 有偈曰 "心如境亦如 無實亦無虛 有亦不管 無亦不居 不是賢聖 了事凡夫 易復易 卽此五蘊有眞智 十方世界一乘同 無相法身豈有二 若捨煩惱入菩提 不知何方有佛地"

거사는 가는 곳마다 노숙들과 자주 문답을 했는데, 모두 근기에 따라 답할 뿐(隨機應響), 격식과 규칙에 구애되지 않았다. 원화元和 때, 북쪽 양한襄漢 지역을 다니면서 마음 내키는 대로 여러 곳에서 살았는데, 혹은 봉령鳳嶺이나 녹문鹿門, 또는 가게나 마을에서 살았다. 처음에 동암東巖에서 살다가 뒤에 곽서郭西의 작은 집(小舍)에 살았다. 딸이 하나 있었는데, 이름이 영조靈照였다. 늘 따라다니면서 대나무로 조리

17 어록 편 '22. 좌주와 만나다'와 시 편 '149. 무아복무인'에 실려 있다.

를 만들어 팔면서 조석으로 공양을 했다. 게송으로 다음과 같은 것이 있다.

"마음이 여여하고 경계 또한 여여하니
실實도 없고 허虛도 없네.
있음에도 관계하지 않고
없음에도 머물지 않으니
현인이나 성인이 아니라
일을 마친 범부라네."[18]

"쉽고 또 쉽구나.
바로 이 5온이 참된 지혜이고
시방세계는 일승一乘으로 같으니
무상법신에 어찌 둘이 있으리오.
만약 번뇌를 버리고 보리에 들어간다면
어디에 부처가 있는지를 모르는 것이네."[19]

❀

居士將入滅 令女靈照出視日早晩及午以報 女遽報曰 "日已中矣 而有蝕也" 居士出戶觀次 靈照卽登父座合掌坐亡. 居士笑曰 "我女鋒捷矣" 於是更延七日.

---

18 어록 편, '24. 게송 3수'에 실려 있다.

19 시 편, '143. 이부이'에 실려 있다.

거사가 입멸入滅하려 할 때, 딸 영조더러 해가 이른지 늦은지를 보다가 정오가 되면 알리도록 했는데, 딸이 급히 알렸다.

"해가 이미 중천인데, 일식(蝕) 중입니다."

거사가 방 밖으로 나가 보고 있는데, 영조가 바로 아버지 자리에 올라 합장하고 앉아 죽었다.

거사가 웃으면서 말했다.

"내 딸이 칼끝처럼 민첩하구나."

이에 (자신의 죽음을) 다시 7일 동안 연기했다.

❀

州牧于公問疾次 居士謂曰"但願空諸所有 愼勿實諸所無 好住世間皆如影響" 言訖枕公膝而化 遺命焚棄 江湖緇白傷悼 謂禪門龐居士卽毘耶淨名矣 有詩偈三百餘篇傳於世.

주의 목사(州牧) 우공于公이 문병을 오자, 거사가 말했다.

"다만 존재하는 모든 것을 공空으로 보기 바랍니다. 그렇다고 삼가 존재하지 않는 모든 것을 실實로 여기지도 마십시오. 행복하게 지내시길! 모든 것은 그림자나 메아리와 같은 것입니다."

말을 마치자, 우공의 무릎을 베고 숨을 거두었다. 유언에 따라 화장을 하고 강에 버렸다. 승속이 모두 슬퍼하면서 "선문의 방거사가 바로 비야리성의 유마거사다"라고 하였다.

시게詩偈 300여 편이 세상에 전한다.

참고문헌

『유마경 강의』, 이기영 저, 2010, 한국불교연구원
『열반경』, 이운허 옮김, 2017, 동국역경원
『법화경』, 이운허 옮김, 2017, 동국역경원, 1998
『금강경 강의』, 남회근 지음, 신원봉 옮김, 2011, 부키
『능가경 강의』, 남회근 지음, 신원봉 옮김, 2014, 부키
『능가경 역주』, 박건주 지음, 2009, 운주사
『화엄경』, 무비 역, 1995, 민족사
『선학사전』, 이철교 외 편집, 1995, 불지사
『선문염송·염송설화』, 혜심·각운 지음, 월운 옮김, 2009, 동국역경원
『전등록』, 김월운 옮김, 2008, 동국역경원
『조당집』, 김월운 옮김, 2008, 동국역경원
『임제어록』, 정성본 역주, 2003, 한국선문화연구원
『대혜서장』, 김태완 역주, 2018, 침묵의 향기
『원오심요 역주』, 졸역, 2018, 운주사
『마조어록 역주』, 졸역, 2019, 운주사
『노자타설』, 남회근 지음, 신원봉 옮김, 2013, 부키
『방거사어록』, 이리야 요시타카(入矢義高) 저, 양기봉 역, 1995, 김영사
『방거사어록강설』, 혜담지상 저, 2011, 불광출판사

역자 후기

역자가 거사의 어록, 특히 시(게송)에 관심을 갖게 된 것은 『원오심요圜悟心要』를 번역하면서부터이다. 원오극근 선사가 어떤 선인禪人에게 준 편지에 다음과 같은 구절이 있다.

"또 어떤 한 부류는 달마의 '태식법'을 빌려 조주의 '십이시별가十二時別歌'와 방거사의 '전하거송轉河車頌'을 말하면서, 서로 번갈아 가르쳐 주고 은밀히 전해서 닦아 지니는 것으로 오래 살거나 온몸이 벗어나는 것(全身脫去)을 도모하기도 하고, 혹은 삼백 년 오백 년 살기를 바랐으니, 이것이야말로 정말로 망상과 애견인 것을 전혀 모르는 것이다. 본래는 좋은 인연으로 그랬던 것이겠지만, 자기도 모르는 사이에 거친 풀숲에 떨어진 것을 모르는 것이다. 또한 호걸이나 뛰어난 인물들이 고상하고 뛰어난 언변으로 조사를 멸시하고, 또 왕왕 그것을 믿는 자들이 있는데, 원래의 단계를 잃어버리고 호랑이를 그린다는 것이 도리어 살쾡이를 그리는 것임을 어찌 알겠는가! 크게 통달한 선지식이나 명안의 종사를 만나면 간파당할 것이다. (그들은) 평소 대중 가운데 거처하면서 오직 묵관默觀만을 하는 딱하고 가련한 사람들이니, 어찌 석가모니와 역대 조사들의 체재體裁가 이와 같은 것에 그치겠는가! 일찍이 스스로 처음과 끝을 돌이켜 비춰보지 않았음을 뚜렷이 알 수 있다.(復有一種 假託初祖胎息 說趙州十二時別歌

龐居士轉河車頌 遞互指授 密傳行持 以圖長年 及全身脫去 或希三五百壽 殊不知此眞妄想愛見. 本是善因 不覺墮在荒草. 而豪傑俊穎之士 高談大辯 下視祖師者 往往信之 豈知失故步畫虎成狸. 遭有識大達明眼覷破. 居常衆中 惟默觀憫憐 豈釋迦文與列祖體裁 止如是耶. 曾不自回照始末 則居然可知 矣.)"[1]

이 내용은 당시 역자에게 한 가지 분명함과 함께 궁금함을 동시에 불러일으켰다. 분명한 것은 거사의 '전하거송'이 조주 선사의 '십이시별가'[2]와 함께 당대의 묵관을 중시하던 수행자들 사이에서 은밀하게 전수되었으며, 이 게송은 승속을 초월한 대단한 것이었다는 것이다. 또한 궁금한 것으로는 무슨 이유로 조주 선사의 게송과는 달리 이 게송이 자취를 잃었으며, 언제부터 무슨 이유로 사람들의 주목을 받지 못하였을까 하는 것이었다. 그래서 이 게송을 찾아『원오심요 역주』에 수록하려고 하였다. 하지만 당시 이 게송의 원문을 찾지 못하였고, 결국에는 방거사어록 중권과 하권에 실려 있는 150여 수의 시(역자의 분류로는 모두 149수) 모두를 읽는 인연을 갖게 되었다(결과적으로 지금까지도 정확하게 찾지 못하였다. 혹은 149수의 시 중에 전하거송이라는 이름을 잃은 채 역자의 잘못된 시제로 잠을 자고 있을 수도 있다). 또한 이때 읽으며 번역해 두었던 인연이 세상에 선을 보이게 된 이유이기도 하다.

사실 이 게송에 관한 이야기는 원오 선사가 어떤 선인에게 준 위의

---

1 졸역, 원오심요 역주, pp.836~848을 참조하기 바란다.

2 십이시별가의 번역 또한 위의 책 pp.843~848에 수록하였으니 참조 바란다.

글 외에는 그 어떤 자료도 전해지는 것이 없기 때문에 더 이상 거론할 수가 없다. 다만 게송의 제목만을 가지고도[3] 이 게송은 분명 수행과 관련한 거사만의 독특함 또는 수행 체험(수증)의 이야기를 전하였을 것이라는 추측은 가능하다. 또한 원오 선사가 말하고 있는 것처럼 공부하는 사람들의 망상과 애견으로 이 게송이 잘못 전해졌다는 것으로 미루어 볼 때, 망상과 애견이 와전을 낳고 와전이 소실이라는 결과를 초래하였음은 어느 정도 분명할 것이다. 하지만 무엇보다 중요한 것은 어딘가에 남아 있을 이 게송을 찾아내는 것이고, 혹은 역자가 번역한 게송들 속에 이 게송이 본래의 이름을 잃고 숨어 있다면 그 이름을 다시 찾아주어야 할 것이다. 이에 대한 것은 역자의 숙제로 남겨둔다.

거사의 어록은 지금까지 두서너 종류의 번역서가 우리나라에 알려졌는데, 이들 모두 상권의 어록만을 전하고 중·하권의 시 150여 수는 전하지 않는다(분명하게 말하면 어록 편에 실려 있는 게송들과 부분적으로 전해지는 몇 수의 시게 밖에는 없었다). 그래서 이번에 이들 모두를 전하기로 마음먹고, 앞에서 말한 것처럼 그간에 번역해 두었던 것에 약 1년여에 걸쳐 주註를 달아 『선어록총서』 제3권으로 세상에 내놓게 되었다.

거사의 어록은 앞서 「본서의 구성과 해제」 편에서도 밝혔듯이 여타의 선어록들과는 다른 점이 있다. 여타의 선어록들, 다시 말해 선사들의

3 하거河車라는 용어는 일반적으로 도가 계열에서 중시하는 수행의 주요 개념이다.

어록은 모두 선가의 구성 특성 상, 시중示衆 또는 상당법어上堂法語라는 형식을 통해 본인의 생각과 사상을 대중에게 전한다. 이에 비해 거사의 어록은 이른바 법회라는 형식의 자리를 빌릴 수가 없다. 그래서 거사는 바로 이러한 제한된 틀 속에서 그가 공부하고 깨닫고 실천하였던 것들을 또 다른 전달 방법, 즉 시(게송)라는 형식을 통해서 드러냈다(전통의 형식을 빌리기도 하고, 기존의 형식을 파괴하기도 하였다). 이것은 다시 말해 거사의 어록은 특히 시를 제외하고서는 그에 관한 그 어떤 것도 이야기할 수 없다는 것이다.

그럼에도 불구하고 지금까지 어록의 앞부분 몇 가지만을 가지고 거사를 논하거나, 또는 나아가 어록의 대화 속에 다소 이해하기 어려운 말들을 가지고 거사가 선사들에게 낭패를 본 것이라고 하는 기존의 결론에는 수긍하기가 어렵다. 이 자리를 빌려 분명히 말하건대, 석두·마조와의 문답(이는 분명 스승과 제자의 문답이다)을 제외하고, 나머지 선사들과의 대화는 이른바 한 소식 한 이들의 일상의 법담이다. 그들의 대화 속에는 이기고 짐이 없다. 그들만의 익살과 천진함이 그들만의 방법으로 있을 뿐이다. 그래서 더더욱 거사에 대한 올바른 이해나 평가는 그의 시를 통해서만이 가능한 것이다.

어록 어디에도 거사가 이른바 무슨 경전을 보았고, 어떻게 수행하였으며, 좌선은 몇 년 하였다 등의 말이 없다. 굳이 말하면 다만 젊어서 번뇌에 눈을 뜨고 진제眞諦를 구하는 데 뜻을 두었다는 말 밖에는 없다. 그리고 이후 석두희천을 친견하고 마조도일을 친견하여 활연유성豁然有省하고 돈령현지頓領玄旨한 것이 전부다. 다시 말해 거사의 그간의 치열했던 과정, 깨침의 내용, 입적하기 전까지의 삶, 세상에 전하고픈 이야기들은 다수의 시 속에 모두 녹아져 있다.

거사가 어떤 경전을 보았고, 얼마나 많은 경전을 보았으며, 어떻게 공부하였는가 하는 것은 번역과 함께 각각의 주註를 달아 놓았으니 더 이상 말하지 않겠다. 또한 거사가 이러한 경전들을 어떻게 보았고, 얼마나 수행에 심혈을 기울였으며, 어떤 삶을 살았는가 하는 것들은 시 하나하나의 내용에서 각자의 느낌으로 받아들이는 것이 좋을 듯싶다. '시'가 갖는 특성 때문이다.

시는 한 번 읽고 두 번 읽고, 읽을 때마다 그 느낌이 다르다. 일반 문장은 문맥을 중시하면 되지만, 시는 기본적으로 간결함과 압축·생략이 많고, 어디에 방점을 찍고 읽느냐에 따라서 전하고픈 내용이 확연히 달라진다. 역자 역시 읽은 횟수만큼이나 고치고 또 고쳤지만, 다시 보면 다시 또 고칠 것이 분명하다. 다만 읽으면 읽을수록 거사의 경전에 대한 깊은 이해와 전통적인 게송 형식의 자유로운 파괴에 놀라움을 금치 못할 뿐이다.

2020년 이 세상은 코로나19라는 뜻하지 않은 대재앙 속에 이제껏 겪어보지 못한 수많은 것들을 경험하고 있다. 눈에 보이지도 않는 티끌 같은 것이 우리 모두에게 또 다른 삶의 대전환을 요구하고 있다. 그리고 이는 우리 모두가 함께할 때만이 가능한 일일 것이다. 함께하지 않으면 어떻게 되는지는 그간 너무도 많이 보았다. 함께라는 것은 너와 내가 둘이 아니라는 것이다. 너와 내가 둘이 아님을 알고 공존공생하는 것, 이것이 바로 우리 삶의 대전환일 것이다. 빠른 시일 안에 다시 함께 손잡고 어깨동무하면서 웃음꽃이 피어나는 그런 세상이 오기를 기원한다.

“선어록총서”라는 큰 제목 아래, 이번에 세 번째로 『방거사 어록·시 역주』를 세상에 내놓게 된 것은 무엇보다 친구인 도서출판 운주사 김시열 대표의 원력이 아니면 이룰 수 없는 일이다. 이 자리를 빌려 그의 원력이 문서포교라는 큰 등불로 빛이 나길 바란다.

늘 함께 공부하며 이번 번역에도 아낌없는 관심과 도움을 준 귀원 류내우 법사님께 감사의 말씀을 드리며, 건강 또한 기원드린다.

옆에서 지켜보며 늘 말없이 고개를 끄덕여주는 아내 보경궁 손혜원에게 고마움을 전하며, 요즘 세월 앞에 시름하는 모습에 미안함을 함께 전한다.

끝으로 독자 제현의 송곳 같은 일침을 기대하면서, 동시에 너그러움도 함께 보여주시길 바란다. 차후 개정의 인연으로 보다 더 충실한 번역이 되도록 하겠다는 다짐과 약속을 드린다.

삼각산 아래에서 덕우 강승욱 합장

찾아보기

거사·경계·공·마음·무상·무생·무심·바라밀·반야·방편·범부·법신·보리·보배·보살·부처·삼계·생사·생멸·시방·여래·여여·열반·제불·중생·지혜·진여·집착·허공·허망은 찾아보기 목록에서 생략한다.

【ㄱ】

가가대소 227
가명 202, 367, 480, 511
가섭 473
갈오 237, 238
강서 50, 483, 509
겁화 345
견성 294
계상 371
계율 348, 392, 426, 435, 444
고액 235
곡은 190
공덕 270
공덕천 270, 502
공생(수보리) 104, 299, 302, 366
공왕 285, 389, 446, 464
과거불 287, 450
관자재 363
구경 293, 369, 392, 478
극락(국) 315, 320, 389
금강 285
금강경 201, 413, 479
금강반야 202, 480
금산 299
기멸처 388
길상 302, 445

【ㄴ】

나찰 261, 296, 301
나한 233
낙포 176
납월 335
노노대대 213
노주 188, 485
녹문사 230
농교성졸弄巧成拙 53, 126
누겁 274, 287, 408
능가보배산 233

【ㄷ】
단하(천연) 85, 87, 90, 94, 97, 100, 135, 147, 180, 225
단하기 179
대매 158
대육 161
대장경 235, 342
대장부 376, 467
대승 302, 333, 383
대원경지 357, 471
도량 266, 320
도자 190
독경 289

【ㄹ】
라후라 348

【ㅁ】
마(군) 379
마조(마대사) 50, 52, 166, 483
만법 37, 50, 341, 381, 483
망상 252, 400, 432
목인 438
몰현금 53
묘각 253
묘덕(문수) 104, 299, 326, 351, 373, 430, 435
묘덕진신 437
묘리공 234
묘색신 454
묘용 42, 340
무념 304, 339, 373, 435
무량수(불) 274, 320
무명 279, 391, 402
무사인 113
무상경 314
무상법신 209, 470
무상신無常神 295
무상의無常衣 325,
무생국 466
무생(법)인 316
무생지 251
무생화 51, 422
무여 341, 350, 458
무위(법) 290, 307, 372, 421
무작 308, 446
무진장 257, 344
묵연嘿然 127
문수 368
미륵 302, 325

【ㅂ】
반야검 392
반야선 270, 502
반연 252, 274, 301, 388, 400, 415
발심 308
발우 262, 333
방장(실) 53, 95, 110, 171, 173, 229

백령 103, 107, 110, 112
백의 366
범천 289, 295
법계 170
법륜(상전) 439
법보시 466
법비 264
법안 304, 405
법왕 289, 301, 436, 445
법체 290
보검 283
보산 298
보시 162, 253, 270, 285, 324, 501
보신 321
보제 115, 121, 126
복두 95, 169
본계 147, 153, 228
본원 293, 404, 450, 458, 466
본체 302, 413
부낭 392
부동불 363
부용산 161
부촉 299, 473
분별(심) 239, 262, 292, 401
불국토 295
불도 379, 460
불매본래인 52
불모 336
불법 339, 433
불신佛身 235
불이문 458
불자拂子 87, 179, 188, 191, 485
불지 210, 385, 470
비부산 415
빙소와해氷消瓦解 115

【ㅅ】
사대 351, 402
사바(세계) 297, 312, 379, 437
사자후 338, 348, 366, 417, 438
사제 251
삼독(심) 237, 252, 300, 345
삼생 234
삼세 459, 478
삼승 251, 368
삼십이상 251
삼악도 240, 301, 400, 454, 468
삼업 260, 266
삼재 266, 305, 311
삼천(대천)세계 283, 313, 464
삼학 384
삼현위 369
상당 128
상상기(상상사) 191
상인上人 391
색신 290
색온 300
서강 50, 483

서까래 263, 402
서방(정토) 285, 320, 373, 389
석가 295, 302, 320
석두 37, 42, 60, 116, 168
석림 179, 182, 185
석장 234
선교방편 456
선현(수보리) 162
성불 287, 316, 327
성인 209, 294, 349
세존 292, 386, 408, 459
소락 345
소식 202, 265, 399, 479
소요 239, 258
송산 133, 136, 138, 145
수지독송 413
수행 239, 326, 424, 435
순타(춘다) 326
시자 147, 173
시주 196
시중 129
신명 285, 347, 406
신수봉행 202, 480
신통 42, 240, 302, 340, 457
심왕 297, 323, 330, 338, 358, 386, 406, 441
십이부경 444
십이인연 239
십팔계 375, 382, 452

【ㅇ】

아귀 261
아난 299, 473
아미타(불) 274, 320, 373, 379, 394, 405, 423, 427
아촉불 306
악법 288
악지식 333, 374, 394, 423, 466
안락 136, 239, 270
앙산 187, 485
야간 366, 417
약산 59, 64
여시아문 202, 480
여의주 345
연각 234
연등불 302
연화당 392
열반성 328
염공(염라대왕, 염라 노인) 65, 259, 301, 317
염부제 301
영조 85, 206, 213, 217
예불 426
오계 289
오대산 304
오사건 95
오온(오음) 209, 323, 341, 470
오욕 237
오탁 321

용궁 448
용왕 235
우담발화 259, 304, 315, 332, 439, 445, 458
우적 220
원상 153
원화元和 208
유나 230
유마 162, 222, 366, 383
유위(법) 236, 286, 289, 307, 324, 425, 444, 460
유정 304, 464
육대 260
육근 357, 471
육식 253, 315, 320, 384, 465, 471
육적 274, 300, 374, 419
육진(경계) 253, 374, 384, 471
육취 401
윤회 288, 332, 385, 407
의근 253, 321, 341, 394
이란 298
이리 261, 279, 402
이타 296
인욕 359
일식 218
일승 60, 209, 325, 383, 470
일여 342
일용사 42, 340
일촌광음 236
일칙어 122
일합상 251, 474

【ㅈ】

(대)자비 95, 252, 286, 326, 365, 374
자성 341
작가 162, 183
장자長髭 128
전단 298
전륜성왕 236, 322
정원貞元 37
정토 285, 336, 404, 431, 469
제봉 69, 75, 77
제석천 295
제호 345
조리 115, 196, 209, 216
조사 206, 213
좌선 213, 270, 289, 435
좌주 201, 479
주인공 79, 129
주장자 98, 138, 191
지견 236
지계 270
지식知識 384, 432, 467
지음자 334
지혜바라밀 350
진공 439
진면목 236
진법신 234

진불 336, 401
진여사 274
진여일합상 474
진제 35

【ㅊ】
차수 94
착어 98
찰나 313, 375, 437
참례 50, 173, 483
참회 297, 392, 399, 403
창천창천蒼天蒼天 45, 90
철우 438
철위산 443
청량사 304
청량산 373
청산 340, 433
청정 266, 299, 394, 404, 431, 436, 439, 471
초적대패 70
축생 198, 280
출가 239
칙천 168, 170, 173
칠보 316, 473
7식 253

【ㅌ】
탄지삼하彈指三下 96, 124
탐귀 261
탐애 297
탐욕 279

【ㅍ】
파유왕 320
8부정 454
팔식 357
80종호 251
패다수(엽) 259, 445, 473
평고대 263, 402
평등 239, 266, 274, 324, 334, 365
평등(성)지 253
포태 266

【ㅎ】
하직인사 64
항사겁 437
해탈 376, 396, 408, 410, 435
향산 298
향상香象 417
화성 364
화신 326
화연 196
화택 433
환삼매 398
흑암녀 270
흑업 297
흑월 238

덕우 강승욱德雨 康勝旭

남산정일南山正日 선사禪師를 은사로 불법에 귀의하였다.
동국대학교 불교학과를 졸업하고, 동 대학 인도철학과 대학원을 수료하였다.
육군종합행정학교 교관, 5사단 군종참모를 역임하였고, 육군대학, 육군사관학교 등에서 불법을 홍포하였다.
2010년 수도방위사령부에서 전역 후, 지인들과 경전 및 선어록을 강독하고 있다.
현대불교신문에 원오선사의 『격절록擊節錄』을 연재(2019년)하였으며, 펴낸 책으로 『원오심요 역주』, 『마조어록 역주』가 있다.

방거사 어록·시 역주

초판 1쇄 인쇄 2020년 8월 5일 | 초판 1쇄 발행 2020년 8월 13일
역주 덕우 강승욱 | 펴낸이 김시열
펴낸곳 도서출판 운주사
(02832) 서울 성북구 동소문로 67-1 성심빌딩 3층
전화 (02) 926-8361 | 팩스 0505-115-8361
ISBN 978-89-5746-613-1 94220
ISBN 978-89-5746-508-0 (세트) 값 27,000원
http://cafe.daum.net/unjubooks 〈다음카페: 도서출판 운주사〉